西方供给侧经济学译丛

拉丁美洲债务危机
供给侧的故事

Debt and Crisis in Latin America: The Supply Side of the Story

罗伯特·德夫林（Robert Devlin） 著

张月 徐轲 译

上海财经大学出版社

本书为上海市新闻出版专项资金资助项目

图书在版编目(CIP)数据

拉丁美洲债务危机:供给侧的故事/(美)罗伯特·德夫林(Robert Devlin)著;张月,徐轲译. —上海:上海财经大学出版社,2018.1
(西方供给侧经济学译丛)
书名原文:Debt and Crisis in Latin America: The Supply Side of the Story
ISBN 978-7-5642-2754-8/F・2754

Ⅰ.①拉… Ⅱ.①罗… ②张… ③徐… Ⅲ.债务危机-研究-拉丁美洲 Ⅳ.①F817.306

中国版本图书馆 CIP 数据核字(2017)第 125666 号

□ 策　　划　黄　磊　陈　倩
□ 责任编辑　陈　倩
□ 封面设计　杨雪婷

LADING MEIZHOU ZHAIWU WEIJI GONGJICE DE GUSHI
拉 丁 美 洲 债 务 危 机 : 供 给 侧 的 故 事

罗伯特·德夫林　著
(Robert Devlin)

张月　徐轲　译

上海财经大学出版社出版发行
(上海市中山北一路369号　邮编200083)
网　　址:http://www.sufep.com
电子邮箱:webmaster @ sufep.com
全国新华书店经销
上海叶大印务发展有限公司印刷装订
2018年1月第1版　2018年1月第1次印刷

710mm×1000mm　1/16　17.75 印张(插页:1)　319 千字
印数:0 001—3 000　定价:49.00元

图字:09-2016-411号
Debt and Crisis in Latin America: The Supply Side of the Story
Robert Devlin

Copyright © 1989 by Princeton University Press

All rights reserved. No part of this book may be reproduced or transmitted in any form or by any means, electronic or mechanical, including photocopying, recording or by any information storage and retrieval system, without permission in writing from the publisher.

Simplified Chinese translation copyright © 2018 by Shanghai University of Finance and Economics Press.

2018年中文版专有出版权属上海财经大学出版社
版权所有 翻版必究

总　序

改革开放近40年来,我国国民经济发展取得了举世瞩目的巨大成就,初步实现了从集中决策的计划经济体制向分散决策的市场经济体制的平稳转型,并成功跻身于世界第二大经济体之列。同时,我们也必须看到,中国经济在发展过程中,由于改革的不全面、不彻底、不及时,也逐步累积了新的问题和新的矛盾。一方面,过剩产能已成为制约中国经济转型的一大障碍;另一方面,中国的供给侧与需求端的"错配"已非个案,总体上是中低端产品过剩,高端产品供给不足。

为此,2015年11月10日,习近平总书记在中央财经领导小组第十一次会议上正式提出实行"供给侧结构性改革"。这是中央在我国国民经济发展进入新阶段和新形势下提出的一项新的重要任务,随着改革的不断推进,其内容也在不断发展丰富。"供给侧结构性改革",顾名思义就是要从经济结构的供给端着手,针对我国经济发展中的供需结构性失衡问题,尤其是无效供给过剩,而优质供给不足,从去产能、去库存、去杠杆、降成本以及补短板这些结果导向的具体目标出发,解决经济发展中所面临的"瓶颈"。

当然,除了经济结构的失衡,中国还面临体制结构的失衡和治理结构的失衡。这三个失衡层层递进,经济结构的失衡是表象,体制结构的失衡是深层原因,治理结构的失衡是内在根源。这三个失衡问题如果得不到解决,中国经济还将会随着政策的松紧而不停上下波动,形成过去几十年来反复出现的一放就乱、一乱就收、一收就死的循环。因此,改革的目的,就是要矫正这三个结构性失衡,通过改革、发展、稳定、创新和治理"五位一体"的综合改革治理,提高社会生产力水平,实现经济社会的持续健康发展。

想要顺利推进供给侧结构性改革,实现我国经济的转型升级,会涉及许多重要方面,例如:产能利用率的调节,全要素生产率和经济增长质量的提升,要素配置扭曲的矫正,简政放权、减税降成本的具体落实,等等。显然,这是一项规模庞大且各环节关系错综复杂的系统性改革工程,另外,还必然会与经济增速、通胀水平、贸易差额、就业情况以及社会稳定等硬指标存在密切联系。在这一背景下,从理论角度,便对供给侧结构性改革政策的成熟性提出了非常高的要求;而从实践角度,也需要能在前人的基础上,有所借鉴,通过去其糟粕、取其精华,为我国的供给侧结构性改革保驾护航。

总体来看,经济发展存在其阶段性与规律性,而供需失衡的结构性矛盾是其主旋律。供给经济学正是针对这一矛盾,从供给侧入手,系统阐述经济失衡矛盾产生的根源及应采取的政策措施的西方重要经济学流派。作为20世纪70年代初才于美国出现的经济学"少壮派",却已经在美国里根执政时期、英国撒切尔夫人执政时期等发达国家经济发展的重要阶段大显身手,为其摆脱经济发展困境、重新注入发展动力,实现当时这些国家经济的二次腾飞,发挥了不可估量的作用。

供给经济学的形成有其必然性。当供需结构性矛盾日益凸显,而传统凯恩斯主义宏观经济调控手段失灵时,自然会促使有社会担当的经济学家、知识精英去重新审视问题的本质,探索全新的解决手段,其中就不乏阿瑟·拉弗、万尼斯基、马丁·费尔德斯坦等代表性人物,也形成了一批诸如"拉弗曲线"的经典思想。

供给经济学的核心要义可以归纳为:(1)经济失衡的原因在于产能利用率与有效供给不足,且两者的提升并不会造成通胀、阻碍经济发展;(2)应采取特定的减税政策,降低经济部门与劳动者的生产经营与纳税成本,为其注入经济活力;(3)应减少政府干预,即简政放权,促进自由市场竞争;(4)萨伊定律,即供给能自行创造需求是有效的,仍应注重对经济的供给端调节。如此看来,经济发展的进程有其惊人的相似之处,供给经济学无疑能为我国此轮供给侧结构性改革提供非常有价值的理论思想借鉴。

"他山之石,可以攻玉。"上海财经大学出版社此次精心筹划推出的"西方供给侧经济学译丛",准确把握住了中央大力推行供给侧结构性改革的理论需求,精准对接了中央顶层设计在学术层面的要求。

此套译丛包含6本供给经济学派代表性学者的重要著作:其一,对供给经济学理论体系做出了完整介绍,并注重阐述其思想要点;其二,回顾了一些发达国家的供给侧改革进程及曾面临的问题,以借鉴其宝贵经验;其三,以专题形式对供给侧改革中的关键抓手进行了富有启发性的深入探讨;其四,鉴于此轮改革中金融资本供给端的重要性,专选著作对此方面进行了分析。

《**供给经济学经典评读**》系统介绍了西方供给经济学的核心思想、理论基础及关键要义,很好地填补了国内系统了解学习供给经济学派方面的空白。同时,本书的一大亮点在于,其深入分析了美国和英国当时非常重要的供给侧改革事件,可以说,能很好地兼顾研究供给侧改革的读者在理论完善和案例研究方面的需要。在供给侧改革理论方面,本书开宗明义指出,供给侧改革需要对凯恩斯经济学模型做出修正,讨论了拉弗曲线模型的意义与适用性,以及如何在供给经济学中借助不断发展的计量经济学进行分析等一些需要明确的理论基础;在案例研究方面,书中探讨了美国总统里根为推行供给侧改革所施行的经济改革项目,供给经济学思想演化的完整脉络,以及什么才是真正合适的货币政策和财政政策等。本书难能可贵的一点是,不仅充分涵盖了供给经济学的全部重要理论,而且很好地将其与供给侧改革中的重要事件结合起来,实现了理论与实践并重。

1982年4月,在美国亚特兰大联邦储备银行召开了一次非常重要也颇为著名的供给侧改革会议。《**欧美经济学家论供给侧——20世纪80年代供给侧经济学研讨会会议纪要**》一书就是将当时会议中具有代表性的演讲文章按照一定顺序集结成册,为我们留下了非常宝贵的供给侧改革方面的学术研究资料。出席此次会议的人士中不乏经济学界泰斗,如米尔顿·弗里德曼、托马斯·萨金特、詹姆斯·布坎南等,也有美国当时的政界要员,如杰克·肯普、马丁·费尔德斯坦等。就本书内容的重要性而言,完全可以作为研究供给经济学的高级读物,甚至有媒体评论认为,应作为研究供给侧改革的首选读物。书中内容反映了在美国着力解决供给侧改革问题的过程中,经济学界顶尖大师的真知灼见。

《**货币政策、税收与国际投资策略**》是供给经济学派代表性学者阿瑟·拉弗与维克托·坎托的一部研究供给侧改革政策理论基础与实践效果的核心力作,通过对货币政策、财政政策、国际经济问题以及国际投资策略以专题形式进行深度讨论,重点阐述了刺激性政策和不利于经济发展的因素会如何影响经济表现;同时,书中探索了一套与众不同的研究方法体系,帮助读者厘清政府政策在经济中的传导路径。本书第一部分探讨了货币政策制定目标和通货膨胀相关话题;第二部分聚焦于对供给侧经济学的运用,分析了政府施加的经济刺激和约束性政策的影响;第三部分遴选了一些国际经济方面的热点话题,如贸易收支情况与汇率表现,展示了从供给侧视角进行分析所能得出的结论;第四部分着重讨论了资本资产税收敏感性投资策略,以考察供给侧经济学思想可以为微观投资者带来的优势。

减税,是供给经济学的一项重要政策主张。《州民财富的性质与原因研究——税收、能源和劳动者自由怎样改变一切》阐述了为什么在美国州一级减免税负会促进经济增长并实现财富创造。书中对税收改革的思路进行了充分讨论,揭示了即使是美国一些人口很少的州也能从正确的政策中获益颇丰。以拉弗为首的多名经济学家评估了美国各州和当地政府施行的政策对于各州相应经济表现和美国整体经济增长的重要影响,并以翔实的经济数据分析作为支撑。另外,对美国的所得税等问题进行了详细严格的考察,深入分析了经济增长表现以及由于不合理的税收政策所导致的不尽如人意的经济局面等话题;同时,采取了细致的量化分析,探讨了对于国家和个人金融保障会产生巨大影响的政策措施,具有很高的研究价值。

1982年,拉丁美洲的一些发展中国家曾爆发了严重的主权债务危机,《**拉丁美洲债务危机:供给侧的故事**》从供给侧角度对这一事件进行了全面且深入的回顾分析。当时,许多经济分析师都着重于研究债务国在经济政策方面的缺陷,以及世界经济动荡所造成的冲击,很少有将研究重点放在危机蔓延过程中该地区的主要债权人——私人银行——上面。作者罗伯特·德夫林则对拉丁美洲债务危机事件采取了后一种研究视角,基于丰富的经济数据资料,指出银行其实才是地区债务循环中不稳定的内生因素,当该地区发展中国家经济蓬勃发展时,银行会存在过度扩张问题,起到推波助澜的作用;而当经济衰退时,银行会采取过度紧缩措施,造成釜底抽薪的后果。本书的一大价值在于,揭示了资本市场供给侧状态及调节对于发展中国家经济稳定的重要性,所提出的稳定银行体系的措施具有现实性启发意义。

《供给侧投资组合策略》是阿瑟·拉弗与维克托·坎托基于供给经济学思想,阐述微观投资者该如何构建投资组合的一本专著。书中每一章会分别详细探讨一种投资组合策略,并检验其历史表现情况。具体的讨论主题包括:如何在供给侧改革的大背景下投资小盘股、房地产等标的,对股票市场采取保护主义政策会造成的影响,以及美国各州的竞争环境等。值得注意的是,本书在充满动荡和不确定性的经济环境下,明确指出了采取刺激性政策的重要性。书中的分析配备了大量图表数据资料,能帮助读者更直观地了解基于供给经济学理论构建投资组合的效果。

中央领导同志已在中央经济工作会议等多种场合反复强调,要着力推进供给侧结构性改革,推动经济持续健康发展,这是我国当前阶段要重点实现的目标。同时也应理性认识到,"工欲善其事,必先利其器",改革需要理论的指导和借鉴。供给经济学虽形成发轫于西方发达国家的特定历史时期,当然基于不同的国情、国体，在了解学习其思想时，须持比较、思辨的态度；但是综合上述分析，显然供给经济学的诞生背景、力求解决的问题和政策主张，与我国经济发展在新形势下所要解决的问题以及政策方向有相当的契合度，这也在一定程度上，体现了经济发展阶段性与规律性的客观要求。

我们期待上海财经大学出版社此套"西方供给侧经济学译丛"，与我国供给侧结构性改革实践，能够碰撞出新的思想火花，并有助于我国实现供给侧结构性改革这一伟大的目标。

是为序。

田国强

上海财经大学经济学院　院长

上海财经大学高等研究院　院长

前　言

　　1985年，智利经济学家阿尼巴尔·平托(Aníbal Pinto)曾提出拉丁美洲债务危机会是一部由20章组成的史诗，其中我们已经看到的只有4章。3年之后，债务危机确实爆发了并且充满了意想不到的波折。如此一来，为本书画上一个句号就成为一项艰巨的任务。我最终决定重拾自己在1988年之前的分析结论，尽管深知随着研究的不断深入，文章的某些部分将取得新的进展。我相信读者将会理解作为一名教师，在面对学生就拉丁美洲债务危机提出的问题时所感到的职业危机感。

　　本书的很大一部分是受到我在联合国拉丁美洲和加勒比经济委员会(ECLAC)的经济发展部门的工作经历的启发，在那里，我多年从事拉丁美洲的外债动态研究工作。我非常感谢委员会为我提供的具有启发性的专业工作环境，它就像一种催化剂，促使我高效形成了对于拉丁美洲债务问题的诸多想法。

　　当然，组织是由人组成的，我的很多同事尤其对于营造这样一种具有启发性的专业工作环境起到了辅助作用。1975年，我作为一名年轻的"外国佬"经济学者进入联合国拉丁美洲和加勒比经济委员会工作，自那时开始，已故的罗尔·普雷维什(Raúl Prebisch)和阿尼巴尔·平托就积极鼓励我从事银行对拉丁美洲贷款的研究。当我在对该课题的研究过程中遇到"瓶颈"或困惑时，经济发展部门主管安德烈斯·比安奇(Andrés Bianchi)和委员会前执行秘书恩里克·伊格莱西亚斯(Enrique Iglesias)都曾多次向我提供知识与行政方面的支持。同时，我的同事阿尼巴尔、约瑟夫·拉莫斯(Joseph Ramos)、恩里克·德·拉·彼德拉(Enrique de la Piedra)以及理查德·格朗(Richard Ground)与我之间一直有着学术上的友好辩论，这些经历在我形成就债务与发展问题的想法方面，给予了我远远超出他们想象的帮助。

多年来，与委员会外部的人士交流同样使我获益良多。本书的出版同样得到了里卡多·弗伦奇—戴维斯（Ricardo Ffrench-Davis）、曼努埃尔·马方（Manuel Marfán）、卡洛斯·桑蒂斯特温（Carlos Santistevan）、詹姆斯·韦弗（James Weaver）和约翰·威洛比（John Willoughby）的支持。

我同样得感谢为本书出版提供资金支持的机构。本书的初稿有很大一部分创作于我在智利首都圣地亚哥的拉丁美洲经济研究公司（CIEPLAN）做访问学者以及我在美国圣母大学海伦·凯勒国际研究所做研究员期间。我还得感谢联合国对外研究项目，我在联合国拉丁美洲和加勒比经济委员会工作时，在我延长休假用于书稿创作期间，它给予了资金支持。

书稿中各章节来自上述提到的人员的评论，我从中获益良多。我同样得感谢豪尔赫·戴利（Jorge Daly）、马丁·古尔吉尔（Martine Guerguil）、肯尼斯·詹姆逊（Kenneth Jameson）、米米·凯克（Mimi Keck）、约翰·麦克德默特（John McDermott）、艾尔·沃特金斯（Al Watkins）、罗伯托·萨莱尔（Roberto Zahler）以及两位匿名审稿人士向本书提出的批评及建议。

吉列尔莫·蒙特（Guillermo Mundt）和劳尔·拉班（Raúl Labán）向我提供了有效的统计援助。西米娜·塞普尔维达（Ximena Sepúlveda）编辑了书稿，希拉里·伯格（Hilary Berg）也向我提供了有价值的编辑帮助。尤其要感谢普林斯顿大学出版社的凯茜·撒切尔（Cathy Thatcher），她认真细致地完成了文字编辑工作。

最后，并不是所有上述提及的个人与机构均赞同本书的观点，我将为全书的内容以及仍存在的错误负唯一的责任。

目　录

总序/001

前言/001

第1章　导论：拉丁美洲危机/001

第2章　综述：国际银行的崛起与转型/007
    2.1　从历史角度来看私人银行贷款/007
    2.2　第二次世界大战后决定私人银行优势的潜在因素/019
    2.3　当代国际银行：基于数据的简要分析/027
    2.4　向外围渗透/030
    2.5　20世纪80年代的危机/042

第3章　**20世纪70年代国际银行的组织架构与业绩**/046
    3.1　关于国际银行的一个流行观点：有效中介/048
    3.2　关于国际银行的另一个观点/062
    3.3　总结与结论/097

第 4 章　欠发达国家信贷周期的扩张阶段/102
　　4.1　市场信号和债务管理/103
　　4.2　秘鲁和玻利维亚的案例/116
　　4.3　结论/149

第 5 章　危机和调整偿债日程的政治经济/152
　　5.1　对债务偿付日程重新修订实践的评价/168
　　5.2　债务双方的协商动态/184
　　5.3　结论/198

第 6 章　资源外流：我们可以做些什么？/200
　　6.1　简要概述资源外流问题/201
　　6.2　减少资源流入银行/212
　　6.3　结论/235

附录：对玻利维亚和秘鲁的案例研究方法/237

参考文献/240

第1章

导论:拉丁美洲危机

自1982年年中开始,拉丁美洲就一直在有史以来最严重的一次经济危机中饱受煎熬。可以较好反映这一地区经济窘境的总结性数据是人均国民收入:在1987年末,人均国民收入较1980年统计数据降低了将近6个百分点。[1] 早在这次经济危机开始时,即使是最乐观的观察者也预期在20世纪80年代拉丁美洲将经历"十年衰退期",他们推算,到1990年人均国民收入应该不会超过1980年的水平。[2] 自经济危机开始过去6年后,正如一些分析师所担心的那样,他们的悲观预测似乎已经明朗了。[3] 不论是偿债水平还是世界经济都不曾出现一个向好的转折点,现在看来,拉丁美洲地区很难在1992年前达到1980

---

[1] 拉丁美洲现阶段经济演变的完整数据详见:United Nations Economic Commission for Latin America and the Caribbean, "Preliminary Overview of the Latin American Economy 1987" (Santiago, Chile, December 1987).

[2] 出自威廉·克莱因(William Cline)的统计预测结论:*International Debt: Systematic Risk and Policy Response* (Washington, D.C.: Institute for International Economics, 1984), p. 195.

[3] 对威廉·克莱因乐观预测从技术角度的评论详见:Albert Fishlow, "Coping with the Creeping Crisis of Debt," in *Politics and Economics of External Debt Crisis*, ed. Miguel Wionczek in collaboration with Luciano Tomassini (Boulder, Colo.: Westview Press, 1985), pp. 111-122; Rudiger Dornbusch and Stanley Fischer, "The World Debt Problem: Origins and Prospects," *Journal of Economic Planning*, no. 16 (1985), pp. 75-78; and Jonathan Eaton and Lance Taylor, "Developing Country Finance and Debt," paper prepared for a conference on New Directions in Development Theory, Cambridge, Mass., Massachusetts Institute of Technology, 17-19 January 1985, pp. 77-88.

年的人均国民收入水平。[1]

尽管拉丁美洲的危机是一种发展危机,但是它更普遍地被称作"债务危机"。人们倾向于将关注的焦点集中在整个债务问题上,因为债务问题变成了一个南北地区在这次危机中最直接的连接点。一方面,债务人履行偿债义务的困难构成了对债权国金融体系可行性的潜在威胁;另一方面,偿债耗用了拉丁美洲的大量资源,已经在很大程度上造成了经济活动的衰退。的确,面对沉重的支付负担,20世纪80年代的国家发展政策已经让位于迫切需要推行的危机管理政策和国际债务政策。

拉丁美洲于1982年发现自身难以承受债务负担,而这一事实也因墨西哥于当年8月份发布的一份债务延期支付临时声明戏剧性地吸引了全世界的关注。在1982年开启了这样一个过程:大多数国家都陷入了事实上的违约状态,它们反复打破原定还款日程安排。只是因为银行和经合组织机构制定和实施了世界范围的救援措施,方便了对偿债日程的多次重新修订,各个国家才得以避免陷入法律上的违约状态。在拉丁美洲有不少于17个国家执行的偿债日程修订措施对于避免出现骇人的全球金融体系瓦解起到了帮助作用。然而我们将会看到,同样的举措虽然成功地拯救了全球金融体系,但是也决定性地削弱了债务国的成长和发展过程。

危机的出现和危机救援措施的戏剧性、争议性,已将债务问题置于研究议程的首位。事实上,已经存在大量关于债务危机的著作,研究内容涉及危机的起源和潜在解决方案两个方面。

分析师们倾向于强调危机背后的不同潜在因素,他们提出一些所谓的债务国的糟糕经济管理因素,这种说法似乎在北部地区最受欢迎。在这一学派中,他们主要关注扩张性的宏观经济政策,并且首先关注的是财政赤字。[2] 换句话说,20世纪70年代财政和货币纪律的缺失导致了公共部门赤字和不可持续的债务积累。根据分析师的判断得到如下解决方案,包括债务国财政紧缩、公共部门压缩、消除价格扭曲和以出口为导向的经济增长机制。其中,消除价格扭曲可看作抑制市场机制发挥作用。在这一学派中,一部分分析师表示支持包括商业银行延期还款在内的传统危机管理措施,这些措施使得债权人的投资组

---

[1] 例如,详见:United Nations Economic Commission for Latin America and the Caribbean, "Restrictions and the Requisites for Overcoming Them"(Santiago, Chile, February 1988), pp. 10 - 26.

[2] 两个具有代表性的评论是:Larry Sjaastad, "International Debt Quagmire: To Whom Do We Owe it?" *The World Economy* 6 (September 1983): 305 - 324; and Eduardo Wiesner, "Latin American Debt and Pending Issues," *American Economic Review* 75 (May 1985): 191 - 195.

合在很大程度上不受损害;而另外一些分析师认为,糟糕的经济政策已经让许多债务人无力偿还债务的名义价值,因此,银行必须承担贷款的减值和损失。后一类分析师提出一种能获得国际支持的财政计划,它能够帮助银行冲销在发展中国家的部分资产价值。

第二种受欢迎的危机解读流派支持这样一种观念:债务国对自身经济管理不力,却相对更加强调不可预见的外部冲击所扮演的角色,这些外部冲击是由石油输出国组织(OPEC)的定价政策、高国际利率和长期世界经济衰退所引起的。[1] 这种判断倾向于对问题同时做出解释,因而更注重统一的解决方案:更低的利率、经合组织的经济复苏、提高商品价格。这种判断也认为债务国需要采取财政紧缩和更好的经济管理。但是基于同步发展的压力,它将这些国家的债务窘境视作流动性不足问题,并且强烈支持商业银行延期还款和债务国财政紧缩这两种常规战略。

对拉丁美洲危机的第三种解释指出了资本主义整体的系统性危机,其中债务是一种主要的表现形式。[2] 这一分析大部分源于马克思主义传统。解决方案不是很明确,但完完全全是经典的马克思主义方案,这种方案的核心概念是危机中的资本主义制度会通过违约、金融崩溃和金融资产贬值等方式再生。[3]

在对于拉丁美洲危机的第四种解释中,一些分析师重点分析了拉丁美洲的主要债权人——银行——在20世纪70年代过度贷款的趋势。对应的解决方案是对银行贷款业务进行有效控制。[4]

在实践中,尽管这些对拉丁美洲危机的不同解释被看作有相互竞争关系,但是它们都抓住了这次危机的重要方面。例如,我们很难驳斥许多债务国对自身经济管理不力的观点,有很多证据可以支持这一假设:拉丁美洲的许多国家在20世纪70年代都实施了过度依赖债务杠杆的发展战略。同时,石油输出国组织的冲击、长期的世界经济衰退和20世纪80年代的高利率也是显而易见的,它们造成了债务大量累积,同时也削弱了资本偿还能力。

---

[1] 代表性评论,详见:Cline, *International Debt*, chap.1.

[2] Arthur MacEwan, "The Current Crisis in Latin America and the International Economy," *Monthly Review* 36 (February 1985): 2-3. 对于危机的分析,详见 Ernest Mandel, *The Second Slump*, trans. John Rothschild (London: New Left Books, Verso edition, 1980).

[3] 参见 John Weeks, *Capital and Exploitation* (Princeton, N.J.: Princeton University Press, 1981), pp.123-217.

[4] 参见 Jack Guttentag and Richard Herring, "Commercial Bank Lending to Developing Countries: From Overlending to Underlending to Structural Reform," in *International Debt and the Developing Countries*, ed. Gordon Smith and John Cuddington (Washington, D.C.: World Bank, 1985), pp.129-150.

至于资本主义危机,自20世纪60年代后期开始的世界经济放缓是有据可查的,有很多研究指向资本主义的结构性危机,其中一些研究来自正统学派。[1]此外,已被部分作者强调的外部冲击方面可以较容易地并入关于资本主义危机的综合理论中。然而,这种关于资本主义危机的综合理论不可否认地会改变一些关于外部冲击著作的基本假设,这些假设认为危机是短期的、并发的,不是长期的结构性问题。

对于市场供给和银行贷款问题的担忧显而易见也是合理的,因为过度借款的对立面是过度贷款。约100年前,马歇尔(Marshall)通过著名的"剪刀双刃性理论"缓和了古典与新古典学派之间关于供给和需求孰轻孰重的争论。[2]但不幸的是,债务危机的供给侧仍然相对较少被提及,北方地区大多数分析研究在评估危机的原因时,很大程度上会忽略债权人的行为;甚至即便考虑到银行机构,也会将其看作附加因素。[3]奇怪的是,拉丁美洲的经济观察者对马歇尔尤其尊重,他们不仅在危机开始之初没有忽略国家对自身经济管理存在严重错误,而且指出了危机中的供给侧动态,从而建立了共同责任制原则。[4]但是他们的立场缺乏技术基础,且建立在是贷款推动拉丁美洲经济这一判断基础上。

本书研究的目的是更加全面地探究当前危机的供给侧动态,在此基础上完成对拉丁美洲债务问题的分析。本书将要呈现的论点是,银行业是拉丁美洲信用周期不稳定的内因,导致其趋于上行过宽、下行过窄。从广义上讲,我关于资本顺周期特征的论点不是完全原创性的。很多经济学家如卡尔·马克思(Karl Marx)、托斯丹·凡勃伦(Thorstein Veblen)以及现代的海曼·明斯基(Hyman

---

[1] 参见 Mandel, *Second Slump*; W. Arthur Lewis, "The Slowing Down of the Engine of Growth," *American Economic Review* 70 (September 1980): 555 – 564; Bank for International Settlements, *Forty-Eighth Annual Report* (Basel, 1978), p. 8.

[2] Alfred Marshall, *Principles of Economics* (London: Macmillan, 1961), app. 1, p. 820.

[3] 例如:Cline, *International Debt*; Sjaastad, "International Debt Quagmire"; Beryl Sprinkel, "Grounds for Increasing Optimism," *Economic Impact*, no. 2(1984), pp. 35 – 39; Thomas Enders and Richard Mattione, *Latin America: The Crisis of Debt and Growth* (Washington, D. C.: Brookings Institution, 1983); and Rudiger Dornbusch, "The International Debt Problem," Cambridge, Mass., Massachusetts Institute of Technology, Department of Economics, 1984. 自危机爆发以来,关于银行贷款行为的轶事趣闻一度出现,我在后续章节引用了其中一部分。但是,对此的分析研究著作少之又少。虽然杰克·古腾塔(Jack Guttentag)和理查德·赫林(Richard Herring)的信贷供给分析体现了商学院的传统且并未完整解释发展的问题,但他们的分析已经是少之又少的著作中很杰出的了。

[4] 参见 United Nations Economic Commission for Latin America and the Caribbean, "Preliminary Balance of the Latin American Economy in 1982," *Notas sobre la Economía y el Desarrollo de América Latina* 373 (January 1983): 7 – 8; and "Latin American Economic Conference," *CEPAL Review*, no. 22 (April 1984), pp. 39 – 52.

Minsky）曾以不同的方式阐述过相似的论点：不受调节的私有金融市场更有可能信贷过松和出现危机。[1]然而，他们的理论整体来讲是从宏观层面探讨资本主义经济。我对拉丁美洲债务问题的分析将更多聚焦于20世纪70年代的现代国际银行，特别考察了其对发展中国家，尤其是拉丁美洲的贷款。这种研究方法将使我能够从机构层面了解供给侧在信贷危机中扮演的角色，探析常常有悖于传统智慧的银行行为，也为拉丁美洲共同责任观点提供了一定的技术支持。

银行已经约定俗成地被看作最保守的贷款人，结合信贷市场背景知识，就是说它们往往会对借款人制定各项规定；银行也在传统上被看作有效中介，这里的"有效"是相对于公共部门（扭曲了信贷分配）而言的。这部分解释了为什么那么多分析师会对未受调节的欧洲货币市场的扩张及其在20世纪70年代对欠发达国家的贷款持乐观态度。这也或许解释了，为什么在对北方地区存在的危机的解释中，最受欢迎的学派会如此迅速地指出，危机的原因是债权国的经济管理和外部冲击而非银行业。通过探究银行在实务中如何放贷，我会证明在20世纪70年代，未受调节的银行有过度放贷的内在趋势。此外，我将阐述信贷市场如何能够帮助和煽动在债权国的任何当地势力去过度借款，换句话说，供给和需求的动态变化促使这个体系往过度债务积累的方向发展。

在信贷下行周期，延期还款在全球层面被视作现代化危机管理的典型方法，银行、经合组织和债权国都已承担相应的责任去保护世界金融和贸易体系的可行性并维护债权人的信誉。延期还款政策已经被普遍视作基于市场、高效、兼顾债权人和债务人利益。相反，我将论述伴随问题的出现，银行会从过度贷款转变为过少贷款，并且危机管理主要是以非对称的债务人损失为代价来保护银行的贷款组合。我也将证明，债权人用来证明他们政策的那些技术论证，在理论上是不一致的、随意制定的并且可能被用来掩盖这样一种事实：债务人已经在承担大部分不必要的危机代价。

本书研究的实质性部分始于第2章，我在本章中就私人银行和资本在外部融资中的作用结合历史背景做了概述，时间范围从19世纪初到20世纪80年

---

[1] Karl Marx, *Capital*, 9th ed. (New York: International Publishers, 1967), vol. 3, pt. 5; Thorstein Veblen, *The Theories of Business Enterprise* (New York: Charles Scribner's Sons, 1904), chap. 7; and Hyman Minsky, *Can "It" Happen Again?* (Armonk, N. Y.: M. E. Sharp, Inc., 1982). 关于马克思的信贷和危机理论的当代优秀解读，详见：Weeks, *Capital and Exploitation*, pp. 95 – 219. 对于7种早期和当代的金融危机理论的有用总结，参见：Martin Wolfson, "Financial Crisis: Theory and Evidence in the Post-War U. S. Economy" (Ph. D. diss., The American University, 1984), pp. 16 – 72.

代。特别关注的是银行在战后的扩张：它的起源、贷款的重要性以及银行与外部的最终衔接。

本书在第3章中从更加抽象的层面重述了第2章中发现的战后银行的扩张。这种分析的目的是从大体上阐明，为什么银行在信贷上行周期中会如此慷慨地贷款，以及它们如何能内生性地导致债务过度扩张。我在第3章中，首先基于与历史背景无关的投资组合理论对银行行为进行了传统分析，结论是银行是谨慎而有效的贷方，它们可以对借方施加一系列的还款纪律。这与后来另一种分析形成对比，后者探究了现代银行作为历史机构，在特定市场结构动态中的运营。运用这种研究方法，我阐述了私人银行在20世纪70年代为什么以及如何在扩张阶段倾向于激进地发放贷款，成为过度负债和经济危机的真正代理人。

在第4章中，我对第3章的议题进行了聚焦，具体分析了从过度贷款到过度借款的转变过程。该章基于秘鲁和玻利维亚两个国家的历史经验建立了银行—借款人关系的分析框架，这两个国家在20世纪70年代经历了重要的银行信贷周期，并且我可以得到关于信贷交易合同的非常具体的重要数据。

第5章的关注点转变为信贷下行周期和延期还款的政治经济。我在第5章中探究了当债务国累积的债务超过它们可偿还的数额并进入危机阶段时，银行会如何处理与债务国的关系。这将表明，延期还款的理论和实践已被武断地规定，且根植于债权人的垄断权力中，同时已被用来将危机的巨大成本转嫁给债务人。事实上，正如银行的行为有助于延长周期的扩张阶段，在紧缩阶段，银行管理有可能会加重债务人的问题并诱发被动的和社会效率低下的调整过程，该过程对拉丁美洲的发展造成长期负面影响。

第6章探寻了解决拉丁美洲债务危机的多样化路径。本书认为，债务国不应该被动地等待国际公共解决方案的安排，该方案会以在社会层面有效的方式管理这次债务危机。这是因为在北部地区，不成比例的债权人—债务人议价能力和其他客观条件产生了一种惯性，使得这种国际公共举措的形成过程变得痛苦而缓慢。为了减轻过重的债务负担，现在国家必须富有想象力地制订新的支付方案来保护自己的经济利益，其中包括但不限于单方面偿债限制。为此，本书最后回顾了减少资源从债务国向债权国转移的可能的非传统替代方案。

第2章

综述:国际银行的崛起与转型

本章的目的不是发表任何原创性声明,而是介绍国际银行贷款的背景资料,这将有助于为后续章节的假设与分析提供支持。我关注的焦点是私人银行的制度和结构方面,因为我认为,这对于理解在20世纪70年代信贷周期扩张和80年代崩溃期间,银行与拉丁美洲国家的互动的实质是非常重要的。

2.1 从历史角度来看私人银行贷款

关于私有国际资本市场的分析著作日益增多。研究1929年金融体系大崩盘之前的国际贷款变革的优秀著作有很多。[1] 关于欧洲货币市场的大量文献

---

[1] Barara Stallings, *Banker to the Third World* (Berkely: University of California Press, 1987); Douglass North, "International Capital Movements in Historical Perspective," in *U. S Private and Government Investment Abroad*, Ed. Raymond Mikesell(Eugene, Ore.: University of Oregon Books, 1962), pp. 10 - 43; Arthur Bloomfield, *Patterns of Fluctuation in International Investment before 1914*, Princeton Studies in International Finance, No. 21 (Princeton, N. J.: Princeton University, Department of Economics, 1968); United Nations Economic Commission for Latin America and the Caribbean(ECLAC), *External Financing in Latin America* (New York, 1965), pp. 5 - 34; Albert Fishlow, "Lessons from the Past: Capital Markets during the 19th Century and the Interwar Period," *International Organization* 39(Summer 1985): 383 - 440; Steven Davis, *The Eurobank: Its Origins, Management, and Outlook* (London: Macmillan, 1976), pp. 6 - 21; Charles Kindleberger, *Manias, Panics, and Crashes* (New York: Basic Books, 1978); Herbert Feis, *Europe the World's Banker, 1870 - 1914* (New York: W. W. Norton, 1965); Karl Born, *International Banking in the 19th and 20th Centuries*, trans. Volker Berghahn (New York: St. Martin's Press, 1983); Marilyn Seiber, *International Borrowing by Developing Countries* (London: Pergamon Press, 1982), pp. 19 - 32; David Gisselquist, *The Politics and Economics of International Bank Landing* (New York: Praeger, 1981), pp. 1 - 57; Henry Bishoff, "British Investment in Costa Rica," *Inter-American Economic Affairs* 7(Summer 1973): 34 - 47; and Carlos Diaz-Alejandro, "The Early 1980s in Latin America: 1930s One More Time?" paper presented at the Expert Meeting on Crisis and Development in Latin America and the Caribbean, United Nations Economic Commission for Latin American and the Caribbean, Santiago,Chile,29 April-3 May 1985.

都讨论了战后动态私有国际资金流的重新出现[1],20 世纪 70 年代私人贷款向欠发达国家的大规模扩张受到了越来越多的关注。[2] 在这里,我将引用上述著作以及其他著作来说明与国际银行更为相关的方面,这与拉丁美洲和诸多发展中国家的当代金融形势非常相关。

2.1.1 1929 年之前的私有资本与拉丁美洲

资金流数据的不完整使得本书难以对私人交易做出精确估计。虽然如此,但众所周知,在 19 世纪和 20 世纪早期,大量的私人海外资金积极流入拉丁美洲。[3] 虽然没有对于那些私人交易的详细描述,但我仍会强调这些交易的一些更为有趣的特征,因为正如后文所述,这些交易与当代国际金融具有重要的相似和不同之处。

慢性、周期性繁荣和崩溃。私人资金流的一项显著特征是高度周期性,与繁荣现象相伴随的是系统性支付问题以及金融崩溃的出现。[4] 在拉丁美洲有过一些很明显的周期。其中第一次大规模的金融海啸发生在 1822 年,刚刚独立的拉丁美洲国家吸引了大量欧洲资本,然而当时的金融繁荣非常短暂,债务人和投资者高估了拉丁美洲的出口收入,偿债问题以及金融恐慌在 1827 年之后相继爆发。债权人经历的惨痛损失使得海外投资者们远离拉丁美洲市场超

---

[1] 一些值得一提的著作是:Stuart Robinson, *Multinational Banking* (Leyden, Netherlands: A. W. Sythoff Leiden, 1974); Anthony Angelini, Maximo Eng, and Francis Lees, *International Lending, Risk, and the Euromarkets* (New York: John Wiley & Sons, 1979); Jonathan David Aronson, *Money and Power* (Beverly Hills, Calif.: Sage Publications, Inc., 1977); Gunter Dufey and Ian Giddy, *The International Money Market* (Englewood Cliffs, N. J.: Prentice-Hall, 1978); Ronald McKinnon, *The Eurocurrency Market*, Princeton Essays in International Finance, No. 125 (Princeton, N. J.: Princeton University, Department of Economics, 1977); T. H. Donaldson, *Lending in International Commercial Banking* (London: MacMillan Publishers Ltd., 1983); and Davis, *The Eurobank*, pp. 22-188.

[2] P. A. Wellons, *Borrowing by Developing Countries on the Euro-Currency Market* (Paris: Organization for Economic Cooperation and Development, 1976), pp. 7-31; Robert Devlin, "External Finance and Commercial Banks: Their Role in Latin America's Capacity to Import between 1951 and 1975," *CEPAL Review*, no. 5 (first half of 1978), pp. 63-98; David Beek, "Commercial Bank Lending to Developing Countries," *Federal Reserve Bank of New York Quarterly Review* 2 (Summer 1977): 1-8; Howard Wachtel, *The New Gnomes: Multinational Banks in the Third World*, TNI Pamphlet No. 4 (Washington, D. C.: Transnational Institute, 1977); Seiber, *International Borrowing*, pp. 79-122; Gisselquist, *Politics and Economics of Bank Lending*, pp. 148-195; and Stallings, *Banker to the Third World*.

[3] 截至 1930 年的资金流数据,详见:ECLAC, *External Financing in Latin America*, pp. 5-36. 由于是非公开交易,造成这些数据是名义上的和不完整的。

[4] Gisselquist, *Politics and Economics of Bank Lending*, p. 56.

过 20 年。尽管如此，由于欧洲资本市场的扩张和对过去发生的损失逐渐淡忘，19 世纪 50 年代海外资本热情高涨地重回拉丁美洲市场。第二波信贷危机伴随支付问题的恶化而出现：在 1880 年底，拉丁美洲对英国发售的国债中有 58% 发生违约。[1]

尽管发生了上述危机，但在 19 世纪末和 20 世纪早期（虽然在 19 世纪 90 年代又发生了一次偿付危机），海外资金再一次流向拉丁美洲市场。这是一个私人国际投资集中的时代，主流分析师有感于资本的自由流动，将这一时期称为"海外资本的黄金时代"；但是研究焦点集中于债权国的霸权竞争和外围的强大政治经济的入侵，马克思主义学者轻蔑地称其为"资本主义时代"。[2] 在此期间，拉丁美洲对海外投资者的吸引力与日俱增，就像"在第一次世界大战前夕，拉丁美洲成为国际金融巨头们激烈竞争的目标那样"。[3]

虽然在第一次世界大战期间流入拉丁美洲的资金减少，但并没有发生严重的偿付问题，部分原因在于，战争时期的购买力增强了出口和支付能力。之后在 20 世纪 20 年代，拉丁美洲迎来了另一次投资热潮，随后在 20 世纪 30 年代发生了著名的由全球大萧条和该地区出口价格大幅下滑引发的经济危机（在 1925～1929 年和 1930～1934 年间，出口收入下降了 48%）。[4] 在 1929 年经济萧条之后的 15 年间，私人资金流几近枯竭，直到第二次世界大战以后，拉丁美洲的私人国际资金渠道才得以恢复。

资金的来源和使用情况。在第一次世界大战以前，拉丁美洲的海外投资资金主要来源于英国，占比超过 50%，美国（占比 15%）和法国（占比 8%）紧随其后。[5] 三分之一是以投资组合的形式出现，分别是债券和对私人公司的直接投资。[6]

拉丁美洲发行的债券被大金融中心的大大小小的投资者所购买。值得注意的是：在这一时期，商业银行在投资者和借款人之间充当了中间人的角色，从事相对低风险的承销业务。它们自身向债务国家发放的贷款仅限于短期流动

---

[1] ECLAC, *External Financing in Latin America*, pp. 6-7.
[2] 多年来，关于资本主义的马克思主义观点在希尔弗丁（Hilferding）、列宁（Lenin）和布哈林（Bukharin）的经典解释中不断改变，文中引用了布哈林的解释。马克思主义对于资本主义的详细研究可见：Anthony Brewer, *Marxist Theories of Imperialism* (London: Routledge & Kegan Paul, 1980).
[3] ECLAC, *External Financing in Latin America*, p. 7.
[4] Ibid., p. 23.
[5] Ibid., tables 16 and 17.
[6] Ibid., p. 21.

贷款，这些债务大部分是通过债券发行间的过桥融资积累起来的。[1]

海外资本的使用方是政府和私人企业。投资组合方式更多是通过公共部门的直接融资，或者是通过政府对私人企业进行担保的间接融资。正如人们所料，对海外资本最主要的使用国依次是阿根廷（占比41%）、巴西（占比20%）和墨西哥（占比14%）。[2]

第一次世界大战之后的主要变化是，美国更加频繁地以拉丁美洲和世界范围内的重要投资者的形象出现，并且一直持续到今天。

最后值得一提的是，在20世纪20年代，投资组合在资本交易中的份额越来越大；在美国，投资组合在总投资中的比例从1919年的17%增加至1929年的32%。[3]

资金流的长期性。流向拉丁美洲的资金具有长期性的特征。当然，直接投资是对公司进行参股，因而主要的经济负担是利润的汇出，其具有弹性，并以反周期方式波动。也就是说，当经济处于衰退期时，利润和汇款也减少，反之亦然。债券发行也具有长期性，有时最长可延长至99年。[4] 然而不像利润汇出，偿债支付是合同化固定的，不能根据经济周期进行调整。

市场主导的债务减免。尽管偿债支付事宜是合同化固定的，但是法律上的偿债义务遇到了实际中的违约调节机制：因经济周期的剧烈波动而需调整偿债日程。事实上，这一时期频繁的违约起到了分散风险的作用，它将这种调节机制形成的大部分成本作为超额信贷成本转移给了贷款方。

在大萧条时期，出口收入的大幅下滑造成了除阿根廷（联邦债务）、多米尼加共和国和海地以外的所有拉丁美洲国家延期偿付它们的债务。到1937年，该地区85%的公共美元债券债务被迫延期。这些偿债困难问题反过来造成了拉丁美洲债券在海外资本市场的价格大幅回落。该地区在1920~1931年发行的面值达20亿美元的债券，到1935年已经大幅折价了75%。拉丁美洲国家可以借助这一形势在一定程度上减轻它们的债务负担。许多国家的确停止了利息偿付，也正是利息偿付的延期导致了债券市场价格的下滑，因此，这些国家就可以拨出资金以明显偏低的市场价格来回购它们所发行的债券。例如，智利在1935年以每一美元支付15美分利息的交易价格，从市场中回购了其发行的

---

[1] Gisselquist, *Politics and Economics of Bank Lending*, p. 32.
[2] ECLAC, *External Financing in Latin America*, tables 16 and 17.
[3] Ibid., p. 20.
[4] Helen Hughes, "Debt and Development: The Role of Foreign Capital in Economic Growth," *World Development* 7 (February 1979): 96.

面值达 8 800 万美元的公债。[1]

一旦债务国陷入债务违约,那么其债权人也无计可施。债券持有人是分散的、匿名的,他们很难将所有的债权人组织起来进行资金回收。此外,虽然在 19 世纪和 20 世纪初曾经发生过"炮舰外交事件"以维护债权人利益,但是在违约频发时期,债权国很大程度上并没有进行干预。[2]

债务人违约的基本损失在于,失去了进行新的私人借贷的机会。正如前文所述,伴随着 20 世纪 30 年代出现的大规模债务延期,拉丁美洲的私人信贷在那之后 20 年里几乎停滞。但是从另一方面来看,市场主导的债务减免在有效帮助债务国维持国内经济活动的同时,也使得债务国避免了出口的大幅下滑[3];继而在偿债违约发生之后,个人期望和市场都常常处于混乱状态,以至于新的自主融资也是问题重重。[4]

但更重要的是,债务国并没有拒绝偿付它们的债务。因此,当债务国的出口收入恢复时,它们通常会尝试重新协商偿债问题并重建它们的信誉。例如,在第二次世界大战后曾发生过多个债务国通过与债权国协商来重启偿债义务的案例。重新修订的还款协议通常会提供较大的让利优惠,贷款至少会部分得到市场折扣。例如,新的债券延期支付利息的利率要低于原始利率;逾期本金支付部分在通常情况下,通过协商也会明显低于原始金额。[5]

债权人的短视。在传统意义上,私人金融市场被视作有效率的,资本被投放于回报率最高的地方,而长期以来,针对此问题的宏观经济分析也证明确实如此。[6]然而在经济繁荣期和崩溃期,社会化、高成本、周期性的信贷模式得到了其他研究人员的重点关注,他们长久以来都致力于从机构角度研究借款和贷款过程。事实上,在经济繁荣时期,普遍的乐观情绪通常会形成信贷的金字

---

[1] ECLAC, *External Financing in Latin America*, pp. 29 - 30. 然而,损失不应该被夸大。在停止偿债之前,债券持有人的回报很高并且利息可以抵补大部分的违约风险。一些研究人员发现,在债务违约期间仍然产生了 3% 的利息回报,堪比美国 Aaa 债券的回报。David Folkerts-Landau, "The Changing Role of International Bank Lending in Development Finance" (Washington, D. C.: International Monetary Fund, December 1984), p. 6.

[2] Richard Dale and Richard Mattione, *Managing Global Debt* (Washington, D. C.: Brookings Institution, 1983), p. 3; and ECLAC, *External Financing in Latin America*, pp. 29 - 30.

[3] Diaz-Alejandro, "The Early 1980s in Latin America," p. 13; and Charles Kindleberger, "The 1929 World Depression in Latin America—From the Outside," in *Latin America in the 1930s*, ed. Rosemary Thorp (New York: St. Martin's Press, 1984), p. 323.

[4] ECLAC, *External Financing in Latin America*, p. 30.

[5] See ibid., pp. 30 - 31; and Stallings, *Banker to the Third World*, pp. 79 - 80.

[6] Bloomfield, *Patterns in International Investment*, pp. 35 - 40.

塔模式:越来越多的投资者进入市场创造利润,但他们对于市场情况却了解得越来越少。正如约翰·肯尼斯·加尔布雷思(John Kenneth Galbraith)以他独有的讽刺方式所阐述的那样:

在其他条件的支持下,自17世纪以来的银行发展过程,同样也是市场悲喜情绪的发展过程。这一发展过程的周期长得足以让人们忘记上一次灾难:一个时代的金融天才总是在声名狼藉中死去,并被新的金融天才所取代,而这些金融天才在那些易受骗和已经受骗的人们的眼中能够点石成金。[1]

加尔布雷思关于金融发展的观点虽然诙谐,但也确实为政府在金融崩溃后寻找对策提供了丰富的依据。例如在1875年,负责英国国会向海外贷款的决策委员会,就当时拉丁美洲的贷款损失发布公告称:"对借款人的完全不顾及、贷款环节的职权滥用以及高额的佣金,造成了无良好信誉的借款人可以向他们申请贷款、政府代表与发行方相互勾结以及市场在债务处置过程中的扭曲。"[2]同时,一份美国政府报告对20世纪20年代的国际借贷情况总结如下:

外国债券以强制推销的方式被求购和发售,我们的贷款印证了他们的消亡。一笔贷款的交易过程通常为未来对同一借款人和债务国的借贷事宜提供了足够的依据,而不会考虑日益增长的债务负担。[3]

金融体系的问题和政府的过度干预,通常会造成市场调整与变革的压力。在1863年和1864年,美国政府开始进行对联邦银行系统的管控,但是20世纪30年代的金融大崩溃成就了美国延续至今的银行综合监管系统。经合组织的其他国家银行体系也加强了对它们贷款机构的监督。[4]

2.1.2 第二次世界大战以后

在第二次世界大战以后,拉丁美洲的海外资金严重依赖海外直接投资、政府与政府之间的贷款。在20世纪50年代末,世界银行为拉丁美洲提供了资

---

[1] John Kenneth Galbraith, *Money* (Boston: Houghton Mifflin, 1975), p.21.
[2] Feis, *Europe the World's Banker*, pp.105 – 106.
[3] Hal B. Lary, *The United States in the World Economy* (Washington, D.C.: U.S. Department of Commerce, 1943), quoted in Davis, *The Eurobank*, p.21.
[4] 关于这一时期美国储蓄体系监管的说明,详见:Lewis Spellman, *The Depository Firm and Industry* (New York: Academic Press, 1982), pp.16 – 28; and Milton Friedman and Anna Schwartz, *A Monetary of the United States, 1867 –1960* (Princeton, N.J.: Princeton University Press, 1963), pp. 420 – 462. 欧洲体系,详见:Ulrich Immenga, *Participation by Banks in Other Branches of the Economy* (Brussels: Commission of European Communities,1975).

金,因为该机构将其注意力从欧洲的重建转移到了经济发展的资金需求。伴随在 20 世纪 60 年代初美洲开发银行的成立,更多的多边金融开始兴起。私人商业银行在拉丁美洲的海外融资交易中一直很低调,其投资对象主要限于由当地政府担保的出口信贷和无风险的周期性贸易信贷。同时,债券发行量在这一时期相对较少,这主要是由三方面的原因所导致的:投资者对于 1929 年经济危机的记忆仍然还在;债权国政府的文件很复杂;其他制度性限制使得欠发达国家无法进入融资市场。[1] 至于实际融资金额,其比例有限。

但是在 20 世纪 70 年代,该地区的情况发生了很大转变,其融资需求在很大程度上得到了满足,并且私人商业银行提供的资金占很大比例。就这些颇具戏剧性的变化,本书将从不同的角度来进行考察。

外部资金的流动。表 2.1 和表 2.2 反映了从战后到危机发生期间拉丁美洲及非石油输出国的外部资金流情况。表 2.1 以美元名义价值衡量,而表 2.2 以不变的 1970 年美元价值衡量以规避通胀的影响。

表 2.1　　拉丁美洲:1951~1983 年的外部资金流动与资源转移（单位:10 亿美元）

年度平均(1)	海外直接投资(2)	净非补偿性贷款 中长期[a](3)	净非补偿性贷款 短期(4)	总和(3+4)(5)	总流量(2+5)(6)	要素报酬[b](7)	净转移(6-7)(8)	净转移与未登记的交易之和(9)	备忘项 (8)÷出口[d](10)	备忘项 (9)÷出口[d](11)
				拉丁美洲[c]						
1951~1965	0.5	0.4	0.1	0.5	1.0	1.1	-0.1	-0.3	-1.1	-3.3
1966~1970	0.7	1.3	0.5	1.8	2.5	2.3	0.2	0.1	1.4	0.7
1971~1975	1.7	6.6	1.1	7.7	9.4	4.2	5.2	4.6	17.1	15.1
1976~1980	3.7	18.2	1.9	20.1	23.8	11.5	12.3	12.1	17.4	17.4
1981	7.2	38.6	2.0	40.6	47.8	28.1	19.7	8.1	16.6	7.0
1982	5.7	28.0	-5.4	22.6	28.3	39.7	-11.1	-20.7	-11.0	-20.0
1983	3.1	15.0	-13.0	2.0	5.1	35.0	-29.9	-33.1	-29.2	-32.3

[1] 许多工业化国家的政府机构禁止养老金购买发展中国家的证券,限制了资产组合投资于此类资产的比例,并对欠发达国家债券在其资本市场中的流动性加以公开的限制。详见:Donald Lessard and John Williamson, *Financial Intermediation beyond the Debt Crisis* (Washington, D.C.: Institute for International Economics,1985), pp. 100 - 101; and Francis Lees and Maximo Eng, "Developing Country Access to the International Capital Markets," *Columbia Journal of World Business*, Fall 1979,pp. 80 - 81.

续表

年度平均(1)	海外直接投资(2)	净非补偿性贷款 中长期[a](3)	净非补偿性贷款 短期(4)	总和(3+4)(5)	总流量(2+5)(6)	要素报酬[b](7)	净转移(6−7)(8)	净转移与未登记的交易之和[c](9)	备忘项 (8)÷出口[d](10)	备忘项 (9)÷出口[d](11)
拉丁美洲:非石油出口国[f]										
1951~1965	0.3	0.3	0.1	0.4	0.7	0.4	0.3	0.2	5.4	3.6
1966~1970	0.4	0.9	0.3	1.2	1.6	1.2	0.4	0.3	4.4	3.3
1971~1975	1.2	4.8	0.8	5.6	6.8	2.5	4.3	4.1	23.4	22.3
1976~1980	2.7	10.9	1.9	12.8	15.5	7.8	7.7	7.7	18.0	18.0
1981	4.4	26.4	−5.1	21.3	25.7	18.3	7.4	6.6	11.7	10.4
1982	3.7	16.3	1.0	17.3	21.0	24.3	−3.3	−4.9	−5.8	−8.6
1983	2.5	9.2	−0.5	8.7	11.2	22.6	−11.4	−13.5	−20.1	−23.8

Source: Calculated from balance of payments data of the United Nations Economic Commission for Latin America and the Caribbean (ECLAC), Division of Statistics and Quantitative Analysis, which are in turn prepared from the magnetic tapes of the International Monetary Fund's *Balance of Payments Yearbook*.

注释:
[a] 包括资产组合投资。
[b] 利息支付和利润汇付(净值)。
[c] 表外交易详见国际收支平衡表中资产科目的"误差和遗漏项"。
[d] 商品和服务。通过除以出口带来的净转移,我们可以分析得出,海外金融交易对外汇整体可得性的正负贡献水平。
[e] 除古巴外的所有西班牙语国家,再加上巴西和海地。
[f] 在(e)备注项所包括的国家中去除墨西哥、委内瑞拉和厄瓜多尔。

表 2.2 拉丁美洲:1951~1982 年的外部资金流动与资源转移

(单位:以 1970 年美元为基准的 10 亿美元)

年度平均(1)	海外直接投资(2)	净非补偿性贷款 中长期[a](3)	净非补偿性贷款 短期(4)	总和(3+4)(5)	总流量(2+5)(6)	要素报酬[b](7)	净转移(6−7)(8)	备忘项 贸易条件变化的影响[c](9)	备忘项 出口量[d](10)	备忘项 进口[e]/出口(11)
拉丁美洲[f]										
1951~1965	0.6	0.5	0.1	0.6	1.2	1.5	−0.3	1.3	60.6	107
1966~1970	0.8	1.3	0.5	1.8	2.6	2.5	0.1	−0.4	91.6	96

续表

年度平均 (1)	海外直接投资[a] (2)	净非补偿性贷款 中长期 (3)	短期 (4)	总和 (3+4) (5)	总流量 (2+5) (6)	要素报酬[b] (7)	净转移 (6-7) (8)	备忘项 贸易条件变化的影响[c] (9)	出口量[d] (10)	进口[e]/出口 (11)
1971～1975	1.2	4.4	0.7	5.1	6.3	3.0	3.3	2.2	114.2	118
1976～1980	1.6	8.0	0.7	8.7	10.3	4.7	5.6	4.1	155.2	126
1981	2.4	12.5	0.8	13.3	15.7	8.9	6.8	4.4	197.3	124
1982	1.9	9.4	−1.6	7.8	9.7	11.7	−2.0	0.2	192.4	104
拉丁美洲：非石油出口国[g]										
1951～1965	0.3	0.4	0.1	0.5	0.8	0.5	0.3	−0.1	58.3	104
1966～1970	0.4	0.9	0.4	1.3	1.7	1.3	0.4	−0.4	89.7	96
1971～1975	0.8	3.2	0.5	3.7	4.5	1.7	2.8	−0.3	116.2	114
1976～1980	1.1	4.3	0.8	5.1	6.2	3.0	3.2	−1.6	166.9	102
1981	1.3	7.6	−1.4	6.2	7.5	5.3	2.2	−6.0	215.3	89
1982	1.2	4.8	0.3	5.1	6.3	6.9	−0.6	−6.8	207.5	76

Source: Same as Table 2.1.

注释：数据通过商品和服务的进口价格指数进行了平减。该指数是由联合国拉丁美洲和加勒比经济委员会的数据统计和定量分析部门制定的，其依据是各国进口商品的价格数据样本。表格中标示的数据是地区间的加权平均值。由于联合国拉丁美洲和加勒比经济委员会调整了对于国际收支会计报表的数据统计库，导致1983年的比较观察数据样本不可得。

[a] 包括资产组合投资。

[b] 利息支付和利润汇付（净值）。

[c] $\bar{X}_t[(PX_t/PM_t)-1]=$贸易影响值，其中$\bar{X}$是以1970年美元价格作为常值标准计算的年度出口商品和服务的价值，PX是出口值的平减值，PM是进口值的平减值，t是观测年份。关于该数据统计方法的更多信息详见ECLAC, *América Latina y el Caribe: Balance de Pagos, 1950-1984*〔Latin America and the Caribbean: Balance of Payments, 1950-1984〕(Santiago, Chile, 1986), p.18.

[d] 1970年指数值为100。

[e] 进口商品和服务的美元值除以出口商品和服务的美元值。所得值大于100代表贸易逆差，小于100代表贸易顺差。

[f] 所有西班牙语国家再加上巴西和海地。

[g] 在(f)所包括的国家中去除墨西哥、委内瑞拉和厄瓜多尔。

根据表2.1中数据，通过进行相关计算，我们可以得出结论：一直到1970年，拉丁美洲在海外融资方面都面临着苛刻的金融环境。到1965年，贷款和直接投资在海外资金中的占比相当，但在考虑到中间环节的支出后，对于拉丁美洲总体来说,这些资金(第 8 列)的净转移为负(流出资金相当于超过出口收入的 1%);对于非石油出口国来说,这一数值恰好为正(流入资金相当于出口收入的 5%)。[1] 在 20 世纪 60 年代的后 5 年,海外融资的外部环境同样遭遇了相似的限制。

在 1970 年之后,融资环境发生了明显改变。我们可以观察到融资情况发生了一次戏剧性的转折。相对于 20 世纪 50 年代和 60 年代的资金"枯竭",在 70 年代的 10 年中则转变为资金的"泛滥":净资金转移量之大,相当于整个拉丁美洲地区出口额的 17%,对于该地区非石油出口国来说,这一净资金转移量分别相当于 70 年代前 5 年和后 5 年出口额的 23% 和 18%。从表中数据我们可以看到:几乎所有资金流的增长均来源于贷款业务,在 20 世纪 70 年代末,贷款业务对国际收支平衡的贡献大于对外直接投资(FDI)。[2]

在 1981 年资金依然充足,但是在 1982 年和 1983 年,这种情况发生了戏剧性的颠覆:贷款额急剧下降,而中间环节支出却急速上升。1983 年(自经济危机以来首个完整年度)净资金转移量为负,分别相当于整个拉丁美洲和非石油出口国出口收入的 29% 和 20%。这意味着整个拉丁美洲和非石油出口国在 1981~1983 年间资金流的变化分别约占到了其出口的 46%[16.6-(-29.2)] 和 32%[11.7-(-20.1)]。更加严重的是,大量资金外流使国内的金融环境恶化,导致资金向债权国转移。如表 2.1 所示,通过汇总国际收支平衡表中未登记的交易(大致代表了资金的外流)与登记的交易,可以得出它们分别约是 1982 年拉丁美洲和非石油出口国资源出口额的 2 倍和 50%。这些未登记的外流资金构成了拉丁美洲国家的偿债压力,它们既是 1982 年年中拉丁美洲经济危机爆发的根源,也是危机的必然结果。

从表 2.2 以不变美元价值衡量的数据中,更能进一步观察到资金的流动。就资金流的规模来说,所反映出的信息是相似的:1970 年以前金融环境相对苛刻,20 世纪 70 年代资金充裕,但从 1982 开始净资金转移进而引发经济大崩溃。在 1966~1970 年和 1976~1980 年间,整个拉丁美洲的贷款交易额增长了近 4 倍,贷款交易成为资金流动的主要决定因素,在这一时期,净资金转移的增加并没有非常明显。剔除通胀的影响,大量的资金转移(包括石油出口国贸易的有利影响)还是导致了大规模且持续增长的贸易逆差。这意味着

---

[1] 石油生产国资源向拉丁美洲转移的负面影响,很大程度上是由于利润从委内瑞拉的汇出。
[2] 当然,在此只考虑了资金流而忽视了海外资金流对于进出口额的副作用。

国内实际支出超过了国内实际产出,进而对经济增长形成强刺激。[1]虽然拉丁美洲各国的经济情况确实各有不同,但充裕的海外信贷资金是拉丁美洲国家在面临经合组织扩张缓慢时,保持经济强劲增长的共同因素;此外,与经合组织相比,这一时期拉丁美洲国家所享受的传统经济增长溢出变得更加突出了(见表2.3)。

表2.3　　　　　　经合组织与拉丁美洲:国内生产总值(增长率)

国家	1962~1972	1973	1974~1975	1976~1979	1980	1981	1982	1983	1984	1985	1986	1987[a]
OECD国家	4.8	5.8	0.1	4.0	1.1	1.6	−0.5	2.7	4.9	3.2	2.8	2.8
拉丁美洲[b]	5.7	8.4	4.1	5.4	6.2	0.7	−1.2	−2.5	3.8	3.6	3.8	2.5
(非石油出口国)[b]	(5.4)	(8.3)	(4.8)	(5.3)	(6.6)	(−2.4)	(−1.6)	(−1.5)	(4.3)	(4.4)	(6.9)	(3.2)

Sources: Organization for Economic Cooperation and Development (OECD), *Economic Outlook* (Paris), various numbers; and ECLAC, Division of Statistics and Quantitative Analysis.

注释:
[a] 初步统计值。
[b] 同表2.1注释 *f*。

然而,1982年拉丁美洲在诸多方面遭遇不利形势:贸易条件的转变造成了外部资金转移为负和资金的进一步流失,工业化国家的长期经济衰退使得出口水平更低。在此情形下,贸易逆差和经济增长严重恶化(见表2.2和表2.3)。由于在1982年石油输出国的贸易条件仍然优于1974年前的水平,因此,如果在分析过程中将石油输出国排除在外的话,这一趋势转变将更加明显。

表2.2反映出第二次世界大战结束后,非石油出口国的贸易条件总体来说并没有发生向好的转变。因此,大规模的净资金转移决定性地使实际贸易账户从20世纪50~60年代的基本上收支平衡,变为20世纪70年代前5年的显著赤字。正如前文所提及的,这在经合组织经济萧条时期极大地推动了该地区的经济增长。虽然在1976~1980年间实际净资金转移大于前5年,但实际贸易条件下的贸易赤字大幅缩小并达到了初步收支平衡。这部分解释了两个现象:贸易条件的显著恶化抵消了资金流入;这一时期,很多国家通过举债来积累外汇储备。

---

[1] 虽然内需强于出口可以刺激经济增长,但增长的可持续性部分依赖于如何有效吸引更多的资金。在第4章中将会更加关注这一点。

在1981年,更准确地说是1982年,非石油出口国清楚地释放出了资金压力严峻的信号。实际的净资金转移额出现了显著下降,在之后几年变为负值;并且在贸易条件进一步恶化的影响下,更加严重的资金损失随之出现。在这样的金融环境下,国家难以维持实际(或名义)贸易条件下的贸易赤字,事实上,在1982年就发生了大规模的贸易顺差。因而自20世纪60年代后期起,实际消费首次明显不及实际出口。如表2.3所示,由于缺乏出口的强劲扩张,消费不及出口的趋势给经济带来了不利影响。

总之,拉丁美洲从20世纪70年代外部融资刺激下的经济繁荣,急剧转变为20世纪80年代的经济崩溃。正如前文所述,1987年拉丁美洲的人均收入比1980年水平低将近6个百分点,而与1978年实现的人均收入水平几乎持平。[1]

资金的来源。表2.1和表2.2表明,在20世纪70年代,外部融资的活跃源自国际借贷的大规模扩张。本书研究也表明,正是私人国际商业银行的信贷决策造成了这次国际借贷的大规模扩张。

表2.4按照来源划分了1961~1981年的净资金流。其中的数据与表2.1中的数据并不完全匹配,这主要是由于表2.4排除了短期融资、流向私人部门的资金,并包括了表2.1中未考虑在内的一些讲英语的加勒比国家。尽管如此,表2.4的数据充分展现了商业银行在拉丁美洲外部融资中所扮演角色的巨大变化。

表2.4　　　　　　　　按来源统计拉丁美洲的净资金流量　　　　　　　　（单位:%）

年　份	官方来源			私人来源						累计值
	多边	双边	总和	供应商	银行	债券	直接投资	其他	总和	
1961~1965	19.4	40.7	60.1	7.9	1.6	5.1	25.3	⋯[a]	39.9	100
1966~1970	16.6	26.9	43.5	11.7	8.1	2.6	33.2	0.9	56.5	100
1971~1975	13.5	11.2	24.7	4.0	42.4	2.2	25.8	0.9	75.3	100
1976~1980	8.5	4.5	13.0	1.3	58.3	9.0	18.6	−0.2	87.0	100
1981	10.4	5.4	15.8	⋯	53.5	6.4	24.6	−0.3	84.2	100

Source: Inter-American Development Bank, *External Financing of the Latin American Countries* (Washington, D.C., December 1978, 1981, and 1982), table 4 in each source.

注释：数据样本来源于美洲开发银行的发展中国家成员。数据只收录这些国家官方部门的中长期资金流。

[a] (⋯)=0 或不足以量化的极小值。

---

[1] 联合国拉丁美洲和加勒比经济委员会,"对1987年拉丁美洲经济的初步概述"(Santiago, Chile, December 1987),表2。

我们可以看到在20世纪60年代初期,官方资金流与私人资金流在总资金流中的占比分别是60%和40%。在此比例结构下,私人银行资金流占比很低,仅约占到总资金流的2%。在60年代后期,随着私人资金流占比的提升,私人银行资金流的比重也提升到了8%的适度水平。然而在70年代后期,比例结构发生了实质性变化。私人商业银行资金流占比达到了58%的峰值水平,将其他资金流来源都比了下去,官方资金流与私人资金流的占比也变为13:87。此外,如果假定1976~1980年间的短期收支平衡表的金融项目是基于私人银行的,并将其与中长期资金流相加形成表2.4的话,那么商业银行的比重甚至更大,占到总资金流的62%。因此,我们可以稳妥地认为:在20世纪70年代,流入拉丁美洲的外部资金被"私有化"了10年,甚至可以更专业地称之为被"银行化"了10年。

2.2 第二次世界大战后决定私人银行优势的潜在因素

已经存在一些通用的分析方法可以用来解释,银行对拉丁美洲和其他发展中国家及地区的借款显著增加这种现象。其中,最被广泛接受的方法主要是强调并发性因素。这些并发性因素如油价大涨所形成的外部冲击,导致了发展中国家的外部融资需求,而出于各种原因,只有私人商业银行才能满足其外部融资需求。[1] 同时,与私人银行有关的分析师也着重强调了发展中国家越发认识到私人商业银行这样一种融资渠道的比较优势:私人商业银行是灵活、有效的金融中介,能够以合理、非政治化的条件实现融资。[2] 而深受马克思主义传统影响的分析师则强调,在成熟的资本主义社会中,资本呈现出的显著社会化以及金融资本较工业资本的优势地位。上述分析师们的解读连同核心的结构性危机(由资本过度积累和消费不足引起),共同解释了私人银行的大量资金流向了周边国家。[3] 最后,一些分析师强调了20世纪50~60年代世界银行业机构变迁的内生过程,这一过程导致了海外借贷市场的扩张,并最终将发展中

---

[1] 案例详见:Marina Whitman, "Bridging the Gap," *Foreign Policy* 30 (Spring 1978):148-149.

[2] 案例详见:Irving Friedman, *The Emerging Role of Private Banks in the Developing World* (New York: Citicorp, 1977), p.61.

[3] 案例详见:Maria de Conceicao Tavares and Luiz G. de Mello Belluzzo, "Capital Financiero y Empresa Multinacional" [Finance Capital and the Multinational Enterprise], in *Nueva Fase del Capital Financiero* [New Phase of Finance Capital], ed. Jaime Estevez and Samuel Lichtensztejn (Mexico City: Editorial Nueva Imagen, 1981), pp.35-48.

国家包括在内。[1]

对社会现象的评价研究,单一因素的解释尽管很流行,但其隐藏的内容远多于其揭露的。关于商业银行为什么会向欠发达国家扩大贷款的不同解释其实并不矛盾,仅仅是反映的基本供求关系维度不一样。正如本书第 1 章中所述,由于当前金融危机的部分问题较少被关注,因此当代研究的核心在于发现一种分析方法,用以分析供给侧改革在金融危机中起到的作用。正是由于这个原因,本书更关注银行业及其结构转变,包括其扩大向周边的贷款。然而,本书尤其强调更加关注银行业并不意味着忽略其他贡献因素的重要性,这些因素会出现在文献中。

2.2.1 变革的萌芽:美国市场的新变化

我们从美国开始,它是唯一一个躲过了第二次世界大战破坏的主要工业国家。从 1929 年金融危机发展而来的美国国内银行的保守贷款政策,加上战时的政府财政政策,造就了这些机构非常保守的投资组合:在银行系统的投资组合中,贷款所占比例仅为 23%,贷款是风险较高的资产,但通常也能创造最高的投资回报。紧跟着第二次世界大战的爆发,银行对其发行的债券进行了大量偿付,但政府的公债规模仍然超过其贷款账面价值。事实上,银行业走向了萧条,其在相关领域的金融中介作用也有所下降。然而在 20 世纪 50~60 年代,美国国内银行的投资组合策略发生了一些重大改变,它更加积极地将贷款和服务的营销发展作为核心商业理念。[2] 这将对后来的国际贷款业务产生非常重要的影响。

20 世纪 50 年代初,美国银行高度透明。正如前文所述,银行的投资组合倾向于低风险、低收益的证券。那时的公司也非常透明并且可以发起内部融资,也正因为如此,它们减少了对于银行贷款的需求。通常被银行视作高风险、低收益的消费和地产融资项目,成为贷款需求的唯一主要来源。[3]

与这种情况相应的是,大批银行家临近退休。这些银行家的保守观点在大萧条时期受到限制,在高级管理层中替代他们的是一批年轻、积极向上、事业心

---

[1] 据我所知,这一论述最早出现于一篇文章:Richard Weinert, "Eurodollar Lending to Developing Countries," *Columbia Journal of World Business*, Winter 1973, pp. 34 – 38.

[2] Douglas Hayes, *Bank Lending Policies* (Ann Arbor, Mich.: University of Michigan, School of Business Administration, 1977), p. 32; and Howard Crosse and George Hempel, *Management Policies for Commercial Banks*, 2nd ed. (Englewood Cliffs, N.J.: Prentice-Hall, 1973), p. 273.

[3] Hayes, *Bank Lending Policies*, p. 32.

强的银行家,他们将成为20世纪60年代国际银行业的"生力军"。[1]

正如道格拉斯·海耶斯(Douglas Hayes)指出的,以上金融环境促进了创新性资产管理的出现,投资组合由低收益的债券向高收益的贷款账户倾斜,这种改变不仅增加了收入,也提高了员工工作的灵活性。由于银行的高度透明以及公司借款人很少,投资组合的调整导致了贷款人对于客户资源的激烈竞争。在这样的环境下,一个成功的贷款专员的形象发生了转变,他成为一名真正的销售员,并积极地招揽客户。根据海耶斯的观点,在20世纪50年代的金融环境下,信贷标准实现了极大自由化;事实上,银行内部实行的贷款流程使得"信贷专员拒绝一项贷款业务的难度要远大于批准一项贷款"。[2]大量提升贷款服务能力的基础设施的建设增强了贷款扩张的动力;而可观的固定成本也是贷款扩张的又一诱因。实际上,银行业在20世纪50年代的发展有力支撑了其向贷款项目的倾斜。

上文描述的美国私人银行的积极扩张,很大程度上是国内现象;事实上,从20世纪20年代开始,直到20世纪60年代,美国银行的海外形象几乎没有改变,其间只有7家银行有海外分支机构。[3]但是读者此时可能会产生疑问,为何美国国内银行业态度的转变会在接下来的10年中最终影响到国际贷款的本质?而就美国银行积极渗透到国际市场并促使世界银行业疯狂扩张的原因,接下来我将进行详细阐述。

2.2.2 国际扩张:监管因素

20世纪60年代,国际贷款的复苏是源于国内和国际银行监管的不对称。正如之前历史观点中所提及的那样,当时美国政府部门开展了越来越多的银行监管,尤其是在1929年危机之后。监管趋于限制银行在管理其存款和贷款业务中最小化机会成本的能力,进而限制了银行的短期盈利能力。[4]因此,美国政府对银行机构运营的监管阻碍了银行机构收益率的增长。

首先,存款监管规定将商业银行的经营活动限制在所属州的地域范围内;

---

[1] Jonathan David Aronson, "The Changing Nature of the International Monetary Crisis, 1971-1974: The Role of the Banks," paper presented at the Seventeenth Annual Meeting of the International Studies Association, Washington, D. C., February 1975, p. 16.

[2] Hayes, *Bank Lending Policies*, p. 34.

[3] Robinson, *Multinational Banking*, p. 198; and United Nations Centre on Transnational Corporations, *Transnational Corporations in World Development* (New York, 1988), p. 23.

[4] 然而,如果设计良好的监管规定能够提升银行的长期绩效和避免金融体系崩溃的风险,那么这些规定就能够增加社会总福利。

而对于金融中心城市纽约的银行监管更是严苛,该市的银行经营范围被严格控制在本市内,更不用说的是,这些监管措施限制了许多银行机构的扩张。

其次,商业银行也受到 Q 条例的约束,该条例限制了银行支付存款的最高利率。在商业银行资金流动性较强时,Q 条例的作用并不明显。但是在 20 世纪 60 年代的后 5 年中,由于货币供给下降,对银行存款利率的监管将会限制贷款资产组合的扩张。该条例的存在也促进银行产生了激进型债务管理的需求,以支持银行业雄心勃勃的发展目标。

银行机构面对的其他阻碍是 20 世纪 60 年代,美国政府为干预国际收支逆差增大而提出的资本管制措施。同时在这一时期,美国非金融跨国公司(MNCs)已经向海外扩张。但美国政府对于资本外流的限制,使得国内银行机构难以服务于这些传统公司客户的海外业务资金需求。[1] 此外,鉴于国内金融监管的大环境,美国非金融跨国公司倾向于将其海外收益直接存至海外银行机构以规避国内监管。国内银行面临两难困境:要么它们为这些已向海外扩张的传统公司客户提供海外金融服务,要么它们将面临这些跨国公司将收益存储在海外银行的风险。因此,美国政府对银行业资产和债务管理的诸多监管规定为国内银行建立海外分支机构和子公司提供了动力;事实上,美国银行海外分支机构数量也从 1960 年之前的 7 家增加至 1970 年的 79 家。[2]

与美国政府对国内银行业的严苛监管相比,离岸货币市场陷入了监管层面上的"无人区",该市场又被称为欧洲美元或者欧洲货币市场。这进一步强化了美国国内银行向海外拓展业务的动机。这一投融资中心远离政府的管控,甚至没有存款准备金这样的传统监管。正如利斯(Lees)和恩格(Eng)所述:

> 欧洲美元市场的起源可以追溯到 20 世纪 20 年代,当时美元被存在柏林和维也纳,再兑换成当地货币用以放贷,这些活动影响了当地的货币市场。在第二次世界大战之后,美元被国际货币基金组织认定为国际汇兑市场上的一种干预货币。自此,美元被普遍视为国际贸易、投资、外汇套利以及国际收支结算的一种关键货币。美国持续性的国际收支逆差促进了西欧国家官方储备资产的

---

[1] 这些限制是利息平衡税和自愿信贷限制计划,详见:Aronson, *Money and Power*, pp. 69 – 91; and John Haley and Barnard Seligman, "The Development of International Banking by the United States," in *The International Banking Handbook*, ed. William Baughn and Donald Mandich (Homewood, Ill.: Dow Jones-Irwin, 1983), pp. 38 – 40.

[2] U. S. Congress, House, Committee on Banking, Currency, and Housing, *International Banking: A Supplement to a Compendium of Papers Prepared for the FINE Study*, 94th Cong., 2rd sess. (Washington, D.C.: U.S. Government Printing Office, 1976), p.79.

增长,这些国家的中央银行则积极寻找投资机会以获取短期收益。在20世纪50年代,在西欧的苏联银行更愿意将其储备的美元与英国和法国的银行进行兑换,以规避美国当局突发危机的风险。在这些背景下,欧洲银行仅通过建立借贷双方的利差来推行经济自由化准则。在20世纪50年代,一些法国银行向意大利银行发放小额美元贷款就是一种典型操作。[1]

如此一来,无拘无束的市场无疑吸引了那些对增长和收益感兴趣的银行。进而在20世纪60年代,对于美国银行而言,欧洲市场可以克服国内市场的资本外流管制和货币紧缩政策问题,成为重要的资金来源。

在历史上称奇的是,许多国家的政府认为应该适度从严监管国内的银行体系,这对于欧洲货币市场的发展起到了推动作用。英国尽管禁止其银行在国内市场进行美元交易,但促使伦敦成为主要的离岸美元中心。在20世纪60年代,美国政府授权其银行建立"一人空壳"的分支机构来结算在美国本土发生的国际交易,以此来促进欧洲货币市场向加勒比地区扩张,其中包括巴拿马、拿索、大开曼岛。此方法使得美国银行在纽约就可以向海外贷款,而不会违反官方的资本管控。[2]此外,小型美国银行发现加勒比地区的空壳分支机构非常有用,因为这些银行可以免去在欧洲美元市场中心——伦敦——建立完善的分支机构的高额费用,并同样可以"走向国际"。此外,欧洲货币市场对美国银行的吸引力还在于,与美国的税收法律相比,加勒比货币市场是无可厚非的免税天堂,因此,银行更愿意将其资金转移到该地区。[3]最终,美国银行在加勒比地区的经验被德国复制到了卢森堡,被亚洲金融机构复制到了中国香港和新加坡。

曾经美国银行已通过投资高成本的海外分支网络来提升资产负债管理水平,而其固定成本可以通过增加业务量来降低,这也是其拓展海外服务进而争夺海外银行的传统客户的又一大动力。但是,美国银行的激进扩张态势很快受到欧洲、加拿大、日本银行的防御反击,它们同样进军海外市场以避免其市场份额流向美国。在美国银行的海外扩张案例中,首先进军海外市场的是美国银行中的大型银行,但中小型银行也紧随其步伐以避免客户只流向大型银行。

---

[1] France Lees and Maximo Eng, *International Financial Markets* (New York: Praeger, 1975), p. 435.

[2] U.S. Congress, House, *International Banking*, p. 72.

[3] 美国国内税务局要求美国银行对其海外收入支付比美国税率高48%的税,而其他国家对海外收入征税比例低于美国。因此,美国银行倾向于在低税率的地区创造收入。详细分析可见:Karin Lissakers, *International Debt, the Banks, and U.S. Foreign Policy* (Washington, D.C.: U.S. Government Printing Office, 1977), pp. 18-21.

新银行向欧洲货币市场的持续涌入，加上存款准备金率限制规定的缺失，助推了欧洲货币市场的扩张。正如维内特（Weinert）所述：

> 欧洲美元资金池规模的稳定增长，部分是由于美国赤字的增加，但也离不开金融机构激增带来的存款派生。每个在伦敦成立的美国银行分支和财团银行通过将其存款在银行之间再存款来扩大欧洲美元的资金池，进而创造了新的存款。此外，越来越多的金融机构产生了前所未有的放贷意愿，同时，它们也在寻求建立投资组合。[1]

2.2.3　国际扩张：技术和组织架构因素

促使国际银行业扩张的另一个重要因素是该领域技术与组织架构方面的创新。事实上，新技术在银行业的成功应用降低了国际借贷的可感知风险，提升了它的预期收益，因此增强了它的吸引力。

技术方面的首要创新在于打破了传统上对短周期贸易信贷的过度依赖，以推动重要的中长期借贷，进而也打开了新的市场机遇。在20世纪50～60年代，欧洲货币市场的贷款基本上是短周期贷款（不超过1年），这反映了市场的短期存款基础以及大致匹配资产和负债期限（如到期日）的需要。然而不久之后，银行发现在欧洲货币市场上采用积极债务管理可以摆脱短期存款的束缚。实践中，银行能够在同业拆借市场"买入"短期存款，然后借助于银行间持续滚动的贷款业务，向第三方发放中长期融资贷款。此外，银行学会了如何将利率风险转嫁给借款人：它们在贷款合同中采用浮动利率来代替固定利率。通常，基准贷款利率会根据伦敦同业拆借利率（LIBOR）的变动每3个月或6个月调整一次，该利率是诸多银行在银行间市场进行交易的利率。通过参照这一利率，出借人可以确定自身的资金成本（伦敦同业拆借利率）以及向借款人收取的贷款价格（包括在伦敦同业拆借利率基础之上能够覆盖风险、提供收益的边际利润或者价差），来保证两者之间关系的匹配。因此，较长周期的贷款项目不仅在技术上可行，更在财务层面有利可图。

在20世纪60年代末，国际贷款的最长还款期限曾长达5年[2]，并且如本书后面将提到的那样，国际贷款的期限在20世纪70年代会变得更长。从本质上来讲，资产与债务的不匹配会产生风险。如下文所述，至少有三方面风险：

（1）在贷款的浮动利率调整期之前，银行间市场贷款交易的利率已大幅提升；

---

[1] Weinert, "Eurodollar Lending to Developing Countries," p. 35.
[2] Robinson, *Multinational Banking*, p. 254.

（2）银行间市场的信任危机导致银行在向同行发放贷款时，利率较伦敦同业拆借利率存在溢价；

（3）银行或者市场（这更为普遍）的状态所引发的信任危机使得无论以何种价格，获取存款的难度都将加大。[1]

上述任何一项风险都会增加贷款价格的资金成本，进而有可能导致损失。然而，考虑到贷款的浮动利率会经常调整，通常是每3个月或者6个月调整一次，所以上述提到的第一种风险是最低的。而大众对银行间市场以及该市场中资金的流动性持乐观态度，因此，后面两种风险通常也不被认为是严重的。实际上，所有银行，不论其规模大小，本书都认为它们可以直接地、自动地、无差别地进入市场。[2]

技术方面的第二个重要创新是辛迪加贷款。在20世纪60年代，欧洲货币市场的贷款大多通过单个银行发放，且其交易金额很少超过1 500万美元。[3]然而债权人发现，将多个银行合并成一个整体来发放贷款可以将单个银行的风险最小化。一方面，尽管每个银行在贷款中的份额被控制在谨慎的范围内，但在辛迪加贷款中，个体银行行动一致就能够使总贷款量增加。辛迪加贷款对于想进入市场的小型银行尤其重要，这是因为辛迪加可以将其贷款份额划分给小型银行机构，有时候，小型银行机构能分配到25万美元的额度。另一方面，辛迪加可以让所有债权人共享同一份贷款合同，由于债务人的违约意味着同时对大量债权人的违约，因此从表面上看，辛迪加增强了每家银行机构的议价能力。随着辛迪加贷款的盛行，单个交易规模最终可增加到10亿美元甚至更多，其背后有100个甚至更多的债权人参与。[4]

在实践中，降低了国际借贷的可感知风险、提升了其预期收益的第三个技术创新是对贷款合同中交叉违约条款的引入。这一条款的实质内容是：债务人对于一个债权人的违约等同于对所有债权人的违约。如此一来，与20世纪30年代不同，选择性违约在当时已经在法律上行不通了：假设一个国家决定违约，那么它惹怒的不仅仅是遭到违约的银行，也包括了贷款合同条款中所涉及的其他银行。显然，考虑到违约的后果是与成千上万的银行同时发生冲突，债务人

---

[1] Rae Weston, *Domestic and Multinational Banking* (New York: Columbia University Press, 1980), pp. 312–320.

[2] Richard Cummings, "International Credits: Milestones or Millstones?" *Journal of Commercial Bank Lending*, January 1975, pp. 40–52.

[3] "Syndicated Loans" (Special Supplement: World Banking Survey), *Financial Times*, 21 May 1979.

[4] 辛迪加贷款的更多内容将会在下一章阐述。

将极不情愿对其承担的贷款合同做出违约。

对于银行机构来说，第四个创新与银行监管当局的关系更加密切。如前文所述，鉴于20世纪30年代发生的系统性银行危机，美国以及其他工业化国家将保险制度引入银行存款业务中以防止恐慌性挤兑的发生。无论采用的是直接机制还是间接机制，国内银行系统都能够有效地得到最后贷款者的官方庇护。一些分析师认为，许多银行向海外扩张是基于这样一种隐含假设：即使是以一种特定的方式，本国的最后贷款者也将向海外扩张。[1]

支持国际贷款的第五个也是最后一个创新，也许已在前文提及，那就是国际通信与计算机的发展，它便利了全球收益的形成，而这正是当今国际银行的特征。

2.2.4　国际扩张：宏观经济因素

包括斯密（Smith）、马克思（Marx）和熊彼特（Schumpeter）在内，形形色色的经济学家普遍认为，财富的积累和增加与扩张的、过于复杂的信贷机制密不可分。斯密认为，良好的信贷机制能够实现"上市公司起死回生"的转变。马克思认为，在资本家积累财富并发展生产力的过程中，信贷对于资本的"浓缩"和"集中化"（与资本深化和资本在部门之间的再分配概念相似）至关重要。熊彼特认为，信贷是企业创新的基本条件，企业创新打破了固定循环的经济发展模式，从而提供了一种动态的经济发展模式。[2] 事实上，在第二次世界大战之后，世界经济规模空前扩张。此外，随着1958年欧洲货币兑换机制的引进以及欧洲经济共同体的形成，加上国内市场的自由化，共同带来了欧洲的贸易繁荣，其增长速度远远超过了当时世界生产力的平均增长水平。[3] 借助上述经济学的理论观点，不难发现，金融国际化与第二次世界大战之后的生产国际化相伴而生。

曼德尔（Mandel）认为，另一个宏观经济因素可能增强了银行系统对于第二次世界大战后经济繁荣的重要作用。根据他的"后资本主义"分析，在第二次世界大

---

[1] Folkerts-Landau, "The Changing Role of International Bank Lending," pp. 7-8. 对于当前最后贷款人工具的最新论述，详见：P. A. Wellons, *Passing the Buck* (Boston: Harvard Business School Press, 1987), pp. 241-272.

[2] Adam Smith, *The Wealth of Nations* (1937; reprint ed., New York: The Modern Library, 1965), pp. 304-305; Karl Max, *Capital*, vol. 3, *The Process of Capitalist Production as a Whole*, 9th ed. (New York: International Publishers, 1967), pp. 435-441; Joseph Schumpeter, *The Theory of Economic Development*, trans. Redvers Opie (1961; reprint ed., New York: Oxford University Press, 1980), pp. 95-127.

[3] "1953~1963年间，资本主义国家的工业生产总量提升了62%，出口增长82%。1963~1972年间，工业生产总量增加了65%，出口增长111%。"详见：Ernest Mandel, *The Second Slump*, trans. Jon Rothschild (London: New Left Books, Verso edition, 1980), p. 19.

战后的前30年中,政府并不情愿其国家经济遵循市场自由力量和经济周期而发展。控制经济萧条、维持经济发展的主要工具是宽松的货币与信贷政策,这对于银行机构在本土以及国际范围的扩张都起到更加自然、强烈的激励作用。

通货膨胀缓和了市场危机,加上世界范围内日益激烈的竞争,使得后资本主义时期的第一"扩张"阶段的工业周期呈现出一个与信贷周期交错的特殊变化形式。在自由竞争的资本主义时代,货币市场为金本位市场,中央银行很少干预信贷的发展,信贷周期完全依赖于工业周期。在后资本主义时期,制度化通胀使得货币领域更加自主和独立运行,以减轻危机带来的波动,其运行周期与工业周期相反,且信贷周期暂时与工业周期不同步。[1]

如之前所述,在20世纪50年代以及60年代的前5年,银行系统中流动性较强的部分助推了美国银行先后在国内和国际范围内的积极扩张。确立银行支配地位的进一步推动力是20世纪60年代后期和70年代早期第二次世界大战后的繁荣时期,一些分析师称之为结构性衰退现象,这种衰退给政府施加了更大的压力,使其推行更加宽松的财政和货币政策。[2] 欧洲货币市场的快速扩张同样给予了银行更大的独立性,银行可以借助欧洲货币市场的非监管性存款来应对本国银行监管当局的周期性限制政策,同20世纪60年代美国银行的做法一样。[3] 1973～1974年,油价大跌,石油输出国组织准备通过私人经济部门实现石油美元回流,这同样刺激了银行机构的扩张。[4] 综上所述,貌似全球货币政策在本质上促进了世界范围内银行机构的扩张。此外,在20世纪80年代广义紧缩货币政策出现的同时,国际银行扩张大幅放缓,这反映了宏观经济政策变量在总体趋势中起到了显著作用。

2.3　当代国际银行:基于数据的简要分析

在对银行的外围渗透进行分析之前,就银行机构的国际化基本面的相关数据进行简要分析非常重要。不幸的是,由于仅有美国成立了国家数据系统发布综合数据,因此,本书的数据分析几乎完全是针对美国的银行业。

---

[1] Ernest Mandel, *Late Capitalism*, trans. Joris de Bres(London: New Left Books, Verso edition, 1980),p.454.

[2] Mandel, *Second Slump*, pp. 23-39, and Ricardo Parboni, *The Dollar and Its Rivals*,trans. Jon Rothschild (London: New Left Books, Verso edition, 1981),pp. 79-82.

[3] Martin Wolfson, "Financial Crisis: Theory and Evidence in the Post-War U. S. Economy" (Ph. D. diss., The American University, 1984),p.164.

[4] Wellons, *Passing the Buck*,pp. 58-63.

表 2.5　　　　　　　　　欧洲货币市场规模　　　　　（单位:10 亿美元）

年　份[a]	1965	1970	1975	1980[b]
总值	24	110	420	1 200
净值[c]	17	65	245	650

Source：Rosario Green, *Estado y Banca Transnacional en Mexico* [The State and Transnational Banks in Mexico] (Mexico City: Editorial Nueva Imagen, 1981), p. 188 (based on data from Morgan Guaranty Trust Company).

注释：
[a] 期末值。
[b] 6月。
[c] 为在银行间市场重新定位,表中数据进行了些许调整。

表 2.5 描述了欧洲货币市场的大规模扩张现象,它是私人银行进行国际化经营的基础平台。在 20 世纪 50 年代,欧洲货币市场的发展非常缓慢,直到 60 年代中期才开始如今为人所熟知的大扩张。[1] 但是在 1965~1970 年的 5 年间,欧洲货币市场的净规模(包括同业业务)扩大了 4 倍(平均每年增速超过 30%)。在 1970~1975 年间,其市场净规模又增加了 4 倍,但在 70 年代的后 5 年里大致降至了 3 倍。这一显著增长使得欧洲货币市场成为除美国以外最大的单个资金池。[2]

表 2.6　　　　　　美国商业银行的海外分支机构与资产

变　量	1950	1960	1970	1979
具有海外分支机构的银行数量	7	8	79	139
海外分支机构数量	95	124	536	796
海外分支机构的资产价值			47[a]	364[a]

Source：Christopher M. Korth, "The Evolving Rate of U. S. Banks in International Finance," *The Bankers Magazine* (July-August 1980), p. 69. Copyright © 1980, Warren, Gorham, & Lamont Inc., 210 South St., Boston, MA, 02111. Reprinted with permission from *Bankers Magazine*, as reproduced in John Haley and Barnard Seligman, "The Development of International Banking in the United States," in *The International Banking Handbook*, ed. William Baughn and Donald Mandich (Homewood, Ill.: Dow Jones-Irwin, 1983), p. 38.

注释：
[a] 以 10 亿美元为单位。

---

[1] Dufey and Giddy, *The International Money Market*, p. 111. 关于货币市场发展的原因有重要的、充满矛盾的争论,如美国国际收支逆差、由于官方零储备要求所造成的无限倍存款创造、从国内市场吸收存款等,但是,在此处深入研究花费时间会太长且与我的分析不太相关。

[2] Christopher Korth, "The Eurocurrency Markets," in *The International Banking Handbook*, ed. William Baughn and Donald Mandich (Homewood, Ill.: Dow Jones Irwin, 1983), p. 23.

表 2.6 显示了美国银行对海外分支机构进行投资的相关信息。在 20 世纪 60~70 年代，美国银行的海外分支机构发展势头强劲，从 1960 年仅有 8 家银行拥有海外分支机构发展到 1979 年的 139 家。此外，这些海外分支机构是支撑银行整体资金经营的重要力量；所罗门兄弟公司（Salomon Brothers）的数据显示，到 20 世纪 70 年代末，美国前十大银行的总存款有超过 50% 的比例是来自海外。[1]

表 2.7　　1970~1976 年和 1978~1981 年国内外收入增长排名前十大美国银行（年复合增长率）

银　行	1970~1976 国内	1970~1976 国际	1978~1981 国内	1978~1981 国际
Citicorp	4.3	31.0	25.7	-6.0
Bank of America Corp.	6.1	32.4	-21.4	16.8
J. P. Morgan & Co.	3.6	27.1	-2.3	24.1
Chase Manhattan Corp.	-22.8	17.8	28.9	33.0
Manufacturers Hanover Corp.	-3.1	38.4	-1.5	11.4
Chemical New York Corp.	-5.0	32.1	25.7	12.5
Bankers Trust New York Corp.	-12.6	29.6	38.7	28.9
Continental Illinois	7.8		10.1	35.1
First Chicago Corp.	4.0	53.7		
Security Pacific Corp.	3.6	72.7	12.4	34.1

Source：1970-1976，Salomon Brothers as cited in Michael Moffit，*The world's Money*（New York：Simon & Schuster，Touchstone Paperback，1984），p. 52；1978-1981，Salomon Brothers，*A Review of Bank Performance：1983 Edition*（New York，1983），p. 66.

表 2.7 证实了美国前十大银行的收入增长主要来自海外市场而非国内市场。1970~1976 年间，美国前十大银行的国际收入增长显著，而在国内市场的盈利能力总体表现平稳。70 年代中期，几乎所有大银行的海外收入都占到了总收入的 50% 以上。花旗集团（Citicorp）和信孚银行（Bankers Trust）的国际化程度最高：在 1977 年，这两家银行有超过 80% 的收益来自它们的海外业务经营（详见表 2.8）。

---

[1] Salomon Brothers，*A Review of Bank Performance：1984 Edition*（New York，1984），p. 66.

表 2.8　　　　　　　1970~1981 年美国前十大银行的海外收入占总收入比重

银　行	1970	1971	1972	1973	1974	1975	1976	1977	1978	1979	1980	1981
Citicorp	58.0	43.0	54.0	60.0	62.0	70.6	72.4	82.2	71.8	64.7	62.1	51.7
Chase Manhattan Corp.	22.0	29.0	34.0	39.0	47.0	64.5	78.0	64.9	53.3	46.9	49.1	55.6
Bank of America Corp.	15.0	19.0	21.0	24.0	29.0	54.7	46.7	43.0	34.4	37.5	44.5	63.3
Manufacturers Hanover Corp.	13.0	24.0	29.0	36.0	47.2	49.1	59.3	60.2	51.2	48.8	49.1	60.2
J. P. Morgan & Co.	25.0	28.9	35.0	45.9	45.0	60.2	46.1	47.9	50.8	52.2	59.3	68.1
Chemical New York Corp.	10.0	17.0	14.2	18.5	34.0	41.6	41.1	38.8	42.0	31.7	38.4	34.2
Bankers Trust New York Corp.	14.5	19.1	31.0	40.0	52.0	58.6	60.4	82.8	67.9	51.5	57.5	62.4
First Chicago Corp.	2.0	7.0	11.0	12.0	3.0	34.0	17.0	20.7	16.0	3.5	—	19.7
Continental Illinois	0.2	3.0	17.0	20.0	4.0	13.4	23.0	16.7	17.8	16.5	28.1	28.4
Security Pacific Corp.	0.4	2.0	5.0	12.0	16.0	12.6	6.9	11.2	16.6	10.9	12.9	25.4
Total	17.5	23.8	29.3	35.6	39.6	52.5	50.8	50.8	45.5	42.3	46.3	51.0

Sources：1970 - 1979, Salomon Brothers as cited in Moffit, *The World's Money*, p. 53; 1980 - 1981, Salomon Brothers, *A Review of Bank Performance：1983 Edition*, p. 66.

根据表 2.7 和表 2.8 中的数据,本书认为,在 20 世纪 70 年代末和 80 年代初,美国银行机构的海外收入出现了较大的不确定性,因为一些银行的海外经营利润出现下滑,同时,还有一些银行的国内收入却出现增长。这一情况反映了银行业的新趋势,即国内放松监管和国际贷款问题鼓励了银行调整其投资组合策略,并积极在国内寻求获利机会。

最后,虽然数据仅集中反映了美国银行业的情况,但本书可以推断相似的趋势(尽管可能显著性弱一些)同样出现于经合组织其他经济体中。反映欧洲和日本银行的积极海外扩张的一个关键指标,可以在 1976 年美国众议院委员会的报告中看到,该报告研究了在美国的海外银行的经营情况,并得出结论：欧洲和日本银行的国际化扩张"几乎与美国银行一样积极"。[1]

2.4　向外围渗透

在 1970 年之前,银行的国际化经营几乎完全集中在经合组织范围内;向周

---

[1] U.S. Congress, House, *International Banking*, p. 11.

边区域贷款业务还相对很少。在 20 世纪 60 年代的后 5 年中,拉丁美洲仅有巴西、墨西哥和秘鲁 3 个国家(在较低程度上)开始与私人银行建立起重要的商业联系。此外,在这些国家,银行业务需求主要来自银行所在国的非金融跨国公司在本国的分支机构,而这些国家的政府机构并不是主要的债权人。[1]

然而在 1970 年前后,私人银行的贷款业务增长显著,欠发达国家的政府机构(与外国公司相对)成为越来越重要的客户。私人银行与欠发达国家之间的商业合同的增加显然已经超过对跨国公司服务的需求。自此,发展中国家成为私人银行在其所在区域的重要客户。

直到 1973 年才出现对欧洲货币市场的交易数据进行系统汇总的数据库。表 2.9 显示了由世界银行汇总、联合国贸易和发展会议(UNCTAD)发布的欧洲货币短期贷款信息。从中可以看出,到著名的石油美元回流发生之前的 1973 年为止,发展中国家已经吸收了 50% 左右的银行国际市场的贷款金额。此外,拉丁美洲的贷款规模约占到了发展中国家总体贷款规模的一半。到 1973 年,巴西、墨西哥、秘鲁、哥伦比亚、尼加拉瓜、巴拿马和牙买加这些国家与银行之间已经有了常规业务往来。

表 2.9　　　　欧洲货币市场向发展中国家发放的贷款总规模　　(单位:10 亿美元)

国　家	1973	1974	1975	1976	1977	1978	1979	1980
发达国家[a]	13.0	19.5	6.5	10.2	12.7	32.0	25.7	38.2
发展中国家	7.1	7.6	11.3	15.5	18.3	35.2	35.3	28.8
(拉丁美洲)	(3.4)	(4.6)	(6.0)	(9.2)	(9.4)	(18.5)	(22.0)	(18.1)

Sources: United Nations Conference on Trade and Development (UNCTAD), *Handbook of International Trade and Development Statistics 1980 Supplement* (Geneva, 1981), pp. 322 - 324; and UNCTAD, *Handbook of International Trade and Development Statistics 1981 Supplement* (Geneva, 1982), pp. 336 - 338.

注释:欧洲货币信贷总量＝公开发行信贷量,短期信贷除外。
[a] 经济合作与发展组织中的成员国加上前南斯拉夫。

在石油美元回流进程刚起步的 1974 年,欧洲货币市场向发展中国家的贷款很自然地经历了显著的、快速的扩张。越来越多的发展中国家进入欧洲货币市场,其中竟然也包括因石油价格升高而在外汇上获利颇丰的许多石油生产国。[2]

虽然本书将在下一章更多地介绍债务人的特征情况,但在此有必要强调一

---

[1] Hayes, *Bank Lending Policies*, p. 46; Gisselquist, *Politics and Economics of Bank Lending*, pp. 148 - 149; and Wellons, *Borrowing by Developing Countries*, p. 24.

[2] 详见联合国贸易和发展会议相关国家的信贷具体项目分类:*Handbook of International Trade and Development Statistics 1981 Supplement* (Geneva, 1982), pp. 336 - 338.

下欧洲货币市场贷款业务的扩张在很大程度上是由拉丁美洲带来的。从1975年起,国际清算银行(BIS)开始公布全球私人银行包括短期贷款在内的贷款总额数据。虽然在实务中,国际清算银行的调查无法真正覆盖所有的贷款数据,但它至少已经与实际趋势接近了。笔者曾计算了1975年和1981年贷款金额在所有发展中国家的比例分布(见表2.10)。根据该表中所示数据,银行对拉丁美洲地区的贷款占到向所有发展中国家贷款总额的近2/3,且从净贷款额(总贷款额减去银行存款)来看,拉丁美洲实际上承担了绝大部分的债务。

表2.10　　　　　　　　　银行总债务在发展中国家的分布　　　　　　（单位:10亿美元）

年 份	拉丁美洲[a]		中东[b]		非洲[c]		亚洲[d]		发展中国家		世界总量
	数量	%	数量	%	数量	%	数量	%	数量	%	
1975[e]											
债务总量	50.9	65.6	6.7	8.6	5.5	7.0	14.7	18.8	77.8	100	442.6
净债务量[f]	24.0		−36.1		−0.7		3.2		−9.6		
1981[e]											
债务总量	185.3	63.3	30.7	10.5	29.2	10.0	47.5	16.2	292.7	100	1 541.4
净债务量[f]	124.7	238.7	−96.4	−184.5	13.3	25.5	10.6	20.4	52.2	100	

Sources: Calculated from data of the Bank for International Settlements (BIS), *International Banking Statistics*, *1973–1983* (Basel, April 1984), p. 41; and BIS, *International Banking Developments: Fourth Quarter 1983* (Basel, April 1984), Statistical Appendix, p. 10.

注释:
[a] 包括加勒比;不包括巴哈马群岛、巴巴多斯、百慕大群岛、开曼群岛、荷属安的列斯群岛、巴拿马和西印尼群岛。
[b] 不包括黎巴嫩和以色列。
[c] 不包括利比里亚。
[d] 不包括中国香港和新加坡。
[e] 期末。
[f] 债务总量减去银行存款。

为什么银行在20世纪70年代对发展中国家"情有独钟"？下面列举了我认为的几点原因。

2.4.1　发展中国家:最后一块区域

从本书在前面章节中对私人银行支配地位的分析中可以看出,早在1950年就有证据表明,银行机构在多年执行一个保守的低收益、低风险的投资策略之后,正在向激进的投资组合策略转变。这一过程最早发生于美国市场,银行争先恐后地扩大它们的贷款账户。同时,我们也可以看到,美国银行的增长逐渐转向国际市场领域,但是美国也遇到了部分欧洲、加拿大和日本银行的防御反击,这些国家的银行同样决定拓展它们的国际业务,而它们的战场就是经合组织。

随着这些走向国际化的银行机构之间的竞争不断加剧,经合组织市场变得非常拥挤。并且以1970年美国经济重大衰退为标志,第二次世界大战后世界范围内的经济衰退使得经合组织市场拥挤的情况更加严重。在美国市场,贷款需求和利率水平均存在明显下降。美国银行通过加大对欧洲市场的贷款以达到增加其资金流动性的目的,但欧洲市场的实际贷款需求并不充足。并且美国银行对欧洲市场的贷款业务还面临其他阻碍,因为面临资本流入以及通货膨胀的压力,一些国家引入了汇兑管控措施以限制美国银行在欧洲市场的分支机构开展业务,从而使美国银行扩张的野心受到了打击。

为了维持增长并谋求扩张,新的市场得到了发掘。美国银行在本土开拓了新的市场,早在20世纪70年代,美国银行就曾做出了积极努力以促进房地产贷款业务的发展,这表现为银行对所谓的房地产投资信托基金的贷款业务出现大规模扩张。[1] 而另一个新市场就是发展中国家。

美国银行开拓发展中国家市场的动力可以视作之前提到的银行投资组合策略转变在逻辑上的延伸,这种投资组合策略的转变最早发生在20世纪50年代。在之后的40年,商业银行与发展中国家的业务往来都非常少;因此,银行业务增长向发展中国家倾斜的调整策略并没有得到过多关注。此外,许多发展中国家都参与了第二次世界大战后的经济建设阶段,看上去相对繁荣。例如,拉丁美洲的年均GDP增速在1965~1970年间达到了6%的水平,而在此之前的15年中,这一增速水平为5%。一些国家如巴西、墨西哥、巴拿马和多米尼加共和国,在1965~1970年间经历了非常强劲的增长,它们均实现了年均7%甚至更高水平的增长。拉丁美洲的出口扩张同样保持在较高水平,尤其是巴西,其在20世纪60年代后5年的出口收入几乎翻了一倍。[2]

利润驱使也是一个重要的考虑因素。在经合组织国家中,竞争以及高流动性压低了利差,而发展中国家却是一个还不存在激烈竞争的新市场,可以获得较高的投资回报。的确,早在20世纪70年代初,发展中国家的债务人就愿意在伦敦同业拆借利率的基础上多支付2个百分点甚至更高的贷款利率。此外,新的贷款是投向发展中国家的政府机构,其偿付风险普遍认为是较低的,因为在银行业的传统观念中,政府并不像私人企业那样可以破产,因而会持续偿付

---

[1] Hayes, *Bank Lending Policies*, p.46; U.S. Congress, House, *International Banking*, pp.72-73.

[2] United Nations Economic Commission for Latin America and the Caribbean, *1983 Statistical Yearbook for Latin America* (Santiago, Chile, 1984), p.120 and pp.518-519.

其债务。[1]

向外围扩张是由美国大型银行发起的,并最初集中在如巴西和墨西哥这样的最为繁荣的国家,对这些国家,美国银行已经具有向这些国家的跨国公司发放贷款的大量成功经验。美国大型银行向外围的扩张引起了很多银行的防御反应,美国其他银行、日本以及欧洲的银行都紧随其后。随着竞争越发激烈,银行的贷款业务逐渐流向繁荣程度偏低的国家,例如,前文提到的拉丁美洲国家、扎伊尔、科特迪瓦、塞内加尔、印度尼西亚和菲律宾。

在第一次石油危机发生的1973~1974年前夕,银行贷款业务开展得有条不紊。然而,随着石油价格历史性的上涨,银行成为更加活跃的放贷方,其业务范围得到了极大扩张。实际上,在1974年欧洲货币市场是石油输出国组织最大的单一资金托管市场;凯恩(Kane)估算,当年560亿美元的贸易顺差中有足足41%比例的资金进入了国际私人银行系统。[2] 这些新的存款从根本上助推了此前有条不紊开展的银行贷款业务实现扩张。拥有较高资金流动性的私人银行如今具备更多的原始资料用于追求投资多元化和收益增长。然而,在1974年末和整个1975年,工业化国家的经济衰退很大程度上削弱了对贷款业务的需求(详见表2.9),这使得不愿接受经济衰退的周边国家成为对贷款业务唯一的动态需求市场。

虽然在整个20世纪70年代,个别发展中国家与银行之间的业务往来关系时好时坏,但是如表2.9所示,在这10年间银行对这些国家的定期贷款总规模呈现出显著增长。银行在发展中国家的业务扩张速度惊人,在70年代的后5年里年均增长达到30%。[3] 当然,1979~1980年的第二次石油危机进一步推动了银行在发展中国家的业务扩张进程,银行再次成为石油输出国组织最主要的资金托管机构。虽然对发展中国家的海外债务历史数据的披露非常缺乏,但对此进行估算是可行的。根据弗伦奇—戴维斯(Ffrench-Davis)在早期研究中的估算结果,到1980年末,欠发达国家的债务总额超过4 410亿美元,其中59%的份额属于私人银行(见表2.11)。并且他估算出拉丁美洲地区的债务总额为2.05亿美元,其中有78%来自银行。

---

[1] 该观点详见:Pedro-Pablo Kuczynski, "Latin American Debt," *Foreign Affairs* 61 (Winter 1982/1983):352.

[2] Daniel Kane, *The Eurodollar Market and the Tears of Crisis* (New York: St. Martin's Press,1983),pp.110-111.

[3] 银行扩张增速数据来自:Morgan Guaranty Trust Company, *Word Financial Markets* (New York, February 1983), p.3. 数据涵盖了21个主要的欠发达债务国,其贷款占到了所有银行对第三世界国家贷款的85%;有接近70%的债务金额来自拉丁美洲国家。

表 2.11　经济危机之前,私人银行分别在拉丁美洲和所有发展中国家的债务总额中的份额

(单位:%)

国　家	1973	1975	1977	1980
拉丁美洲	60	69	70	78
所有发展中国家	40	46	49	59

Source：Ricardo Ffrench-Davis, "Deuda Externa y Balanza de Pagos de America Latina" [External Debt and the Balance of Payments of Latin America], in Inter-American Development Bank, *Progreso Economico y Soctal en America Latina*, *Informe 1982* [Economic and Social Progress in Latin America, 1982 Report] (Washington, D.C., 1982), table 3.

国际银行向外围扩张进程在1982年年中进入收尾阶段,墨西哥在当年8月单方面宣称无法偿还其贷款债务。以此为开端,后续出现了许多国家调整还款期限的申请,其中不仅包括拉丁美洲国家,还包括非洲、亚洲和社会主义国家。在1983年初,已经有超过25个国家向它们的贷款银行发出了调整还债期限的申请,而涉及的资金占到银行在该地区贷款总额的一半左右。[1] 尽管银行仍然主动向少数优质的发展中国家(尤其是亚洲新兴工业化国家)放贷,但前文所提到的银行向外围扩大国际贷款的资产组合调整进程,实际上已经停止了。表2.12反映了自1982年起,银行对发展中国家尤其是拉丁美洲国家的贷款金额的显著下降。此外,本书也会在后续章节中详细阐述,自1982年起很多贷款(尤其是所有对拉丁美洲的贷款)并不是"出于自愿的",新的贷款是银行与债务国在调整偿债期限过程中所达成的紧急救助协议的一部分。

表 2.12　　　　　　国际银行与发展中国家之间的资金流动　　　(单位:10亿美元)

国　家	1980	1981	1982	1983	1984	1985	1986
发展中国家	45.9	44.1	28.0	22.4	7.9	11.3	−0.1
石油输出国组织[a]	7.0	4.2	8.2	9.8	−1.9	0.2	−0.2
非石油输出国家	38.9	39.9	19.8	12.6	9.8	11.1	0.1
拉丁美洲	27.4	30.5	12.1	8.3	5.3	1.7	−1.6
中东	2.1	2.3	1.7	0.3	−0.4	0.2	−0.6
非洲	2.0	2.0	1.7	0.6	0.1	0.9	−0.4
亚洲	7.4	5.1	4.3	3.4	4.8	8.3	2.7

Source：Bank for International Settlements, *Fifty-Seventh Annual Report* (Basel, 15 June 1987), pp. 100–101.

注释：表中数据包括短期交易。

[a] 包括委内瑞拉和厄瓜多尔。

---

[1]　Ibid., pp. 1–2.

从拉丁美洲的相关债务数据中,我们可以看到银行对该地区新增贷款的急剧下降。表 2.13 反映了拉丁美洲国家的总债务数据。这些估算数据来源于联合国拉丁美洲和加勒比经济委员会,数据估算结果高于弗伦奇—戴维斯的估算结果,部分原因在于继弗伦奇—戴维斯之后,国际清算银行和拉丁美洲国家不断修订了其对国家债务的估算方法以覆盖新发现的债务数据。无论如何,从联合国拉丁美洲和加勒比经济委员会的估算数据中可以看到,拉丁美洲的债务增速逐渐下降,从 1978~1981 年 25% 的年均增速降至 1982 年的 15% 以及 1983 年的 7%。而在近年,该地区的债务扩张速度年均只有 3%~4%,仅勉强领先于国际通胀水平。此外,尽管面对严峻的借贷环境,债务人理应以更加谨慎的态度进行借贷,但是实际上,该地区债务增长的下滑主要是其最大债权方——国际私人银行——非自愿削减所导致的。

表 2.13　　　　　　　　　拉丁美洲已偿付外债总额　　（单位:10 亿美元,年末数据）

国家和地区	1978	1981	1982	1983	1984	1985	1986	1987[a]
拉丁美洲	152.6	287.8	330.1	353.3	366.5	376.6	392.9	409.8
巴西	53.4	80.0	91.3	97.9	102.0	105.1	111.0	116.9
墨西哥	34.0	74.9	87.6	93.8	96.7	97.8	101.5	105.6
阿根廷	12.5	35.7	43.6	45.1	46.9	48.3	51.5	54.5
委内瑞拉	16.4	33.4	35.1	36.0	34.7	33.9	32.3	32.2
智利	7.0	16.0	17.2	18.0	19.7	20.4	20.7	20.5
秘鲁	9.3	9.7	11.5	12.5	13.3	13.7	14.5	15.3
哥伦比亚	4.1	7.9	10.3	11.4	12.3	13.8	15.0	15.7

Source:ECLAC, Division of Statistics and Quantitative Analysis.
注释:总计偿付的对外债务价值=债务总额,包括国际货币基金组织。
[a] 初步统计数据。

2.4.2　融资需求

不仅私人银行愿意把资金贷给周边国家,而且发展中国家同样有着强烈的融资需求。银行贷款的吸引力如下文所述。

官方贷款业务的停滞。在 20 世纪 60 年代,研究经济发展的传统著作均强调储蓄或者资本的短缺是抑制经济增长的主要因素。在这些著作中,尽管制订了很多方案来试图将劳动力过剩经济中的"潜在"国内储蓄调动起来,但是倡导吸收海外贷款来促进资本生成并实现欠发达国家经济增长的方案也非常流行。[1] 的确,发展中国家的储蓄约束构成了官方的多边以及单边贷款机构——如世界银行和美国国际开发署(USAID)——存在的理由,但不幸的是,在 20 世纪 60 年代末和 70 年代初,北方地区削弱了对发展贷款业务给予的政策优惠力度。在这种情况下,官方贷款越来越难以适应发展中国家的需求,而事实上根据经合组织发展援助委员会的估算,按实际值计算的官方发展援助已经停滞。[2] 因此,在一定程度上对于经济发展所带来的融资需求,存在信贷资金供给方面的空白,而私人商业银行用实际行动快速填补了这一空白。

随着石油输出国决定将石油价格提升 4 倍,非石油输出国对于资金的需求当然更加强烈了。但不幸的是,如科恩(Cohen)所观察到的那样:"官方资金来源的扩大并不能跟上融资需求扩大的速度"。[3] 私人借贷市场对这一日益增长的融资需求做出了快速反应,其在金融危机发生的 1974~1976 年间,对非石油出口国家的贷款占到了这些国家的累计经常账户赤字的 1/3。[4] 在这一时期,银行对于拉丁美洲的收支平衡尤为重要,银行贷款资金占到了该地区累计赤字的 60%。[5] 正是私人银行对其资金需求的快速反应,使得很多人认为是私人银行将西方国家从严重的动荡中拯救了出来;马里纳·惠特曼(Marina Whitman)曾指出:"避免危机的关键是被证明在危机中能够灵活应变的国际金融市场。"[6]

银行的无条件贷款。另一个重要的考虑因素是融资条件。官方债权人通常将其贷款资金与项目计划(和项目拟定相关的严格要求)以及宏观经济计划

---

[1] 两篇强调储蓄作用的著作是:Ragnar Nurske, *Problems of Capital Formation in Underdeveloped Countries* (New York: Oxford University Press, Galaxy Book, 1967); and J. C. H. Fei and Guatav Ranis, *Development of the Labor Surplus Economy: Theory and Policy* (Homewood, Ill.: Richard D. Irwin, 1964). 关于外国储蓄在促进国内资本形成中的作用的经典著作是:Hollis Chenery and Alan Strout, "Foreign Assistance and Economic Development," *American Economic Review* 56 (September 1966): 679-733; and Dragoslav Avramovic et al., *Economic Growth and External Debt* (Baltimore: The Johns Hopkins University Press, 1965).

[2] Organization for Economic Cooperation and Development, *1976 Review of Development Cooperation* (Paris, 1977), p. 153.

[3] Benjamin Cohen in collaboration with Fabio Basagni, *Banks and the Balance of Payments* (Montclair, N.J.: Allanheld, Osmun, 1981), p. 19.

[4] Ibid.

[5] United Nations Economic Commission for Latin America and the Caribbean, *America Latina en el Umbral de los Anos 80* [Latin America on the Threshold of the 1980s] (Santiago, Chile, 1979), p. 144.

[6] Whitman, "Bridging the Gap," p. 148.

(涉及严格的条件)绑定。这种类型的贷款同样会受到政治条件的影响。[1] 相比较而言,在20世纪70年代银行发放贷款迅速,且很少有技术、政治方面的条件限制。因此,银行的分析师们通过观察找到了银行在向周边扩张时,其对于发展中国家的吸引力:贷款的确快捷方便。

银行信贷的便利融资条件。20世纪70年代,私人银行的贷款融资条件同样便利。如前文所述,在这10年中,私人银行寻求向周边国家扩张其贷款投资组合和提升收益。对一个国家来说,一旦其成为众多银行竞争的焦点,那么其享受到的贷款条件将极具吸引力。

许多银行是首次向海外扩张,当它们看到它们的贷款流向更小的、更不发达的海外国家时,才发现市场的竞争是如此激烈。那些习惯了从官方渠道获取资金的国家发现,欧洲货币市场远不止是一个有资金提供意愿的市场。的确,到了1972年,这些国家发现欧洲货币市场是借款方的天堂,这不仅是因为可以容易地获得贷款,而且竞争导致了边际利润大幅降低,还款期限达到前所未有的长度。以巴西为例,这是一个有贷款需求的发展中国家,它发现可以定期获得还款期限在10~15年的安全信贷。至于利差,从1971年的2.25%降至1972年年中的1.5%,再降至1973年的0.75%~1%。同时,这些国家发现可发放的贷款量很大,以至于国家有必要制定政策来抑制海外银行贷款的增加。[2]

巴西并不是唯一一个发现其贷款条件越来越优惠的国家。像新加坡、巴拿马、印度尼西亚、哥伦比亚以及秘鲁这些国家均碰上了相似的贷款优惠条件。[3]

在1974~1975年,市场对于借款方的优惠条件逐渐减少。1974年下半年同业拆借市场的信任危机爆发,导致了一些银行在外汇投机交易上的大幅损失。两个受关注度最高的例子分别是西德赫斯塔特银行和美国富兰克林国民银行。[4] 原先的西德民主同业拆借市场如今面临风险叠加的问题,这一风险曾在分析银行为了将中期贷款发放给第三方而将信贷在银行之间流转的时候提及。事实上,在危机期间,很多中小型银行要么选择在基准利率之上支付很高的额外费用以获取同业拆借资金,要么被拒绝在资金门外。正如阿伦森

---

[1] Teresa Hayter, *Aid as Imperialism* (Baltimore: Penguin Books, 1971); and Cheryl Payer, *The Debt Trap* (New York: Monthly Review Press,1974).

[2] Devlin, "External Finance and Commercial Banks," pp. 77-78. 1973年,巴西确定了新增贷款的最短还款期限为8年,以阻止贷款的流动。详见:Wellons, *Borrowing by Developing Countries*, p.35.

[3] Wellons, *Borrowing by Developing Countries*.

[4] 对富兰克林银行事情经过的综合分析,详见:Joan Spero, *The Failure of the Franklin National Bank* (New York: Columbia University Press,1980).

(Aronson)所观察到的,亏损接踵而至:"一夜之间,欧洲市场活跃的银行数量从超过 200 家降至不足 40 家。"[1]

随着银行的退出,借贷市场严重萎缩。公布的非石油出口国在欧洲货币市场上的贷款明显下降:1975 年一季度的新增贷款是 12 亿美元,较前一年同期水平减半。而伦敦同业拆借市场的利差则从 1%～1.5% 显著增至 2.25%。同时,贷款的期限在大幅缩短:1974 年二季度,发展中国家还款期限在 7 年以上的贷款规模占总规模的 83%,但是到了 1975 年的二季度,这一还款期限的资金规模占总规模比例下降至 20%。[2] 受限制的市场向借款国施加资金流动性压力,那些经济环境更加不稳定的借款国如秘鲁、牙买加、扎伊尔和土耳其,则面临偿付危机的爆发。

到了 1975 年三季度,市场再次放开。一方面,银行从石油输出国吸纳存款并保持存款的流动性;另一方面,如前文所述,处于萧条的经合组织国家对贷款缺乏需求。尽管贷款资金再次流向了欠发达国家,但银行在初期相对谨慎,并且维持了较高的贷款利差。尽管如此,因为贷款减缓了发展中国家的调整过程,因此,它依然对发展中国家具有吸引力。此外,在贷款回收过程中,不可预期的通胀使得实际利率为负,因此,借贷兴许是一笔"不错的交易"(见表 2.14)。

表 2.14　　　　　1972～1987 年的国际名义利率和实际利率　　　　(单位:%)

年　份	名义 LIBOR	名义美国 最优惠利率	消费者物价 OECD (%变化)	LIBOR 实际	实际美国 最优惠利率
1972	5.41	5.25	4.7	0.7	0.5
1973	9.31	8.03	7.7	1.5	0.3
1974	11.20	10.81	13.3	−1.9	−2.2
1975	7.61	7.86	11.1	−3.1	−2.9
1976	6.12	6.84	8.3	−2.0	−1.3
1977	6.42	6.83	8.4	−1.8	−1.4
1978	8.33	9.06	7.2	1.1	1.7

[1] Aronson, *Money and Power*, p.119.
[2] 所有这些数据由世界银行统计得出,*Borrowing in International Capital Markets* (Washington, D.C., August 1975 and August 1976), pp.46-52 and pp.55-149,这是定期出版的欧洲信贷资料,在 1981 年曾出现停止公布。应该强调的是,世界银行将经合组织中低收入国家划入了发展中国家的范畴,如西班牙、希腊、葡萄牙和土耳其。

续表

年 份	名义LIBOR	名义美国最优惠利率	消费者物价OECD（%变化）	LIBOR实际	实际美国最优惠利率
1979	11.99	12.67	9.2	2.6	3.2
1980	14.15	15.27	11.9	2.0	3.0
1981	16.52	18.85	9.9	6.0	8.1
1982	13.25	14.77	7.5	5.3	6.8
1983	9.79	10.81	5.0	4.6	5.5
1984	11.20	12.04	4.8	6.1	6.9
1985	8.64	9.93	4.2	4.3	5.5
1986	6.82	7.99	2.3	4.4	5.9
1987	7.29	8.14	3.1	4.2	5.0

Sources：ECLAC，*Estudio Economico de América Latina y el Caribe 1983* [Economic Survey of Latin America and the Caribbean 1983]［Santiago，Chile，(1985)，1：59］；Morgan Guaranty Trust Company，*World Financial Markets*（New York，January 1985），pp. 13 and 19；International Monetary Fund，*International Financial Statistics*（Washington，D. C.），various numbers.

到1977年，不仅贷款的数量保持增长，而且贷款的条件宽松了，这又回到了所谓的借款方市场。从表2.15和表2.16中可以看到，从1977年开始，贷款利差明显下降，而且贷款偿还期限通常在5年以上。1978~1980年，低利差和长期限的趋势很明显。在此期间，唯一不利的是实际利率的上升（见表2.14），但其水平在2%~3%区间，这在利率的历史走势中是一个正常的水平。如此一来，即便是在第二次石油美元回流期间，贷款的条件也是相当有利的。

表2.15　　发展中国家的欧洲货币贷款的公开浮动利率的加权平均利差

（百分比分布）

利 差	1975	1976	1977	1978	1979	1980
达到0.500	···[a]	···	0.2	1.3	16.2	16.9
0.501~0.750	···	···	0.2	15.4	39.2	38.9
0.751~1.000	···	···	18.9	30.5	25.4	21.4
1.001~1.250	1.9	7.8	13.1	21.2	12.5	9.9
1.251~1.500	35.8	25.0	15.5	16.6	3.7	7.3

续表

利差	1975	1976	1977	1978	1979	1980
1.501~1.750	36.1	31.9	32.3	6.5	1.7	1.6
1.751~2.000	23.0	27.0	14.1	5.2	0.7	1.5
2.001~2.250	2.6	7.0	3.0	1.6	0.1	0.1
2.251 或更高	0.2	1.2	2.6	0.3	0.1	2.1
未知	0.3	0.1	0.2	1.3	0.3	0.2
总和	100.0	100.0	100.0	100.0	100.0	100.0

Source：World Bank, *Borrowing in International Capital Markets* (Washington, D.C.), December 1978 [for 1975], p.143; January 1980 [for 1976], p.146; November 1980 [for 1977], p.109; November 1981 [for 1978-1980], p.107.

注释：关于发展中国家名单，世界银行将经济合作与发展组织中那些低收入国家也包括在内，比如西班牙、希腊、葡萄牙和土耳其。

[a] (…)=0 或不足以量化的极小值。

表2.16　　发展中国家的公开欧洲货币贷款的平均还款期限　　（百分比分布）

还款年限（年）	1975	1976	1977	1978	1979	1980
1~3	5.7	2.3	3.9	2.8	4.9	6.3
3~5	62.9	54.8	19.4	5.2	10.1	4.6
5~7	24.1	30.0	63.9	26.7	7.4	19.2
7~10	3.3	4.5	8.8	56.4	56.1	63.2
10~15	1.7	…[a]	…	6.3	16.1	4.5
15~20	…	…	…	…	0.3	0.2
未知	2.2	8.5	4.0	2.5	5.1	2.0
总和	100.0	100.0	100.0	100.0	100.0	100.0

Source：World Bank, *Borrowing in International Capital Markets* (Washington, D.C.), December 1978 [for 1975], p.136; January 1980 [for 1976], p.139; November 1980 [for 1977], p.102; November 1981 [for 1978-1980], p.100.

注释：关于发展中国家名单，世界银行将经济合作与发展组织中那些低收入国家也包括在内，比如西班牙、希腊、葡萄牙和土耳其。

[a] (…)=0 或不足以量化的极小值。

借款方市场的回归源自以下几方面因素。首先，对1974~1975年同业拆借市场危机的记忆淡化了。其次，银行保持了较高流动性。再次，许多曾经退出该市场的银行（如日本和德国银行）再次返回，同时，其他此前没有进入国际贷款市场的银行也进入了这一市场追逐利益。最后，在第二次石油危机发生的

1979~1980年之前，许多国家成功促进了自身的收支平衡，并提升了国家的信誉形象。如此一来，市场上唯一的约束迹象通过美国银行呈现出来，它们曾是20世纪70年代银行扩张的先驱。银行显然通过建立投资组合解决了审慎管制，因此，它们试图减缓贷款的速度。但是，对美国银行的约束完全抵消了日本、德国银行重新返回市场以及后面许多银行进入该市场所起到的作用。虽然主要的发展中国家在美国银行的未偿还贷款在1976~1979年间年增速仅有17%，但这些国家在非美国银行的这一增速超过了42%。[1]

再融资需求。欠发达国家对银行存在贷款需求的最后一个原因，与这些贷款的特殊方面有关。虽然在20世纪70年代，银行贷款的还款期限延长了，但仍然远不及官方发展性融资通常达20~30年的还款期限。因此，欠发达国家贷款资金配置所形成的期限，和官方融资在偿还时间上经常不对称。为了平衡这一不对称和避免净资金的流出，国家承担起了对即将到期的债务进行市场再融资的义务，实际上就是以新债还旧债。虽然再融资是一种笨拙的办法以支撑发展，但在欧洲货币贷款蓬勃发展的年代里，这种方法的确容易实现。

根据复利法则，再融资的一个后果是，在既定的借贷水平上，越来越多的贷款会被用来担保旧债的偿付。如此一来，为了维持既定的净流转（新贷款＞债务偿付），国家就必须借入更多的钱。实际上，这将给市场带来疲于奔命的效果：今天的借款将创造明天更多的贷款需求。此外，由于发展中国家通常不希望该国的资源净流入外部的债权方，因此，国家对贷款的需求（通过银行成为债务的内生过程）相对缺乏价格弹性。

以中短期债务再融资来调节长期收益的发展策略，在执行过程中存在限制，这是因为这一策略会将整体借款风险提升至引起债权方警觉的程度。实际上，这是我在下一章会说明的构成当今金融危机的要素之一。

2.5 20世纪80年代的危机

正如此前已经说明的，1982年年中墨西哥宣布延期偿还债务引发了80年代的金融危机。许多拉丁美洲国家要求其债权方调整偿还期限，且这样的调整反复发生，到1987年，拉丁美洲国家这样的调整协商的确已经发生了四次。其中唯一没有要求调整偿还期限的银行贷款债务方是哥伦比亚，该国秉持传统谨

---

[1] Morgan Guaranty Trust Company, *World Financial Markets* (New York, September 1980), pp. 8-9.

慎的需求管理政策,其中包括在 20 世纪 70 年代对与私人贷款市场的接触保持一贯的谨慎。[1]

表 2.17 展示了金融危机期间主要的债务清偿指标的变化过程。从表中可以看到,20 世纪 70 年代末对债务清偿的再融资吸收了大量的新增贷款。至 1982 年,清偿债务已经远远超过新增中长期贷款,这意味着再融资机制的失效,以及债权方要求债务国实际偿还债务。正如本章前面所述,这一危机的另一个方面自然是开启了资源向外部的净转移。在经济萧条期间,除了最具活力的国家,其他国家再融资机制的中断足以将债权方拖入金融危机之中,并且破坏了正常的偿债义务。

表 2.17　　　　　　　　　　1978～1983 年拉丁美洲外债指标

变　量	1978	1979	1980	1981	1982	1983
10 亿美元					
中长期贷款偿付	38.7	46.0	43.8	60.2	47.7	28.7
石油出口国	13.4	17.2	14.9	19.4	16.2	11.0
非石油出口国	25.3	28.8	28.9	40.8	31.5	17.7
债务偿付	26.7	37.0	42.3	54.0	62.1	50.1
石油出口国	9.7	15.2	15.9	20.3	24.7	21.1
非石油出口国	17.0	21.8	26.4	33.7	37.4	29.0
利息总额	9.5	14.2	21.0	31.5	40.8	36.0
石油出口国	4.1	5.8	8.6	13.1	18.3	15.9
非石油出口国	5.4	8.4	12.4	18.4	22.5	20.1
分期偿还(中长期贷款)	17.2	22.8	21.3	22.5	21.3	14.1
石油出口国	5.6	9.4	7.3	7.2	6.4	5.2
非石油出口国	11.6	13.4	14.0	15.3	14.9	8.9
比　例					
备忘项					
DS/DIS		69	80	97	90	130	175

---

[1] 威伦斯(Wellons)根据其对哥伦比亚在欧洲货币市场上的借贷策略的评价,将该国定义为"存在矛盾的借款国"(*Borrowing by Developing Countries*, pp.313-347)。在拉丁美洲经济体中,哥伦比亚是与银行有最多债务往来的国家。

续表

石油出口国	72	88	107	105	152	192
非石油出口国	67	76	91	82	119	164
DS/X	45	47	42	49	60	49
石油出口国	38	41	31	35	45	41
非石油出口国	50	52	54	64	76	56
I/X	16	18	20	28	41	36
石油出口国	16	16	17	23	36	31
非石油出口国	15	19	24	34	47	41
DBT/X	247	222	210	243	316	344
石油出口国	254	207	180	210	268	300
非石油出口国	240	234	240	278	361	386
DBT/GDP	32	32	34	38	42	45
石油出口国	36	34	36	40	43	47
非石油出口国	29	31	33	37	41	43

Sources：ECLAC, Division of Economic Development and Division of Statistics and Quantitative Analysis.

注释：表中字母符号释义如下：DS＝债务偿付；DIS＝对新的中长期债务的偿付；X＝商品和服务的出口；I＝为短期、中期和长期债务所支付的利息总额；DBT＝所有已偿付的外部债务总额；GDP＝国内生产总值。

表 2.17 同样说明了债务清偿负担的增加实际上来自对利息的偿付。结合表 2.14 可以看出，利息偿付增加的主要原因是名义利率的飞速上涨。然而与 1974 和 1975 年的危机不同，20 世纪 80 年代初期，紧缩的货币和财政政策同样提升了实际利率水平。的确可以看到，在危机期间，伦敦同业拆借市场的实际利率提升了 3 倍，这一水平高于 2％ 的历史正常利率水平。1982～1983 年，欠发达国家贷款利差的提升进一步加剧了这一情形（见表 2.18）。无论怎样，1982～1983 年有超过 40％ 的拉丁美洲出口收入是用于偿还债务的利息支付。由于银行普遍认为利息支付占出口的比例超过 20％ 就意味着严重的偿债负担，因此，这一情形很快引发了金融危机。[1]

---

[1] American Express Bank, *Amex Bank Review* 10 (28 March 1983):5.

表2.18　　　　　　　　1981～1983年欧洲信贷平均利差与到期期限

国　　家	1981	1982	1983
平均利差[a]			
经济合作与发展组织	.58	.56	.64
东欧	.62	1.03	1.12
石油输出国组织	.79	.94	.85
其他欠发达国家	1.04	1.14	1.70
平均到期期限[b]			
经济合作与发展组织	7.7	8.3	7.7
东欧	5.6	4.8	4.4
石油输出国组织	7.8	6.0	7.2
其他欠发达国家	7.8	7.0	7.0

Source：Organization for Economic Cooperation and Development (OECD), *Financial Market Trends* (Paris, October 1984), p. 44.

注释：表中数据样本是那些公开发放的、期限大于3年且金额大于300亿美元的贷款项目。

[a] 高于基准利率水平的点。
[b] 年数。

最后，通过测试债务/GDP与债务/出口之间的关系来研究拉丁美洲危机的本质。拉丁美洲在1982年危机时的债务产出比大致为38%，并不是一个过高的水平；根据世界银行的统计，一些未曾经历危机的亚洲国家如韩国，同样有着超过30%的债务产出比。但以同样的标准来看，拉丁美洲国家的债务出口比高达2.5∶1，相比之下，韩国的情况为1∶1。虽然拉丁美洲国家的平均水平未能反映出个别国家的情况，但从大致的已经进行的比较中可以看到，在危机的前期，整个拉丁美洲国家相对于其收入来讲，没有大规模举债的必要，但实际上，就该地区国家将收入转移到外汇市场进行偿债的能力来说，这些国家签订了太多债务合同。换句话说，债务的累积与经济开放程度以及出口表现不匹配；在外汇市场上进行债务清偿是建立在较高程度的再融资基础上的，当再融资渠道中断时，拉丁美洲国家便陷入危机之中。[1]

---

[1] 亚洲国家的数据来源于：World Bank, *World Debt Tables* (Washington, D.C., 1983). 关于拉丁美洲国家和亚洲国家债务和调整情况的综合详尽的分析，见：Jeffrey Sachs, "External Debt and Macroeconomic Performance in Latin America and East Asia," *Brookings Papers on Economic Activity*, no. 2(1985), pp. 523-564.

第3章

20世纪70年代国际银行的组织架构与业绩

从上一章得出,私人银行已然在世界经济发展中扮演着举足轻重的角色。但是,对"全球银行"的研究已经远远落后于该行业的发展。20世纪60~70年代,私人银行转向了交易增长战略,然而大多数的分析师将研究范围聚焦在非金融跨国公司的活动上。例如,在巴纳特(Barnet)和穆勒(Muller)1974年做出的具有独创性和争议性的研究中,他们提醒公众注意全球营利性公司的战略带来的社会经济后果,其中银行只是被附带提及。[1] 在20世纪70年代后5年,尤其是伴随1982年债务危机的爆发,私人银行受到了更多的审查。然而,这些机构的海外业务仍然是相对未被开发的领域,并且我们对其的研究仍然存在大量空白。

至今仍然没有研究跨国银行的成熟理论;与大量关于非金融跨国公司的实证和理论研究相比,对跨国银行的研究显得尤其匮乏。[2] 此外,还有大量关于私人银行的实证以及理论研究需要学术界去完成,研究内容主要包括无论是经济繁荣期或是衰退期,私人银行和发展中国家之间的中介特性以及私人银行借

---

[1] Richard Barnet and Ronald Muller, *Global Reach* (New York: Simon & Schuster, 1974).

[2] 一些早期进行尝试的理论研究包括:Herbert Grubel, "A Theory of Multinational Banking," *Banca Nazionale del Lavoro Quarterly Review*, December 1977, pp. 349 - 363; Robert Aliber, "Towards a Theory of International Banking," *Federal Reserve Bank of San Francisco Economic Review*, Spring 1976, pp. 5 - 8; Rae Weston, *Domestic and Multinational Banking* (New York: Columbia University Press, 1980); and Herbert Grubel, "The New International Banking," *Banca Nazionale del Lavoro Quarterly Review*, September 1983, pp. 263 - 284.

贷对于宏观经济政策和经济发展的影响。[1]

  出现这种情况的一种可能的原因是，私人银行全球扩张的步伐较非金融公司滞后大概 10 年，尽管私人银行在 20 世纪 60 年代中后期才开始进行全球扩张，但是那时非金融跨国公司已经深陷欧洲以及周边地区的争议之中。[2] 重视非金融跨国公司的第二种可能的原因是，它们的扩张多是建立在显而易见的直接投资基础上，然而大多数国际银行的扩张是通过经常是隐秘且低调的跨境贷款的间接投资而实现的。最后，或许也是最重要的第三种原因是，直到 1982 年债务危机爆发之前，银行跨国贷款一直是稳健发展，当然，本书中已经提到的 1974~1975 年短暂危机除外，因此，跨国银行一直游离在学术研究的热点之外。

  目前，国际银行仍然是学术界相对不成熟的研究领域，对于其市场本质、市场运作和福利效应等的解释还存在大量的研究空白。本章中，笔者将基于市场效率这一在 20 世纪 70 年代非常流行和有影响力的概念，对私人国际银行市场的运作机制做一个程式化的介绍。笔者认为，流行的解释版本严重低估了银行作为金融问题的深层次原因所扮演的角色，因而对于国际金融市场是如何运作的解释还不完整，正如第 1 章所提到的，这一不足点是本研究的核心问题。

  为了整理研究资料，笔者将从更高的抽象层次来重温本书第 2 章中提到的研究领域。本章第一部分将重点给出 20 世纪 70 年代对国际银行的流行解释，我们将看到这种解释深深根植于传统的资产组合理论和对私人原子市场的效率模型，后者是一个经典的教科书模型。这一著名解释将与本章中第二部分介绍的另外一种解释形成对比，后一种解释是建立在市场理论、现代跨国公司行为以及寡头市场结构基础上的。将这些研究内容综合起来看，我们能够清晰地理解 20 世纪 70 年代债务累积的本质。此外，通过加强从机构角度出发进行分析，我们将得到关于供应本质的结论，而这一结论往往与有关私人国际信贷市场效率的世俗观点相悖。尽管笔者没有尝试给出一种全新的替代性理论，但是后续的分析将有希望往这个方向发展。

---

  [1] 很少有详细的案例研究来具体分析在欠发达国家中银行与借贷者之间的关系，出于实证目的的案例研究仍然是未被开发的领域。但是，本书中作者已经为联合国拉丁美洲和加勒比经济委员会准备了详细的针对秘鲁和玻利维亚的案例，并将在本章以及下一章中引用这些案例研究中的发现。运用秘鲁和玻利维亚案例中的研究方法（如附录所述），联合国拉丁美洲和加勒比经济委员会目前正在准备对其他三个国家的案例研究。鉴于这些案例被设计用来建立银行贷款的原始数据，它们将能够帮助我们增进关于银行对发展中国家的贷款本质的理解。

  [2] 从雷蒙德·弗农（Raymond Vernon）的 *Sovereignty at Bay*（New York：Basic Books，1971）一书的分析过程以及书名中都可以发现这种争议。对欧洲方面的争议，详见：Jean-Jacques Servan-Schreiber，*El Desafio Americano* [The American Challenge]（Barcelona：Plaza y Janes，S. A.，1968）。

3.1 关于国际银行的一个流行观点：有效中介

自从亚当·斯密提出"看不见的手"这一著名理论以来[1]，经济和政策领域的实践者们就着迷于探索能自行调节的自由私人市场存在的可能性。然而，历史并没有总是友好地对待亚当·斯密提出的理论，正如博兰尼（Polanyi）提出的那样，自工业革命以来，社会已经通过将一系列政策和措施整合起来组成了强有力的公共机构来检查劳动力、土地和资本市场的运作情况，"以应对从自我管理的市场体系中所内生出的危险"。[2]

当然，大萧条和凯恩斯主义的出现急剧加速了对市场的社会干预，但对此并不是完全没有争议，经济自由主义者一贯反对与市场自由理想主义背道而驰的一系列政策。事实上，我们可以公正地断言，尽管战后社会福利出现了快速增长以及出现了寡头垄断和市场垄断，但对自由、自我调节经济的理想仍然存在于大批经济学家的想象中。伴随着里根经济学和新自由主义的盛行，这种现象在今天更是如此。[3]

随着国内银行市场通过实行严格控制以避免1929年那样的经济危机的再次发生，并促进了稳健的公共财政以及货币政策，自由欧洲货币市场以及不受限制的私人银行的兴起受到了那些倾向于自由主义传统的经济学家的重视，甚至得到了一些分析师的支持，这些分析师传统上都倾向于对市场的公共监管。

3.1.1 欧洲货币市场

国际货币市场的理论作用已经被查尔斯·金德尔伯格（Charles Kindleberger）很好地总结过：

关于国际资本转移的主要论断是，它将资金从货币充足且廉价的地方转移到货币短缺且昂贵的地方，从而得到投资机会。这个论断适用于有关利率的所有理论，无论是转移实现了均衡资本的边际效率、时间偏好差异（消费）还是流动性偏好差异。当资本在一个国家比另一个国家更具生产力时，它应该从资本生产力较低的国家转移到生产力较高的国家，通过这种转移，资本的总产出增

---

[1] Adam Smith, *The Wealth of Nations* (1937; reprinted., New York: The Modern Library, 1965), p.423.

[2] Karl Polanyi, *The Great Transformation* (Boston: Beacon Press, 1957), p.76.

[3] 关于新自由主义的评述，详见：George Gilder, *Wealth and Poverty* (New York: Basic Books, Bantam paperback edition, 1981).

加。当一个国家的储蓄者对于即期消费的偏好弱于另一个国家的消费者时，通过将前一国家的储蓄转向未来消费而后一国家的储蓄转向即期消费，就可以增加社会总福利。当不存在资本效率或者时间偏好上的差异，如果长期资本从低流动性偏好国家转移到高流动性偏好国家，以及短期资本从高流动性偏好国家转移到低流动性偏好国家，这种资本的流动尽管不会使得净值增加，但是会增加整个世界的社会福利。[1]

当然，资本转移会以多种形式出现并涉及多种经济主体。就像前一章中提到的，在欧洲市场出现之前，当代国际资本转移主要是受非金融组织（直接投资）以及政府的影响，或是直接来自官方双边和多边组织的贷款，或是以非直接形式对私人直接投资或银行贷款进行担保。但是伴随着20世纪60～70年代欧洲货币市场的出现，国际资本流变得私有化了。此外，作为私人银行的领域，贷款是市场中的主要融资工具，在1973～1975年以及1978～1980年两个时间段，根据总额统计得出，贷款分别占到所有公开的中长期交易总额（贷款和债券）的60%和65%。[2] 如果将短期信贷（不容易量化）计算在内，贷款在所有公开交易中的比例将会更高。

因此，伴随着私人国际资本市场的复苏，银行成为储蓄者和借贷者之间具有统治地位的跨境中介。由于欧洲货币市场基本上不会受到监管，并涉及数百个相互竞争的贷款机构，因此，在众多推断中有这样一种说法：资本市场能够实现甚至优于金德尔伯格所提出的理想功能的状态。事实上，欧洲市场以及未受监管银行的出现提高了对经典分配法则进行重塑的预期，根据经典分配法则，信贷资金处在一个受个人预期收益和风险偏好主宰的市场。而对欧洲市场隐晦的（又是明显的）热爱则是相应的论点：通过国内资本市场实现的国际中介职能由于受到来自政府对信贷分配的直接或间接干预，使得资金偏向于流向回报/风险率较差的一方。这种观点在迪费（Dufey）和吉迪（Giddy）合著的一本书中得到了很好的总结："在国际背景下，欧洲市场以政府主导的信贷分配为代价促进了市场主导的信贷分配……可能真的没有任何一种其他力量能像欧洲市

---

[1] Charles Kindleberger, "The Pros and Cons of an International Capital Market," *Zeitschrift fur die gesamte Staatswissenschaft*, October 1977, pp. 600-617, quoted in Gunter Dufey and Ian Giddy, *The International Money Market* (Englewood Cliffs, N.J.: Prentice-Hall, 1978), p. 193.

[2] 计算所用数据均来自世界银行的一份季度报告：*Borrowing in International Capital Markets* (Washington, D.C.), August 1976, p. 17; November 1980, pp. 1 and 6; and November 1981, pp. 1 and 5.

场那样,对有效的国际信贷分配做出了如此大的贡献。"[1]

麦金农(McKinnon)对欧洲货币市场的有效性做了更加大胆的评价。他认为,欧洲货币市场有三个方面的重要职能:(1)它促进了银行间的外汇交易,这些银行被允许进行贷款和利息套利;(2)它取代了储蓄者和投资者之间的金融中介,否则很难在国内市场立足;(3)它起到了重要的国际资金渠道的作用,把净储蓄者的短期和中期资金转移到了净贷款者手中。接着他用毫不含糊的言辞描述了欧洲货币市场极高的效率:

> 欧洲货币市场在三个职能方面都具有强大的竞争优势,这一方面解释了其惊人的增长速度和弹性,另一方面也是那些学术型经济学家曾经试图发展单一理论模型来形容它时遇到极大困难的原因。脱离束缚的自由为我们创造了一个关于国际银行效率的典范。[2]

实际上,麦金农在其评论中,将信息套利效率以及分配效率都归因于国际银行的活动。现在,我们还没有远离那个拍卖市场,在那里巩固了关于竞争效率的新古典主义教科书式的寓言。并非每一个人都像麦金农走得那么远,20世纪60～70年代的大多数经济学家、政策制定者以及银行家对于广义效率的总体认识大体一致,不然的话,政府肯定已经做出认真的尝试来控制这个市场及其金融中介职能。很明显,在许多人看来,这个快速增长的欧洲货币市场不是一个会威胁金融稳定的"叛徒",而是一个"自由战士",这个战士已经在因为受到政府干预而不健全的金融市场上建立了一个合理、高效的桥头堡。

3.1.2 私人银行和对欠发达国家的贷款

在20世纪70年代,银行对发展中国家贷款利率提高,这被当时的政策制定者和学者等一类人很好地接受了。发展中国家一方面受到了来自海外金融市场的限制,另一方面又非常渴望海外资金,并且发展中国家对于海外资金的渴望伴随石油输出国组织在1973与1974年和1979与1980年的两次价格冲击得到放大。首先接受银行在发展金融中的新角色的是银行家自己。尽管银行家是一个异类群体,但他们的确有一个发言人来维持他们高大的公众形象。其中一个杰出代表是欧文·弗里德曼(Irving Friedman),他是前世界银行—国际货币基金组织的经济学家,后来转为私人银行顾问。在20世纪70年代,他就

---

[1] Dufey and Giddy, *The International Money Market*, p. 193.
[2] Ronald McKinnon, *The Eurocurrency Market*, Princeton Essays in International Finance, No. 125 (Princeton, N. J.: Princeton University, Department of Economics, 1977), p. 5.

银行和发展中国家主题做过一次非常重要且相当公开的演讲:

> 发展中国家出于几个原因需要私人银行在其经济发展过程中扮演一个非常重要的角色。早在石油输出国组织危机之前,对于私人银行能够做什么的认识,对于私人银行不仅仅作为有紧急需要时或者与贸易相关的正常情况下的资金供应方的认知,已经在几年里有了转变。私人银行是一个庞大的且持续扩大的、高效率的非政治国际服务系统的一部分,它们能够提供多样化服务和技术援助,这是银行业务活动的一个有机组成部分。私人银行被视为向一些国家提供外部资金的主要额外来源,这些国家长期存在的问题是如何发现并获得足够的外部资金。[1]

弗里德曼继续陈述:

> 此外,我们认为私人国际银行不会被政治因素所鼓励或限制。同时,私人国际银行具备的竞争优势来源于它们的差异化、竞争力、国际关系、贷款能力大小(不会受到官方预算或者政府之间相关协议的限制)、弹性、合理条款以及响应速度。有时,在非政治基础上的融资可得性被视作在没有外部政治干预或参与的情况下,加强调整措施的适应性或可行性的一种方式。[2]

在总结自己的观点时,弗里德曼另外强调:

> 在大多数发展中国家,私人国际银行在市场中赢得并维持良好信誉所能带来的利益是很大的市场份额。在这些国家,那些用于维持对私人银行的外部信誉的政策,还应该契合国家的发展目标。[3]

简而言之,在高效率的私人银行业务与有效的发展政策之间存在一种可感知的共赢关系。

私人国际银行也得到了其他学派的认可。早在20世纪70年代,一位富有洞察力的中间派主流经济学家查尔斯·金德尔伯格就曾经指出过,政府存在发展贷款的低效率问题,以及涉及对外直接投资的监管矛盾。他主张在信贷分配中再次运用"看不见的手",因为"从长远角度来看,我们认为,这些私人借贷应

---

[1] Irving Friedman, *The Emerging Role of Private Banks in the Developing World* (New York: Citicorp, 1977), p. 61.
[2] Ibid.
[3] Ibid., p. 66.

该并且能够取代一些或者大多数这样的资助或者贷款"。[1] 另外,他视弗里德曼对私人国际银行市场的描述为制定发展政策的具体规则来源。

或许更重要的是,重建国际资本市场的信誉所需要的明智财政管理也是实现有效经济增长所需要的。通过客观的方式而非国际机构的家长式官员实施,这种管理以及在私人国际资本市场开展的政府借贷可以在努力实现国家经济发展的过程中提升争取到当地资金的可能性,最初可能是以迂回的方式,但最终将变得更加直接、盛行。[2]

私人银行自然也可以从对欠发达国家实行石油美元回购中赢得好评。观察者认为,这一过程中存在一定困难,并且偶尔会遭受国际体制的干扰,例如,之前提到的1974年赫斯塔特银行危机。但是整体而言,市场仍然是信心满满,可以看到甚至在压力下,信心也会发挥神奇的作用。在研究了1974与1975年的欧洲市场之后,一位英国银行前高管称:"我保持乐观的主要原因在于,我对市场自身力量的信心。"[3]

在1974与1975年危机之后,拉丁美洲以及其他地区的债务加速累积。然而,银行发放贷款的逻辑是线性的:向欠发达国家发放贷款从本质上说是合理的,因此,银行系统有能力维持适度的融资,以及国家有能力偿还其所有的债务。这是一些分析师的结论,例如,其中包括贝克(Beek)、比因(Biem)、布里顿(Brittain)、萨金(Sargen)、史密斯(Smith)、所罗门(Solomon)和范·B. 克利夫兰(van B. Cleveland)。[4]

私人银行市场快速发展的奇迹,致使在欠发达国家调整过程中作为纪律维

---

[1] Charles Kindleberger, "Less-Developed Countries and the International Capital Market," in *Industrial Organization and Economic Development*, ed. Jesse Markham and Gustay Papanek (Boston: Houghton Mifflin, 1970), pp. 338 and 344.

[2] Ibid., p. 345. 金德尔伯格随后对私人金融市场的运作持有一种不太乐观的观点,指出存在过度扩张和危机。详见:*Manias, Panics, and Crashes* (New York: Basic Books, 1978), p. 23.

[3] Lord O'Brien, "The Prospects for the Euromarkets," *Euromoney*, September 1975, p. 69.

[4] David Biem, "Rescuing the LDCs," *Foreign Affairs* 55 (July 1977): 717 – 731; David Beek, "Commercial Bank Lending to Developing Countries," *Federal Reserve Bank of New York Quarterly Review* 2 (Summer 1977): 1 – 8; Harold van B. Cleveland and W. H. Bruce Brittain, "Are the LDCs in over Their Heads?" *Foreign Affairs* 55 (July 1977): 732 – 750; W. H. Bruce Brittain, "Developing Countries' External Debts and Private Banks," *Banca Nazionale del Lavoro Quarterly Review*, December 1977, pp. 365 – 380; Nicholas Sargen, "Commercial Bank Lending to Developing Countries," *Federal Reserve Bank of San Francisco Economic Review*, Spring 1976, pp. 20 – 31; Gordon Smith, *The External Debt Prospects of the Non-Oil-exporting Developing Countries* (Washington, D. C.: Overseas Development Council, 1977); and Robert Solomon, "The Perspective on the Debt of Developing Countries," *Brookings Papers on Economic Activity*, no. 2 (1977), pp. 479 – 510.

持机构的国际货币基金组织被逐渐认为是多余的。1976年,在国际金融市场上最大且最有影响力的一家机构曾指出:

> 银行有责任进一步提高它们评估债务国经济和金融政策的能力。国际货币基金组织通常只插手关键的事件,在这些事件中,对于内部调整的必要性简单明了。但对于那些非关键的事件,银行的信贷决策同样可以用于对经济的管理方式和收支平衡的前景进行判断。通过决定是否扩大信贷以及设置贷款的期限和条件,银行可以影响债务国政策的性质和时机。银行的这一决定尤其在面临竞争压力时更显责任重大,并且不可否认的是,这也很难落实。然而在债务方看来,市场的纪律主要关系到有效的经济和金融政策能否及时被采取。[1]

然而真实的事件证明,在调整期间,市场确实需要国际货币基金组织的帮助,在1982年债务危机期间,市场对"看不见的手"的信任逐渐提升。1981年5月末,国际货币基金组织在一份临时文件中称:

> 20世纪70年代的总债务状况与国际收支体系的负担能力相当,从广义上讲,相比其他相关经济变量,债务维持了其现状。虽然一些国家经历了困难,但总体上债务管理问题得以避免,在综合了对未来的展望后,并不会引起恐慌。[2]

1982年信贷危机发生后,市场上一部分之前倡导效率者的观点也自然发生了改变。国际货币基金组织甚至开始思考私人市场扩散效应的可能性。[3] 尽管如此,正如之前所说,银行业对于问题产生的原因,更多关注的是欠发达国家的赤字支出和不利危机因素,而不是银行自身的放贷行为。

3.1.3 贷款的定价与数量:不确定性下的理性与利润最大化

在完善的经济体中,信贷市场是小型的和完善的,其规模报酬不变,具有确定性,或有事项有保障[4],没有信息和交易成本,诚实守信,处于零利润环境,经济部门是价格的接受者,以及债务人的贷款利息与债权人的资金机会成本相

---

[1] Morgan Guaranty Trust Company, *World Financial Markets* (New York, May 1976), p. 9.

[2] Bahram Nowzad et al., *External Indebtedness of Developing Countries*, Occasional Paper No. 3 (Washington, D.C.: International Monetary Fund, 1981), p. 11.

[3] Paul Mentre, *The Fund, Commercial Banks, and Member Countries*, Occasional Paper No. 26 (Washington, D.C.: International Monetary Fund, 1984), p. 9.

[4] 对未来或有事项的保障称为阿罗-德布罗(Arrow-Debreu)合同,合同包括了在特定状态下的特定商品。托宾(Tobin)根据金融市场将合同的有效性视作充分保障的效率。详见:James Tobin, "On the Efficiency of the Financial System," *Lloyds Bank Review* 153 (July 1984): 2-3.

等。国家可以为所有的投资融资,这些投资的总收入以现行利率折现能得到正的货币价值。国家也可以通过平衡当前和未来消费的边际效用来获得最大限度的满足。此外,不存在经济的生产性投资无法获得债权人注资的情况,任何提高国内储蓄水平的决定都将导致资金向海外转移。

在金融系统运作理想的状态下,贷款将像其他商品那样在竞拍市场上买卖。竞争有效性这一经典理论在一定程度上似乎支撑了20世纪70年代国际银行扩张的有利环境。但这一类比不能被普遍推广,原因在于主流经济学家认识到最优资本市场的经济主体只存在于教科书中,信息成本和不确定性将可能使得信贷分配发生扭曲。尤其在战后的著作中均强调市场在现实中也许并不是价格透明的,例如,供给和需求不一定均衡,拥有正现值收入流的项目不一定能够获得融资。从广义上讲,这一现象被称为"信贷配给"。越来越多的分析师开始进入这一领域进行研究,采用富有创意、有时甚至是非常复杂的模型,分析配给的多样性。[1] 但是这些研究都反映出一个相同信息:债权方是谨慎和理性的收益最大化者,在面临不确定性因素时,他们会减少向债务人贷款。这些研究的一般性结论可以用一种简单的方式进行总结。

信贷配给。由于偿还贷款的违约会造成债权人的损失,因此,债权人往往以债务人会进行偿债为假定前提来进行放贷。但是,贷款交易往往是发生在充

---

[1] 这些著作是:Dwight Jaffee, *Credit Rationing and the Commercial Loan Market* (New York: John Wiley & Sons, 1971); Dwight Jaffee and Thomas Russell, "Imperfect Information, Uncertainty, and Credit Rationing," *Quarterly Journal of Economics* 90 (November 1976):651-666; Dwight Jaffee and Franco Modigliani, "A Theory and Test of Credit Rationing," *American Economic Review* 59(December 1969): 850-872; Joseph Stiglitz and Andrew Weiss, "Credit Rationing in Markets with Imperfect Information," *American Economic Review* 71 (June 1981): 393-410; Kerry Vandell, "Imperfect Information, Uncertainty, and Credit Rationing: Comment and Extension," *Quarterly Journal of Economics* 99 (November 1984): 842-872; Jonathan Eaton and Mar Gersovitz, "Debt with Potential Repudiation: Theoretical and Empirical Analysis," *Review of Economic Studies* 48 (Aril 1981):289-309; Jonathan Eaton and Mark Gersovitz, *Poor Country Borrowing in Private Financial Markets and the Repudiation Issue*, Princeton Studies in International Finance, No. 47 (Princeton, N.J.: Princeton University, Department of Economics, 1981); David Folkerts-Landau, "The Changing Role of International Bank Lending in Development Finance" (Washington, D. C.: International Monetary Fund, December 1984); Jeffrey Sachs, "Theoretical Issues in International Borrowing," Working Paper 1189 (Cambridge, Mass.: National Bureau of Economic Research, August 1983); Jeffrey Sachs, "LDC Debt in the 80s: Risks and Reforms," in *Crises in the Economic and Financial Structure*, ed. Paul Wachtel (Lexington, Mass.: Lexington Books, 1982), pp. 197-243; and Jack Guttentag and Richard Herring, "Credit Rationing and Financial Disorder," *Journal of Finance* 39 (December 1984): 1359-1382.

满不确定性的世界里[1]，隐含的确定性假设前提并不完备，因而债权人试图最大化贷款的期望收益来应对债务人的违约风险。

如果债权人可以获得对风险溢价的补偿，那么即便面对正的违约概率，债权人也愿意放贷。损失的风险往往伴随贷款量的增加而增加，因此，贷款的供给曲线呈向上倾斜，即更多将要发放的贷款仅能在债权人资金机会成本之上增加一定的溢价来补偿较高的风险。实际上，在传统观念里，债务人被视作准买方；尽管这并不影响整体的市场利率水平，但贷款的边际成本要高于其平均成本，这是因为只要有较高的利率就可以获得更多的贷款。[2] 此外，贷款量与利率水平之间的关系并不是一成不变的。有观点认为，必须实行限额信贷，因为当达到一定贷款量时，违约概率会达到1。在其他情况不变时，一旦实行贷款限额，那么高利息支付将不会引起新增贷款的出现。

本书指出了一些违约的潜在来源。一个明显的来源是债务人未来收入流的现值（包括可能对未收回资产的清算）低于其未来应偿还债务的现值（利息和摊销）。在这种情况下，债务人无力偿还。债权人通常希望将贷款限制在破产点的下方。

支付问题的第二个原因在于流动性不足：债务人也许没有破产，但短期内其收入流的现值达不到即将到来的债务偿付的现值。或者，如果国内有一定的资金可用于偿还债务，但由于缺乏外汇而无法兑换偿还海外的债务，这在短期内会形成流动性不足。在这种情况下（假设没有充足的缓冲储备金），潜在贸易顺差的外汇现值将低于短期内以外汇表示的应偿还债务的现值。

支付问题的第三个原因在于还款意愿，这在破产和流动性不足问题之外增加了违约的可能。本书高度强调以冰冷理性作为债务人行为的潜在决定因素。在这一理论框架下，所有的债务人被认为是半诚实的；他们选择偿还债务的唯

---

[1] 对风险的传统概念是世界上一个事件有多个结果，从而形成预期收益的标准差。在完全确定的世界里，对未来的预期同样确定，因此，事件结果的不确定性为零或者说不存在风险。在一个相对确定的世界里，对于事件结果的不确定性有十足的信心认为，在零上下一定数值范围内。在一个相对不确定的世界里，代理机构可以计算主观的可能性和风险，计算得出的事件结果的可能性会有所不同。在一个完全不确定的世界里，经纪部门甚至计算不出主观的可能性和风险。银行通常被认为在相对不确定的环境中运营。详见：Jack Guttentag and Richard Herring, "Uncertainty and Insolvency Exposure by International Banks" (University of Pennsylvania, Wharton School of Business, n. d.), pp. 1-3.

[2] Arnold Harberger, "Comentarios del Profesor Arnold Harberger" [Comments of Professor Arnold Harberger], in *Estudios Monetarios VII* [Monetary Studies VII] (Santiago, Chile: Central Bank of Chile, 1981), p. 187; and Sachs, "LDC Debt in the 80s," p. 211.

一条件是违约的成本超过收益。[1] 违约的收益是指从不偿还债务中获得的收入流的现值；违约的成本是指从不满的债权人以及可能是债权人政府部门给予的惩罚中承担的收入减少的现值，惩罚包括不允许进行新的融资、中断贸易往来、没收资产等。因此，债权人通常希望将贷款降至有利于债务人违约的水平以下。

在信息充分的世界里，债权人通常会计算破产、流动性不足和赖账的风险点。但是世界是不确定的。未来的投资回报以及债务人的收入和今后偿债能力都是随机事件。此外，债权人无法轻易确定债务人在贷款拨付后，是否会兑现关于资金使用的采取低风险行为的事前承诺。贷款拨付后的兑现问题尤其吻合难以实行负面条款和抵押协议的主权国的贷款情况。最终，债权人很难提前知道通过处罚方式给债务人带来的精确成本。

在逆向选择主题下，本书将详述不确定性的并发因素。[2] 由于风险不仅受到贷款规模影响还受到利率水平影响，因此，这一现象越发凸显。

加强逆向选择理论基础的基本命题是，债权人和债务人的利益不一致。假设一个债务人完全通过银行贷款进行项目融资。项目的总收益或者总回报是随机变量。债务人在该项目中的净收益等于风险投资创造的总收入减去最初项目融资时承诺偿还的债务（利息和摊销）。如图 3.1 所示，在总收入超过合同规定偿债金额 $(1+r)D$ 之前，债务人在项目中的净收益不会出现。在这种情况下，债务人的收益是项目总收益的凸函数，如图中所示的 OAB 分段图形。

另一方面，债权人的收益来自项目中债务偿付的极值；一旦项目创造的总收益足以偿还债务，那么债权人将停止从总收益的增加中获益。因此，债权人的项目收益是项目总收益的凹函数，如图 3.1 中所示的 OCL 分段图形。

很明显，债务人和债权人对项目开发风险有着不同的关注点。债权人会设定与可感知项目风险相当的贷款利率。然而，对于债务人来说，偿债额度之上的所有收益都是为其所有，因此，债务人的净收益随着项目开发风险的提高而提高。如此一来，在贷款拨付后，债务人倾向于变更其行为以增加项目的风险。债权人当然只关心总收入是否与偿债金额相匹配；任何将项目风险提升至最初

---

[1] 决定债务人行为最纯粹的理性假定，详见：Vandell, "Imperfect Information: Comment"; and in Eaton and Gersovitz, "Debt with Potential Repudiation." 假定一些债务人是诚实的，其模型见于：Jaffee and Russell, "Imperfect Information, Uncertainty, and Credit Rationing."

[2] 对这一问题的最好的分析，详见：Jaffee and Russell, "Imperfect Information, Uncertainty, and Credit Rationing"; and Stidlitz and Weiss, "Credit Rationing."

预期水平之上的项目发展变更行为,都会降低债权人的预期收益。[1]

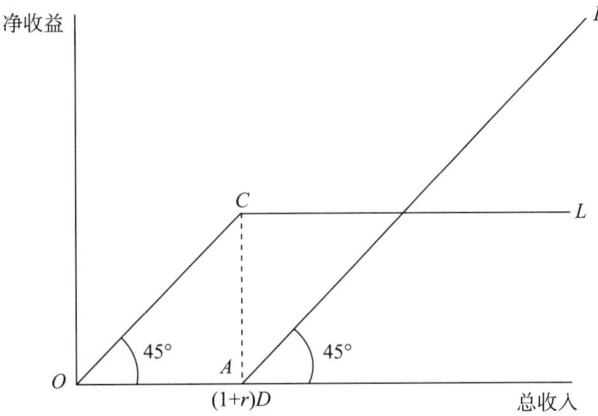

Source：Derived from Joseph Stiglitz and Andrew Weiss,"Credit Rationing in Markets with Imperfect Information," *American Economic Review* 71 (June 1981)：396.

符号：B＝借方
L＝贷方
D＝对银行债务
r＝利率
$(1+r)D$＝利息和分期本金的偿付总额

图 3.1　债务人与债权人的收益

虽然债权人试图通过项目信贷合同条款来约束债务人的行为,但正如前文所述,这一约束难以实现。考虑到约束债务人行为的困难,债权人试图将债务人的不同项目贷款进行捆绑,从而计算这一组合的平均风险。

债权人也希望避免采取行动,以免激起部分债务人采取行动,从而增加债务组合的平均风险。债权人深知在任何给定的贷款利率水平上,债务人都必须承担这一水平的风险以创造足以偿债的总收益。因此,随着利率的提升,相对低风险的发展项目将会被挤出市场,投资组合的平均风险得以提升,同时,债权人的预期收益率出现下降。[2] 换而言之,从债权人的立场出发,利率的提升会带来对项目的逆向选择。

逆向选择理论造成了标准向上倾斜的信贷供给曲线向下倾斜。当债权人

---

[1] 一个技术性的基本命题显示,当项目风险提升时,随机变量凸函数的期望值会增加,同时,随机变量凹函数的期望值会减小。严格的处理和证明,详见：Michael Rothschild and Joseph Stiglitz, "Increasing Risk：1. A Definition," *Journal of Economic Theory* 2 (1970)：225-243. 将这一命题应用于信贷市场,详见：Stiglitz and Weiss, "Credit Rationing."

[2] Stiglitz and Weiss, "Credit Rationing," p. 401.

面临贷款风险而提升利率水平时,直接的影响是期望收益会增加。但是在期望收益达到较高的水平后,正的直接影响将会失效,被逆向选择的负的间接影响所替代。因此如图3.2所示,利率($^*r$)会使收益最大化;任何高于此利率的利率都不会出现,这是因为利率的增加会减少债权人的期望收益。

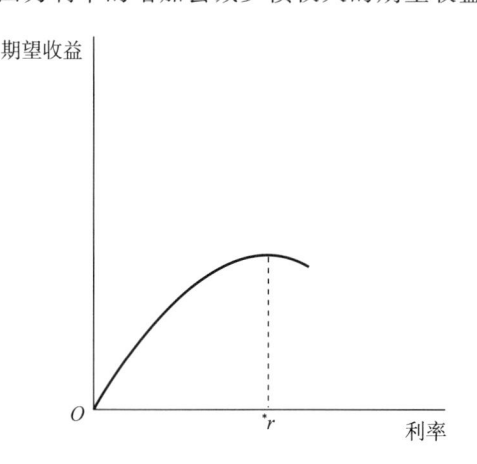

Source：Stiglitz and Weiss,"Credit Rationing," p.394.

图3.2 利率与债权人的最大收益

假设银行的放贷意愿与预期收益的提升相匹配。根据此假设和逆向选择的观点,传统的供给曲线如图3.3所示:供给曲线向上倾斜、向后弯曲。在E点,供需平衡、利率决定了市场的出清。但是本书强调信贷配给的可能性;如图3.3所示,当供需曲线相交在T点时,配给等于FG。利率r_1使市场出清的情况不会出现,这是因为同样的贷款供给可以以较低的利率获得。

如此一来,关于银行的更多技术性文献表明,信贷市场是纪律严明的、谨慎的、理性的和利益最大化的。在面对不确定性时,银行会根据保证金和适当收取溢价来冷静评估贷款申请人的风险。然而,信贷通常受配给的支配,因此,信贷并不是普通的能以足够的高价就可以诱发供给增加的商品。需重点指出,实际上,根据主流技术性文献的观点,信贷市场的主要扭曲会使系统偏向潜在贷款。[1]

---

[1] 可以扩展信贷配给的概念,从一个债务人扩展到多个不同等级的债务人。一些等级的债务人经历了在贷款相关范围之外无法获得配给,同时,其他等级的债务人也许可以一起从市场获得配给。由于一些等级的债务人不能确保在任何价格都可以获得贷款,因此,系统再一次偏向潜在贷款。详见:Folkerts-Landau, "The Changing Role of International Bank Lending," pp.27-29,将信贷配给的概念扩展到三个等级的债务人。

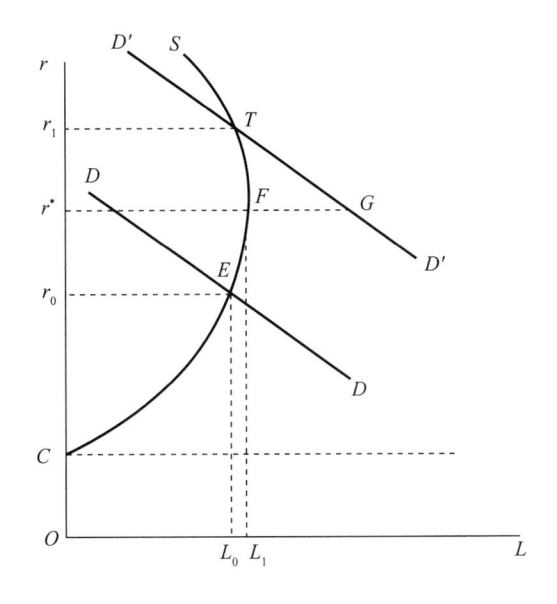

符号：
D＝需求曲线　　　　　　　L＝贷款
S＝供给曲线　　　　　　　C＝银行资金机会成本
r＝利率

图 3.3　信贷配给

债务的需求驱动实质。在考察银行如何评估风险之前，我们必须简要说明下关于银行贷款行为实质的另一个流行观点。这一观点出自银行业自身，其基本命题是"需求驱动"导致发展中国家的私人银行债务快速积累。[1]这一命题的结论性很强、论述性较弱，因此很难将其解释清楚。乍看之下，这一命题给人留下了与前面技术性文献大致相当的印象：针对债务人的申请，银行会谨慎地逐一进行风险评估和配给信贷额度。但是"需求驱动"论述中的潜台词是供给曲线的形状稍有不同。如果要严格解释，需求驱动理论指出了供给曲线在特定的区域内是水平的；在这一论述中，贷款量明确是由需求驱动的（如图 3.4 所示，需求曲线从 D_0 移动到 D_1）。此外，为了使得需求驱动的债务成为可能，信贷配给不能超出债权人和债务人共同制定的贷款决策的相关范畴；如图 3.4 所示，只有在供给曲线为垂直状态时，需求驱动的债务才是可能的。

---

[1] Friedman, *The Emerging Role of Private Banks*, p.48; Irving Friedman, *The World Debt Dilemma: Managing Country Risk* (Philadelphia: Robert Morris Associates, 1983), p.45; and Paul Watson, *Debt and Developing Countries: New Problems and New Actors* (Washington, D.C.: Overseas Development Council, 1978), p.27.

符号：
r＝利率　　　　　　　　　　　S＝供给曲线
L＝贷款　　　　　　　　　　　D＝需求曲线

图 3.4　需求驱动的债务

为了应对大规模放贷的质疑，银行家们强调了私人银行与欠发达国家的贷款是由需求驱动的这一实质。后面我们将看到，虽然需求驱动理论是片面的、存在缺陷的，但在一定程度上，它较前面提到的技术性文献为贷款实质的证明提供了更多论据。

信誉评估。通过以上研究我们知道，银行从传统上被认为是纪律严明的、谨慎的并具有较强的风险意识；实际上，欧文·弗里德曼将银行视为"最保守和最谨慎的贷款来源"。[1] 银行家对国家风险评估的洞察力仍有待观察。

私人银行是追求利润的机构。它们在债务人能够偿还债务的前提下放贷；正如在它们看来，"在使用一个国家的外汇资源时，对债权人进行全面的、及时的偿债服务具有最高的优先级"。[2] 私人债权人关心借款人的还款能力并不奇怪。如果借款人可以证明其在过去和将来有能力及时履行偿债义务，那么银行将视其为信誉良好。[3] 对借款人的资信评估称为信贷风险评估。

信贷风险评估与银行的发展一样历史悠久。但是，作为信贷风险的子集——国家风险分析——却是新鲜事物。国家风险发生于国家之间的跨境贷款，它的出现反映了偿债不仅有赖于个人贷款机构的条件，更有赖于影响整体

---

[1] Friedman, *The World Debt Dilemma*, p.1.

[2] Irving Friedman, "The New Climate for Evaluating Country Risk," paper presented at the International Bankers Annual Roundtable, Cannes, France, 12-14 June 1980, p.6.

[3] Watson, *Debt and Developing Countries*, p.42.

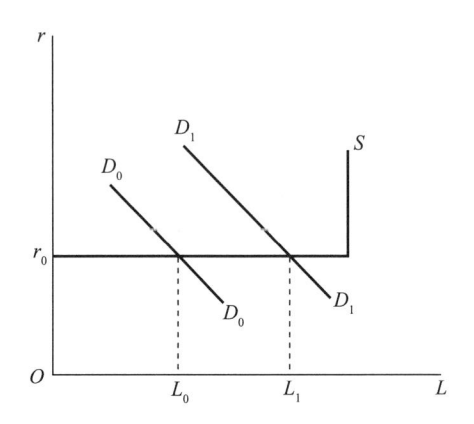

国家环境的因素。国家风险包括许多主要的风险子类别:[1]

(1)主权风险。这是关于一个国家履行债务偿还的意愿和能力的风险。该风险的特征是,实际上,很少有国家会服从于其他国家的法律制度。如此一来,商业贷款合同中常用的安全管理条款在处理国家贷款时效果不佳,这些安全管理条款包括负面条款(限制金融政策的某些准则)和抵押条款等。[2]

(2)转移风险。这反映的是债务人无法偿债的原因,可能是缺乏可用的外汇而不是没有偿债能力。

(3)政治风险。这反映的是由于政治不稳定或者动荡导致的偿债中断。

尽管银行已经从事跨境贷款很长时间,但是直到20世纪70年代中期,弗里德曼教授在花旗集团首倡国家风险评估之前,这一评估并未普及。在20世纪60年代,贷款主要发生在银行与工业化国家之间,在这些国家,银行几乎没有察觉到国家风险。随着银行向发展中国家贷款的增加,以及公众对石油输出国组织回购的担忧,国家风险评估开始被意识到。正如花旗集团在其1975年年报中所称的,有必要对国家风险评估流程发布重要披露。[3]

总的来讲,国家风险分析是投资组合发展的最重要决定因素之一。尽管深入研究银行评估国家风险的不同方法的细节超出了本书的研究范畴,但简要的观点仍然对于后文的分析存在提供支撑的价值。弗里德曼将国家风险分析体系分为三大类:

(1)德尔菲意见法:一种计分卡的方法,专家对国家环境因素的意见将被赋予权重和分值;

(2)定量、计量法:一种统计评估方法,强调预测收支平衡表和转移风险问题;

(3)结构化定性法:一种系统化的定性和定量分析法,强调对收支平衡表的展望,以便对经济以外的问题和风险做出可能的应对,这些问题和风险会影响偿债的及时性。[4]

---

[1] Friedman, *The World Debt Dilemma*, pp. 199-204.

[2] 这一问题来自主权豁免权。国家通常在贷款合同中提及其主权豁免权,但是将主权诉讼至法院仍然存在法律上和现实中的障碍。详见:Henry Harfield, "Legal Aspects of International Lending," in *Offshore Lending by U.S. Commercial Banks*, ed. F. John Mathis (Philadelphia: Robert Morris Associates, 1975), p. 86; and Lars Kalderén and Qamar Siddiqi, eds., in cooperation with Francis Chronnell and Patricia Watson, *Sovereign Borrowers: Guidelines on Legal Negotiations with Commercial Lenders* (London: Dag Hammarkjöld Foundation and Butterworths, 1984).

[3] Citicorp, *1975 Annual Report* (New York, 1976), pp. 18-19.

[4] Friedman, *The World Debt Dilemma*, pp. 212-214.

三十国集团在1982年调查发现,多数银行采取的是结构化定性法。[1]

银行在评估国家风险和信贷价值时的依据是什么？根据业内专家的观点,总的评估标准是对经济的"良好管理",尤其关注用于偿债的外汇的可得性。[2]两位国家风险方面的专家就"什么是良好的管理"提出了一些建议。[3] 其中有效的经济政策包括：(1)一种激励机制,用于奖励为了达成生产目的而勇于承担风险的经济行为；(2)一种法律机制,有助于实现自由市场；(3)从源头修正市场的扭曲；(4)简单、去中心化的规章和监管制度。此外,好的发展政策包含以下特征：(1)遵循比较优势规律的开放市场；(2)合理的投资系数和2～3的低资本产出增量比率(管理水平最差的经济体的资本产出增量比率在6～10)；(3)财政支出在国民生产总值中的比重递减；(4)价值平稳的货币总量；(5)正的实际利率和最小化的信贷补贴；(6)维持国内外物价平稳的自由浮动汇率。专家们评价韩国和中国台湾为良好政策和发展策略的典范,而波兰和古巴被认为是管理水平较差的国家。

同样值得关注的是影响国家风险分析的变量。前面提到的三十国集团调查发现,私人银行在对它们的借款人的经济评估中使用了大量的变量。然而,出现在它们分析中的一些指标明显构成了银行评估体系的基础。这些指标是：

(1)偿债率,或者偿债与出口收入的比值；

(2)国际收支状况；

(3)出口增长趋势；

(4)内部扩张,或者GDP增速。[4]

以上这些要素是银行在评估贷款对象和贷款额度时会进行最详细审查的。我将在本章以及后续章节进一步阐述这些要素。

3.2 关于国际银行的另一个观点

前文展现了私人银行借贷业务的程式化内容,反映出它是一种经典的并有启示意义的有效中介。对效率变量显然在这里是要求不高的,因为即便是对自

---

[1] Group of Thirty, *Risks in International Lending* (New York, 1982), p. 41.

[2] Friedman, *The Emerging Role of Private Banks*, p. 2429; and Watson, *Debt and Developing Countries*, pp. 25 - 29.

[3] Sheila Trifani and Antonio Villamil, "Country Risk Analysis: Economic Considerations," in *The International Banking Handbook*, ed. William Baughn and Donald Mandich (Homewood, Ill.: Dow Jones-Irwin, 1983), pp. 109 - 112.

[4] Group of Thirty, *Risks in International Lending*, p. 37.

由市场的最狂热信徒,也认识到真实世界的扭曲使得资源有效分配的帕累托标准难以被满足。实际上,主流的技术研究文献都重点指出了信贷市场中的这样一种现象:因为价格不能充分反映信贷市场情况而导致一些具有盈利性的投资项目反而得不到融资。但是正如前文所述,传统意义上的扭曲在重要性上会使得贷款体系向次级贷款发展,因此,需要强调私人债权人是谨慎的、具有风险意识的以及市场会迫使债务人遵守市场纪律这两个流行观点。后一个观点盛行于 1982 年危机之前的技术和政策周期中,我曾提到,在那个时候,对国际贷款的认知开始在一定程度上转向更具批判性的视角。早在 20 世纪 70 年代中期,我曾在一定程度上怀疑过拉丁美洲海外融资的发展模式。[1] 在此我希望通过资料进一步研究为什么私人金融市场在 20 世纪 70 年代偏向于向发展中国家大规模放贷。我的分析将采用一种与关于银行的流行观点不同的机构观点。尽管如此,正如前文所述,这一分析并不能代表一个完整的关于国际银行的理论。然而,我更谦虚地建议形成一些关于贷款行为的观点,这些观点可以丰富对供给在 20 世纪 70 年代拉丁美洲和其他发展中国家债务积累中的作用的理解。

3.2.1 当代国际银行业

关于国际银行业效率问题的传统观点是建立在这样一种假设之上,即现代投资组合理论的延伸是贷款供给决策的影响因素。[2] 另外,银行根据一定原则客观地分配贷款,这一原则是折现的预期收益、适当调整的风险要与投资组合中其他资产的风险调整收益的现值相等。[3] 放眼未来,在竞争的市场中,公正的债权人会在保证金基础上考虑不同收益和机会成本,以冷静决定贷款的分配。

---

[1] 这以出版物的形式出现在:Robert Devlin, "External Finance and Commercial Banks: Their Role in Latin America's Capacity to Import between 1951 and 1975," *CEPAL Review*, no. 5 (first half of 1978), pp. 63 – 98.

[2] 详见:Jaffee, *Credit Rationing and the Commercial Loan Market*, p. 105; and Friedman, *The World Debt Dilemma*, pp. 248 – 249.

[3] 或者在一个投资组合中,有两种资产:

$$PV_L = \sum_{t=0}^{N} EV_L/(1+i+\lambda)^t = PV_A = \sum_{t=0}^{n} EV_A/(1+i+\lambda)^t$$

其中:PV = 现值

EV = 未来收益流的预期值

L = 贷款

A = 其他资产

i = 银行的资金成本

λ = 风险,其中 $0 < \lambda < 1$

从传统上来说，对非金融公司的国际投资同样要评估它们的收益率和机会成本。史蒂芬·海默（Stephen Hymer）1960 年的博士毕业论文标志着传统方法上的突破，他的文章充满了争议，以至于在他去世之后才被出版。海默展示了投资组合理论并不像使用仪器那样能轻易地预测出国际资本的流动；在他看来，真实世界里不确定性、风险和监管障碍的"任何变化"都将影响资本的流动。[1] 基于海默和后来分析师的研究，如今我们知道，遍布全球的跨国公司通过评估标准而不是收益率最大化来进行一项新的投资，评估要素包括控制力、市场渗透和份额、市场伙伴、公众形象、竞争对手等这些对于投资时机和方向的重要决定因素。

实际上，我们可以借助投资组合理论来解释银行的海外扩张。正如我在前面章节所提到的，受监管的国内市场的利润在不断缩水，银行在海外未受监管的市场寻找更高的收益率。实际上，我们可以合理解释在经历了 20 世纪 30 年代金融大崩溃之后长达 40 年的整顿，而 70 年代银行向欠发达地区的贷款正是贷款投资组合调整的一部分。

尽管投资组合理论或许可以从广义上告诉我们，为什么贷款会从国内流向国外，以及为什么信贷资金从中心流向四周，但是，该理论难以解释为什么信贷是流向这个国家而非那个国家，以及信贷期限和条款、风险暴露水平等。的确，海默对于借款的整体观点可能在一定程度上超出了投资组合理论的范畴，并且创造了一种更加有别于制度的理论来解释当代银行的贷款行为。当代银行是跨国运营的，在全球布局分支机构、子公司和附属公司，在零售和批发两个层面都服务于当地和国际市场。通过横向和纵向整合，当代银行的服务范围包括当地支票账户、商业零售、批量贷款、代理银行、货币兑换、证券包销、托管账户、专业咨询和融资服务。[2] 客户包括跨国公司、跨国公司的主权国家以及路上行走的普通人。因此，在 20 世纪 70 年代银行贷款向欠发达国家扩张的时候，我们可能只是单纯地看到"不重要的"资金在追求最高收益率。理论与当代跨国银行机构的实际状况相适应可以促进银行的扩张，并且对政策的制定提供更有效帮助。

瑞伊·韦斯顿（Rae Weston）就投资组合理论提出了一些新观点。他认为，投资组合理论是将银行视作一个个体投资者而非公司机构。[3] 一旦银行被视

---

[1] Stephen Hymer, *The International Operations of National Firms* (Cambridge, Mass.: MIT Press, 1976), p. 7.

[2] 通过考察可能是国际化程度最高的银行——花旗银行——的所有年报来确定当代国际银行的多元化和全球化。

[3] Weston, *Domestic and Multinational Banking*, p. 24.

为跨国公司，那么海外货币借贷业务作为其多元化业务中的一项，就可能会或可能不会对银行的长期全球收益最大化做出贡献。[1]因此，在实践中还存在最优的多元化业务、价格和收益最大化以外的因素会影响一个国家或者一些国家的贷款业务；的确如韦斯顿所述，银行家打破了理性投资者的一贯基本原则。[2]因此，在全球银行机构的背景下，除了个人投资者的计算误差外，还有很多因素会导致全球信贷最优配置出现偏差。不应该假定市场的供给方是冷静、理性的投资者。

3.2.2 银行及其产品

本书将银行看作全球企业进行分析是有意义的，因为这可以帮助我们进一步理解信贷供给的动态变化是如何成为20世纪70年代欠发达国家债务积累过程中的一个特殊影响因素的。

但是，当银行被认为是全球企业时，有人一定会问银行到底生产什么。而就这一问题的辩论是广泛存在的。[3]一些人认为银行是一个工厂，尽管对此观点争议较多，但其强调将储蓄视为输入，将贷款和服务视为输出。然而韦斯顿认为，对银行活动不能轻易按上述观点理解，这是因为实际上没有发生输入被消耗而其他商品和服务被创造这一转变过程。而在他看来，银行最好被视为资金和相关服务的零售商和经销商。[4]

相比韦斯顿的"银行是零售商"的观点，"银行是批发商"的观点更有效地解释了欧洲货币市场上的大量国际贷款。但重要的是，上述两种观点均包含在市场理论中，的确，"销售"一词包含在"批发商"的含义中。上述将银行视作工厂、投资者和客观公正的经纪代理机构的理论都是重要的观点。这的确是我们对金融人士形象的传统认知，将他们与二手车、可乐和玉米片承销商放在一起也

---

[1] 当然，收益最大化完全不需要全球化。例如，鲍莫尔(Baumol)提出的假设认为，公司在受制于最低收益水平的情况下仍可获得最大化的零售额，或者市场份额。加尔布雷思(Galbraith)将这一理论进行升级，他认为现代公司运作官僚化，通过牺牲收益达到稳定和其他目的。凯夫斯(Caves)支持以收益换取稳定的观点。William Baumol, *Business Behavior, Value, and Growth* (New York: Macmillan, 1959), pp. 45-57; John Kenneth Galbraith, *The New Industrial State* (New York: New American Library, 1968); and Richard Caves, "Uncertainty, Market Structure, and Performance: Galbraith as Conventional Wisdom," in *Industrial Organization and Economic Development*, ed. Jesse Markham and Gustav Papanek (Boston: Houghton Mifflin, 1970), pp. 283-302.

[2] Weston, *Domestic and Multinational Banking*, p. 24.

[3] Ibid., pp. 25-27; and Aliber, "Theory of International Banking," pp. 6-7.

[4] Weston, *Domestic and Multinational Banking*, p. 27.

许会让人吃惊。[1]银行家自身对这一形象并不满意,在一定程度上他们会解释为什么坚持认为是需求驱动了欠发达国家的贷款。但是,当代银行联合起来销售却是不可回避的事实。[2]因此,我们在20世纪70年代的商业银行管理资料中找到了这样的评论:"没有一家运作良好的银行会消极地对待贷款";"全国范围内的卓越银行是指那些可以比同行发放更多贷款,以及在同行没有贷款可放时同样可以放贷的银行";"在竞争的环境中,做一个优秀的跟随者往往是不够的;必须要主动寻找商机"。[3]

我们曾在前文提到,银行市场概念最初是在20世纪50年代的美国获得发展。在国内市场,少数银行家认为银行市场表现为向储户和借款人赠送礼物。[4]在国际市场,银行主要表现为众所周知的欧洲信贷。我们传统上认为,贷款是非常私密的事情。但在70年代,个人欧洲货币贷款充斥于主流金融媒体的整个广告版面(银行家们称之为"墓碑")。众所周知,加入财团的银行会就如何在广告中放它们的名字,以达到锁定在广告中最醒目的位置而争论不休。[5]

国际银行销售中体现的进取精神是有据可循的。在1970年前后,这一进取精神更加显著。

早在欧洲美元的年代,国际贷款就是一项平稳缓慢发展的业务。借款方无论是公司还是外国政府的部门机构都需要主动接触传统银行或者专业银行来获得贷款,这些银行后来发展为财团。但是,随着贷款业务越来越有利可图以及竞争激烈,在1970年前后,银行的贷款部门开始招揽业务,主动地打电话或者拜访公司和政府部门机构。其中的一些银行不再简单地作为资金盈余和资金短缺之间的中介;如今,它们也在推销贷款。[6]

随着销售宣传力度的加大,那些通过每天观察市场动态来获取报酬的机构,可以对银行新的业务方式做出恰当评估。在20世纪70年代后5年,专业

---

[1] 正如加尔布雷思所述:"对很多人来说,金钱是件严肃的事情。他们希望金融架构能够反映金钱的特性——沉稳和严肃,而不是轻松和轻佻。也许看得远一些,银行家也是如此。医生会因为生命掌握在他们手中而感到有趣……一位心情愉快的银行家却是不可想象的。"详见:John Kenneth Galbraith, *Money*(Boston: Houghton Mifflin, 1975), p.119.

[2] 德拉梅德(Delamaide)将银行视为"移动的金钱销售员"。详见:Darrell Delamaide, *Debt Shock* (Garden City, N.Y.: Doubleday, 1984), p.43.

[3] Howard Crosse and George Hempel, *Management Policies for Commercial Banks* 2nd ed. (Englewood Cliffs, N.J.: Prentice-Hall, 1973), pp. 207 and 280.

[4] Maurice Odle, *Multinational Banks and Underdevelopment* (London: Pergamon Press, 1981), p.164.

[5] Anthony Sampson, *The Money Lenders* (New York: Penguin Books), p.145.

[6] Ibid., pp.145 – 146.

金融杂志——《欧洲货币》——以"枪手"、"黑豹"和"山羊"来对市场上银行的进取精神排序；该排序结果显示，在1978年有47%的银行机构被评级为"枪手"，而只有8%的银行机构被评级为"山羊"。[1] 同时，《华尔街日报》曾称债权方的行为就像在"愉快地处理你的报价"。[2] 这些真实社会中的形象与传统上认为银行是消极的公正投资者形象不一致。的确，关于银行在70年代的拉丁美洲通常不是在配给信贷而是在买卖货币的研究越来越多。市场的"扭曲"不是缺乏贷款而是过度贷款。

当我们认识到服务的本质是被用来交易时，市场的供给侧是公正的和受约束的观点进一步被弱化。销售贷款与销售玉米片不同。当玉米片被卖出后，换回的是与产品等值的货币。当银行交易一笔贷款时，收到付款是在未来的时间点。因此，借款方的自信和诚信将会是核心要素，这使得银行业务更像是个人业务而非其他类型的营销业务。

银行个人业务的特点使得当代银行成为一个效益内生性机构。首先，由于诚信是建立在信息基础上的，因此，客户关系就是一项投资。长期客户关系和市场形象是一种资产深化的形式，这一种形式提高了银行的产出水平；这种形式以低成本和高速度来获取持续的信息，从而形成了相较其他银行机构的竞争优势。因此，一旦银行建立起了客户关系，就会倾向于尽可能服务于客户的需求；可靠的服务保障强调了银行产品的质量且有助于避免客户流向其他银行机构。此外，由于建立客户关系的固定成本较高，因而服务已有客户的额外需求的边际成本要低于服务新客户的成本。[3]

从另一个角度来看，存在于投资组合理论和信贷配给文献中的外币贷款违约风险是全球银行风险集合的唯一组成部分。银行从客户关系中获得效用。一笔新增贷款也许会提升风险、降低预期收益，但终止向已有客户授信也许更加提升了公司整体风险，以及降低了短期和长期的预期收益。如果客户是重要的储户，则关于是否授信的争论会更加激烈。[4] 只有在信贷周期的最高级阶

---

[1] 《欧洲货币》使用贷款业务的扩张和贷款的期限来给银行排序。详见："Tracking the Lead Bank: Who's Competing Hardest," *Euromoney*, August 1979, pp. 14–30.

[2] *Wall Street Journal*, 12 March 1976, cited in Douglas Hayes, *Bank Lending Policies* (Ann Arbor, Mich.: University of Michigan, School of Business Administration, 1977), p.49.

[3] Grubel, "A Theory of Multinational Banking," pp. 352–353.

[4] 储蓄关系的建立也会增加第三方贷款。有证据显示，有意向销售设备给一个国家的重要合作储户将会是银行拓展贷款业务的一个因素，否则，考虑到违约风险，银行将不会授信。具体案例详见：S. C. Gwynne, "Adventures in the Loan Trade," *Harper's*, September 1983, pp. 25–26. 主要的储蓄关系的建模，详见：Edward Kane and Burton Malkiel, "Bank Portfolio Allocation, Deposit Variability, and the Availability Doctrine," *Quarterly Journal of Economics* 74 (February 1965): 113–134.

段,违约风险也许才能在决策制定中有决定性的影响力。基于锁定效应,银行也许不会停止新增贷款,而该效应是指相比旧债务的偿债能力,新增贷款可以创造积极的外部效用。

其次,考虑信用和信心因素对规模经济的影响;根据韦斯顿的研究,由于有更多综合性信息流的存在,这种不确定性可以得到一定程度的降低(后面我们将看到导致不确定性依次增加的影响因素)。[1] 因此,规模经济在一定程度上解释了20世纪60~70年代的经济增长偏重于工业行业的现象,并造成了对各行业在整体经济增长中所占市场份额的合理担忧。[2] 这反过来意味着,银行在制定贷款决策时,将不仅要考虑与该项交易相关的违约风险,还要关注全球经营的正外部效应和维持自身积极参与信贷市场。同时,银行机构除了考虑信贷业务的违约风险之外,还要提防新的进入者得到最小的贷款量,有了这些贷款业务量,它们就可以在该市场上立足。

当然,关于跨国银行的研究仍有许多工作要完成。但是,上述研究观点已经是非常有建设性的了,并且这打破了通常认为银行的传统形象是消极的、公正的投资者的观点。现代银行有着更加多元化的目标,它们积极面对和追求增长,积极地推销它们的服务。很难理解为什么经济有效的信贷配给是全球金融公司决策的必然结果,而这些决策更是在不确定的环境下制定的。

3.2.3 市场结构

国内市场。通过考察、评估银行业的结构,我们可以深入研究20世纪70年代信贷供给的本质。

实际上自银行出现以来,该行业就呈现出高度的集中性,少数银行统治着该行业市场。[3] 而银行业的高度集中在各个国家均有所体现:荷兰银行业被2家银行统治,而在法国是4家、在加拿大是5家、在德国是3家、在日本是13家、在英国是8~10家。美国拥有大约1.5万家银行机构,被认为是银行业集中度最低的国家之一。美国前10家银行控制了18%的总资产和15%的国内

---

[1] Weston, *Domestic and Multinational Banking*, pp.38-40. 20世纪70年代关于规模经济的研究详见:George Benston, "Economics of Scale of Financial Institutions," *Journal of Money, Credit, and Banking* 4 (May 1972): 312-341.

[2] 一些以前出现过的当代研究认为,银行在很大程度上是规模经济的,这一流行观点可能言过其实。然而毋庸置疑的是,银行家们曾经(甚至现在)用这一观点来指导他们的投资组合策略。详见:"Survey on International Banking," *Economist*, 26 March 1988, pp.10-16.

[3] Karl Born, *International Banking in the 19th and 20th Centuries*, trans. Volker Berghahn (New York: St. Martin's Press, 1983), pp.59-102.

总储蓄。[1] 银行数量的庞大反映了国内银行业监管的效果。但是,有效的集中度较银行数量更能反映美国银行在很大程度上被限定在各州的地域内,例如,纽约的银行通常被严格限定在纽约市。[2]

美国银行业市场被认为是非严格意义上的寡头垄断市场,垄断银行试图在存款和贷款利率上达成间接的共谋。在美国,优惠利率惯例被用来给贷款定价,这是缺乏主导定价的领导者的行业所采用的一种间接协商的经典模式。优惠利率是一种设置简易的浮动利率结构的方法,它客观地区分了借款人,从而最小化对贷款利率的竞争压价。利率的变动不频繁并且滞后于其他市场的趋势,这是因为调整利率的管理者在试图调整利率之前需要时间,并要有清晰的迹象表明利率需要被调整。调整优惠利率的一个重要信号,据说是美联储贴现率的变化。[3]

我曾提出,对综合信息流的需求使得银行业实现了规模经济。但是存在其他的因素(并不是完全不相关)能够促进规模化和提升集中度。本斯顿(Benston)指出,银行在技术方面动过脑筋,比如降低平均技术(收入)水平和信息处理的不可分割性。[4] 银行规模的扩大使得银行能通过向客户提供更加全面的服务来加强与客户的关系(降低信息成本)。此外,规模扩大可以通过增加产品种类来降低风险;进而由于规模扩大可以在一定程度上降低风险,因此大型银行机构更容易获得最后贷款人的帮助,而小银行只能面临破产。的确,正如伊利诺伊大陆银行在1984年获得援助那样,管理层更倾向于救助大型银行机构而非让它们破产。[5]

与制造业相比,银行业的准入门槛更低,因此,银行业的寡头垄断管理更经

---

[1] Aliber, "Theory of International Banking," p. 6; Johann Wendt, "The Role of Foreign Banks in International Banking," in *The International Banking Handbook*, ed. William Baughn and Donald Mandich (Homewood, Ill.: Dow Jones-Irwin, 1983), pp. 47 – 70; and J. Andrew Spindler, *The Politics of International Credit* (Washington, D. C.: Brookings Institution, 1984), pp. 15 – 17 and p. 185.

[2] Benston, "Economies of Scale," p. 198. 当然,随着当前趋势向着美国银行监管放松的方向发展,这一情况正在逐渐改变。

[3] Jaffee, *Credit Rationing and the Commercial Loan Market*, pp. 104 – 107; Weston, *Domestic and Multinational Banking*, pp. 38 – 43.

[4] Benston, "Economies of Scale," p. 338.

[5] 例如,在1985年前11个月中,有100家美国银行破产,它们都是小银行。斯沃博达(Swoboda)认为,大银行认识到了它们是最后贷款人的援助对象而且这影响到了其贷款行为。也许他是对的;花旗银行曾明确表示央行不会让大银行破产。详见:Alexander Swoboda, "Debt and the Efficiency and Stability of the International Financial System," in *International Debt and the Developing Countries*, ed. Gordon Smith and John Cuddington (Washington, D. C.: World Bank, 1985), pp. 161 – 163; E. A. Brett, *International Money and Capitalist Crisis* (Boulder, Colo.: Westview Press, 1983), p. 223; and Nathaniel Nash, "Adjusting to 100 Failed Banks," *New York Times*, 17 November 1985, first page of business section.

常会遭遇到市场竞争的冲击。金钱就是金钱,而金融服务是相对标准化的,因此,银行在区分它们出售的产品时存在困难。客户的忠诚度取决于贷款的可得性、价格以及服务。由于银行业是规模经济的行业,所以行业准入的主要阻碍是存款的吸收。一个不能快速吸收有效数量存款的银行将在扩大规模时受限,同时会以较高的成本维持运营。接下来,该银行可能被大银行收购。行业新进入者将会通过操纵价格以便在市场上站稳脚跟,它们会设置较高的存款利率和较低的贷款利率。行业内原有的银行会试图维持存款利率的高水平来阻止新银行的进入,同时,原有银行之间也会进行贷款量、服务而非价格方面的竞争。

市场结构同样提升了银行对市场份额的关注度。正如前文提及的,市场份额有赖于客户关系的建立和对信息的投资,这将降低平均成本。大银行通常也会采取稳定分红的策略,这在要求市场份额增加的同时,也要求守住原有的市场份额。[1] 因此,在不涉及共谋或者在严格的监管下,银行将不得不接受市场份额被侵蚀的事实,因此,银行更有扩大市场份额的野心。如果银行业掌控在少数银行的手里,那么市场份额对于所有参与银行来说是透明的、可以被监管的。这解释了在一些银行机构企图从其他银行手中抢占市场份额时,所呈现出来的共谋趋势和竞争越发残酷的趋势。

总之,国内的银行市场更易陷入一个短期残酷竞争、长期集中度高的过程。这一动态过程在市场监管的范围内。的确,银行业的发展趋势是在极度稳定和极度不稳定之间变动的,这成为国内银行监管的一个正当理由。[2]

国际银行市场:20 世纪 60 年代。从国际范围来看,20 世纪 50~60 年代的银行业市场呈现出一种模糊的寡头垄断结构,尽管这一时期的公开数据非常有限,但是仍然存在一些简单的指标数据能够反映这一状况。

从 1970 年开始,《银行家》杂志按照银行资产的规模对世界范围内的银行进行排序。虽然严格来说,银行的国际化始于 20 世纪 60 年代后期,但 1970 年常被用作银行致力于国内基础业务和银行走向国际化的分水岭。表 3.1 显示了在危机之前全球银行的较高集中度:1970 年,前 10 家银行占 17% 的总资产、前 25 家银行占 1/3 的总资产、前 50 家银行占 1/2 的总资产。

---

[1] United Nation Centre on Transnational Corporations, *Transnational Corporations in World Development* (New York, 1988), p. 65.

[2] Odle, *Multinational Banks*, pp. 4 - 5; and Weston, *Domestic and Multinational Banking*, pp. 38 - 43. 当然,银行被监管的主要原因在于,银行的负债被认为比其资产的流动性更高。

表 3.1　　　　　　　　全球前 300 家银行总资产价值的累积分布　　　　　（单位：%）

排　名	1970	1975[a]	1980[a]
前 10	17	17	17
前 25	33	32	32
前 50	51	52	51
前 100	72	74	73
前 300	100	100	100

Source：Calculated from data in *The Banker*, "The Top 300" (June 1971), pp. 663 - 684; "The Top 300" (June 1976), pp. 653 - 697; and "The Top 500" (June 1981), pp. 153 - 181. *The Banker* converts all assets into dollars.
注释：
[a] 减去对销账户。

在这一呈现较高集中度的框架中，美国有着压倒性的统治地位。世界前 10 家银行中有 6 家来自美国，它们的合计资产占到了前 10 家银行总资产的 70%。[1] 尽管关于这些世界性银行如何划分国内和国际贷款比例的数据不可得，但众所周知，1970 年之前海外业务大多发生在美国。实际上，紧随第二次世界大战的结束，美元便树立了唯一可兑换货币的优势地位，其不可动摇的地位一直延续至 20 世纪 60 年代，这使得美国银行在世界范围内具有压倒性的优势。此外，在此期间，国际业务基本上在纽约、芝加哥和洛杉矶的大银行之间开展。[2] 1970 年纽约的 9 家银行海外分支机构为 319 个，而美国银行总的海外分支机构为 550 个，且这 9 家银行的海外分支机构储蓄占到了美国银行海外分支机构总储蓄的 50% 以上，这一事实足以反映美国少数银行活动的集中程度。[3]

发展中国家无疑面临的是一个更加严格的寡头垄断市场结构，因为对工业化中心国家周边的发展中国家和地区来说，对更加陌生的区域会根据其与工业化中心国家的历史、政治和经济联系而被划分开来。例如，美国银行在拉丁美洲拥有较高的知名度，英语系加勒比地区是英国和加拿大银行的保护区，法语系的非洲是法国银行的一个天然市场。据我所知，关于 20 世纪 60 年代欠发达

[1] Calculated from "The Top 300," *The Banker*, June 1971, pp. 663 - 684.
[2] 位于纽约的大银行是大通银行、花旗银行、汉华银行、摩根担保、欧文信托、海丰银行、纽约银行；位于芝加哥的大银行是伊利诺伊大陆银行和芝加哥第一银行；位于洛杉矶的大银行是美国银行。一些在国际上有着重要地位的非美国银行是英国的巴克莱银行和劳埃德银行、日本的东京银行、加拿大的丰业银行和皇家银行、德国的德意志银行、法国的里昂银行。
[3] Frank Mastrapasqua, "U.S. Bank Expansion Via Foreign Branching," *Bulletin* 87 - 88 (January 1973)：27.

国家向私人银行借款的系统分类数据并不可得。但是,我基于秘鲁(它是拉丁美洲国家中在 1970 年前便与银行之间有着定期贷款业务往来的少数国家之一)进行案例研究之后产生的数据建议性地说明了,在 20 世纪 70 年代银行业崩溃之前,拉丁美洲市场是如何被结构化的。[1]

在 1965~1970 年间,秘鲁仅有 27 家商业银行做贷款。在这些银行中,有 14 家来自美国,它们的贷款额占到了这一时期核准的 3.58 亿美元贷款额的 86%(占比第二的是加拿大,其 3 家银行贷款额的占比是 8%)。6 家主导银行——汉华实业银行、花旗银行、信孚银行、大通银行、伊利诺伊大陆银行和美国银行——的合计贷款额占总贷款额近 3/4。所有这些主导银行均来自美国,并且它们都是大型银行:其中 4 家位列全球前十,所有 6 家银行均在全球前二十五大银行之列。[2]

这一具有高集中度的行业结构也明显存在合作多于竞争的情况,我们可以看到,68% 的核准总贷款都是通过被称为组合银行或者俱乐部、协议的方式完成的。这些协议代表了几家银行间的信贷合同,是 20 世纪 70 年代贷款财团的前身。然而,参与同一份贷款的银行均来自同一个国家。此外,在这一群体中不存在官方的领导者、代理机构、银行,也不存在会影响到银行之间基本关系的组织费用和支出。秘鲁的主要债权方就是采用了这种管理方法,并且更加频繁地引导了参与机构的合作而非竞争:2.57 亿美元贷款的 80% 是由 6 家银行通过相互贷款而实现的。[3]

另一个值得一提的案例研究提供了关于拉丁美洲市场结构的部分观点,它就是 20 世纪 60 年代桑切斯·阿圭勒(Sánchez Aguilar)关于墨西哥银行贷款的研究。[4] 该研究的数据库与我研究秘鲁的数据库不同:我直接搜集了银行领域向公共部门发放的定期贷款数据,而桑切斯则调查了 99 家美国银行向公共部门和私人机构发放的短期和中期贷款的情况。尽管桑切斯的研究受制于贷款方的样本,但他的研究也认为,像墨西哥这样较大的、有较强吸引力的国家同样存在着具有高集中度的金融市场。美国前 25 家贷款银行(按照资产排序)占到了样本中所有贷款的 80%。尽管作者并没有提供系统的分类数据,但该研究

---

[1] Robert Devlin, *Transnational Banks and the External Finance of America: The Experience of Peru* (Santiago, Chile: United Nations, 1985).
[2] 全球权威的数据并未公开,这是根据秘鲁经济与金融部(MINFIN)提供的数据计算得出的。其他的数据来源同上。
[3] 数据由秘鲁经济与金融部(MINFIN)提供的数据计算得出。
[4] E. Sánchez Aguilar, "The International Activities of U.S. Commercial Banks: A Case Study of Mexico" (Ph.D. diss., Harvard University, 1973).

揭示了这25家贷款银行中有9家(并没按照特定方式排序,但其中包括了向墨西哥贷款的前三大银行中的2家)的贷款占样本总贷款的40%。[1]

尽管本书对秘鲁和玻利维亚两个国家的案例研究仅仅能够在有限的程度上代表拉丁美洲的信贷市场整体情况,但是这两个案例一致反映出拉丁美洲周边国家均存在着高度集中的金融市场。当仅有的少数贷款方为了共享它们强大的市场占有力所带来的垄断租金而规避竞争的时候,它们从集中度理论和寡头市场理论出发,往往就会维持价格平稳这一市场特征。[2] 我们曾在国内市场看到,一旦直接同谋行为被禁止,那么龙头银行之间的沟通就会因优惠利率机制而变得便利。在国际市场并不存在这样的沟通阻碍(跨银行协议沟通公开、直接),因此,在只有少数贷款方的市场中实现价格稳定变得更加容易。

预期价格平稳的另一个原因是奥肯(Okun)提出的客户市场动态观点。[3] 他认为,当市场存在较高的购买成本时,卖方将会有更大的倾向来维护、发展客户关系,这反过来使得卖方面临一条价格弹性相对较小的需求曲线。周边国家在20世纪60年代,只有数量有限的贷款交易是由日趋减少的银行来进行。要搜集拉丁美洲那些无经验且贷款量又少的借款方的信息资料,其成本可能较高。高成本将减少随机购买而提升奥肯观点中的客户关系。秘鲁反复拜访相同的6家银行,这足以说明国家在国际市场中几乎没有购买力。

无论如何,这两个案例研究均反映出信贷市场中价格稳定的程度。在秘鲁的案例中,复合未加权价格给出了14%的变动系数,该价格包含了1965～1970年间15笔浮动利率贷款的还款期限。[4] 考虑到1965～1970年间,秘鲁在平民政府的领导下经历了从经济平稳到金融危机的过程,这是个不错的平稳定价模型,反过来,吸引了军事政变和宣告独立的国家和地区竞相效仿。在墨西哥的案例中,由于桑切斯·阿圭勒的数据包含了短期和中期、公共和个人贷款,因此不太可能使用相似的计算方法。虽然到了1970年,贷款保证金开始快速下滑,但是桑切斯的1965～1970年的浮动利率欧洲美元贷款样本显示了1.75%～

---

[1] Ibid., pp.38, 100.

[2] 关于寡头垄断定价的简明分析,详见:F. M. Scherer, *Industrial Market Structure and Economic Performance* (Boston: Houghton Mifflin, 1980), pp. 226 - 229 and 349 - 374.

[3] Arthur Okun, *Prices and Quantities* (Washington, D. C.: Brookings Institution, 1981), pp. 134 - 222.

[4] 变动系数等于s/x,其中s是标准差、x是15笔交易未加权的平均价格。价格指数为M/A,其中M是贷款保证金,A是分期还款的期限。固定利率贷款并不能反映较高的波动程度,但是这些贷款并不是严格意义上的商业交易;它们与秘鲁国内出口贸易和在首都利马开设新的分支机构涉及的行政议价有关。所有的数据均未公开,来源于秘鲁经济与金融部。价格指数的使用方式与欧洲货币市场相同(详见:"Tracking the Lead Bank")。

2%的稳定利差。桑切斯对数据除了声明20世纪60年代的还款期限不曾超过6年外,并未给出任何关于还款期限的概括。[1]

国际银行市场:20世纪70年代。20世纪70年代的金融市场并不像传统认为的那样要求苛刻。有许多银行都积极参与国际信贷市场,据统计,走上国际化发展道路的银行在1000家以上。[2] 这些银行未曾遭遇过任何外界对它们行为的约束,贷款的价格和数量高度灵活并且设置得极具竞争力。欠发达国家与之签订的贷款合同享受比较优惠的条款:利差低于1%和10年还款期限是非常普遍的。[3] 贷款的规模很庞大,正如我在前文提及的,银行贷款平均每年以30%的速度向拉丁美洲国家扩张。[4]

自由、崇尚个体主义的市场环境赢得了许多前文已经提及的经济学家和政策制定者的认同。银行拥有的回购石油美元的能力,进一步提升了对自由市场发挥有效功能的信心。此外,正如在麦金农早期评论中所证实的,欧洲货币市场的定义模仿了古典的有效公正的拍卖市场,这可以从经济学教科书中发现其竞争的寓意。

我认为,很多已经采用了古典竞争模型的人也许已经沉浸在自由市场的神秘之中。理解20世纪70年代市场的一个更新颖的方法是,沿用60年代寡头垄断的框架体系。实际上,70年代所发生的事情是,新的无序进入者打破了近10年来市场相对严格的寡头垄断结构的平衡。一场经典的价格战在基本上保持寡头垄断的市场结构中打响。市场在超过10年的时间里处于严重失衡,这一恶化了的"扭曲"源自商业活动的高度不确定性,尤其是在有一段时期通过汇兑来偿付远期支出。在这样的环境下,即便是从广义上来讲,也很难假设市场的资源分配是有效的。

要阐明寡头垄断市场的结构,第一步是阐明进入这一失衡的寡头垄断市场的过程。我曾指出,银行业准入的基本障碍是获得足够的储蓄和与规模经济相关的信息。在前文提到,由于技术在一定程度上的革新,导致70年代银行国际

---

[1] Sánchez Aguilar, "The International Activities of U. S. Commercial Banks," pp. 100,108.

[2] Mentré, *The Fund and Member Countries*, p. 6. See also Diane Page and Walter Rodgers, "Trends in Eurocurrency Credit Participation, 1972 – 1980," in *Risks in International Lending* (New York: Group of Thirty, 1982),p. 57.

[3] 在第2章我曾提到,不同国家的贷款条件数据定期公布在现已停刊的世界银行出版物 *Borrowing in International Capital Markets* 上。

[4] Also see Ricardo Ffrench-Davis, "External Debt, Renegotiation Frameworks and Development in Latin America," paper presented at a seminar on Latin American External Debt, Stockholm, May 1985, pp. 2 – 4.

化准入的障碍显著降低。

从债务的角度来说,欧洲货币市场有着庞大的以美元为交易对象的银行同业拆借市场。这是一个反应迅速、非正式的市场,银行之间相互存储资金。银行之间的信贷审查并不严格,几乎大多数银行都可以无差异地从市场中自主获得资金。由于银行可以轻易地从这一市场中"购买"存款,因此,它们同样避免了建立成本高昂的海外分支机构网点和在储蓄关系方面投资的需要。的确,银行同业拆借市场中纯粹的债权方是那些在20世纪60年代没有拓展国际银行业务的银行机构,包括小型银行、缺乏国际网点的银行和没有美元存款基础的银行。[1]

这种非正式的银行同业拆借市场的存在,显然降低了其本身的准入限制。但是不可忽略的是,该市场的低准入门槛和非正式性与经合组织经济体的宏观经济政策有一定关系,这一系列政策促进了世界范围内流动资金的增长。在70年代,经合组织成员国对短期投资的偏好也意味着其将更多的流动资金份额配置到了银行上。这一变化解释了为什么银行同业拆借市场规模从1973年的1 600亿美元增加至1980年的将近7 000亿美元。[2] 如果世界范围内流动资金是紧缩的,那么就不可能发生上述的爆发式增长。这反过来会使得银行在再储蓄过程中被差别对待,同时,市场中的大型银行会想方设法阻止新银行的准入。[3]

从资产的角度来说,财团贷款的出现似乎降低了信息壁垒。银行通过依托其他银行发起的、已经完成信息投资的财团贷款来参与到信息贷款业务中,从而避免了其在信息方面的大量投资。在最后一章我们会看到,70年代新进入银行在信息方面的投资低至25万美元,即便是小型地方性银行也可以构建国际投资组合。

这两个方面的发展,表现为成本和国际贷款业务运营最小规模的下降,如图3.5所示。20世纪60年代潜在的新进入银行面临的情况是,它们的进入会使得价格降至长期平均成本(AC)下方,如图3.5中价格由P_0降至P_1。然而,上述的发展连同其他方面因素会降低直观长期成本和最小化规模[4],从而导致平均成本曲线向下移动至AC'。这给银行带来了边际利润和动力去进入市场,借助贷款的可得性和价格与原有的银行形成竞争;如图3.5所示,后进入的

---

[1] Bank for International Settlements, *The International Interbank Market* (Basel, 1983), pp. 7-8 and 32-38.

[2] R. M. Pecchioli, *The Internationalization of Banking* (Paris: Organization for Economic Cooperation and Development, 1983), p. 30.

[3] 我在上一章指出,一些分析师将流动资金增长的现象与资本主义危机联系起来。

[4] 风险同样是银行成本的一部分。20世纪70年代,国际贷款的直观风险明显降低。后面章节将会详细讨论这一情况。

银行面临的价格 P_1 高于新的平均成本曲线 AC'。70 年代银行涌入市场当然也是进一步受到了 1974 年石油危机的助推作用，这导致欠发达国家的需求曲线向右移动（没有在图中显示）。

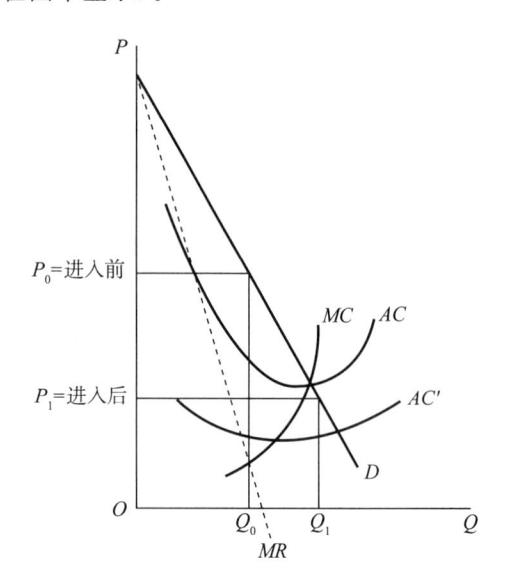

符号：
P＝价格
Q＝数量
MC＝边际成本
AC＝平均成本
D＝需求曲线
MR＝边际收益

图 3.5　市场中新进入者对市场价格的影响

准入限制的降低体现在资产负债表的资产和负债方面，再加上国内收入的不景气，导致了大量的新进入银行的出现：统计到的最少情况是，1973～1980 年间平均每年有 66 家新进入的银行。[1] 表 3.2 按照国家详细罗列了新进入银行，并将这些银行分为第一阶段（1973～1975 年）和第二阶段（1976～1980 年）。在第一阶段，新进入银行主要是联合（混合资本）银行、美国银行和"其他国家"的银行。法国、英国、德国、西班牙/葡萄牙、其他西欧国家都有积极参与的新加入银行。第二阶段的新加入银行是其他国家（大多是石油资源丰富的阿拉伯国家）、联合银行和美国的小型银行。

---

［1］ Page and Rodgers, "Trends in Eurocurrency Credit," p. 64. 数据仅反映了一部分贷款财团中的新加入银行，因此，数据显示的结果是低估了实际新加入的银行。

表 3.2　　　　　　　　国际市场中各国新进入银行的年平均数量

来源国家	1973～1975	1976～1980
奥地利	1.7	2.4
比利时	0.3	0.4
卢森堡	0.7	2.2
德国	3.7	2.4
法国	4.3	2.4
意大利	1.3	3.0
荷兰	1.3	1.0
西班牙/葡萄牙	4.0	3.4
瑞士	1.0	2.8
英国	4.0	0.6
其他西欧国家	6.7	1.0
加拿大	2.3	0.6
美国	10.7	7.0
日本	1.7	1.8
其他国家	11.0	24.0
联合银行[a]	13.3	9.4
总和	68.0	64.4

Source：Calculated from data in Diane Page and Walter Rodgers, "Trends in Eurocurrency Credit Participation 1972–1980," in *Risks in International Lending* (New York：Group of Thirty, 1982), p.64.

注释：

[a] 由两家或更多银行共同出资掌控的银行。

随着如此大量的新银行的不断加入，无疑 20 世纪 70 年代银行市场最显著的特征就是激烈的价格竞争。但是如前文所述，市场竞争并没有反映出这一由个体组成的市场的有效运作，反而反映出的是一场由新加入银行的扰乱造成的寡头垄断市场上的残酷价格战。当人们认识到尽管有大量的新进入银行和活跃的参与者进入欧洲货币市场，但该贷款市场的本质特征是由高度集中的市场结构所决定的时候，市场竞争的实质就更加清晰了。

高度集中市场结构的本质：贷款方。表 3.1 显示，整个 20 世纪 70 年代世界范围内的银行资产有着很高且稳定的集中度。国际化的竞争基本来自大型银行之间为了谋求增长并巩固加强支配地位而发生的摩擦。这一竞争体现在表 3.3 世界前十大银行的排名中：1970 年世界前十大银行中有 6 家来自美国，

1975 年仅有 3 家,1980 年仅有 2 家。一般来说,1970 年前十大银行中只有 4 家仍出现在 1980 年前十大银行名单中。

表 3.3　　　　　　　　　　世界前十大银行(按总资产排序)

排名	1970	1975[a]	1980[a]
1	Bank of America (USA)	Bank of America (USA)	Citicorp(USA)
2	Citicorp (USA)	Citicorp (USA)	Bank of America (USA)
3	Chase Manhattan (USA)	Credit Agricole (France)	Crédit Agricole (France)
4	Barclays Bank (UK)	Chase Manhattan (USA)	Group BNP (France)
5	National Westminster (UK)	Group BNP (France)	Crédit Lyonnais (France)
6	Manufacturers Hanover (USA)	Deutsche Bank (Germany)	Société Générale (France)
7	Banco Nacionale del Lavoro (Italy)	Crédit Lyonnais (France)	Barclays Bank (UK)
8	Morgan Guaranty (USA)	Société Générale (France)	Deutsche Bank (Germany)
9	Western Bancorp (USA)	Barclays Bank (UK)	National Westminster (UK)
10	Royal Bank of Canada (Canada)	Dai-Ichi Kangyo (Japan)	Dai-Ichi Kangyo (Japan)

Source:The Banker, "The Top 300" (June 1971), pp. 663 – 684; "The Top 300" (June 1976), pp. 653 – 697; and "The Top 500" (June 1981), pp. 153 – 181.

注释:

[a] 不包括对销账户。

然而强调总资产有其弊端,这是因为总资产包括了国内贷款。例如,1980 年世界银行中排名第三的法国农业信贷银行是一家几乎没有国际贷款的银行。70 年代美元的贬值同样扭曲了资产数据,美元贬值使得欧洲和日本银行的国内资产价值通胀,而它们的资产在世界银行排名中以美元表示。尽管如此,关于国际化程度的可得的有限数据证实了市场的集中度:芒特(Mentré)统计得出 20 家大型银行的国际资产超过 200 亿美元,这占到了国际贷款总额的 50%。[1] 拥有更多公开数据的美国银行,在 1982 年 8 月危机之前,其前九大银行的国际贷款占到了全部国际贷款额的近 60%,其前 24 家银行的占比为近 80%(见表 3.4)。美国前九大银行的平均国际贷款额约是银行总平均国际贷款额的 10 倍,是排名靠后的 143 家银行国际贷款额的 43 倍,这些银行代表了 85% 的调查对象。可以确定的是,这并不是一个由独立个体组成的市场。

---

[1] Mentré, The Fund and Member Countries, p. 6.

表 3.4 1982 年 6 月按照规模排列的美国银行国际化程度

排名	世界[a]	发展中国家	拉丁美洲
贷款披露总额占比			
前 9 家	59.1	62.2	59.4
接下来 15 家	19.4	19.5	19.8
其余 143 家	21.5	18.3	20.8
167 家总计	100.0	100.0	100.0
平均贷款披露值(以 10 亿美元为单位)			
前 9 家	21.5	8.6	5.3
接下来 15 家	4.3	1.6	1.1
其余 143 家	0.5	0.2	0.1
167 家总计	2.0	0.8	0.5

Source：Calculated from data in the U. S. Federal Financial Institutions Examination Council, *Statistical Release* (Washington, D. C., 6 December 1982).

注释：
[a] 表中数据不包括离岸中心以及向国际组织提供的贷款。

但是关于集中度的框架还没有完成。市场贷款一直随着财团贷款变动。只有少数银行有能力持续发起这些贷款。组成该体系的核心成员仅仅是 25 家经合组织国家的银行。[1] 这些主导银行寻找新的市场、评估借款方、商议贷款条款，并邀请其他银行加入它们的财团。它们同样扮演着双重融资的角色。它们吸收主要的贸易顺差国家的存款；因此，它们不仅通过自己直接加入的形式来支持贷款财团，更是通过银行同业拆借市场的再存款来向其他的银行提供加入贷款财团的资金支持。这些取得成功的主导银行倾向于扩大规模，因为为了竞争，它们必须直接或间接地签下大额的贷款合同；它们需要提高国际声望，扩大人脉以及信息网络以吸引更多的银行参与。因此，在所有的银行均可以通过加入贷款财团来进行国际贷款的同时，财团中的主导银行更希望在面对传统的信息成本和规模经济阻碍时，能获得声望和额外收入。[2]

---

[1] Mentre, *The Fund and Member Countries*, p. 6.
[2] 这笔额外收入是合约签订后先向主导银行支付的一笔费用。这笔费用具有吸引力，它在事前支付，无风险，占到一笔贷款业务利润的 1/5 以上。详见：Pecchioli, *The Internationalization of Banking*, p. 48; Fabio Basagni, "Recent Developments in International Lending Practices," in *Banks and the Balance of Payments*, Benjamin Cohen in collaboration with Fabio Basagni (Montclair, N. J.: Allanheld, Osmun, 1981), p. 101; and "Buddy, Can You Borrow a Dollar?" *Euromoney*, May 1978, pp. 10 - 15. 财团贷款机制的相关阐述，详见：Robert Bee, "Syndication," in *Offshore Lending by U. S. Commercial Banks*, ed. F. John Mathis (Philadelphia: Robert Morris Associates, 1975), pp. 151 - 165.

另外有 24 家银行加入了这一核心群体，它们提出要承担重要的主导银行角色，但重要的是，国际业务的集中度力量很强。表 3.5 显示，1978～1981 年间，前 10 家主导银行动用了大致一半的公开财团贷款（在 1975～1977 年信贷紧缩的环境下，这 10 家银行可动用 80%～90% 的财团贷款）。在寡头垄断的作用下，银行的排名不断更迭。但表 3.6 证实，存在 8～10 家核心银行在由前 10 家银行主导的财团中保持较高的地位。此外，当考察了资产数据之后，在此我们可以得出，美国银行损失了比实际情况要小的市场力量：最常出现在前十大银行排名中的有 5 家是美国的银行。[1]

表 3.5　　　　　　　　主导银行中贷款财团价值的累积分布　　　　　　（单位：%）

排　名	1975	1976	1977	1978	1979[a]	1980	1981
前 5 家	65	67	60	25	33	28	49
前 10 家	86	90	79	44	50	47	64
总计	100	100	100	100	100	100	100
列示的银行数量	15	20	20	50	50	50	40

Sources：1975，*International Herald Tribune*，8 November 1976，p. 21. 1976 - 1977，*Euromoney*，April 1978，p. 85. 1978，*Euromoney*，February 1979，pp. 29 - 30. 1979 - 1980，*Euromoney*，November 1980，pp. 54 - 55. 1981，*Euromoney*，February 1982，pp. 65 - 67.

注释：
[a] 1～9 月。

表 3.6　　　　在十大主导银行的贷款财团中，出现频率较高的银行

银　行	1975	1976	1977	1978	1979	1980	1981
Citicorp	X	X	X	X	X	X	X
Chase Manhattan	X	X	X	X	X	X	X

---

[1] 此外，美国大型银行通过联合董事会和相互资本参与的方法联合起来。详见：U. S. Congress，Senate，Committee on Government Operations，*Disclosure of Corporate Ownership*，93d Cong.，2d sess. (Washington, D.C.：U. S. Government Printing Office，1974); and U. S. Congress，Senate，Committee on Government Affairs，*Interlocking Directorates among Major U. S. Corporations*，97th Cong.，2d sess. (Washington, D.C.：U. S. Government Printing Office，1978).
　　从国家的角度出发，集中度将更加明显。我的案例研究工作是可以说明这一点的。秘鲁虽然有 167 个债权方，但只有 5 家银行——花旗银行、富国银行、汉华银行、德累斯顿银行和东京银行——作为财团的主导银行可以调用 75% 的总贷款。玻利维亚有超过 100 个债权方，但是只有 3 家银行——美国银行、花旗银行和德累斯顿银行——可以调用 2/3 的总财团贷款。详见：Devlin，*Transnational Banks in Peru*，pp. 127 - 142，156 - 159. For Bolivia see Robert Devlin and Michael Mortimore，*Los Bancos Transnationales*，*el Estado*，*y el Endeudamiento Externo en Bolivia* [Transnational Banks, the State, and External Debt in Bolivia] (Santiago, Chile：United Nations，1983)，pp. 55 - 109.

续表

银　行	1975	1976	1977	1978	1979	1980	1981
Bank of America	X	X	X	X	X	X	X
Morgan Guaranty	X	X	X	X	X	X	X
Lloyds Bank	X			X		X	X
Crédit Lyonnais	X	X			X	X	X
Bank of Montreal				X	X	X	X
Deutsche Bank			X	X	X		
Wells Fargo Bank	X		X				
Dresdner Bank		X	X				
Bank of Tokyo					X	X	
National Westminster						X	X
UBAF	X						
Creditanstalt	X						
Bankers Trust		X					
Iran Overseas Investment Bank		X					
First Chicago			X				
Morgan Grenfell			X				
Westdeutsche Landesbank				X			
Société Générale						X	
Crédit Suisse/First Boston						X	
Midland/Crocker National Bank							X
Royal Bank of Canada/Orion Royal							X

Source: Calculated from the same sources as Table 3.5.

对财团贷款市场中主导银行之间竞争的程式化描述如下：在20世纪70年代初，财团贷款市场由传统上国际化的美国大银行主导。[1] 在70年代早期，这一市场遭遇了来自美国本土大型银行（这些银行先前并不对海外贷款感兴趣）和欧洲银行的挑战。新加入银行在国际市场站稳脚跟是通过：(1)在新的或者风险较高的市场发起财团贷款，这些市场中的传统主导银行表现弱势；(2)在繁荣的市场采取降价；(3)吸收小型银行加入它们的财团。大型传统主导银行以惯用的寡头垄断方式进行反击：它们不让步并与新加入银行竞争，一方面在它们自己的市场推出的贷款数量和价格与新加入银行的相当，另一方面将新加

---

[1] 1968年美国信孚银行发起了首个财团。详见："Syndicated Loans" (Special Supplement: World Banking Survey), *Financial Times*, 21 May 1979.

入银行压缩至所有能考虑到的市场份额中的边缘化程度。原有的主导银行和新加入的主导银行之间的财团竞争,戏剧性地助推了70年代早期拉丁美洲国家贷款利差的下降、延长了贷款偿还期限和增加了贷款量。

1974年年中,赫斯塔特银行破产使得大型传统主导银行再一次暂时集中力量。在前文我们看到,崩溃会动摇整个银行同业拆借市场并引发信任危机。许多新进入银行退出了市场,而留下来的则面临无法获得储蓄存款的困难。[1] 那些曾一直试图建立以自己为主导的财团的银行发现,它们在市场中的地位摇摇欲坠,只能离开那些在国际市场站稳脚跟的大型银行所掌控的市场。1975～1977年,银行集中性力量的提升可以在一定程度上从表3.5中反映出来:只靠10家银行承担了大量的财团贷款。随着寡头垄断市场结构的趋于紧密,欠发达国家面临着贷款利差的显著增大、偿还期限的显著缩短。[2]

1977年末当危机环境结束时,银行开始重新回到市场中。一些银行,尤其是来自日本和德国的银行,信心满满地要建立以自己为主导的国际化财团。[3] 这些银行的降价行为是如此咄咄逼人,以至于原有的大型美国银行(在信息交流和定价协商中充当典型的领导角色)公开表示不满并宣布抵制它们的大幅降低利差行为。[4] 虽然有证据表明,此时大型银行通过放慢自己贷款业务的节奏来表示向新进入银行妥协,但大型银行其实做不到。大型银行的妥协能解释为什么美国银行在欠发达国家的贷款份额从1974年的53%降至20世纪80年代初的1/3。[5] 但是,发展中国家和拉丁美洲国家并没有注意到欧洲和日本银行咄咄逼人的贷款行动与美国银行填补贷款缺口的差别。表3.7显示了银行之间的更替:尽管在1978年,美国银行向欠发达国家贷款的扩张速度的确明显下降,但是市场整体向这些国家贷款的增速几乎保持了与1975～1977年间

---

[1] 在最后一章会提到,有至少160家银行退出市场。

[2] 根据弗伦奇－戴维斯的研究,1976年非石油生产欠发达国家的大部分贷款的平均利差和偿还期限分别是1.85%和4.7年,1973年的相应情况分别是1.24%和9.8年。详见:Ricardo Ffrench-Davis, "International Private Lending and Borrowing Strategies of Developing Countries," *Journal of Development Planning*, no.14(1984), pp.142-143.

[3] 对于日本银行扩张的充分揭示,详见:Quek Peck Lim, "The Year of the Samurai," *Euromoney*, February 1978, pp.10-18.

[4] 1977年,花旗银行公开表示其贷款利率不低于1%。随后,美国银行公开表示其贷款利率的下限为0.75%,从而使得欧洲和日本银行的业务难以有所进展。详见:"Budy, Can You Borrow a Dollar?" *Euromoney*, May 1978, p.5; and Pamela Clarke and Peter Field, "Boycott? No, They Just Won't Go Below 3/4%," *Euromoney*, February 1978, p.21.

[5] Rodney Mills, Jr., "U.S. Banks Are Losing Their Share of the Market," *Euromoney*, February 1980, pp.50-52; and Michael Moffitt, *The World's Money* (New York: Simon & Schuster, Touchstone paperback, 1983), p.104.

每年平均增长约29%相同的高水平。从那时起,在借款方看来,市场的确变得颇具欺骗性,或者至少来讲,市场不再是透明的了。实际上,虽然市场中的主导银行逐渐消失,但贷款量持续增加,贷款的利差也回到了与1973年相近的水平。实际上,美国银行的没落反映了国际金融市场从一开始便存在的严重的风险暴露问题,但市场仍然好像没有什么重要的事情发生过一样。

表3.7　　　　　美国以及非美国银行在发展中国家的债权增长　　　　（单位:%）

银　行	1975～1977	1978
美国银行	27.8	7.5
非美国银行	30.1	50.7
总计	28.9	29.7

Source: Calculated from Rodney Mills, Jr., "U.S. Banks Are Losing Their Share of the Market," *Euromoney*, February 1980, table 1.

注释:数据包括了石油出口国和非石油出口国。

高度集中市场结构的本质:借款方。不仅是作为贷款方的银行出现相对集中,而且银行筛选出的放贷目标国家也相对集中。表2.10根据所属地区,统计得出了银行信贷资源在第三世界国家中的分布。表3.8列举了1975年和1981年前十大借款国家和地区。从表2.10中我们可以看到,拉丁美洲国家吸收的贷款几乎占到私人银行向发展中国家贷款的2/3。当我们考察排名靠前的个别借款国时,也会发现集中的情况。在1975年和1981年,前5个借款国的贷款分别占到欠发达国家和地区总贷款的49%和57%,同时,前10个借款国家和地区的贷款占比分别是62%和69%。此外,有8个国家和地区在这两年的前十大借款国家和地区排名中都有出现。

表3.8　　欠发达国家和地区的银行债务中前十大债务国和地区的累计情况　　（单位:%）

1975		1981	
1. 巴西	19.1	1. 墨西哥	18.9
2. 墨西哥	36.5	2. 巴西	35.9
3. 韩国	40.8	3. 阿根廷	43.8
4. 阿根廷	44.9	4. 委内瑞拉	51.3
5. 委内瑞拉	48.7	5. 韩国	57.1
6. 印度尼西亚	51.9	6. 智利	60.4
7. 秘鲁	54.9	7. 菲律宾	62.8

续表

1975		1981	
8.中国台湾	57.5	8.阿尔及利亚	65.2
9.菲律宾	60.1	9.中国台湾	67.1
10.哥伦比亚	62.1	10.哥伦比亚	68.7

Source: Calculated from the tables in Bank for International Settlements, *International Banking Statistics 1973-1983* (Basel, April 1984).

注释：表中不包括那些有离岸银行机构的国家，也不包括以色列。

在评估了信贷交易双方之后，认为公正的竞价市场是宽松的观点不攻自破。在简·德阿里斯塔(Jane D'Arista)经过长达数年对借款方的研究中得出，20世纪70年代周边国家的私人银行市场更像是一个"扑克游戏"市场，而不是教科书式的由独立个体组成的竞争市场。[1] 在这样的寡头垄断市场结构中，没有理由相信监管活动的缺失会提升资源的有效配置。相反，先验性概念使得我们怀疑在市场稳定的时候，会发生贷款不足的现象，银行会利用其市场力量去获得垄断利润；或者市场因新进入银行的扰动，价格战和过度贷款会一触即发，只有一定程度的危机才可以平息市场的骚乱。

3.2.4 风险评估机制的动态变化

信贷供给曲线向上倾斜的传统假设是基于谨慎投资组合管理人的一般理论和银行会理性评估边际风险的观点做出的。进而，这意味着借款方边际成本增加的时候，银行通过适当的价格信号能对借款方实施严格的约束。哈伯格(Harberger)曾指出，银行向欠发达国家贷款的向上倾斜的供给曲线较平滑曲线"更合理、更合逻辑、更具吸引力"。在他看来，其原因在于，这是国家在国内储蓄的唯一动机，而且这与谨慎的国际金融市场环境相吻合，在该市场中需要持续地评估风险。[2]

然而，一份关于20世纪70年代国际银行机制变化的深入评估显示，实际上，平滑的供给曲线至少在国家信贷周期的一定阶段是合理的。在这一阶段中，借款方不仅不会遭遇市场的纪律约束，反而是大开方便之门。在此，我们可以发现过度借款国家和过度贷款银行之间的活跃联系。

---

[1] Jane D'Arista, "Private Overseas Lending: Too Far, Too Fast?" in *Debt and Less Developed Countries*, ed. Jonathan David Aronson (Boulder, Colo.: Westview Press, 1979), p.80.

[2] Harberger, "Comentarios," p.187.

风险、价格和数量。有证据表明,实际上银行会进行风险评估。[1]但有趣的是,当我们查阅风险评估方面的文献资料时,这些文献资料没有涉及贷款定价。[2]关于银行在风险评估中的工作的研究表明,定价并不是这一过程的一部分:布莱斯克(Blask)调研了37家美国银行发现,"没有一家调研的银行是参考国家风险评估的结果来制定利率和费用的"。[3]非常奇怪的情况是,风险还是银行成本结构的重要组成部分。实际上,有证据表明,风险评估只是将其自身转化为对国家贷款的限额或者信贷的配给点。银行会制定一个国家贷款数量的上限,然后银行试图将贷款量控制在这个限额内。

但是价格是怎样的呢?我们之前看到,银行在客户市场销售贷款,因此,银行是主要的价格制定者而非价格的接受者。[4]由于银行评估风险的目的是设定对国家的信贷限额,因此,银行会基于一定的依据来对潜在的借款方进行排序。逻辑以及商业常识要求,排名水平较高的客户贷款的匹配价格要低于排名靠后的客户的贷款价格。由于信息不对称,想要准确区分不同的借款方需要大量的开支和耗时来进行值得商榷的准确性分析,可以预测到的是,宽泛的(正式或者非正式)类别将被定义为几个容易识别的组别。例如,字母A、B、C、D、E中,A代表几乎所有的经合组织国家,B代表相关的工业化欠发达国家,C代表高收入的欠发达国家,D代表贫穷的欠发达国家,E代表那些贷款限额是零、没有匹配的贷款的国家。这些分组具有足够的广泛性和显著性,如此一来,即便不同银行之间缺乏沟通,这些银行的显性和隐性的信用类别也将会呈现出对称的分类水平。例如,如果银行之间不存在内部信息的情况,那么在20世纪70年代后期,不同银行都会将德国归类至A、墨西哥归类至B、智利归类至C、海地归类至D、格林纳达归类至E的分类结果是在合理的预期之中的。这一常识性

---

[1] 详见:Jerome Blask, "A Survey of Country Evaluation Systems in Use," in *Financing and Risk in Developing Countries*, ed. Stephen Goodman. Proceedings of a Symposium on Developing Countries' Debt sponsored by the U. S. Export-Import Bank, Washington, D. C., August 1977, pp. 77 – 82.

[2] Friedman, *The World Debt Dilemma*, pp. 204 – 282; Mentré, *The Fund and Member Countries*, pp. 7 – 11; Roger Anderson, "Bankers Assess Country Risks: Limits of Prudence," *Asian Finance*, 15 September 1977, pp. 46 – 47; "BOA Methodology," *Asian Finance*, 15 September 1977, pp. 46 – 47; Bruce Brackenridge, "Techniques of Credit Rating," *Asian Finance*, 15 September 1977, pp. 46 – 53; Stephen Goodman, "How the Big U. S. Banks Really Evaluate Sovereign Risks," *Euromoney*, February 1977, pp. 105 – 110; Group of Thirty, *Risks in International Lending*; T. H. Donaldson, *Lending in International Commercial Banking* (London: Macmillan Publishers, Ltd., 1983), pp. 37 – 52; and Jean-Claude García Zamora and Stewart Sutin, eds., *Financing Development in Latin America* (New York: Praeger, 1980).

[3] Blask, "A Survey of Country Evaluation," p. 82.

[4] Okun, *Prices and Quantities*, p. 192.

情况证明了在市场中贷款价格的自然分层属性,因此,我们不必再对那些发现国家贷款利差与违约风险之间存在联系的研究表示吃惊,违约风险是偿债能力的替代变量。[1] 尽管如此,价格的概念明显弱化,其对于风险评估只有负的相关性。信贷最高限额与分散投资之间被发现存在密切联系。

无论如何,为了销售贷款,银行必须以显性或者隐性的预定价格来匹配信贷限额。价格的制定不太可能独立于市场竞争而完成,这是因为很多借款方会在市场上"多逛逛"、"多比较比较"贷款的价格。一个国家的寡头垄断市场结构越是趋于紧密,市场中的银行越是可能相互共谋以使得贷款价格超过边际成本(包含风险在内)。一旦银行之间共谋破裂或者有新加入银行扰乱市场,银行的价格决策就将会更加复杂。

假设我们是在1973年末,有7家银行(标记为字母f到l)有意向与一个政治稳定的发展中国家建立贷款合作,这个国家将会出口石油且此前没有在欧洲货币市场借款的经验。在风险评估的过程中,银行积极地研究贷款限额,而价格是被动决定的。这个国家被轻易地归类至前文所述的C类,该类别中也包含了在市场上设定利差的其他借款国。我们这一新的借款国将被给予的利差水平在一定程度上介于最高B类国家利差水平和最低D类国家利差水平之间。虽然所有的这7家银行都会将该新借款国归类至C类,但是在缺乏沟通的前提下,它们事先制定的价格应该是不可能相同的。但是,风险在国家之间分层分布的常识意味着价格不应该相差太多。即使银行曾将这一国家归类至相邻的类别中,但价格相差不大的结论同样是适用的,这是因为对市场中的利差都知道不大;例如,在1974~1981年间,工业化借款国和非石油出口发展中国家的平均利差的差距差不多只是在0.5%以上。[2]

图3.6(A)描绘了上述情况,7家银行为它们各自的贷款限额事先制定了价格。虽然7家银行的供给曲线并不完全重合,但是它们制定的价格明显在$P_0 \sim P_3$范围内。假设各家银行都没有注意到其他竞争银行的贷款限额或者说

---

[1] Gershon Feder and Richard Just, "An Analysis of Credit Terms in the Eurodollar Market," *European Economic Review* 9 (1977): 221-243; Sargen, "Commercial Bank Lending," pp. 27-30; Monroe Haegele, "The Market Still Knows Best," *Euromoney*, May 1980, pp. 121-128; Laurie Goodman, "The Pricing of Syndicated Eurocurrency Credits," *Federal Reserve Bank of New York Quarterly Review* 5 (Summer 1980): pp. 39-49; and Sebastián Edwards, "LDC Foreign Borrowing and Default Risk: An Empirical Investigation," *American Economic Review* 74 (September 1984): 726-734.

[2] From data in table 4 of Folkerts-Landau, "The Changing Role of International Banking Lending."

贷款的外部性[1]，那么事先确定的市场供给曲线就是这 7 家银行单独的供给曲线的加总，形成了一个相对平滑的阶梯函数。

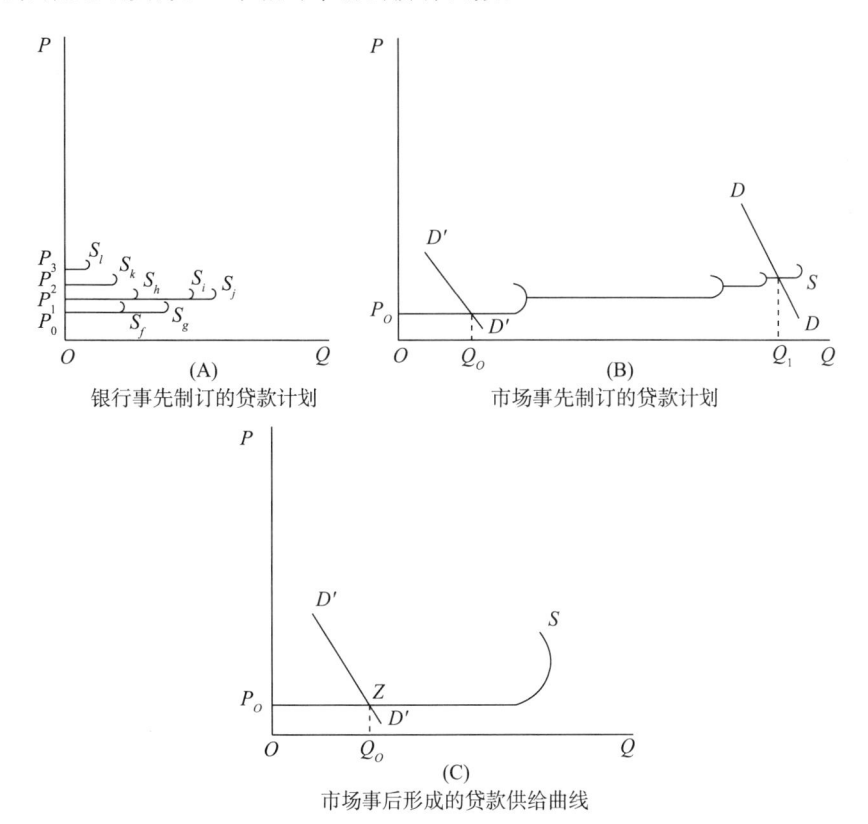

(A) 银行事先制订的贷款计划

(B) 市场事先制订的贷款计划

(C) 市场事后形成的贷款供给曲线

注释：由于空间限制，以上 3 幅图不是以同一比例绘制的。

符号：

S = 供给曲线　　　　　　　　P = 价格

D = 需求曲线　　　　　　　　Q = 数量

图 3.6　由借款方决定的市场函数

---

[1] 关于银行没有注意到贷款的外部性的假设是合理的。首先，在 20 世纪 70 年代的大多数年份中，发展中国家外债的数据存在较多缺陷。国债的数据存在 1 到 2 年的滞后。在私人银行方面几乎没有外债的资料信息，没人知道短期债务的总额是多少。此外，已公开的欧洲贷款财团的数据并没有覆盖所有的银行交易。我在研究秘鲁时发现，世界银行公开的信贷备份数据中缺失了 20% 的中期贷款记录。戴维斯曾告诉我，在他研究 14 个欠发达国家的银行贷款时，发现在 20 世纪 70 年代世界银行公开的欧洲信贷备份数据中只有 30% 的总贷款记录（包括短期贷款）。其次，正如数据所反映的那样，银行的贷款决策难以对债务的明显上升做出快速反应。国际清算银行的 A. 兰法鲁斯（A. Lamfalussy）将银行的数据缺失归因于竞争和营销的考虑。详见："Monetary Reform," *Economist*, 26 October 1985, p.6. 在下一章我将考察信贷决策中错误数据的传导。

如果所有的银行都坚守其事先制定的价格,那么事先确定的市场供给曲线就是事后的市场供给曲线。如果贷款需求足以吸收这些银行的信贷限额,那么结果就将是图 3.6(B)的 DD 需求曲线。但是如果供给取决于需求的话,如图中 $D'D'$ 的情况,那么坚持事先制定的高于 P_0 的价格就会使得银行的贷款限额不会被占用。因此,除非借款国缺乏信息或者银行与客户之间有着稳定关系,否则另外 5 家银行(h 到 l)就会展开竞争,并将它们的价格降至 P_0 下方,它们将面临放开贷款限额或者没有贷款需求。

20 世纪 70 年代,很多银行都倾向于将它们的价格降至 P_0 以下。原因包括:(1)事先制定的价格并不是由风险评估得来的,贷款银行在一定程度上对"正确定价"的完整概念搞不清。(2)P_0 和 $P_1 \sim P_3$ 的差异看上去不大。(3)面对像石油出口国这样新的、没有贷款经验的国家,银行对这些国家没有大的债权,因此,贷款的风险被最小化,全部的风险可以被轻易地控制在信贷限额内。(4)市场营销的发展可以克服银行在正确定价方面的缺陷;众所周知,70 年代许多银行倾向于将国家贷款视为市场份额的象征,而不是一种有收益的金融工具。[1](5)银行很难依靠不完整的信息和客户的承诺去巩固一笔交易。一方面,银行会积极主动争取贷款,因此,借款方的购买成本显著下降;另一方面,在 70 年代国家不会给出很强的承诺而是会去寻找最廉价的交易。[2]

如果这些银行决定展开竞争且将价格与银行 f 和银行 g 一样设定在 P_0,那么潜在石油出口国将面临一条高出借款范围的平滑的供给曲线,如图 3.6(C)所示。因此,当我们走出历史传统理论而进入更多银行所关注的领域,就会清晰地认识到,事实上,平滑的供给曲线更加合逻辑地、合理地、有吸引力地描绘了 20 世纪 70 年代的跨国信贷市场。

同样有趣的是,均衡价格 P_0 并不稳定。尽管银行 h 到 l 将价格与银行 f 和银行 g 一样设定在 P_0,但是需求决定了市场。如果银行关注市场份额,那么它们就会致力于从均衡数量 OQ_0 中争取更多。此外,银行主动争取贷款会降低借款方购买的成本,使得借款国的需求曲线更加富有弹性。银行有强烈的降价动机,供给曲线的下移会导致价格下降和贷款量的增加。

上述分析合理地解释了 20 世纪 70 年代许多欠发达国家作为没有贷款经验的国家第一次进入欧洲货币市场时的情景。这一分析框架尤其适合中小规模的国家,因为在 70 年代,上述的 7 家银行组成了贷款财团以替代独立的

---

[1] Henry Wallich, "Professor Wallich Presents a Perspective on the External Debt Situation," *Press Review* (Bank for International Settlements), 14 January 1985, p. 4.

[2] "Buddy, Can You Borrow s Dollar?" *Euromoney*, May 1978, pp. 11–12.

个体银行。显然,与吸收存款能力相比,在朝气蓬勃的市场中,通过财团机制可以为借款国调动的资金量是巨大的。随着潜在的供给超过直接需求,当借款的边际成本不变或者下降的时候,国家会接受具有欺骗性的价格信号。正如美联储的亨利·瓦里茨(Henry Wallich)曾指出的那样,当国家轻易地就能获得一笔资金的时候,这些国家的决策者就不禁会想,他们的经济政策"并不是那么糟糕"。[1]

如此一来,在经历了很长一段信贷周期后,市场会释放宽松的或者更可能是模棱两可的信号。此外,如果银行开始察觉债务国存在的问题,那么它们将没有动力去"吹响裁判的哨子"。相反,个体的理性要求其保持冷静;这是因为,如果信息匮乏的新进入银行进入国家市场来寻求一席之地的话,这会便于原有的银行降低风险。只有当借款方的贷款接近整体银行系统信贷限额时,市场似乎才有能力给予明显的警告,并对其施加市场纪律约束[图 3.6(C)供给曲线斜率为正的部分]。但此时,信贷周期将会结束以及对债务的依赖将会过度;突如其来的、意料之外的提价和贷款限制会引起债务危机和社会调整的低效率。在下一章,我将以大量篇幅详细阐述这一观点。

当拉丁美洲国家开始与私人银行进行信贷合作时,贷款量并不是定量配给的,这一观点强力支撑了我的研究框架。换句话讲,信贷市场是由需求方而不是供给方决定的。所有的证据都将指向这一点。

由于缺乏事先需求函数的信息,因此对配给不能够量化。但是贾菲(Jaffee)建议我使用可以改进的、对我的研究有帮助的替代函数。在他看来,信贷配给的额度与总贷款中配置到无风险的主要客户的比例是正相关的。[2] 出于该目的,我们将发达国家视为主要的借款方。从表 3.9 中可以看到,20 世纪 70 年代工业化国家在银行总贷款中所占的比例呈现显著的下降趋势。[3] 这说明市场的变化与信贷配给的变化并不一致。

其次,配给通常意味着信贷的价格相对较高且稳定。由于市场需求助推了信贷限额,因此,信贷价格不会走低;并且为了避免发生逆向选择,信贷的价格不能过高以至于使整个市场出清。[4] 相反,戴维斯关于 14 个不同规模、不同资源禀赋(石油和非石油)的欠发达借款国的样本分析显示,1972~1980 年间利

---

[1] Wallich, "Professor Wallich on External Debt," p. 3.
[2] Jaffee, *Credit Rationing and the Commercial Loan Market*, pp. 83-88.
[3] 需要注意的是,表 3.9 中使用了与第 2 章表 2.9 不同的数据来源,后者旨在解释评估的差异。
[4] 然而,信贷价格也不会被推得过高。价差同样取决于基准利率水平和它们之间的偏差。详见:Laurie Goodman, "Pricing of Syndicated Credits," p. 46.

差(和偿还期限)的变化巨大。1972～1974年借方市场的平均利差从1.43%降至1.17%。之后1975和1976年,贷方市场的利差提升到1.72%,1977～1980年借方市场的利差仅有不到1个百分点的下降。偿还期限呈现了同样的变动,借方市场最长接近10年,最短为贷方市场的5年(见表3.10)。

表3.9　　　　　欧洲货币贷款按照不同经济体的分布　　　　（单位:百万美元）

地区	1970	1971	1972	1973	1974	1975	1976	1977	1978	1979	1980	1981	1982
工业化国家	4 246	2 601	4 097	13 783	20 683	7 231	11 254	17 201	28 952	27 248	39 100	86 022	42 571
发展中国家	446	1 286	2 414	7 288	7 318	11 098	15 017	20 852	37 290	47 964	35 054	45 264	41 519
其他国家和国际组织	38	76	285	779	1 262	2 662	2 577	3 584	3 927	7 600	3 238	2 093	925
总计	4 730	3 963	6 796	21 850	29 263	20 991	28 848	41 637	70 169	82 812	77 392	133 379	85 015
备忘项(%)													
工业化国家/总计	90	66	60	63	71	34	39	41	41	33	51	65	50
发展中国家/总计	9	32	36	33	25	53	52	50	53	58	45	34	49

Source: Morgan Guaranty Trust Company, *World Financial Markets*, 1970 – 1977: March 1978, p. 4; 1978 – 1980: July 1981, p. 12; and 1981 – 1982: January 1985, p. 15.

表3.10　　　　14个欠发达国家的信贷平均利差与偿还期限

变量	1972	1973	1974	1975	1976	1977	1978	1979	1980
利差(%)									
14个国家平均	1.43	1.15	1.17	1.69	1.72	1.55	1.17	0.83	0.86
石油出口国平均	1.39	1.09	1.05	1.61	1.58	1.36	1.05	0.79	0.66
石油进口国平均	1.44	1.24	1.26	1.80	1.85	1.72	1.30	0.87	1.01
偿还期限(年)									
14个国家平均	6.7	9.8	8.7	5.5	5.1	6.2	8.3	9.0	7.9
石油出口国平均	6.3	9.8	8.9	5.5	5.7	6.5	7.8	8.0	7.6
石油进口国平均	7.1	9.8	8.5	5.5	4.7	5.9	9.0	10.0	8.2

Source: Ricardo Ffrench-Davis, "International Private Lending and Borrowing Strategies of Developing Countries," *Journal of Development Planning*, no. 14 (1984), pp. 142 – 143.

注释：这14个欠发达国家包括阿尔及利亚、阿根廷、巴西、智利、哥伦比亚、哥斯达黎加、科特迪瓦、马拉维、墨西哥、摩洛哥、尼日尔、菲律宾、韩国和前南斯拉夫。

同样具有启迪意义的关注点是,利差和偿还期限在1973年末并没有因为石油价格历史性的上涨而显示明显地收紧,石油美元回购正是始于这一年。[1]
此外,在1974年年中,贷款条款明显收紧以及市场转向贷方市场并不是由全球流动性降低或者发展中国家的问题引起的,而是由银行同业拆借市场中糟糕的外汇投机交易带来的危机以及随之造成的德国赫斯塔特银行和美国富兰克林银行的破产而引起的。

另一个配给不会在市场中发生的信号是,银行正在从事着它们传统上声称不愿意做的事情。阿伦森(Aronson)所总结的银行传统偏好是:"银行更愿意向能创造现金流动性的项目贷款,因为这些项目可以使得借款方履行偿债义务。银行不愿向消费和基础设施贷款,因为靠融资来偿还赤字已经不太容易实现了,更不可能进行再融资来偿还先前的贷款。"[2]

由于缺乏银行向欠发达国家贷款的分类数据,因此我们难以详细检验阿伦森的总结性观点。但众所周知,在银行强烈要求扩张以及在世界范围内获得地位的同时,它们通常会忽视自身作为保守银行所被规定要做的准则。这一点在一定程度上由银行积极从事收支平衡融资业务得以证实。在下一章,我将详细证明在20世纪70年代银行是如何从事它们传统上声称的所厌恶的融资业务的。

虽然上文基本上总结了银行贷款配给的情况,但最后我们还是回过头来看一些轶事趣闻方面的证据。长期担任墨西哥公共贷款部领导的安吉尔·葛利亚(Angel Gurria)曾通过研究危机前核心银行向墨西哥贷款的情况,得出:

> 银行积极涌入墨西哥市场。所有来自美国、欧洲和日本的银行均取得发展。它们并没有表现出深思熟虑。它们不进行任何贷款分析,银行表现十分疯狂。例如,1979年8月美国银行计划发放10亿美元贷款。其中,它们计划将3.5亿美元配置给自己,而将其他的贷款进行市场出售。但结果它们仅将1亿美元配置给自己。它们共发放了25亿美元贷款。[3]

葛利亚的这番评论非常犀利,并且得到了其他面临解体危机的拉丁美洲政府机构的热烈附和。[4] 一个国家无论是大是小、富有或者贫穷,一旦得到银行

---

[1] 然而,信贷价格也不会被推得过高。价差同样取决于基准利率水平和它们之间的偏差。详见:Laurie Goodman, "Pricing of Syndicated Credits," p. 44.

[2] Jonathan David Aronson, *Money and Power* (Beverly Hills, Calif.: Sage Publications, Inc., 1977), p. 177. 一家商业银行进行了相似的研究,详见:Donaldson, *Lending in Commercial Banking*, p. 45.

[3] Cited in Joseph Kraft, *The Mexican Rescue* (New York: Group of Thirty, 1984), pp. 19-20.

[4] 对于这一事实情况的一些有趣的引用,详见:"Do the Bankers Take the Risks?" *Latin American Weekly Report*, 25 September 1981, pp. 10-11.

的关注,那么这个国家就会被银行的贷款所拖垮。对于一个重要的欠发达借款国,很可能在发现贷款供给曲线向上倾斜的时候就已经太迟了;只有当这一情况已经至关紧要的时候,市场才会发挥施加纪律约束的作用。

从表 3.11 中可以看到一些对上述问题的一般性启示,表中显示了拉丁美洲国家在《欧洲货币》杂志中的信誉度排名。这一排名是基于欧洲货币市场中银行与借款方就贷款议定的价格(利差和分期偿还期限);议定的价格越低,则信誉度的排名就越高。可以看到在债务危机之前,只有 3 个国家(巴西、巴拿马和委内瑞拉)曾收到清晰明了的价格信号,信号显示它们的信誉度存在恶化;大部分国家的市场信誉度均显示提升的信号。

表 3.11 《欧洲货币》杂志的国家风险评级

国　家	1979	1980	1981	信誉度的变化 1981/1979(%)
阿根廷	37	24	38	-2.7
玻利维亚			63	
巴西	47	53	62	-31.9
哥伦比亚	40	21	26	35.0
哥斯达黎加	48	55		
古巴			45	
智利	41	38	34	17.1
厄瓜多尔	50	42	39	22.0
墨西哥	34	13	27	20.6
巴拿马	43	52	56	-30.2
秘鲁	64	55	47	26.6
乌拉圭	53	36	33	37.7
委内瑞拉	22	51	61	-177.3
调查的所有国家	58	69	69	

Source：*Euromoney*, February 1981, pp. 66-79, and February 1982, pp. 46-51.
注释：不同国家在欧洲货币市场中的排名依据是其在国际辛迪加贷款中约定的利差和分期还款期限。评分越低,说明该国的信誉评级越高;因此 1 是最高的信誉评分。

风险评估的质量。我们看到与风险评估唯一联系紧密的就是信贷限额的发展,但是这一层关系也是非常弱的,而这使得贷款量的变化非常富有弹性。

一个常见的问题是,银行贷款的意愿经常会超过银行实际的风险评估能力。在国家风险评估在银行业内人人皆知之前,银行向发展中国家的贷款业务已经开展了较长时间。的确,鉴于石油美元回购之后,国会议员和银行股东对于"欠发达国家债务问题"的担忧,国家风险评估才在 70 年代中期盛行起来。

因此,在贷款量已经突飞猛进的同时,许多银行一直在探索国家信誉度分析这门艺术的理论基础。

很多贷款方是没有国际贷款经验的新进入银行,这一事实使得风险评估质量问题进一步恶化。虽然这些银行感受到了海外贷款竞争的压力,但是它们并不进行信息方面的投资,从而其员工数量也较少。[1] 的确,这些银行经常向它们没有见到过或者拜访过的国家贷款。[2] 正如前文指出的,缺乏经验的新进入银行通过依赖那些已经完成了信息投资的贷款财团中的主导银行提供的信息来克服遇到的"瓶颈"。但是,主导银行为国际借贷市场的潜在进入者准备的"信息备忘录"只是用来辅助其进行销售的一份复杂的指导性文件,而不是针对国家的谨慎分析报告。[3] 实际上,很多进入者是基于主导银行的好名声和威望才加入财团的,这些主导银行据猜测已经在自己银行内部完成了机密分析。

这看上去是一个涉及专业化的高效布局:大型银行进行信息投资并且有偿组建一个财团,其他缺乏国际地位的银行可以加入这一财团。然而这种布局的一个明显的缺点是,决策制定的独立性——有效资源配置的基本要求被破坏了,且很有可能引发从众心理的形成。主导银行的高市场集中度进一步加重了"从众"问题。正如桑普森(Sampson)指出的,在伦敦,财团是由100个彼此相互了解、厌恶被忽略的个人组成的。[4]

专业化的另一项缺点是,主导银行自己的贷款决策经常是一个糟糕的决策。

第一,20世纪70年代国家债务、国际收支平衡等数据会滞后1到2年的时间。正如古腾塔(Guttentag)和赫林(Herring)曾指出的,在缺乏负债信息的情况下,银行会倾向于寻找其同行的做法。[5] "待在人群中"也使得银行免于遭

---

[1] 例如,一家规模较大的东海岸地区银行在拉丁美洲有着重要的国际贷款业务,但是该银行只有一个经济师来负责对借款方的分析。通常,甚至在大型国际银行中也是由一位经济师负责几家机构的国家级别客户。这种不够充分的覆盖与世界银行这样的国际组织形成对比,世界银行在每个有业务往来的国家均会指派一名经济师。信息来自访谈。

[2] 关于小型银行进入国际市场会面临怎样的尴尬的优秀文献资料,详见:Gwynne's article ("Adventures in the Loan Trade")。

[3] Christine Bogdanowicz-Bindert and Paul Sacks, "The Role of Information: Closing the Barn Door?" in *Uncertain Future: Commercial Banks and the Third World*, ed. Richard Feinberg and Valeriana Kallab (London: Transaction Books, 1984), p.71.

[4] Sampson, *The Money Lenders*, p.145.

[5] Jack Guttentag and Richard Herring, "Commercial Bank Lending to Developing Countries: From Overlending to Underlending to Structural Reform," in *International Debt and the Developing Countries*, ed. Gordon Smith and John Cuddington (Washington, D.C.: World Bank, 1985), p.134.

受银行监管层的批评,因为在 20 世纪 70 年代很少有银行敢于质疑"市场的公正性"。[1] 此外,如果一家银行发生了恶性事件,那么这个恶性事件就会影响到多家银行,从而可能导致公共部门采取援助措施。这一策略在墨西哥取得了很大的成功。[2]

第二,20 世纪 70 年代的主流观点认为,主权政府并不像企业那样,政府不能够合法地宣告破产,因此政府总是愿意偿还债务,基于此,银行对于贷款的风险过于漫不经心。但是正如库津斯基(Kuczynski)准确观察到的,尽管国家总是愿意偿还债务,但是不能保证国家会偿债,如今银行正在从中吸取教训。[3]

第三,我在本章的前面曾指出,一个大型跨国银行关于向哪里放贷以及贷款量多少的决策,并不依赖于在交易中对狭义违约风险收益比的计算。市场份额是银行在决策时的一个重要影响因素,当前市场的确定性损失可能要比未来违约的不确定性损失重要。此外,在一些特殊的国家市场中,银行的唯一业务只有中期贷款,因此这类贷款被称为"亏本出售的商品"。[4] 大型银行的贷款配给也受到其母国政治决策的影响。[5] 后面的这种影响可以从特定时期的秘鲁看出,当时美国的大型银行加入尼克松政府与贝拉斯科政权的对抗当中。我们看到,之后在 1974 年美国当局与贝拉斯科政权言归于好,但是按照两国双边协定的规定,秘鲁要补偿美国国有企业,正是上述这些美国银行建立贷款财团来帮助秘鲁完成这一补偿资金的筹集。最后,一家银行仅仅是为了维持与其他银行的关系而同样会帮助组建或者加入财团。[6]

第四,大型银行通常不是以将风险评估(虽然存在缺陷)有效转化为信贷决策的方式组建的。例如,布莱斯克调查发现银行并不以国家风险评估的结果来验证实际的经验,且并不将信誉度分析服从于机构内外部的独立风险评估。[7]

---

[1] Lawrence Brainard, "More Lending to the Third World?: A Banker's View," in *Uncertain Future: Commercial Banks and the Third World*, ed. Richard Feiberg and Valeriana Kallab (London: Transaction Books, 1984), p. 35.

[2] 援助措施的细节详见:Kraft, *Mexican Rescue*.

[3] Pedro-Pablo Kuczynski, "Latin American Debt," *Foreign Affairs* 61 (Winter 1982 – 1983): 352.

[4] Pecchioli, *The Internationalization of Banking*, pp. 49 – 50; and Christopher Korth, "The Eurocurrency Markets," in *The International Banking Handbook*, ed. William Baughn and Donald Mandich (Homewood, Ill.: Dow Jones-Irwin, 1983), p. 32. 尤其在我研究秘鲁时,发现政府的一些低利率的外币银行贷款通常与利马当地有新的银行分支机构网点开业密不可分。详见:Devlin, *Transnational Banks and Peru*, pp. 174 – 184.

[5] 详见:Spinder, *Politics of Credit*, for the case of Japanese and German banks.

[6] Group of Thirty, *Risks in International Lending*, pp. 8 – 9.

[7] Blask, "A Survey of Country Evaluation," p. 80.

由于缺乏后续加强的内部激励,银行机构倾向于以增长为管理重点,在这样的机制中,一笔成功的贷款安排要比对贷款偿还的成功预测更值得嘉奖。在快速增长的、产品交易与支付不同步的行业中,高流动性使得银行家们免于被问责:在一笔贷款成为坏账的同时,原来银行的管理者可能已经成为另一家银行的管理者。[1] 为了能更快地制定贷款决策和不损失一笔交易,在多数银行努力下,问责制被进一步权限下放。[2] 亚历山大(Alexander)的研究很好地发现了一般银行没有能力将风险评估转化为信贷风险和价格,"一些银行家害怕错失机会,因此甚至在午餐时间,他们都会授权其秘书完成对巴西或者墨西哥的任何10亿美元以上贷款组合中的500万或者1 000万美元的贷款业务"。[3]

第五,主导银行发起财团的动机与依赖于主导银行风险评估的加盟银行并不完全对称。正如前面所述,至少1/5的主导银行贷款收入来自事先支付的无风险费用。这激发了银行增加贷款量的动机。[4] 此外,主导银行在缺乏吸引力的市场中对费用收入的议价能力是最强的。虽然较高的费用收入可以弥补主导银行的较高风险,但是财团贷款的加盟银行却在承担了相同的风险后没有费用收入。另一个要考虑的问题是,大型主导银行经常在它们所在的市场承担较多责任;因此,一笔新增贷款可以增加主导银行的外部性,但这不会被加盟财团的责任负担较轻的银行所享有。

第六,如果贷款成为一笔坏账,那么大型银行可以较小型银行享有一定的优势。一方面,大型银行享有最后贷款人援助措施的潜在保障。另一方面,大型银行可以以较高的折扣购买小型银行的贷款:这可能是在二级市场购买或者接受面临资金困难的小型银行的报价。[5]

最后,20世纪70年代期间银行对于风险的总体认知可能是计算错误的。这正是古腾塔和赫林所谓的"灾难性短视"。[6] 他们认为,违约是小概率事件且可以通过主观概率来很好地评估。借助心理学,他们指出个体倾向于根据最

---

[1] Gwynne 的故事("Adventures in the Loan Trade")让这些观点变得可信。

[2] Donaldson, *Lending in Commercial Banking*, p.90.

[3] Charles Alexander, "Jumbo Loan, Jumbo Risks," *Time*, 3 December 1984, p.33. 德拉梅德发现了同样的现象,他称之为"接待员银行"。

[4] 在利差下降的时候,为了维持收入的增加,所有银行都有增加贷款量的动机。

[5] William Darity, Jr., "Loan Pushing: Doctrine and Theory," International Finance Discussion Papers, No.253 (Washington, D.C: U.S. Federal Reserve Board, February 1985), p.47.

[6] 他们对该问题的研究相当广泛,详见:Guttentag and Herring, "Commercial Bank Lending to Developing Countries," pp.132 – 134; and Guttentag and Herring, "Credit Rationing and Financial Disorder," pp.1360 – 1364.

容易回忆起的事件得出主观概率,这将形成他们预期的"可得性偏差"。[1] 在长期繁荣阶段,银行明显降低了事故和违约发生的主观概率。如此一来,在违约真实发生的时候,银行会反应过度。[2]

个体往往会设立一个风险临界值概念,这使得他们有时认为低频风险事件真实发生的可能性几乎为零,这使得问题复杂化。这将使得那些可以被识别的危机被忽视。此外,即便当这些危机显著到不能被忽视的程度,但由于它们显示出过去决策是错误的,因此个体同样可以有效忽视它们(学术中称之为"认识失调")。

虽然这仅仅是一个假设,但有充分详尽的证据表明古腾塔和赫林论证的合理性。随着战后持续的扩张,经济衰退和违约成为历史。风险评估中潜在的可得性偏差在新旧管理层交替(生活在大萧条时期的管理层辞职,以及生活在繁荣时期的年轻管理层继任)的过程中得以加强。从宏观角度,银行家忽视了一些分析师曾指出的 20 世纪 70 年代世界经济增速结构性放缓的观点,经济增速放缓同样导致了债务累积,以及打破了偿债的美好愿景。[3] 从微观角度,我们将在下一章看到,银行家们忽视了他们贷款客户所在国家主要经济指标恶化的事实,并且在危机的主要部分变得不可避免之前,继续热火朝天地开展贷款业务。银行家们同样忽视了多数拉丁美洲国家的融资在一定程度上与一个投机性庞氏组织相似的事实:许多国家依靠新贷款来偿还利息。如果这种以新债换旧债的偿债方式因信任危机而中断,那么偿债将取决于政策上对债务国造成深度经济衰退的可能性。当银行家面临对欠发达国家贷款模式的批评时,他们总是指出这是国际贷款中相对规模较小的损失部分。[4] 假定向欠发达国家贷款

---

[1] 关于此观点的一个很好的案例就是智利 1985 年 3 月的地震。智利这个国家经常发生地震,然而,由于地震的间隔时间较长加上新技术的运用,智利的高层建筑的比例增加了。在 1985 年地震后,高层建筑实际上停止建造了,而传统的三层建筑重新回到市场中且成为主要的建筑形式。然而到了 1987 年,由于高收入人群对地震灾害的记忆淡化,高层建筑再一次回归市场。

[2] 凯恩斯同样在对公司投资决策的分析中涉及可得性偏差,但并没有这样称呼它。详见:John Maynard Keynes, *The General Theory of Employment, Interest, and Money* (London: Harvest/HBJ, 1964), p.45. 明斯基接受了凯恩斯的研究框架并将其应用到对金融不稳定性假设的研究中,详见:Hyman Minsky, *Can "It" Happen Again?* (Armonk, N.Y.: M.E. Sharpe, Inc., 1982).

[3] 详见:for instance, Ernest Mandel, *The Second Slump*, trans. Jon Rothschild (London: New Left Books, Verso edition, 1980); Bank for International Settlements, *Forty-Eighth Annual Report* (Basel, 1978); and W. Arthur Lewis, "The Slowing Down of the Engine of Growth," *American Economic Review* 70 (September 1980): 555–564.

[4] 详见:Friedman, *The Emerging Role of Private Banks*, p.55; and G.A. Costanzo, "Statement" before the Subcommittee on Financial Institutions Supervision, Regulation, and Insurance in the U.S. Housing Banking, Finance, and Urban Affairs Committee, 6 April 1977, p.7.

是相对新颖的现象,以及债务的支出与偿还之间存在较长的时间滞后,那么当然上述的辩解就不是一个很好的说辞。

一些学者反对可得性偏差的假设理论,坚持存在完全理性市场的观点。福克斯一兰道(Folkerts-Landau)假定在20世纪70年代银行降低了其风险感知水平,但这是理性应对市场的发展——以调整还款计划而不是违约来作为偿付问题可能的结果。[1] 显然,福克斯一兰道的观点是有事实依据的,但是该观点不能解释不同国家之间利差水平的缩小和整体利差水平的下降,有时我们会怀疑利差是否弥补了管理成本。实际上,当今国家很少发生贷款违约行为,但是调整还款计划的举措并不意味着银行的贷款一定能够被偿还。我们已经看到,虽然调整了还款计划,但在危机发生的最初几年里,银行的股价会快速下跌以降低未来的损失。[2] 此外,那些损失直到1987年才出现:随着拉丁美洲贷款在二级市场的交易中深度贬值,许多银行不得不主动增加其对拉丁美洲债务的贷款损失准备金,结果影响了银行的收益。

3.3 总结与结论

在前面几章我观察到,有很多方法可以解释20世纪70年代国际银行市场供给侧的发展,这些方法并不是两两之间完全对立的。实际上,我们可以借助传统投资组合理论来理解这些事件:银行在海外市场追求高于国内市场的级差利润率。这些不同的研究方法如下:

(1)无监管的欧洲市场崛起,在该市场中不要求准备金,有较低的税率、程度很高的规模经济等;

(2)技术革新带来的较低的可感知风险,例如,浮动利率贷款将利率风险转嫁给借款方,财团贷款允许银行之间自由交流以及在集团内贷款,交叉违约条款可以避免部分借款方发生选择性违约,升级的通信和计算机系统;

(3)第二次世界大战后世界贸易和投资的强势扩张;

(4)中心危机,它降低了国内市场的收益率,并且通过对反周期的财政和货币政策做出反应来提升世界的流动性;

---

[1] Folkerts-Laudau, "The Changing Role of International Bank Lending," pp. 7 – 10.
[2] 基莱(Kyle)和赛克斯(Sachs)曾发现,美国银行股价的走势与其拉丁美洲贷款之间存在关系。详见:Steven Kyle and Jeffrey Sachs, "Developing Country Debt and the Market Value of Large Commercial Banks," Working Paper No. 1470 (Cambridge, Mass.: National Bureau of Economic Research, September 1984).

(5)经合组织国家的政策增加了借款国的融资需求和供给。

所有的这些观点都很重要,且与我们的问题相关。但是,它们均是取自市场结构和制度因素。检验这些因素可以丰富本书的研究内容以及增加策略上的解决方案。

我们发现,投资组合理论并不能解释20世纪70年代贷款的方方面面。该理论致力于解释冷酷、不友好的一类投资者的短期违约风险收益的计算。该理论解释了部分个人投资者由于错误的风险感知而导致的过度贷款现象。

然而,当代银行并不符合组合投资者这一传统形象。银行很像是一个"公司"而不是投资者。银行不是公正的价格接受者而是价格的制定者,很多银行在买方市场进行交易,该市场强调客户关系的重要性。实际上,银行公司在零售和批发端进行着金融服务的交易;与还有些差距的组合投资者相比,个人销售能力和市场专业技能是当代银行的关键组成部分。在传统理论看来,保守的银行家坐在办公桌前等待评估前来主动申请的贷款,而这没有恰当反映第二次世界大战后银行业的实际情况。

公正组合投资者的观点也不能恰当地解释买方市场繁荣时期的客户关系变化。银行的客户关系也许是任何经济部门机构中最密切的,因为贷款并不是普通产品,其在偿付实现之前交易的持续时间较长。因此,关于借款方真实的一手资料是非常珍贵的。从另一个角度来看,客户关系也是一种投资,它被计入银行的利润公式中。因此,不去向已经建立关系的客户贷款,是因为其成本不低于贷款违约风险的成本。除了在一个非常成熟的信贷周期中,银行愿意去放款的原因是,向已经建立关系的客户贷款的确定损失要低于未来不确定的违约成本。大体上,对于有价值的客户,银行自身就会主动去迎合。

但是,信息的收集同样可以享有外部性和规模经济。客户关系的价值远远超过关系本身,扩展到了系统网络,该系统网络被设计用来评估获利的机会。因此,银行非常重视维持市场形象或者份额。在经历了大部分信贷周期之后,银行对于市场形象的关注凌驾于对违约风险成本的关注。

总而言之,也许当代银行不能够像传统的投资组合管理者那样以对违约风险的关注来指导自己的行为。除了在信贷周期的成熟阶段,违约风险通常不会成为一个迫在眉睫的威胁。更紧迫的威胁也许是,如果银行在面对客户需求和外部规模经济时仍然不能取得发展,那么会发现更具竞争力的对手会接管其市场份额从而该银行的生存将面临威胁。那些发展缓慢的银行也会被剥夺享有最后贷款人援助的资格。

与银行是组合投资者的主流观点相伴而生的观点是,无监管的国际银行市场更接近教科书式的独立个体市场所具有的经典效率。但是当代银行并不是一个独立的专门机构，相反，它是一个在全世界广泛分布、有着多样化产品和目标的全球企业。在任何市场、任何时间，一笔贷款不必遵从经济有效的信贷分配，而是与跨国银行的全球业务策略紧密联系在一起。信用本身也许是一个失败的指标，它包含了市场内或者市场外的利益。甚至没有确凿的证据表明银行是全球收益最大化的机构，这与可替代目标理论形成对比，该目标包括市场稳定、官僚化、销售最大化等可以用来解释20世纪70年代贷款策略的要素。

20世纪70年代常见的概念——无监管的国际银行市场接近教科书式的效率——的确是错误的。银行业的规模经济能够给银行带来规模的扩大，市场的变化——尽管在70年代有上百家银行涌入国际银行市场——取决于一个相对集中的行业。实际上，国际银行的市场结构是寡头垄断市场，70年代的银行扩张可以由寡头垄断的观点来解释，而不是通过独立的经济部门的观点。

随着20世纪60年代一小部分大型美国货币中心银行主导了国际信贷资金流，银行业开始逐渐集中。70年代流动性的快速增长助推了欧洲货币市场中银行同业拆借市场的扩张。能够获取美元存款以增加资产使得进入非正规市场变得非常容易，且帮助银行克服了进入国际市场的一道主要障碍。财团贷款的出现降低了另一道障碍：信息投资。实际上，小型银行以及缺乏经验的银行发现，可以通过主导银行提供它们认为必要的贷款决策信息从而使得它们"可以规避"这方面的投资。财团、交叉违约条款、浮动汇率贷款等同样降低了预期风险和此后国际运营的成本。实际上，银行业平均成本曲线下降明显，确保了新加盟的银行能够与50~60年代主导国际市场的美国银行集团展开竞争。尽管有新加盟银行，但是市场的基本属性仍然是高集中度和寡头垄断。

从这个角度出发，我们判定20世纪70年代信贷"量增价跌"的现象并不是对独立市场的健康竞争的反映，而是反映了原有大型国际银行与来自美国、日本、欧盟和阿拉伯国家的新加盟银行之间的寡头垄断价格战的结果。在不稳定的寡头垄断市场没有理由能先验地假定信贷是被有效分配的。当然，这并不包括上面考虑到的其他内容。

国际银行市场是独立个体市场或者是寡头垄断市场的区别是什么？在均衡状态下，主要的区别在于价格高于边际成本。但是如果银行业是规模经济的，那么动态风险评估可能使得寡头垄断在任何情况下均能成为更加理想的社会结果。换句话讲，一定程度的银行业集中会提升总体的福利水平。

独立个体市场和寡头垄断市场都会遭遇危机和过度贷款。但是在寡头垄断市场中，危机的影响程度更大。一方面，寡头垄断市场的决策更加相互依赖，这使得市场中的银行容易产生从众心理,行业的领导者认为市场的集中度反映了市场的"安全"状态。另一方面,考虑到跨国银行的规模以及分散化经营,"决策错误"可以存续较长的时间。原因在于,首先,大型银行更有能力借助一笔业务的利润来弥补另一笔业务的损失;其次,当损失变得无法管理的时候,大型银行可以依托政府的援助。总之,当原有银行或者新加盟银行之间的价格竞争扰动市场的时候,市场失衡的程度将会恶化,而且持续时间将会延长。

相反,在独立个体的市场中,银行将要对短期的决策负责,决策错误将会很快反映在市场中,伴随而来的是更加及时的纠错应对措施。独立个体市场不可能在20世纪80年代早期的市场中形成集中度,当时的市场中拉丁美洲国家未偿还的贷款占到贷款机构资产的20%～50%。相比30年代,80年代展现了一个更加善于债权方协调的寡头垄断市场,这有助于避免或者至少是延缓了技术性违约的出现和资金损失的扩大。但是在后续章节我们将看到,在银行自救的过程中,大型银行将自身的决策错误成本不成比例地转嫁给债务方和国际公共部门。

总而言之,20世纪70年代的市场问题并不在于寡头垄断市场结构本身,而在于过度的流动性以及银行监管的缺乏,后者造成了对准入门槛的不加约束和贷款数量与价格的恶性竞争。也许国际市场更应该效仿国内市场,而不是反过来的情况。[1]

我们曾看到当代跨国银行有很多担忧,违约就是其中一个。有证据表明在20世纪70年代的大部分时间里,违约风险以及风险评估是银行信贷决策的唯一潜在考量因素,而其他的因素则更多会影响银行的机构层次结构。因此,根本不必惊讶市场没有向借款方给出明确信号以及没有向借款方施加纪律约束。技术性文献强调市场是定量配给的。在市场是定量配给的时候,至少对一部分借款方来说,财团是贷款不足的。这些文献没有重点关注未获得定量配给的借款方的情况,但是如果一部分借款方没有获得贷款,那么之后我们会怀疑其他借款方也可能没有获得贷款。

的确,通过考察银行如何从制度上检测风险和对贷款定价,我们发现,未获得贷款配给的借款方可能面临一条平滑而非传统假设的向上倾斜的供给曲线。在这样的条件下,借款方所面对的是固定的贷款边际成本,其缺乏内部储蓄的

---

[1] 可以说,只有在长周期中无监管市场和国际银行才能有效分配资源。这的确是合理的。但是,由此引发的问题是市场短周期决策错误的成本以及谁要为此埋单。的确,假定市场是长期有效的给予了拉丁美洲债务方和北方地区纳税人小小的安慰,他们通常被迫承担更多的决策错误成本。当代公共政策的目的是缓和私人市场走向极端和危机的趋势。

动力。此外,在寡头垄断结构不稳定的需求约束市场中,银行是在受约束的市场中竞争市场份额,市场难以维持平衡。如此一来,在信贷周期的大部分时间里,国家会遇到边际成本的下降以及信贷量的增加。只有当信贷周期进展顺利的时候,违约风险才会成为影响信贷决策的积极要素,而向上倾斜的供给曲线会明确出现;但那个时候,国家将会高度依赖债务,价格的上涨以及贷款量的受限将会形成危机。

有证据表明在 20 世纪 70 年代拉丁美洲没有获得信贷配给,因此在信贷周期的部分阶段,一些国家会面临一条平滑的向下倾斜的供给曲线。在这些条件下,一个国家债务的积累将会变得非常容易。此外,尽管这些国家所追求的发展战略与其持续从私人银行获得贷款不相一致,但信贷的量价反映了这些国家的宏观经济政策被市场所看好。的确,直到危机几乎不可避免的时候,市场通常才能反映出问题来。

我们同样发现,银行的风险评估本身存在许多不足之处。主权风险评估对于银行来说是新鲜事物,当这些银行仍在探索风险评估基本概念的时候,已经承诺了向拉丁美洲大量贷款。银行同样存在"灾难短视"的问题,这会诱导银行系统性地低估国际贷款的风险。尽管内部风险评估是有效的,但许多银行并没有在内部建立起将该评估方法用于它们信贷决策的架构。

上述所有关于 20 世纪 70 年代信贷体系的分析观点,倾向于从经济效果的传统标准角度认为应加大向拉丁美洲国家的贷款。这并不意味着银行是愚蠢的;的确,银行的国家贷款可能给自身带来较高的收益。但从整个社会尤其是拉丁美洲的角度来看,这并不能明显得出社会福利随着 70 年代银行大规模扩张而增加。一项明显的积极事件——私人资本市场的复苏以及其与拉丁美洲国家展开合作——被贷款方、政府部门以及借款方所滥用,以至于整个体系过度扩张。鉴于此,我的分析也许将开始提供一些技术方面的基础内容,而这是关于拉丁美洲国家会直接纠正在危机中共担责任这一论断的。

最后,必须提及的是,拉丁美洲债务危机的集中与市场结构不相关。寡头垄断市场的领导者——尤其是 20 世纪 70 年代扩张的初期阶段——是美国银行。这些银行传统上最能迎合拉丁美洲的需求。为此,信贷市场会遵从相互依赖的决策制定和存在跟随领导者的心理,拉丁美洲也许曾经是承受银行市场压力最大的发展中地区。这一外部形成的宽松环境并没有与拉丁美洲内部宽松的特征完美结合,提升了如今我们所熟知的风险。

第4章

欠发达国家信贷周期的扩张阶段

根据之前一章的分析我们可以看到,与传统假设相反,现代银行会是一个即将出现的贷款方。此外,当借贷需求市场主要是围绕一个新的借款方时,本书认为,存在一定的原因使得供给曲线呈现向上倾斜的传统逻辑可能不会立即体现出意义。确实,当我们检验银行机构是如何制度化地依据风险评估结果进行信贷决策制定时,在某一个较长的重要阶段上,一条趋于平坦、水平的供给曲线会更加合情合理。并且,在这一供给曲线呈现趋于水平的这一阶段中,市场纪律的传统观念当然会被打破。

上述观点对于20世纪70年代的国际信贷市场具有普遍性。在本章中,我将尝试对同一时间段(20世纪70年代)发展中国家的银行—借款方关系的内涵进行直接分析。我的目的是描述银行向发展中国家过度贷款的过程,即贷款的供给端是如何内生性地导致了债务的过度积累。为了达到这一目的,我们将基于秘鲁和玻利维亚两个国家在20世纪70年代的国际借贷经验来建立一种分析框架,之所以选择这两个国家是因为我曾在之前的相关研究中有机会接触到相对具体的数据。[1] 尽管分析结果比较抽象,但它是基于处在一个特殊历史

---

[1] 这些研究包括:Robert Devlin, *Transnational Banks and the External Finance of Latin America: The Experience of Peru* (Santiago, Chile: United Nations, 1985); Robert Devlin and Michael Mortimore, *Los Bancos Transnacionales, el Estado, y el Endeudamiento Externo en Bolivia* [*Transnational Banks, the State, and External Debt in Bolivia*] (Santiago, Chile: United Nations, 1983). 附录中列举了基于研究数据库的分析方法。

阶段的两个国家进行的。将研究得出的分析框架进行普及存在一些限制条件，但是我将在本章的结论中对该问题进行更加全面的阐述。

本章将以展示 20 世纪 70 年代欠发达国家中的借款方与银行的合作关系的分析框架作为开始。[1] 而对该分析框架的介绍将从两种角度进行：一种强调供给侧的宽松本质；而另一种强调借款方可以怎样利用这种宽松环境形成自身的优势。这种相对抽象的分析过程是基于秘鲁和玻利维亚两个国家的现实经历展开的，两个国家的历史经验是分析框架建立的灵感，也提高了这种分析框架的可信度。

4.1 市场信号和债务管理

4.1.1 一些一般性考虑

在 20 世纪 70 年代，私人银行与发展中国家的新合作关系带来了对经济管理的新要求，因为作为一种金融工具，银行贷款与其他传统的融资渠道相比具有许多特质。的确，银行信贷是一把"双刃剑"，在具有许多优势的同时也存在许多潜在危险。

第一，银行机构是非常灵活的贷款方，在任何一个时期，它们都能够动用庞大的资金，使得那些传统融资渠道，如政府、多边贷款方和设备供应商等相形见绌。银行机构这种更加灵活的融资渠道当然会受到资金短缺的发展中国家的欢迎，但是自身的风险—收益偏好增加了公共机构更加有效地进行资源管理的需求。

第二，商业贷款的成本明显高于（高出大概 50 个百分点）官方机构（如世界银行）批准的贷款成本，也相对高于设备供应商的借贷成本。[2] 鉴于银行贷款的成本，其只对于那些经营活动能够产生商业回报的机构具有严格的适配性。这些国家必须谨慎，因为这些国家中主要借款机构具有融资需求的项目往往能够产生很高的社会回报，却不一定具有很高的商业回报。

第三，银行信贷成本是建立在可变利率基础之上的，这意味着假设利率出现增长，不仅边际借贷资金成本会出现激进的、超乎预期的增长（即使与传统债

---

[1] 关于这一分析框架的进一步解释和修正详见：Banca Pricada, Deuda, y Capacidad Negociadora de la Periferia: Teoría y Práctica [Private Banks, Debt, and Negotiating Capacity of the Periphery: Theory and Practice]. Published in *El Trimestre Económico* 51 (July-September 1984): 559–589.

[2] 这一观点可以通过检验世界银行对拉丁美洲的贷款数据得到支持：*World Debt Tables* (Washington, D. C., 1981 and 1982). 我也查找了秘鲁不同来源的借贷成本数据：Robert Devlin, *Transnational Banks and Peru*, figure 2.

权方约定了固定利率也可能出现这种情况),而且这个更高的利率也会转移到整个债务上,可能导致之前盈利的投资决策不再盈利。此外,利息成本的提高会增加偿债负担和存款账户赤字,这反过来也会提高银行的预期风险并影响到它们的存款放贷决策,尤其是在借款方需要新的贷款以弥补财政赤字的时候。除非债务期限非常短,否则可变利率也意味着债务国失去了减免债务负担的传统机制:借助于通货膨胀实现的债务实际贬值。而实际上,当通货膨胀水平提高时,利率最终也将提高,这使得债务的实际价值保持不变。[1]

第四,在银行借贷中,直接或间接成本的重要组成部分(利差、偿还期限、费用、罚款、限制性条款等)是协商确定的,这与政府借贷中对这些进行制度性规定不同。尽管这种情况为借款国提供了更大机会来决定其贷款成本,但也对机构在两个方面提出了更高的要求:就贷款事宜与银行的谈判能力,以及对私人国际资本市场中的不同银行所开展的贷款业务的了解与认知。

第五,银行贷款的偿还期限可以是政府贷款的偿还期限的一半甚至更短,并且对于绝大多数商业贷款项目,其要求的偿还期限可以短至15~20年。[2] 因此,当向银行贷款时,借款机构需要加速"债务活动",即进入市场通过签订新的贷款合同来偿还旧的债务。这将占用稀缺技术人才的时间,也使得债务国更易受到贷款银行的支配。

第六,由于银行是私有的、以营利为目的的机构,它们的贷款业务模式趋于顺势而变,即在经济上行周期扩张,在经济下行周期紧缩,因而非常重视经济波动。由于这种行为的存在,在大萧条时期出现了一个非常流行的笑话:私人银行信贷是"在天气好时可以出借的一把伞,但是当天开始下雨时必须归还"。[3] 与私人银行相反,官方贷款机构具有公共风险洞察力,并且愿意在私人银行不敢进行借贷的经济环境中进行借贷。

第七,商业银行贷款业务进展非常迅速,且只需要很少或完全不需要技术辅助,这与官方贷款、供应商贷款和外国直接投资不同,它们均有技术支持系统相助。而是否具有技术支持系统是工业欠发达的发展中国家做出融资决策时一个非常重要的考虑因素,因为这些国家没有规划和实施融资项目的技术能力。

综上,不论是数量还是质量,商业银行贷款对于发展中国家来说均代表了

---

[1] 世界银行列举了很多类似案例,详见:*World Development Report 1985* (Washington, D.C., 1985), p.25.

[2] World Bank, *World Debt Tables*.

[3] Ragnar Nurske, *Problems of Capital Formation in Underdeveloped Countries* (New York: Oxford University Press, Galaxy Books, 1967), p.135.

一种完全新颖、陌生的融资工具。出现新的借贷资源必然是一件积极的事情，但是同时它也会引入潜在的不稳定因素和问题。在这些环境下，如果信贷市场能够给出明确的价格信号，并且对国家借款人能够施加明确的纪律约束，那么这种信贷市场就是对国家债务和经济管理的一种有益补充。但是在 20 世纪 70 年代，这样的信贷市场并不存在。在之前的章节中我们看到，支撑市场纪律传统概念的基础假设已经被一个日益崛起的跨国银行信贷市场所颠覆。实际上，20 世纪 70 年代的环境对于借贷是宽松的。我将运用这种观点来展示私人银行本是一个误导性的融资途径，它使得信贷市场偏向于朝过度负债的方向发展，当然其所对应的另一面就是过度放贷。这部分内容将在下文阐述。

4.1.2 供给引导的过度负债

我在之前的章节中指出，银行机构会被"新借款人"所吸引，即那些满足最低信誉标准却很少或者从来没有接触过信贷机构的国家。我也指出，对于银行来说，当面对"新借款人"时，其做出借贷决策也是相对容易的。而归功于银行机构的投资组合多样化，它们为新的贷款所付出的风险管理成本是名义上的。同时，该笔贷款所带来的收益是可观的，这些新的贷款者往往会老实支付它们贷款的高额溢价费用，或因为缺乏与银行之间的谈判经验，抑或因为它们对于信贷市场上不同银行之间的激烈竞争认知太差，未能借助于银行之间的竞争压低信贷资本的价格结构。但是，一些银行在发展中国家市场上的出现会吸引那些关注全球市场及市场份额的其他银行的注意，进而银行机构的信贷供给曲线会迅速开始趋于平坦、拉长并转向下行。在这样的信贷市场环境下，客观上是借款方掌握了主驾驶座的位置。

自此，借款方与银行之间的合同贷款变得非常容易：借款方会面临持平或者递减的贷款边际成本，而且它们可以得到比初始预期更多的贷款金额。贷款的供给侧如此充裕使得债务的偿付义务可以完全被新的贷款所抵消。所有的事情都是如此公平，而这样的环境可以持续几年。但是，伴随借款方在银行投资组合中的参与度增加，贷款方可以并确实会更加意识到风险问题，且它们对于借贷的激情会减退。在这样的环境下，市场可以开始对借款方施加一些纪律约束，而议价能力重新回到贷款方：因为贷款方对于借贷的渴望变得相对减弱，而借款方对于取得贷款的渴望却日益增加，其原因只有一个——银行贷款呈指数型增长的偿付义务。这时，借款国陷入了潜在的债务陷阱。债务的条件变得更加苛刻，数量更加受限制，借款方非自愿地降低了从银行取得的净转移甚至为负转移。而当从银行取得的资金转移量减少时，借款国将面对债务偿付无法自动延展的风险。一旦债务偿付停止自动延展，那么借款国的债务负担将开始变重，更加容易产生危机。而当银行机构察觉到借款方的信誉恶化时，这些风险问题——议价能力的丧失、日益严重的脆弱性——将变得更加严峻。相反，如果债务国的信誉得到提升或者国际资本市场的存款供给持续扩张能降低贷款成本并吸引到新进入者，那么这些问题就可以得到缓解。但是通常面对的是银行资本和储备结构的限制。

上文提到的这些考虑如图 4.1 所示。该图说明了两点内容：第一，对于海外资金的需求为何可以是从短期到中期；第二，银行对该需求又作何反应。在这里，我们将简化并做出假设：在初始阶段，借款方将为其所有真实的外部投资项目融资，而仅有一些特定的商业银行是可行的海外资金供给方。正如我们在之前章节中的分析，基于对风险因素的考虑，有一个最低价格，在不低于这个价格的情况下，贷款方可以将款项转移给借款方。此外，在进入新市场的一段简短的试验期后，考虑到借款国与整个国际资本市场在规模上的巨大差异，以及银行机构在进行国际扩张时唯恐落后的态度，新的借款方在初始阶段面对的供给曲线是趋于水平的，如图 4.1 中第一象限所示。然而在这样的供给条件下，供给曲线无论如何也会达到这样一个点，即从该点开始供给曲线急剧上行，并最终趋于平缓，因为风险问题使得银行即使在贷款价格变得更高时，也不愿意将更多的资金贷给借款方。这时信贷配给开始进行。在之前作出的假设下，在借款国信贷市场中，图中第二象限所示的资金供给曲线就是银行信贷的供给曲线。

尽管发展中国家的融资需求是纷繁复杂的，但是为了阐述本书的论点，我们认为做出以下两点界定就足够了：第一，将其融资需求聚焦于银行贷款。第二，其进行借贷时的决定因素为两种简单的基本因素：投资的边际收益（MEI），该指标反映了在给定最优资本存量的条件下的投资机会；对于即将到来的偿债支付的延展需求，我们假设作为发展中国家的借款国不想出现用资源净流出来支付它的债务，而这种假设通常情况下与现实相符。[1] 而投资的边际收益在初始阶段都不是非常明显，这主要反映了投资项目的有效识别和开展问题，这在大多数发展中国家普遍存在。但是，如果投资项目被稳妥实施且劳动力供给相对有弹性，那么投资项目的边际收益曲线应该继续延长并且逐渐加速上升，因为其经济效应随着时间推移在快速增长，如在第二象限中第一阶段到第四阶段的 MEI 曲线所示。第四象限的曲线描述了借贷需求的第二个来源，即为了

---

[1] 当新的贷款不再能够抵补利息以及本期应偿付金额，则借款方必须将贸易逆差转为贸易顺差；当新的贷款甚至不能抵补本期应偿付金额，那么借款国必须创造经常账户盈余；当新的贷款不能抵补本期应偿付金额并且国家几乎没有盈余，那么它将寻求调整还款安排或者做出违约。

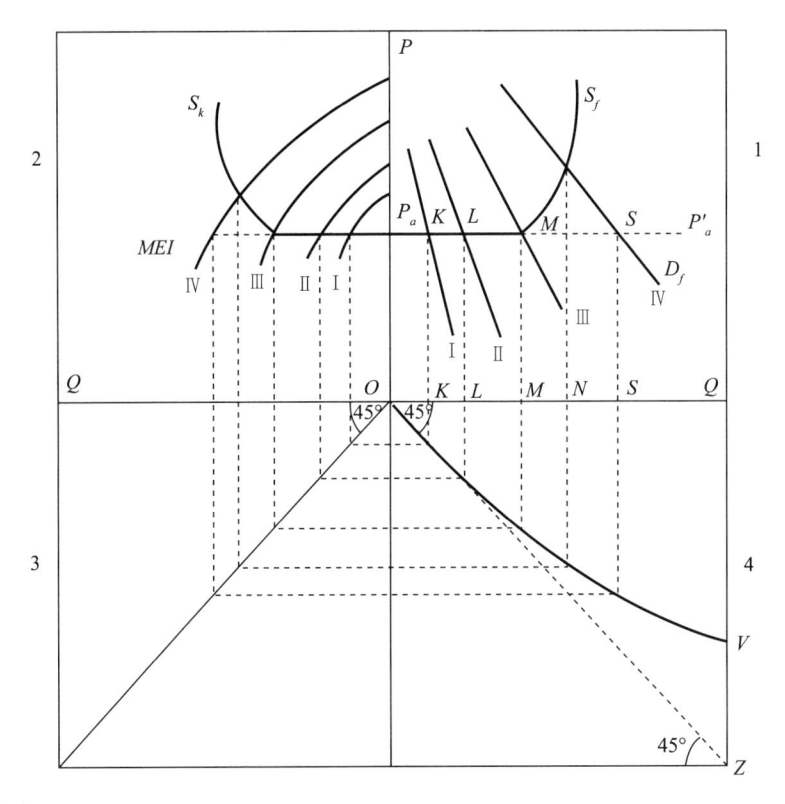

符号：

S_k = 资金供给曲线　　　　　　　D_f = 银行借贷资金的需求曲线
S_f = 银行借贷资金的供给曲线　　 P = 银行借贷资金的价格
MEI = 投资的边际收益　　　　　　Q = 银行借贷或资金的供给数量
I = 净投资

图 4.1　在欠发达国家市场中的外国银行贷款供需情况

偿付已有债务而进行新借贷的欲望，而该种借贷需求来源是用斜线 OZ 与曲线 OV 之间的差异来描述。这两条线在遇到债务到期并需要为到期债务进行再融资时会出现分叉。由投资项目以及债务偿付导致的再融资所带来的借贷需求将随时间推移呈指数型增长，因此，银行借贷曲线在所描述的阶段转向了右侧，具体如第一象限所示。

第一阶段中，在均衡价格 P_a 点，资金的需求量 P_aK 比银行机构愿意供给的资金数量 P_aM 要少很多。我们假设在该时刻银行机构是消极的，它们会接受对借贷需求的约束，进而该均衡价格会保持稳定。在接下来的阶段中，借款方在既定价格下的贷款需求仍然比银行机构的供给要少。此外，直到第四阶段才出现需求影响供给的信号。也就是说，一方面由于数据可得性的滞后，另一方面由于组织架构的重要性,信用评估部门已经比不上营销部门,两个方面的综合作用导致在实际业务中,银行机构往往观察不到彼此之间借贷业务的负外部性,这一点在本书的最后一章中也可以看到。因此,该国家所需的所有贷款资金将在相同的边际成本下取得。

在这些环境条件下,借款国会被图中 K 点到 M 点之间的借贷容易获批的现象所迷惑,认为它们的贷款需求会一直得到银行贷款业务的满足,进而错误地将贷款供给曲线视为直线 $P_a - P'_a$。借款国会根据投资项目的资金需求以及债务偿付的再融资需要相应地制订其借贷计划,假定 P_aS 为其贷款目标,但是在之前的均衡价格(P_a)下,其贷款目标是无法实现的,因为敞口以及风险考虑两个因素使得银行机构只有在更高的价格下才愿意对借款国进行新的资金借贷。而借款国必须相应缩小其投资项目的规模、缩减收益并重新评估其债务偿付能力。因此,初始有利于借款方的信贷条件随着时间推移可以逐渐转变为有利于贷款方。

事实上,借贷业务的动态变化并不是像图 4.1 描述的那样平稳,它会更加具有爆发性。

第一,如我们在之前章节中指出的,在 20 世纪 70 年代激烈的行业竞争环境中,银行机构不可能接受对需求的约束。它们通过价格竞争方式进入需求约束型资本市场中。如图 4.2 所示,这使得供给曲线从 S 下降到了 S'。因此,信贷供给在不断增加的同时会遇到不断降低的信贷协议价格。

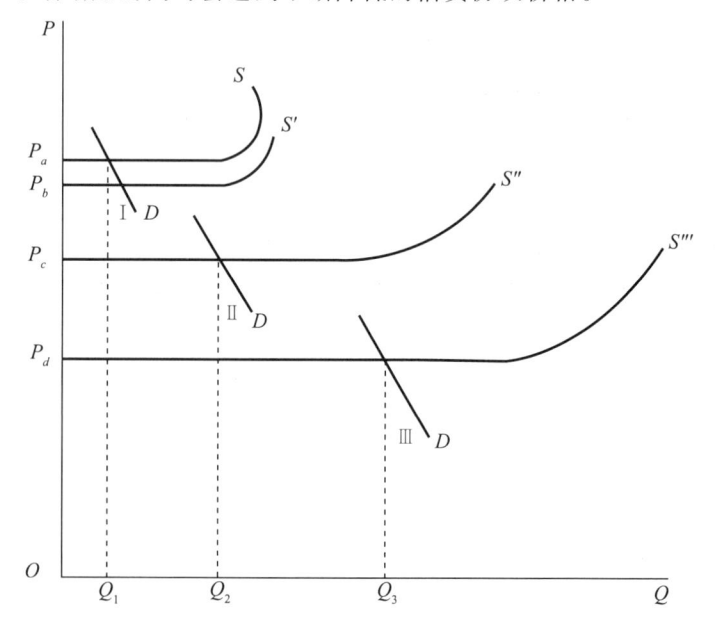

图 4.2 供需曲线的位移

第二，一些主要大型银行在某一市场上的出现会吸引其他银行的进入。这将会延长供给曲线的平稳部分并加强对需求的约束，进而会对信贷价格施加更大的压力，导致供给曲线进一步下降（S''和S'''）。

第三，银行机构之间的激烈竞争会使得其中一些银行放松原有的借贷限制以保住自身的市场份额。相应地，因为银行贷款推动了借款国的经济增长且其外汇储备增加，该借款国对于一些银行，尤其是没有经验的银行来说更加具有信誉，使得它们放松了借贷限制。总之，供给曲线缺乏弹性的部分是趋于水平的，这一部分表示市场已经接近银行机构设置的借贷限制，但实际上银行为借款方提供了更加宽松的借贷环境。

第四，从某种意义上说，供给本身可以产生部分需求，这使得需求曲线以较大幅度向右侧移动。反过来，增加的需求会促使债务在短期内大幅度积累，并在债务积累到警戒线比例之前，银行贷款的负外部性都不会呈现出来。

关于第四点，我们可以从图4.1和图4.2中看出，降低价格只能在有限程度内克服需求不足的限制。在任何阶段，需求均被投资活动以及再融资需求所约束，且投资活动并不与短期的信贷价格波动非常相关。因此，通过降低价格，银行贷款销售的胜利更多意义上是来自取代其他贷款者而不是吸收了新的贷款需求。但是，银行机构发现，如果贷款业务不再依赖有效的投资活动（或者有关经济调控的项目[1]），那么它们可以摆脱贷款需求约束。

事实上，银行机构发现，它们可以通过提供自由配置的信贷来打入一个新的市场。这样的贷款不附加任何条件，并且可以用于任何用途。通过不再将贷款过多地与有效投资活动相联系，银行可以有效使得信贷需求曲线潜移默化地变得高度有弹性，提高一个国家在任何既定阶段取得合同贷款的能力。如果贷款仍然与有效投资活动高度相关，那么一个国家获得信贷的能力将受限于这个国家实际的吸储能力，即规划商业性可行项目（或特定的经济项目）的能力。

这一现象经过简化后在图4.3中得到了较好展示。当与实际的吸储能力相关时，一个国家的融资需求曲线在短中期阶段可能会如图4.3中的折线 *DAD*。换句话说，在经过 *A* 点后，对于有效投资项目的融资需求可能会变得不再富有弹性，因为在对人力资源进行有效配置的过程中会出现人力/物力资源"瓶颈"。然而，考虑到银行机构已经准备好发行与吸储能力不相关的大量可自由处置的信贷产品，那么一个国家的有效融资需求曲线将会变为直线，如图4.3中的直线

---

[1] 我们也可以谈及那些有关经济调控的项目，在这些项目中，融资是用于旨在提升国际竞争力和信誉水平的特殊投资和经济改革项目。

DAD'所示。而当借款方可接触到的银行信贷资源非常有限时,银行机构的信贷供给曲线将与国家的信贷需求曲线 DAD' 相交,具体情况如图 4.3(a)所示。但是当银行机构的信贷产品对借款方而言非常具有吸引力时,银行机构的信贷供给曲线将迅速右移并趋于水平延伸,具体如图 4.3(b)所示。在图 4.3(b)中,我们可以观察到经济体能够有效吸收的资源量为 OQ_2,但是身处银行机构在该国激烈竞争的市场环境中,官方能够获得的合同贷款量为 OQ'_2。

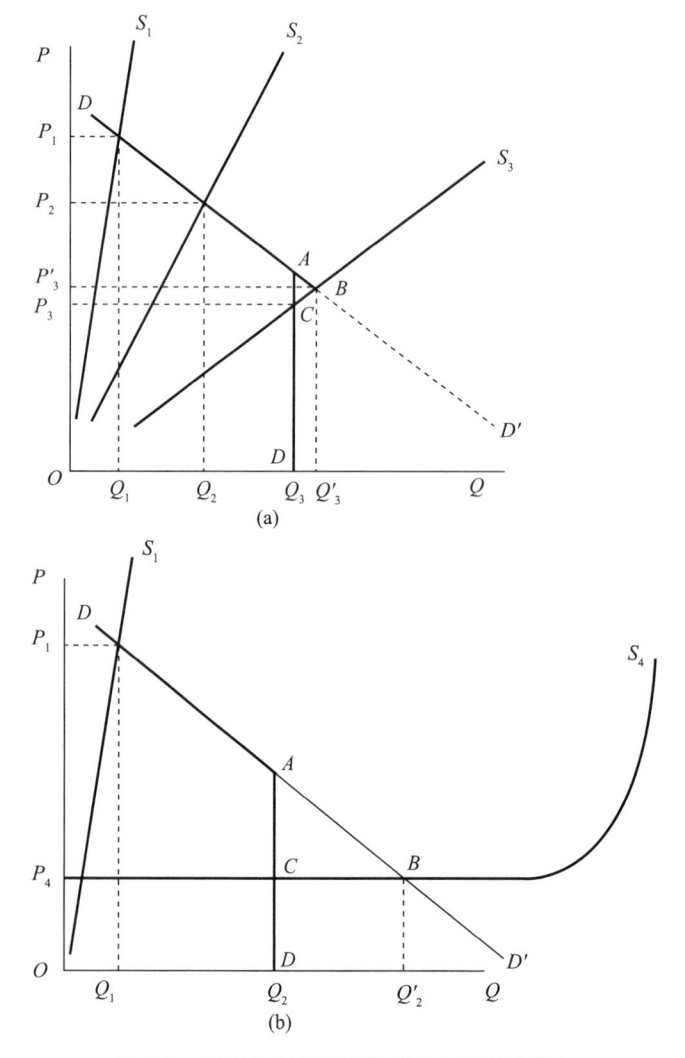

图 4.3　可自由支配贷款与债务人的吸收能力

借贷金额 $Q_2Q'_2$ 代表一个国家的潜在危机。如果这个国家不是高度制度化管理,并且没有高效配置资源的先行概念,那么这笔借贷金额 $Q_2Q'_2$ 将被投资于那些盈利甚至无法抵消贷款商业成本的项目中。而当贷款不与经济有效的投资项目或者审慎的宏观经济改革项目相联系时，这些贷款就会存在极大风险，流向消费、腐败、考虑不周且规模过大的项目，甚至出现资金外逃等，而这些资金流向终究不能够产生足够的收益来偿还负债。

在能够做到有效配置资源之前，如果借款国的权力机构可以妥善使用由自由处置贷款所带来的外汇，那么上述结果的出现就并非必然。为了实现上述战略，借款国首先需要获得足够的经济技术人员，并将他们嵌入保守型需求管理部门以及国家政治领导层，从而使得他们能够在政治项目中实施那些防止衰退的经济政策。然而，我们不能简单地假设这种乐观的环境配置是真实存在的。相反，在现实情况中，发展中国家的权力机构经常有可能存在如本书第3章中所述的私人银行的那些不足。实际上，银行贷款的无条件可获得性着实产生了借款方的贷款需求，并使用了这些贷款资源。

发展中国家不是一个理性经济人，往往会忽略对边际成本—效益的计算，相反，它由一个复杂的阶级结构构成，在其中存在不同的社会群体，而他们有着不同甚至相互冲突的利益关系。[1] 此外，政治体系的进程往往不是制度化的，从而产生了查默斯（Chalmers）所谓的"政治化国家"。[2] 在政治化国家中，为支撑国家政治结构而出现的阶级之间的联合是特别微妙和变化的，而这种政治化国家也在多元化的第三世界中证明着自身的存在。因此，其政治决策的制定是短期的并可行的：

> 在政治化国家中，行政长官需要不断地建立和重建他的政治支持力量，以应对试图推翻他的威胁。而他所获得的这种政治支持力量必须是非常广泛和灵活的……该行政长官也被迫建立"最大获胜联盟"来保护自己。行政长官强烈倾向于尽可能地加强他的政治支持力量，同时，他的支持者也存在强烈的倾向要跻身于一个明显会成功的竞争对手行列中。[3]

不同群体和阶级之间相异的利益在停滞的经济环境中会被放大，而这时经济代理人的决策更可能为一个零和博弈。在这样的经济环境中，不同群体和阶级的联合是困难的且非常脆弱的。相反，良好的经济增长可以掩盖不同群体之

---

[1] 关于阶级理论以及社会结构的研究，详见：Richard Wolff and Steven Resnick, "Classes in Marxian Theory," *Review of Radical Political Economics* 13 (Winter 1982):1-18.

[2] Douglas Chalmers, "The Politicized State in Latin American," in *Authoritarianism and Corporatism in Latin America*, ed. James Malloy (Pittsburgh: University of Pittsburgh Press, 1977), pp. 23-45.

[3] Ibid., pp. 31-32.

间的利益分歧,因为在这样的经济环境中,所有的参与者能够同时获益(当然,有的多,而有的少)。

政治化国家中的权力机构会认为来自银行机构的这种容易、宽松的信贷供给十分有吸引力,因为它是一种非常有效的、促进不同阶级联合的工具。借助于银行机构的信贷资金,国内经济受到刺激增长,并且不会产生在缺乏海外融资情况下,那些不受欢迎并造成阶级分裂的政治决策所带来的成本,这些决策往往与税收、汇率、利率等有关。

当然,由于推迟这些政治决策的制定,国家会在过度依赖负债的同时,其偿债能力遭受腐蚀,这将最终摧毁贷款的获取能力,产生经济危机的威胁。但是,像银行机构一样,发展中国家权力机构的决策往往受到信贷业务特质的影响:它们可以先在今天获得贷款,明天再开始担忧债务的偿付问题。通过借贷,它们可以立即受益,而未来的偿付问题是不确定的,或许在它们执政期间根本不会出现任何偿债危机。

这些潜在的问题因为其他两个因素的存在而愈演愈烈,其中一个因素与国家层面相关,而另一个因素与银行相关。

在国家层面,那些可自由处置贷款存在极大可能性流入效率欠佳的投资项目,部分原因在于,20世纪70年代的发展中国家可能没有有效的制度体系来控制信贷在其经济体系中的收缩和分配。

通常来说,拉丁美洲国家习惯于通过官方机构渠道进行漫长艰难的贷款收缩,国家可以通过对工程或者经济项目进行评估来对这些贷款进行外部控制,这时,国家关注的主要问题是信贷安全而不是控制信贷资金流入。而当银行家带着他们数额巨大、不附加任何条件的信贷供给进入一个拉丁美洲国家时,这个国家的信贷控制制度并没有做好准备来审查借贷双方,以保证合同贷款能够在最佳条件下达成并完成有效配给。即使一个国家的确建立了相应的制度机制以保证国家参与银行信贷业务,但是这种制度体系也存在很多缺陷,并会被那些长年受到纵容的一些内部政治力量所瓦解。换句话说,系统性调控制度的制定与实际实施之间仍然存在很大的差距。

国际银行系统进一步恶化了这种状况。正如本书在上一章中所提及的那样,许多银行要么不善于评估借款方信誉,要么难以将对借款方的信誉评价置于信贷决策当中。而一旦银行产生对特定借款方的贷款动力,那么借贷将变得几乎自动化。因而即使有关信誉的关键性指标正在恶化,借款国仍然可以得到高额贷款供给并且贷款条款会得到改善。此外,如果一些银行机构开始变得忧虑,并且试图通过减少贷款来对借款方施加一些纪律,那么将很快出现新的进入者来代替它们的位置。而借贷周期中的这种虚假的向前推力被上一章中提及的一项事实进一步增强,这一事实就是假设一家银行发现了借款国管理系统中的严重问题,它也没有动力去"揭发"。相反,这家银行往往有理由去隐瞒这一信息,因为一旦这家银行从该市场中退出,那么新进入的信息较少的竞争者将很快夺走它的市场份额。

换个角度来看,供给本身可以产生需求。客观来讲,一个国家的宽松经济政策只有被证明有效后才能施行,而这种宽松的经济政策能够提高融资需求并使得信贷需求曲线向右移动。也就是说,除非有第一次财政赤字,否则财政赤字不可能发生。而且在不断扩张的国际银行业市场中,国家层面会紧急配给这些筹集的资金。

在20世纪70年代,金融市场实际上曾不经意地为权力机构制定的相关经济政策保驾护航,即使这些政策本身并不都是可持续的。而只有出现金额较大并涉嫌欺诈的滞纳情况时,市场才会做出反应,对借款方施加一些纪律控制,这时信贷周期已经达到十分成熟阶段,并且不安定因素已经非常突出,不可能被忽略。但是这时借款国已经高度依赖负债,因此银行机构的借贷限制无疑会带给借款国一种破坏性的、高社会成本的调节过程。

4.1.3 架构重述

这里我将稍微调整下架构,直接从借款方政策角度重新阐述架构。这样做的目的是强调这样一种事实:债务危机从来都不是单边的。如果单独来看,不论是供给侧的变动还是需求侧的变动都是债务危机的必要但不充分条件。最终,供给和需求将互相影响,"马歇尔剪刀"的两个刀刃是分不开的。

图4.4揭示了在银行的信贷周期中,发展中国家议价能力的变化过程。该图展示了周期中两个潜在点的"快照"[(a)和(b)]。在整个信贷周期中,我们假设贷款方数量、国际清偿能力以及信誉概念是不会发生变化的。

在横轴上显示的是在t阶段一个国家的借款量和银行的贷款量($B_t = L_t$);在纵轴上显示的是$t+1$阶段国家的借款需求与银行的贷款供给。在$B_t = L_t$条件下,市场上将会产生一个信贷业务的均衡价格,在该价格,未来的借贷量是之前阶段的借贷量的函数。借款函数的二阶导数为正,代表借款国有扩大借贷规模的趋势,因为随着获得贷款,该国具有提高了的吸储能力和对原有债务的再融资需求。而对银行来说,其贷款函数的二阶导数为负,代表伴随着借款国在银行贷款占比的上升,银行对其敞口和风险的考量将会增加。

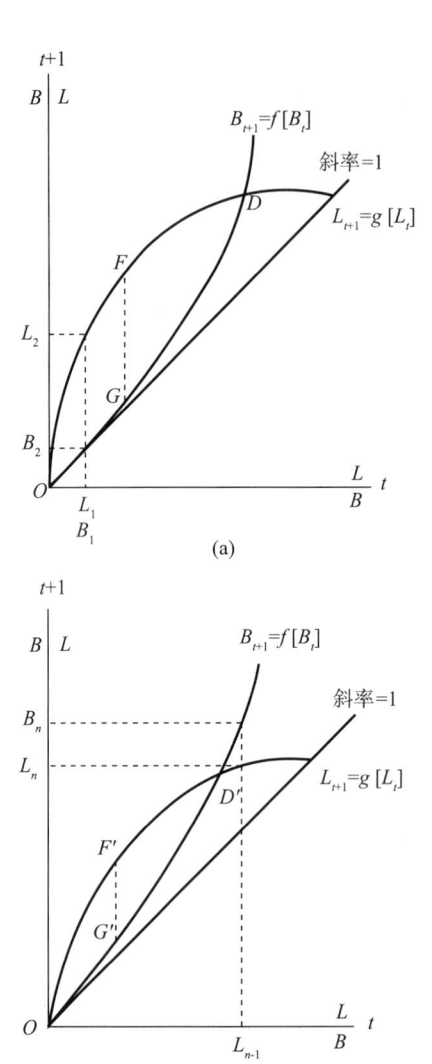

图 4.4 议价能力与欠发达国家的信贷周期

图 4.4 的(a)部分描述的是早期阶段。在阶段 t，借款国的借款量为 B_1，银行的贷款量为 L_1，借贷双方的该笔交易在既定市场价格水平成交。与本书之前所述原因类似，在既定价格水平银行在 $t+1$ 阶段的贷款供给要比借款国的借款需求相对多一些，用公式表示就是 $L_2 > B_2$。但是这种情况不能被描述为是确定的，如上文所述，私人商业银行在激烈的行业竞争中对其市场地位非常担忧，它们也会试图在需求约束型信贷流中寻找自己的立足点。因此，在借款

国开始借款阶段（这时 $L_2 > B_2$），借款国在借贷双方的博弈过程中，会影响到借贷合同中的条款（价格和非价格条款）设定，甚至可以说，借款国是借贷天平上较重的那一端。在这样的环境下，信贷供给曲线将会下移，同时借贷需求会扩张，换句话说，借款国的议价能力是非常强的。而当国际信贷市场中出现新的进入者时（如 20 世纪 70 年代），借款国的议价能力会进一步增强。

所有事情都是平等的，伴随着借款方的贷款需求不断增长，其在借贷博弈中的地位将会弱化。图 4.4 中的(b)部分展示的是成熟阶段的某一个时点情况。这时，借贷需求已经达到 D' 点，而在借贷双方谈判能力上贷款方已经大于借款方，因为未来不断膨胀的贷款需求会超过贷款供给。而伴随贷款供给的限制，此时信贷合同中的条款（价格和非价格条款）对于借款方来说非常严苛。

鉴于上述情况，借款国在信贷周期中的可行战略是，将自己定位于 $F'G'$ 阶段或是附近阶段，并维持为投资和融资需要而实现的可得贷款的快速增长，其中在 $F'G'$ 阶段上，信贷需求与供给之间的差距达到最大，从而借款国的议价优势最大。

一个可能的政策（现在主要介绍替代政策的可能性）是，通过增加国内储蓄来使对于海外银行贷款的需求增长放缓，从而曲线 ODB_{t+1} 将会向右下方移动，而借款国的议价能力将会增强；但同时这种政策还有一项"福利"，即增加的国内储蓄将可能提高借款方的信誉水平，从而 ODL_{t+1} 将会向左上方移动；那么两者的综合效应就是在有利的贷款合同条款下贷款增加。事实上，任何可以提高借款方信誉水平的政策都会帮助曲线 ODL_{t+1} 向左上方移动。[1]

本书在此提出的政策可以被称为借款国对银行的"防御型"借款政策。即使面对海外银行贷款供给的大规模扩张，借款国的公共权力机构也应该尝试通过控制国内借款需求、施压增加国内储蓄和出口、最小化工程项目中非必要的海外资金参与、最大化补贴性官方贷款的供给、有效配给资源、建立对该国与商业贷款者的借贷业务的有力调控等措施来将国际银行控制在"圈"中。而在现实借贷业务中，运用最多的原则就是私人银行最愿意将贷款发放给那些不需要这些资金的借款方。

不幸的是，回顾历史，发展中国家经常没有追求施行这样的政策。政府机构往往将可得的银行贷款视为实现其发展目标的一个新型、及时的辅助工具，而不是从正反两方面来看待这些银行贷款，因为如果对银行贷款使用不当，那么这些债务将可能会摧毁借款国的整个经济体系。面对暂时的谈判优势，借款国的公共权力机构没有与银行建立有计划的防御型关系，而是常常被这种市场谈判优势所

---

[1] 曲线 ODL_{t+1} 也会由于国际市场中清偿能力提高以及国际借贷市场中新进入者的加入向上移动。从之前运用传统供给曲线工具进行分析的角度出发，我们想将需求曲线维持在供给曲线的水平部分。此外，信誉水平的提高会有助于延长弹性部分，而使非弹性部分更加趋于平坦。

控制,一味地接受来自这些银行的贷款供给,却不管是否能够有效配给这些资金。不久之后,借款国的经济变得脆弱,并过度依赖于银行对其进行延展贷款以偿还原先的债务。而一旦银行不愿意延展贷款,借款国则会产生危机。

为什么权力机构会淹没在市场力量中而不是与银行机构之间建立一种谨慎的关系呢?我们可以假定存在不同的因素,其中一些因素是相关的:

● 之前提及的脆弱的阶级联盟使得权力机构难以引入恰当合适的经济政策,却易于用国际银行信贷来代替困难的决策。

● 市场对那些在中长期不可持续的政策给出了积极信号,并且只有当经济陷入危机状态时才会改变这些积极信号。

● 许多借款方是第一次介入信贷市场,而由于经验不足或许会接受市场账面价值给出的积极信号。毕竟北方国家的常识是"市场知道什么是最好的"。[1]

● 在20世纪70年代的经济发展周期中,金融哲学认为,让与私人银行的债务增长是好的政策。[2]

4.2 秘鲁和玻利维亚的案例

在20世纪70年代,这两个国家与私人银行之间的关系已经在之前提到的德夫林和莫蒂默(Mortimore)各自的著作中被深入分析研究过。这里,我只强调那些与之前提及的分析框架最有关的发展。除非另作声明,这里展示的信息和相关文献都可以在上述的两篇研究中查找到。

4.2.1 被亵渎的圣地

在20世纪70年代这两个国家分别与银行之间形成信贷周期之前,它们都依赖非银行机构进行融资,拉丁美洲的大多数国家均是这种情况。但是当这些国家接触到欧洲货币市场后,它们的负债结构发生了巨大的变化。这种现象可以在表4.1中观察到,进入欧洲货币市场后,这些国家确实打破了中期公债的结构,表中所列数据是唯一一组可以找出长期序列的数据。

---

[1] 详见:Monroe Haegele, "The Market Knows Best," *Euromoney*, May 1980, pp. 121 – 128.

[2] 此外,这也涉及政治层面,详见:Carlos Díaz-Alejandro, "The Post-1971 International Financial System and Less Developed Countries," in *A World Divided*, ed. G. K. Helleiner (New York: Cambridge University Press, 1976), pp. 190 and 193; Walter Robichek, "Some Reflections about External Public Debt Management," in *Estudios Monetarios VII* [Monetary Studies VII](Santiago, Chile: Central Bank of Chile, December 1981), pp. 170 – 183; and Arghiri Emmanuel, "Myths of Development vs. Myths of Underdevelopment," *New Left Review* 85(1974):63.

表 4.1　　　　　按照资金来源统计秘鲁和玻利维亚的中长期债务分布

年　份	私人 供给方	私人 银行	私人 债券	私人 其他	官方 多边	官方 双边	总计
1965							
秘鲁	33	12	6	…[a]	25	24	100
玻利维亚	9	2	…	…	12	78	100
拉丁美洲	20	12	7	1	23	37	100
1970							
秘鲁	36	13	2	…	20	29	100
玻利维亚	10	3	12	14	10	50	100
拉丁美洲	17	19	6	2	24	31	100
1975							
秘鲁	17	41	…	…	8	34	100
玻利维亚	8	18	5	4	21	45	100
拉丁美洲	11	42	4	1	20	22	100
1980							
秘鲁	14	35	…	…	12	39	100
玻利维亚	4	31	2	…	29	33	100
拉丁美洲	6	55	7	…	17	14	100

Source：Inter-American Development Bank，*External Public Debt of the Latin American Countries*（Washington，D.C.，July 1984）.

注释：由于四舍五入原因，表中百分比加总可能不是 100。

[a]（…）＝0 或不足以量化的极小值。

在 20 世纪 60 年代中期，商业银行信贷只占到秘鲁公债的 12%，玻利维亚更低，仅为 2%。对于秘鲁来说，海外供给方和官方贷款机构是重要的融资途径；而对于玻利维亚这一拉丁美洲最穷的国家来说，海外借贷的主要供给者为官方双边机构。

秘鲁进入欧洲货币市场是在 1972 年初，结束于 1976 年年中，那时该国的中期公债中 40% 是私人银行的。如果加上短期和私人部门的债务，根据我的估计，在 1976 年末秘鲁的国家外部负债中，私人银行涉及的负债比例约为 60%。[1] 对于玻利维亚来说，它的信贷周期始于 1974 年而终于 1979 年的经济危机。那时

---

[1] 为了进行粗略计算，使用的数据详见：*Economic Survey of Latin America and the Caribbean 1984*（Santiago，Chile，1986），vol.1，Table 20 by United Nations Economic Commission for Latin America and the Caribbean. 在总计 74 亿美元的债务中，包括 25 亿美元的中期银行公债、3 亿美元的中期中央银行贷款、3/4 的中期私人部门贷款和 3/4 的短期债务。

该国将近 1/3 的中期公债是对银行的。而当将短期和私人部门债务计入在内时，银行涉及比例只是稍有增加，为 35%。[1]

从实践角度来看，这两个国家在进入欧洲货币市场时都还是"新手"。正如之前章节中所提及的那样，秘鲁在 20 世纪 60 年代从少量银行获得过贷款，大多数是美国的银行。但是，在 1968 年由胡安·贝拉斯科（Juan Velasco）将军通过出台一些国家政策而发动的政变，使秘鲁受到了美国企业和尼克松当局的敌视。尼克松当局组织秘鲁的美国债权银行对其进行了金融封锁，并减少了它们与秘鲁的接触。在进入欧洲货币市场前夕，国际银行体系与秘鲁只有少量接触，且仅来自少数机构。而对于玻利维亚来说，在 1974 年以前该国与银行在借贷方面的接触实际上是不存在的。这个国家因为政治无能而臭名昭著，这表现在其当权政府处于变更的年数要多于这个国家处于独立状态的年数。该国的债务偿还情况也是不好的，这可以从下面的例子中看出：在 20 世纪 70 年代，玻利维亚政府还大量持有那些在 20 世纪 30 年代出现违约的债券。玻利维亚在项目设计以及吸收项目资源方面也存在严重问题，这也部分解释了多边贷款方在其债务结构中参与度极低的状况。[2] 总之，玻利维亚不是一个私人银行非常感兴趣的国家。

然而，当银行确实决定改变对这两个国家的放贷态度时，其贷款业务开始大幅增长。如上文所述，银行在 1972 年进入秘鲁市场，而在此之前其对秘鲁的贷款几乎没有。仅在渗透进入该市场的第一年，银行对秘鲁的贷款总额或是负债几乎就达到秘鲁出口收入的 20%（见表 4.2）。而在第二年，银行对秘鲁的贷款总额增长超过一倍，并超过了 40% 的出口收入。在最后三年中，新增加的贷款占秘鲁出口收入的比例在 20%～30%。[3] 到 1975 年，在非石油输出国组织中，秘鲁成为银行的前七大客户之一。

玻利维亚的案例与秘鲁具有一定相似性。在 1974 年之前的 3 年中，来自私人银行的贷款平均下来大概占该国出口收入的 10%，且这些贷款并不具有可持续趋势，其用途是支持与对经合组织出口相关的特殊交易、国有企业赔偿。但是在 1974 年玻利维亚获准进入欧洲货币市场后，其贷款额度急速增长：到信贷周期的第二年，新增贷款约相当于 23% 的出口收入，而在接下来的 3 年中该

---

[1] 这个计算结果是基于李嘉图·弗伦奇－戴维斯提供的数据，他能够接触到国际清算银行和世界银行的非公开数据。

[2] 多边贷款方对于贷款给合理的项目的审核是非常严格的。

[3] 在初期，贷款总额可近似于净贷款额，这是因为存在宽限期可以推迟债务偿付。随着时间的推移，宽限期逐渐到期，伴随着借款方债务偿付的进行，贷款总额将明显小于净贷款额。

比例增加到 30%~47%（见表 4.2）。此外，如果没有 1974 年和 1975 年欧洲银行间市场的小规模危机出现，银行在初期对玻利维亚的贷款总额可能会更多，那次银行间危机导致许多银行暂时退出了国际信贷市场。

表 4.2   秘鲁和玻利维亚：由私人银行对公共部门发放的定期贷款总额

变 量	1971 年	1972 年	1973 年	1974 年	1975 年	1976 年	1977 年	1978 年
秘鲁									
授权的贷款总额	1.5	213.0	568.1	429.6	431.4	556.7		
出口[a]	1 067.2	1 153.0	1 343.5	1 841.2	1 688.9	1 744.2	2 131.0	2 400.6
贷款/出口	0.1	18.5	42.3	23.3	25.5	31.9		
玻利维亚									
授权的贷款总额		19.4	32.3	92.7	109.4	221.7	213.3	327.6
出口[a]	197.8	222.5	286.9	593.4	485.7	623.4	695.0	703.4
贷款/出口		8.7	11.3	15.6	22.5	35.6	30.7	46.6

Sources: Loan data Peru—Ministry of Economy and Finance; loan data Bolivia—Central Bank; export data—ECLAC, Division of Statistics and Quantitative Analysis.
注释：期限贷款不包括短期贷款，也不包括有关国防目的的贷款。
[a] 商品和服务。

在信贷周期的扩张阶段，当银行介入信贷市场时，它们会使得其他融资渠道相形见绌。尽管图 4.5、图 4.6 或者表 4.2 中的数据看上去并没有那么大的竞争力，但是它们确实表明在 20 世纪 70 年代这些国家的信贷周期中，来自银行的贷款远超过从其他融资渠道取得的贷款。[1]

---

[1] 图 4.5 和图 4.6 是基于不同来源的数据，这两种来源对于数据的界定以及数据范围均有所不同。针对秘鲁的数据是来自经济和金融部提供的非公开数据。除去海外直接投资，它们的用途是中长期交易，适合公共部门，其中有关国防的交易项目是排除在外的。用于玻利维亚案例分析的非公开数据来源于世界银行的债务报告，且只包括具有中长期性质的公开交易。同时，图 4.5 和图 4.6 都呈现的是净资金流，而表 4.2 中给出的是银行对这些国家已发放的贷款总额。

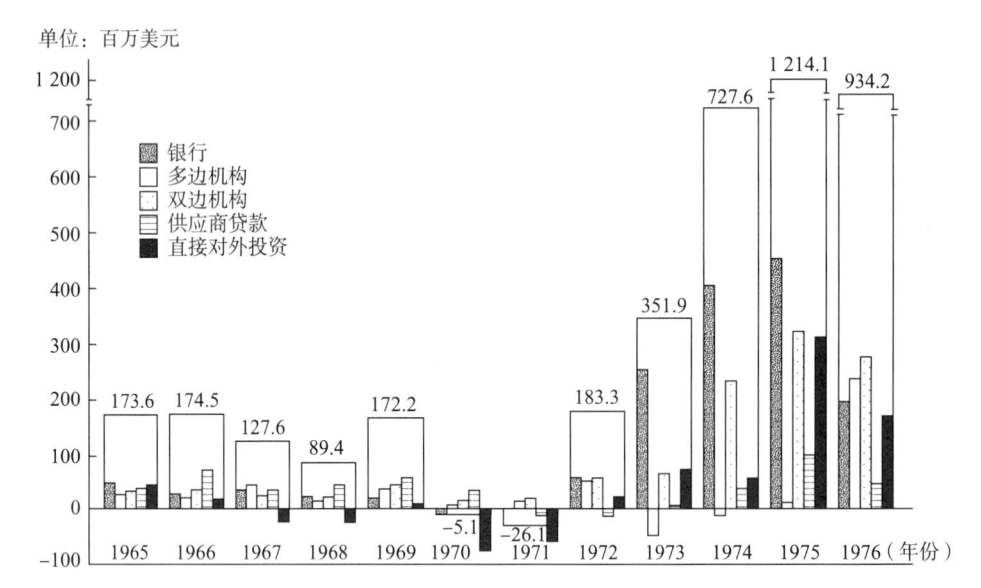

120 / 拉丁美洲债务危机：供给侧的故事

单位：百万美元

[图表内容]

Source: Robert Devlin, *Transnational Banks and the External Finance of Latin America: The Experience of Peru* (Santiago, Chile: United Nations, 1985), p. 64.

注释：除对外直接投资外，所有资金流都是关于中长期的公共部门资金流。

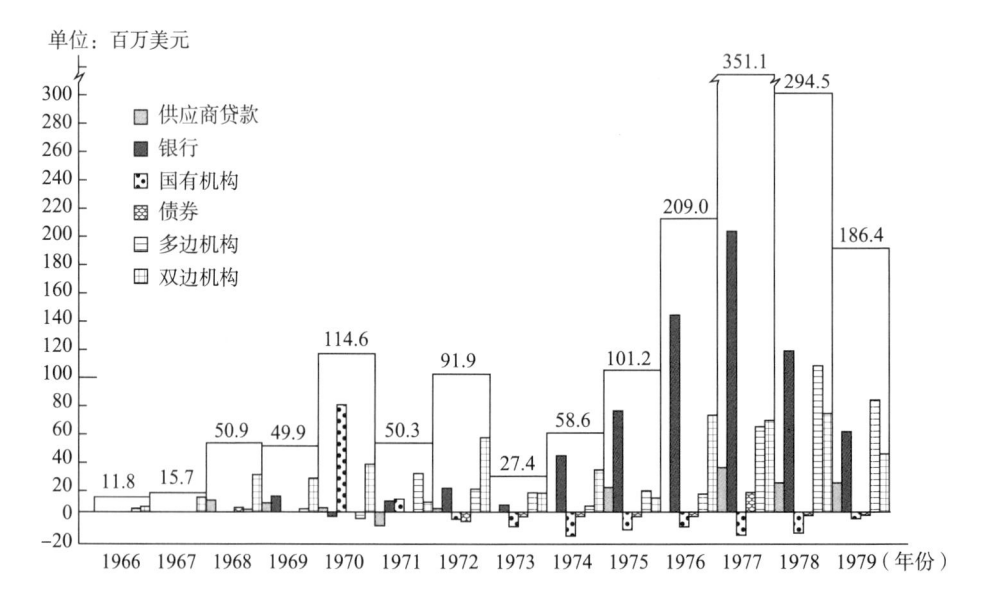

图 4.5　按来源统计 1965～1976 年秘鲁的净流出

单位：百万美元

[图表内容]

Source: Robert Devlin and Michael Mortimore, *Los Bancos Transnacionales, el Estado, y el Endeudamiento Externo en Bolivia* [Transnational Banks, the State, and External Debt in Bolivia] (Santiago, Chile: United Nations, 1983), p. 44.

注释：对公共部门的中长期资金流入。

图 4.6　按来源统计 1966～1979 年玻利维亚的净流出

4.2.2 市场渗透的动态变化

为什么银行会进入这些国家市场？我们已经了解到20世纪70年代是拉丁美洲市场的10年扩张期，而让一个特定国家转变为银行贷款活动的核心客户的影响因素也是复杂的。然而通过大幅简化，当时的情形可简述如下：从1971年末开始，尽管秘鲁受到了美国银行机构的金融封锁（这些银行在20世纪60年代曾向秘鲁进行过贷款），但是国际信贷市场的其他新进入者对秘鲁市场非常感兴趣，这归因于一个谣言：亚马孙地区有很大的石油储备量。在银行机构看来，石油这一1969~1971年间国家可靠的经济调整和稳定项目，以及相对受到欢迎的军事政府的稳定性使得秘鲁看上去是一个好的市场机会，尽管贝拉斯科政府自我标榜具备革命印记。

玻利维亚尽管在战后的很长时间里一直是国际银行家眼中的"贱民"，但它在20世纪70年代受到了银行的青睐，而这是基于以下几点原因。乌戈·班塞尔（Hugo Banzer）将军在1971年通过发动政变取得了该国的领导权，而在他的领导下，强有力的右翼军事政府弱化了玻利维亚政治不稳定的固有形象。他引进了国际货币基金组织的多个项目，公开青睐私人、国家以及海外资本。此外，他还通过采取多种强制措施有效镇压了传统上脾气暴躁的工会组织和其他存在异议的团体组织，再加上石油输出国组织价格出现历史性上涨，这使得玻利维亚30 000桶/天的石油出口变得更加有价值。但是更重要的是，17家海外公司在勘探石油和天然气，并且一些银行推测，到1980年，玻利维亚每天能生产石油200 000桶、天然气5.5亿立方英尺。最后，银行倾向于贷款给玻利维亚还有部分原因在于，石油输出国组织新的价格政策使得已有的那些更加成熟的欠发达国家客户变得没么有吸引力了，它们都是石油净进口国。

新的进入者。如同之前章节中提到的，当一个国家成为银行关注的焦点时，会出现大量的新进入者，这些新进入者使得这个市场不再稳定，并加剧了银行之间对于市场份额的竞争。表4.3、表4.4、表4.5、表4.6从发起国和银行规模角度展示了这些新进入者。

表4.3　　　　　根据发起国家统计对秘鲁首次发放贷款的银行数量

发起国	1965年	1966年	1967年	1968年	1969年	1970年	1971年	1972年	1973年	1974年	1975年	1976年
美国	2	7	3	2	…[a]	…	…	8	11	6	3	…
日本	…	…	…	1	…	…	…	10	12	2	…	1

续表

发起国	1965年	1966年	1967年	1968年	1969年	1970年	1971年	1972年	1973年	1974年	1975年	1976年
加拿大	…	1	…	2	…	…	…	1	1	1	…	…
英国	…	1	…	1	…	…	…	3	1	1	1	2
德国	…	…	1	…	…	…	…	2	1	3	2	2
法国	…	…	…	…	…	…	…	5	1	1	…	…
意大利	…	1	…	…	…	…	…	3	2	1	…	…
瑞士	…	…	…	…	…	…	…	4	…	1	…	2
财团	…	…	…	2	…	…	…	4	5	7	4	1
其他国家	…	…	…	…	…	…	…	3	3	4	10	1
未知	…	1	1	1	…	…	…	…	1	…	…	…
总计	2	11	5	9	…	…	…	43	38	27	20	9

Source：Calculated from data of the Ministry of Economy and Finance of Peru.

注释：在计算对秘鲁发放贷款的银行机构数量时，将子公司归入母公司计算。已批准贷款包括那些中期、无母国政府机构担保的贷款。

[a]（…）＝0 或不足以量化的极小值。

表 4.4　　根据机构规模统计对秘鲁首次发放贷款的银行数量

国际排名[a]	1965年	1966年	1967年	1968年	1969年	1970年	1971年	1972年[b]	1973年[b]	1974年	1975年	1976年
1～10	2	3	1	…[c]	…	…	…	3	2	1	1	…
11～46	…	3	2	3	…	…	…	13	6	4	…	…
47～91	…	2	1	3	…	…	…	5	6	2	3	1
92～147	…	1	…	…	…	…	…	3	5	3	3	2
148～263	…	…	…	…	…	…	…	7	6	2	4	2
264～300	…	…	…	…	…	…	…	1	…	…	…	…
>300	…	2	1	3	…	…	…	11	12	15	9	4
总计	2	11	5	9	…	…	…	43	37	27	20	9

Source：Calculated from data of the Ministry of Economy and Finance of Peru.

注释：见表 4.3。

[a] 表中排名依据是发表在《银行家》6月刊上的一份年度调查报告。1970年以前的数据是指 1969 年数据，那年是该项数据第一次公开发布。

[b] 有一家银行没有参与排名，因此其也没有出现在这次数据统计中。

[c]（…）＝0 或不足以量化的极小值。

表 4.5　　根据发起国家统计对玻利维亚首次发放贷款的银行数量

发起国	1970年	1971年	1972年	1973年	1974年	1975年	1976年	1977年	1978年	1979年
美国	1	⋯[a]	1	⋯	3	6	12	3	2	2
日本	⋯	⋯	1	3	1	⋯	1	3	⋯	⋯
加拿大	⋯	⋯	⋯	1	1	3	1	1	⋯	⋯
英国	⋯	⋯	⋯	2	1	2	1	⋯	1	⋯
德国	⋯	⋯	⋯	⋯	2	2	1	3	⋯	1
法国	⋯	⋯	⋯	⋯	2	⋯	⋯	⋯	⋯	2
意大利	⋯	⋯	⋯	⋯	2	⋯	⋯	⋯	⋯	⋯
瑞士	⋯	⋯	1	⋯	1	⋯	1	1	1	⋯
财团	⋯	⋯	⋯	1	2	3	2	3	2	7
其他国家	⋯	⋯	1	⋯	1	3	⋯	3	2	2
未知	⋯	⋯	⋯	⋯	1	⋯	⋯	1	⋯	1
总计	1	⋯	4	7	17	19	19	18	8	15

Source：Calculated from data of the Central Bank of Bolivia.
注释：见表 4.3。
[a] (⋯)＝0 或不足以量化的极小值。

表 4.6　　根据机构规模统计对玻利维亚首次发放贷款的银行数量

国际排名[a]	1970年	1971年	1972年	1973年	1974年	1975年	1976年	1977年	1978年	1979年
1~10	1	⋯[b]	1	1	1	1	⋯	⋯	⋯	1
11~46	⋯	⋯	3	1	8	3	5	3	1	1
47~91	⋯	⋯	⋯	2	2	7	2	3	1	1
92~147	⋯	⋯	⋯	1	1	1	1	1	1	2
148~263	⋯	⋯	⋯	⋯	⋯	2	7	⋯	1	1
264~300	⋯	⋯	⋯	⋯	1	⋯	⋯	1	⋯	⋯
>300	⋯	⋯	⋯	⋯	2	5	5	3	11	4	9
总计	1	⋯	4	7	17	19	19	18	8	15

Source：Calculated from data of the Central Bank of Bolivia.
注释：见表 4.3。
[a] 表中资产价值的排名依据是发表于《银行家》期刊上的一份年度调查报告。
[b] (⋯)＝0 或不足以量化的极小值。

在秘鲁案例中,海外银行的进入是非常具有爆发性的。在1969～1971年间并没有新的银行进入该市场,但是一旦银行开始将注意力放在秘鲁上,变化将是非常大的:在周期刚开始的2年中,平均每年有41家新银行在秘鲁进行注册,而在接下来的2年里也分别有27家和20家新银行进入。在玻利维亚案例中,在周期的第一年里,有17家新银行进入(在此之前一年里是7家),而在后面的3年中大概每年均有19家新进入银行。尽管海外银行进入玻利维亚市场的意愿没有进入秘鲁市场那么强烈,但是由于玻利维亚国家较小,因此相对来说,后续几年里玻利维亚这个国家中新进入银行的数量减少速度更快。表4.7描述了这一现象,它是从两个国家市场大小的角度测算了新进入银行的数量。

表 4.7　　　　　　秘鲁和玻利维亚:每百万居民中新进入银行数量

国　家	1970年	1971年	1972年	1973年	1974年	1975年	1976年	1977年	1978年	1979年
秘鲁	⋯[a]	⋯	3.1	2.6	1.8	1.3	0.6			
玻利维亚	0.3	⋯	0.9	1.5	3.5	3.9	3.8	3.5	1.5	2.7

Sources:Tables 4.3 and 4.5 and population data provided by ECLAC's Division of Statistics and Quantitative Analysis.

注释:

[a] (⋯)=0 或不足以量化的极小值。

在秘鲁案例中,海外新进入银行主要受到了三种力量的引导,包括美国银行和日本银行的主导,其次是大型财团机构(见表4.3)。而对于玻利维亚,美国银行的影响力远超过其他银行(见表4.5)。玻利维亚案例中的美国银行主导现象可以部分从以下这一事实中得到解释:玻利维亚信贷周期开始时,银行间借贷市场陷入了危机,且许多机构(尤其是非美国的那些机构)已经暂时退出国际信贷市场。

本书发现另一个现象也非常有趣:当按照规模统计进入这些国家的新银行时,我们发现随着这些市场日渐成熟,这些新进入银行的规模也逐渐减小(见表4.4和表4.6)。这展示了一种贷款方市场中的领导—跟随现象:新的机会往往是被较大的银行机构发现,而其在新市场中的出现证明了该市场的信誉水平,并吸引了其他更小的、信息更少的贷款方进入该市场中。[1]

贷款条款。自从银行开始渗透进入其市场，这两个国家就都能够在逐步改善的合同条款下轻松获得大量的贷款。

秘鲁。在1972年初，秘鲁仍然处于尼克松政府的金融封锁时期，只能通过一些传统的银行取得很少的再融资信贷，而这些银行之所以同意贷款主要是出于避免违约情况的考虑。但是，这种情况下的贷款条款是苛刻的：5年期贷款利率高出伦敦银行同业拆借利率2.25个百分点。此外，银行通常会拒绝批准新的贷款申请，即不是出于再融资需要的贷款申请。

直到1972年年中，出于之前所述原因，来自日本、美国西海岸以及欧洲的国际银行才开始对秘鲁表现出兴趣。这时的贷款条款于银行而言仍然非常有利，4.5~6.5年期的贷款利率仍会高出伦敦银行同业拆借利率2.25个百分点，究其原因，一方面秘鲁作为国际信贷市场的新人，其谈判经验有限，另一方面秘鲁迫切想摆脱尼克松政府的金融封锁。然而，在该年第四季度，富国银行以高出伦敦银行同业拆借利率2个百分点的价格发放了4 000万美元的7.5年期辛迪加贷款，同时德累斯顿银行以高出伦敦银行同业拆借利率1.75个百分点的价格发放了4 000万美元的贷款。富国银行的贷款行为很大程度上影响了市场心理，因为其贷款对象是在其他银行看来并不具有很大吸引力的再融资项目，而德累斯顿银行的辛迪加贷款对象是许多银行也会更喜欢选择的项目。此外，参与这两项辛迪加贷款的银行在地理位置上分布十分分散，其中富国银行的辛迪加贷款包括29家银行，而德累斯顿银行的辛迪加贷款包括14家银行（见表4.8）。由于前一个辛迪加贷款中包括了更多的银行，因而其对市场也产生了更大的心理影响。

---

[1] 或者，这种现象也可以被描述成危机中的"局内人—局外人"动态情况。了解更多信息的局内人寻找新的机会，而不了解信息的局外人则会在后期一拥而上，他们迫切想加入那些观察到的能够创收的机会中，然而他们加入这一市场时，局内人已经对局势进行重新评估并放慢了进一步投资的步伐。这被金德尔伯格称为金融狂热或泡沫，是金融危机的前奏。玻利维亚的经历是一个具体的典型案例：在1978年2月，花旗银行对玻利维亚的情况明显表示了担忧，尤其是石油和天然气方面。那时，花旗银行是玻利维亚的主要贷款银行，而且其在拉巴斯建立了分支机构，密切关注玻利维亚的发展。花旗银行最终决定减少其对玻利维亚的贷款以作为其预警措施。尽管花旗银行这一主要的贷款银行已经对玻利维亚的情形做了重新评估，但该国当局仍然受到其他银行以及新进入者的欢迎，它们非常急于取代花旗银行的市场地位，认为玻利维亚的信贷市场仍处于良好状态。详见：Charles Kindleberger, *Manias, Panics, and Crashes* (New York: Basic Books, 1978), pp. 16-20; and Devlin and Mortimore, *Los Bancos Transnacionales y Bolivia*, pp. 98-100.

表 4.8　　1972 年在秘鲁由富国银行与德累斯顿银行牵头的财团信贷比较

对秘鲁发放信贷的银行所来自的国家	富国银行 对秘鲁发放信贷的银行数量	富国银行 发放信贷占比	德累斯顿银行 对秘鲁发放信贷的银行数量	德累斯顿银行 发放信贷占比
美国	8	38.8	...[a]	...
日本	8	23.7	5	30.0
加拿大	3	11.2	2	13.3
英国	2	6.2	...	...
德国	...	...	2	23.3
意大利	3	7.5	1	10.0
瑞士	...	...	1	13.3
其他国家	2	3.7	1	3.3
财团	3	8.7	2	6.6
总计	29	100.0	14	100.0

Source：Robert Devlin, *Transnational Banks and The External Finance of Latin America：The Experience of Peru* (Santiago, Chile：United Nations, 1985), p. 158.

注释：

[a]（…）＝0 或不足以量化的极小值。

在富国银行和德累斯顿银行在 1972 年末发放这两项辛迪加贷款之后，其他银行也作出了防御性反应并着手调整贷款条款，不同银行之间开始了漫长的拉锯战，贷款年限从 6.5 年到 7 年，贷款价格高出伦敦银行同业拆借利率 1.75 或 2 个百分点。在 1973 年 4 月，富国银行又发放了 1 亿美元的贷款，其中涉及 61 家银行机构，尽管高出伦敦银行同业拆借利率 2 个百分点的贷款价格并没有创造新的纪录，但是这笔贷款年限长达 8 年，这在辛迪加贷款中是最长的。在该年同一个月里，富国银行又单独发放了总额达 3 500 万美元的贷款，价格高出伦敦银行同业拆借利率 1.75 个百分点，且其到期年限达到空前的水平，为 10 年。这两笔贷款的发放对信贷市场产生了巨大影响，其他银行开始作出防御性反应，纷纷修订贷款条款，在那之后不久，银行贷款有 9～10 年的到期年限已经非常普遍。

在 1973 年 9 月，汉诺威制造有限责任公司和花旗银行联合发放了包括 24 家银行在内的辛迪加贷款，这使得贷款价格高出伦敦银行同业拆借利率的百分点发生了下降，该笔贷款总额为 1.3 亿美元，贷款价格高出伦敦银行同业拆借利率 1.6 个百分点。同时，此次贷款的两家发放机构也是自 20 世纪 60 年代以来对秘鲁的传统贷款供给方。然而，还是富国银行引导了秘鲁信贷市场实现又一次根本性突破,在 12 月,其联合 31 家银行,发放贷款总额 8 000 万美元,贷款利率仅高出伦敦银行同业拆借利率 1.25 个百分点。

在 1974 年初,当时摩根担保信托公司对秘鲁革命政府仍持保守态度,但是其与美国—秘鲁投资项目分歧决议机构一起发放了 7 600 万美元贷款,且其贷款价格仅高出伦敦银行同业拆借利率 1 个百分点,这成为秘鲁信贷历史上的著名贷款项目。虽然这笔贷款仍然带有浓厚的政治意图,但是它的经济意义、相对较低的信贷价格以及它的发放者是世界信贷市场中最保守也最值得敬重的银行,这使得这笔贷款对秘鲁信贷市场造成了很大的心理影响。[1] 之后秘鲁出现了大量 10 年到期、利率高出伦敦银行同业拆借利率 1.13 个百分点的贷款。富国银行和德累斯顿银行进行的贷款业务也推动了降低欧洲信贷市场贷款边际利率的趋势。

在 1975 年,秘鲁信贷市场中出现了这样一种普遍现象:贷款利率提高而贷款年限缩短。但是,很难准确界定是哪些银行在引导或是抵制这样的趋势,因为整体的市场条件非常不稳定,而且先不考虑贷款成本,可得信贷资源减少是一个不争的事实。并且那年经济开始显现出明显的紧缩,而贝拉斯科将军也于那年 8 月被更加温和的弗朗西斯科·莫拉莱斯·贝穆德斯(Francisco Morales Bermúdez)将军罢免。但是,1975 年全年的信贷量仍是上升的,而扩张阶段直到 1976 年才进入事实上的停止状态。在 1976 年年中,该国政府及其主要的贷款方为了避免公开违约,只能安排紧急的 3.8 亿美元的再融资贷款。

从上述内容中,我们可以了解到银行是如何在信贷市场上创造拐点的过程。我们也得到了更多证据来证明富国银行在秘鲁的外部融资中所扮演的特殊角色。其在秘鲁的市场政策方面确实引领了更好的贷款价格发展趋势,也对秘鲁贷款增加起到了非常重要的作用,尽管其间偶尔也有德累斯顿银行的帮助。[2] 此外,克罗克国家银行和东京银行作为世界领先的银行也巩固了由富国银行引领的这种信贷发展趋势。

有趣的是,在形成这样的辛迪加贷款的过程中,发起银行会非常依赖于其他那些相对缺乏经验的银行的参与。例如,富国银行高度依赖来自日本的银行,它们大约贡献了富国银行发起的辛迪加贷款中的三分之一的资金。而中小型美国地区银行也在加州银行发起的辛迪加贷款中有着较高比例的资金参与。富国银行以及其他发起辛迪加贷款的世界领先银行也都会通过建立与特定的

---

[1] 这笔贷款发放之后,传统国际信贷市场中的其他保守银行机构也开始对政府发放贷款,如纽约化学银行和芝加哥第一银行。

[2] 还有一点非常有趣:富国银行国际贷款办公室的一位高层领导是第一届贝朗德(Belaúnde)政府的秘鲁中央银行家。这表明银行业中的人脉关系是很重要的。

新进入者之间的合作关系来发展自己的市场力量。相反,一些大型国际银行在发起它们的辛迪加贷款过程中很少会发展这种合作关系,在一定程度上,这种合作关系是相互的。[1]

玻利维亚。在1974年以前,除了那些具有担保性质的出口信贷以及类似的贷款之外,玻利维亚很少能够接触到银行贷款。但是在1974年初,美国银行——当时世界上最大的银行——因为其在拉巴斯设有分行而对玻利维亚的情况相对其他银行了解得更加清楚,其对玻利维亚政府发放了总额达2 500万美元的辛迪加贷款,其中另有12家机构参与。在这笔贷款中,除美国银行外,蒙特利尔银行、芝加哥第一银行以及巴西银行占比最高,其中除了巴西银行,其他都是大型银行,且都是国际化运作。在这一期间的贷款条款是非常严苛的,贷款利率高出伦敦银行同业拆借利率1.875个百分点,对8年期贷款收取2个百分点的佣金。但是,玻利维亚政府愿意为它获得的第一笔辛迪加贷款支付高昂的价格,因为它把这笔贷款视作进入国际信贷市场的途径。

后来确实是这样发展的。在美国银行之后,德国德累斯顿银行发起了另一笔总计2 400万美元的辛迪加贷款,共有12家银行参与,其中花旗银行和意大利国民劳动银行是联合经理人。[2]两笔贷款具有竞争关系,这可以从后者的贷款条款设置中看出：贷款利率高出伦敦银行同业拆借利率1.81个百分点,对8年期贷款收取1.1个百分点的佣金。

玻利维亚进入欧洲货币市场的初次尝试因为欧洲爆发的赫斯特危机而搁浅,在1974年的余下时间以及1975年初均没有再获得主要的贷款。但是,在1975年年中,美国银行为玻利维亚的国有石油企业发放了另一笔总计达3 500万美元的辛迪加贷款,其中共有14家银行参与,包括之前辛迪加贷款的部分参与银行在内,如花旗银行、芝加哥第一银行以及德累斯顿银行。那时的信贷市场竞争并不激烈,因为当时很多机构决定退出,如那年曾非常激进地参与对玻利维亚的辛迪加贷款的日本银行的实质性退出。[3]正如我们所知,在一个高度寡头市场中,对国际信贷感兴趣的机构之间的竞争主要在于信贷可得性而不是信贷价格,正如美国银行发放的辛迪加贷款所反映的那样,其贷款利率高出伦敦银行同业拆借利率2.14个百分点,贷款期限设为7年。然而,这些大型的、声誉最高的国际贷款机构对于玻利维亚这样一个小国家的活跃市场的贷款意愿显然能够提升该国在国际信贷市场中的地位。

---

[1] 详见Table 40 in *Transnational Banks and Peru*, Devlin.

[2] 花旗银行和德累斯顿银行在拉巴斯均设有分支机构。而玻利维亚的财政部长是花旗银行在玻利维亚分行的前经理。这也再一次验证了银行信贷业务中人脉关系的重要性。

[3] 日本的财政部长那时已经禁止该国的银行机构在海外发放贷款。

从那以后,玻利维亚在国际信贷市场上受到的待遇也确实在稳步提高。1976 年 6~9 月这段时间对于玻利维亚当局来说是格外顺利的。在该年年中,美国银行发放了截至当时最大规模的辛迪加贷款:有 17 家银行参与,总额达 5 000 万美元。该笔贷款的价格是高昂的(5 年期,利率高出伦敦银行同业拆借利率 2 个百分点),但是参与的银行机构中有些是从来没有对该国进行过贷款的优秀银行,比如美国化学银行和德意志银行。几个月之后,花旗银行——美国银行在玻利维亚国家市场以及世界范围内的主要竞争者——在相似的条款下组织发放了更大规模的辛迪加贷款,总额达到 7 500 万美元。另外,花旗银行发起的辛迪加贷款也吸引了享有声望的大型机构的参与,如摩根担保信托公司和东京银行。

在那之后的几年里,玻利维亚可得到的贷款的合同条款出现了改善,贷款数量居高不下。然而,这个国家的扩张在 1978 年陷入了困境。玻利维亚的经济环境开始出现明显的衰退迹象,并且班塞尔将军也于当年被另一位将军所罢免。在 1979 年,玻利维亚的信贷业务出现停滞,经济也陷入瘫痪。对该国的债务最终于 1981 年进行了偿债日程的修订。但是,由于危机的进一步加剧,并且这个国家陷入了无限期的延期支付阶段,国家债务的偿还协议被政府机构违约了。

海外银行进入玻利维亚市场的经历的独特之处在于,这是一个相对容易控制且漫长的过程,而该动态过程更大程度上受到那些大型国际化运作的银行而非该市场中的新进入者的影响,这源于银行开始进入玻利维亚市场时银行间市场的受限制性,以及玻利维亚作为借款者在业界的臭名昭著,大型银行能够更好地克服这个问题而贷款给它。但是,这个国家的主要机构均在拉巴斯设有办公室并非偶然,相较于其他银行,它们更容易受到班塞尔政府乐观主义信念的影响。

有关借贷条款的更多信息。我们之前回顾了海外银行进入秘鲁和玻利维亚市场时的一些竞争动态。表 4.9 和表 4.10 展示了对这一形势更加深入的分析。其中,表 4.9 列示了对秘鲁和玻利维亚贷款的数量、谈判成本、价格——保证金、还款期限和佣金。根据这张表格的数据,我们也可以将与秘鲁和玻利维亚的谈判成本同与墨西哥的谈判成本进行比较,后者是 20 世纪 70 年代拉丁美洲的主要借款国。表 4.10 将两个国家的数据分别转化成了相关指标。信贷谈判成本指标被分成两个层面:一个层面是分析秘鲁和玻利维亚所接受的信贷条款的绝对指标;另一个层面是信贷条款的相对指标,它是通过将秘鲁和玻利维亚与墨西哥进行比较来追溯它们的进展历程。运用墨西哥这个标准——虽然这种方法并不是非常完美,我们可以区分这两个国家与整体信贷市场在信贷条款方面的不同发展趋势。

我们可以看到秘鲁在整个信贷周期中得到了大量的贷款,并且信贷条款出现了很大程度的改善,直到 1975 年情况才出现急剧恶化。但是该年市场恶化是受到欧洲赫斯特危机的影响,而相对的信贷谈判价格在1976年以前仍然扶摇直上,直到1976年出现了银行债务偿付危机。

表4.9　　秘鲁、玻利维亚和墨西哥三国的贷款额度,超出伦敦同业拆借利率部分的利润,还款期限,财团贷款的统一佣金

年份	秘鲁 贷款[a]	秘鲁 利润[b]	秘鲁 还款期限[c]	秘鲁 佣金[d]	玻利维亚 贷款[a]	玻利维亚 利润[b]	玻利维亚 还款期限[c]	玻利维亚 佣金[d]	墨西哥 利润[b]	墨西哥 还款期限[c]	墨西哥 佣金[d]
1972	148.2	2.08	6.3	0.28	…[e]	…	…	…			
1973	412.0	1.68	8.9	0.44	…	…	…	…	0.65	11.3	
1974	315.0	1.13	9.7	0.29	52.5	1.87	7.8	1.51	0.83	7.9	
1975	382.4	1.79	5.7	0.95	85.3	2.17	6.2	0.81	1.50	4.8	
1976	403.9	2.19	5.0	1.42	161.0	2.02	5.0	1.63	1.50	5.7	
1977					128.0	1.86	6.8	1.19	1.67	6.8	
1978					207.2	1.57	7.0	0.74	1.09	8.2	
1979					108.1	1.43	6.2	0.73	0.69	8.4	

Sources: Peru—Ministry of Economy and Finance; Bolivia—Central Bank; Mexico—World Bank, *Borrowing in International Capital Markets* (Washington, D.C.), various numbers.

注释:表中信息是关于在伦敦同业拆借利率基础上签订的辛迪加贷款的,并且这些贷款没有出口信贷机构的担保。

[a] 中长期贷款,以百万美元为单位。
[b] 高于伦敦同业拆借利率的点数的加权平均。
[c] 分期还款期限的加权平均,以年为单位。
[d] 统一佣金的加权平均,以贷款的总面值的一定百分比表示。
[e] (…)＝0或不足以量化的极小值。

表4.10　　秘鲁和玻利维亚的贷款额度以及价格指数　　(1974＝100)

年份	秘鲁 贷款额度[a]	秘鲁 价格[b] 绝对[c]	秘鲁 价格[b] 相对[d]	玻利维亚 贷款额度[a]	玻利维亚 价格[b] 绝对[c]	玻利维亚 价格[b] 相对[d]	考虑佣金的绝对价格[e] 秘鲁	考虑佣金的绝对价格[e] 玻利维亚
1971	…[f]	…		…	…		…	…
1972	47	283		…	…		282	…
1973	131	162	296	…	…	…	163	…
1974	100	100	100	100	100	100	100	100

续表

年份	秘鲁 贷款额度[a]	秘鲁 价格[b] 绝对[c]	秘鲁 价格[b] 相对[d]	玻利维亚 贷款额度[a]	玻利维亚 价格[b] 绝对[c]	玻利维亚 价格[b] 相对[d]	考虑佣金的绝对价格[e] 秘鲁	考虑佣金的绝对价格[e] 玻利维亚
1975	121	270	91	163	146	49	287	140
1976	128	376	150	307	169	67	414	177
1977				244	114	49		113
1978				395	94	74		90
1979				206	96	123		94

Sources: Same as Table 4.9.

注释：表中贷款额度和价格指数数据是关于在伦敦同业拆借利率基础上签订的，无出口信贷机构担保的辛迪加贷款的。

[a] 贷款总额以美元为单位。

[b] 该指数是用高于伦敦同业拆借利率基准的利率点数与分期偿还期限计算所得，具体来说，就是对每一年，用贷款高于伦敦同业拆借利率的点数除以该贷款的分期偿还期限。均值是贷款价值的加权平均。

[c] $=[(M_i/A_i)/(M_o/A_o)]\times 100$，其中 $M=$ 利率，$A=$ 分期偿还期限，$i=$ 第 i 年，$o=$ 基年。

[d] $=[(M_{xi}/A_{xi})/(M_{mi}/A_{mi})]\times 100$，其中 x 是秘鲁或玻利维亚，m 是墨西哥。以 1974 年为基年进行转换。

[e] 将佣金考虑在内的价格指数。$P=\{[(C_i/A_i+M_i)/A_i]/[(C_o/A_o+M_o)/A_o]\}\times 100$，其中 C 是佣金均值。

[f] (…)=0 或不足以量化的极小值。

对于玻利维亚来说，信贷业务的绝对贷款条件在第二年和第三年出现了恶化，且这次恶化仍然是受到了赫斯特危机的影响。相对而言，玻利维亚的一般信贷条款在 1978 年以前都在逐渐改善，我们在那年（1978 年）发现了相反趋势。虽然信贷条件相对来讲变得恶劣起来，但是信贷条件整体状况——信贷市场向买方倾斜的大趋势——在 1978 年仍然在改善，并且其在正常市场准入的最后一年（即 1979 年），也没有发生实质性的变化。这种现象很好地支持了之前章节中提出的观点：银行被动地根据排序系统，而非清晰或者有效的风险—价格关系计算来为贷款进行定价。

4.2.3 信贷配给

我在第 3 章中指出，信贷配给不能够直接测算。然而，间接测算表明秘鲁和玻利维亚没有经历过信贷配给。相反,信贷供给是大量的且显然超过了能够有效配给的数量。

我之前提及,信贷配给没有发生的信号是银行开始做它们声称不会去做的事情。在之前章节中,对阿伦森著作的引用描述了银行的传统偏好。基本上,银行偏好对那些可行的商业项目或者特定项目进行贷款,而不情愿对再融资项目进行贷款,这些项目往往会使银行无法控制资金的使用。然而,在20世纪70年代银行机构各自的信贷周期中,有很大比例的贷款资金正是流向了它们声称不偏好的项目。在秘鲁案例中,49%的信贷资金流向了对之前贷款的再融资项目,28%的信贷资金是自由处置贷款(完全不受限制),仅15%的信贷资金直接与项目或资本商品进口相关。在玻利维亚案例中,18%的信贷资金流向了再融资项目,43%的信贷资金属于自由处置贷款,33%的信贷资金与项目或资本商品进口相关(见表4.11和表4.12)。

表 4.11   1972~1976年分类统计的秘鲁银行贷款

类别	1972年	1973年	1974年	1975年	1976年	整个时期
商品进口	3.0	4.1	1.2	0.1	1.9	2.1
再融资	74.6	23.1	65.6	14.9	78.1	48.6
自由处置	...[a]	69.1	4.0	39.1	6.1	27.8
项目	22.3	0.5	5.7	45.8	7.6	14.7
国有化	...	2.8	19.1	...	6.3	6.1
其他	0.1	0.4	4.4	0.1	...	0.7
总计	100.0	100.0	100.0	100.0	100.0	100.0

Source: Calculated from data provided by the Ministry of Economy and Finance of Peru.
注释:表中数据是关于没有出口信贷机构担保的贷款项目的。
[a] (...)=0或不足以量化的极小值。

表 4.12   1970~1979年分类统计的玻利维亚银行贷款

类别	1970年	1971年	1972年	1973年	1974年	1975年	1976年	1977年	1978年	1979年	整个时期
商品进口	...[a]	...	...	...	5.1	8.9	0.5	9.7	2.1	0.3	3.8
再融资	...	...	...	...	...	...	3.7	3.5	63.9	...	18.2
自由处置	...	...	...	...	68.0	23.5	79.7	21.2	25.9	59.2	43.2
项目	100.0	...	47.4	100.0	26.9	61.6	16.1	65.6	8.1	40.5	32.7

续表

类别	1970年	1971年	1972年	1973年	1974年	1975年	1976年	1977年	1978年	1979年	整个时期
国有化	...	...	...	...	...	...	...	...	...	...	0.6
其他	...	...	52.6	...	...	6.0	...	...	...	...	1.5
总计	100.0	...	100.0	100.0	100.0	100.0	100.0	100.0	100.0	100.0	100.0

Source：Calculated from data provided by the Central Bank of Bolivia.
注释：表中数据是关于没有出口信贷机构担保的贷款。
[a] (…)＝0 或不足以量化的极小值。

自由处置贷款非常能够表现充足的信贷供给的动态。就如我反复提及的那样,银行曾尝试打破需求有限的信贷市场格局。如果它们所有的贷款都与实体活动绑定,那么这种信贷市场的需求限制将会更加收紧。然而,激进的银行机构聪明地对借款方提供了可以自由处置的贷款,而这一举措也立即使得信贷市场的需求曲线变得更加富有弹性,并减少了银行进行市场渗透时的限制。比如玻利维亚这样一个贫穷的国家,它因为吸收资源能力弱而不受待见,但是通过这种"做你想做的"贷款,也被推荐到了信贷市场的供给方那里。这也使得贷款最终不能促进生产力提高的风险大大提高,并且我们也发现这种情况确实发生过,但是这种风险显然不是那时许多贷款机构所忧虑担心的。

与自由处置贷款相比,再融资贷款可以但不总是服务于相同的目的。这些信贷是银行进行市场渗透的推动力;一家银行会以更加低的价格为另一家银行的贷款提供再融资贷款。当然,这种促销手段对于借款方来说也非常具有吸引力,因为那些原来价格高昂的贷款可以以新的、比较便宜的价格进行偿付。对这种再融资贷款的批准也受到了银行机构避免坏账的期望的激励,然而银行在某种意义上会更加被动。后面一种再融资贷款情况发生的时间处于或者接近于危机阶段。比如,在1976年银行对秘鲁的再融资贷款,很大程度上是因为银行为避免该国家由于不能继续履行债务责任而发生违约。

与上面两种贷款形成对比的是,项目贷款对于银行进行市场渗透的推动力十分有限,因为这种贷款的数量受限于借款国进行项目投资的能力。但是假如银行愿意为那些设计不当或者过大规模的投资项目提供贷款资金,那么项目贷款甚至也可以成为一个意想不到的营销工具。对这种情况从本质上来讲很难进行评价,但是确实存在对设计不当的投资项目发放贷款太过简单容易的证据,尤其是在玻利维亚。[1]

不同银行之间的这种激进的、非常规的借贷行为是存在差别的。[2] 比如说,那些日本、意大利以及国际财团的银行在秘鲁案例中是相对最不传统的。而另一方面,英国和德国的银行更倾向于采用阿伦森为传统银行行为所划定的框架。在玻利维亚案例中,最不传统的贷款方是来自加拿大和美国的银行,而最传统的贷款方是来自日本、德国的银行和"其他"银行,其中后者很大程度上是指小国家以及小银行。而日本银行机构在两个案例中截然不同的信贷配给情况反映出这样一个事实:这些银行在赫斯特危机后的几年里格外保守。[3]

当然,还存在其他能够证明非信贷配给市场和信贷供给过剩的证据。在1973年和1974年,秘鲁的辛迪加贷款被频繁地滥用,这意味着参与辛迪加贷款的各家银行提供了比当地政府和主要贷款银行承诺的更多的信贷资金。[4] 秘鲁信贷市场供给过剩的一个明显标志是银行参与了1974年辛迪加贷款,这是当时饱受争议并且耗资达到10亿美元的跨安第斯石油管道的融资项目的一部分。[5] 本书也有相似的证据来证明始于1976年的玻利维亚辛迪加贷款的滥用现象。特别能够说明这一现象的是这样一个事件:当时大通银行非常急切地想贷款给玻利维亚,以至于它打破了贷款传统、加入了辛迪加贷款组织,不顾玻利维亚政府已经对其在20世纪初发行的、大通银行认购的一些债券做出了违约。大通银行的法律顾问对市场部门谨慎风控态度的缺失感到忧虑害怕,并取得了主导权,最终,大通银行从辛迪加贷款中撤了出来,但有另外一家银行非常

---

[1] 详见:Devlin and Mortimore, *Los Bancos Transnacionales y Bolivia*, chapter 7.

[2] 在这两个案例中,我按照来源国对银行在信贷市场中的相对激进行为进行了排序。这种排序是基于银行贷款在不同种类上的分布以及银行的贷款类型偏好数据。非传统贷款是指那些自由处置贷款以及再融资贷款(贷款种类),并且这些非传统贷款是非商业性的(功能)。贷款的分布被转化成了标准化变量并进行了评分。这些计算的步骤以及结果详见:Devlin, *Transnational Banks and Peru*, pp.159 - 174;Devlin and Mortimore, *Los Bancos Transnacionales y Bolivia*, pp. 100 - 106 and 258 - 268.

[3] 我们从其他银行也发现了类似的但并不明显的表现。在秘鲁的信贷周期中,来自意大利、国际财团的银行以及"其他"银行是相对非传统的贷款方。但是在玻利维亚的信贷周期中,在银行危机的影响下,同样是这些银行却变得相对保守了。银行的这种行为变化也反映出了市场条件的变化。

[4] 本文观点来自对秘鲁开发金融公司(COFIDE)、国家银行的谈判专家以及经济与金融委员会负责人的访谈。

[5] 这条石油管道的技术价值非常低。美国进出口银行当时拒绝为该项目贷款,因为提交上来的石油储量研究报告是可疑的,而且不能有效证明这个庞大的投资项目的价值。那时,拒绝为该项目进行贷款的决策并不容易做出,因为在长达6年的投资纠纷终于得到解决后,当时美国当局正在积极尝试提升其在秘鲁的形象,那次投资纠纷引发了国际社会对秘鲁的经济封锁。但是银行的评估结论是正确的,因为其石油储量确实不能证明这条石油管道的价值。

乐意加入取代它的位置。

另外一个可以证明当时不存在信贷配给的证据是,国家的公共部门在银行快速扩张阶段贷款时,并不被要求提供担保或者质押物,而贷款合同的签订也不需要国际货币基金组织的参与。唯一一个风控措施是由国家出具的一份笼统的保证文件,而这也是银行对世界各地贷款时一种形式上的风控要求。[1]

最后,我们将回应上一章中安吉尔·葛利亚的评论,用一则轶事趣闻作为当时不存在信贷配给的证据。当被问及利马(秘鲁首都)在20世纪70年代信贷周期中的金融环境时,一位当地的银行家评论道:"外国银行总试图在我们需要借款之前就放贷给我们。"同时,一名来自秘鲁开发金融公司的官员评论道:"在20世纪70年代,银行总是急切地想进行放贷,并且它们愿意为任何事情提供贷款。"此处提及的秘鲁开发金融公司曾被授权为公共部门签署海外贷款协议。[2]

4.2.4 信誉度

信贷周期初期。毫无疑问的是,秘鲁和玻利维亚值得银行为其提供贷款。两个国家在分别进入它们的信贷周期时,都开展了调整和企稳项目,这些项目在一定程度上是成功的。以我们在第3章中所列的银行信贷标准为依据,可以对两个国家在信贷周期开始时的经济状态分别进行简单的回顾。

秘鲁。贝拉斯科(Velasco)在1968年末取得了政权,当时正在经历贝朗德执政下的经济危机。通过参考当年6月平民政府实施的应急经济政策并执行自己的经济政策,1969年和1970年的国家贸易条件取得了意外的改善,贝拉斯科政府有效地稳定了国家经济,平衡了危机重重的外部账户。此外,在没有国际货币基金组织参与的情况下,秘鲁的经济秩序伴随显著的经济增速而变得井然有序(见表4.13和表4.14)。在政治层面,贝拉斯科政府非常稳定,而且还得到了社会中广受敬仰的群体组织的大力支持。

---

[1] 在20世纪60年代,秘鲁被要求对一些贷款提供质押物。玻利维亚在1976年之前签订的一些贷款合同也被要求提供质押物。但是在后来急剧向海外扩张阶段,再也没有银行对借款方提出过这样的特殊要求,因为这些银行处于一个竞争非常激烈的市场环境中,总有银行愿意在没有质押物的情况下为借款方发放贷款。

[2] 文中第一处引用详见:Evereet Martin, "Peru's Economic Woes Are Worrying Bankers Who Aid Third World," *Wall Street Journal*, 1 September 1977, p. 1;文中第二处引用详见:Deborah Riner, "Borrowers and Bankers: The Euromarket and Political Economy in Peru and Chile"(Ph. D. diss., Princeton University, 1982), p. 203.

表 4.13　秘鲁主要经济指标（Ⅰ）

年份	增长速度（%）								固定投资	对外部门		在 GDP 中占比						
	价格[a]	货币供应量[b]	GDP[c]	出口[d]		进口[d]			出口	进口	收入		财政[f] 支出		赤字	
				价值	数量	价值	数量				（Ⅰ）	（Ⅱ）	（Ⅰ）	（Ⅱ）	（Ⅰ）	（Ⅱ）
1968	19.0	10.9	−0.3	13.0	11.1	13.3	−13.2	12.7	15.4	11.7	16.2		17.9		2.6	
1969	6.3	8.4	3.9	5.2	−4.2	−1.5	−1.6	12.6	14.2	11.1	16.3		16.5		2.1	
1970	5.0	25.8	5.4	16.5	4.4	8.5	5.9	13.3	14.3	11.2	16.1		17.5		3.8	
1971	6.8	19.0	5.0	−12.8	−8.6	4.5	1.0	13.8	12.3	10.7	15.7		18.7		6.1	
1972	7.2	17.0	1.7	8.0	7.8	8.7	−2.9	14.0	13.0	10.3	15.5		14.1		6.7	
1973	9.5	24.3	4.3	16.5	−14.7	34.6	17.7	17.0	10.6	11.6	14.9	36.1	18.8	45.0	8.3	8.9
1974	16.9	26.1	7.5	37.1	−2.6	64.6	54.3	20.2	9.6	16.6	15.3	39.3	18.5	49.8	6.7	10.5
1975	23.6	26.0	4.5	−8.3	−3.1	24.4	6.9	20.9	8.9	17.0	15.8	34.8	21.3	51.8	7.8	12.0
1976	33.5	14.3	2.0	3.3	−1.0	−13.6	−16.3	17.6	8.7	13.9	14.5	28.6	20.8	50.9	8.4	12.3

Sources: Prices, money, and reserves—IMF, *International Financial Statistics Yearbook 1985* (Washington, D. C., 1986), lines 54, 82, 106, 129; GDP, exports, imports, ICOR—ECLAC data; fiscal data—Banco Central de Reserva del Perú, *Memoria* (Lima), various number; external debt—Inter-American Development Bank, *External Public Debt of the Latin American Countries*, tables 1 and 57, and Banco Central de Reserva del Perú, *Memoria 1983* (Lima, 1984), p. 129; interest rates—Vincent Galbis, "Inflation and Interest Rate Policies in Latin America, 1967—1976," *Staff Papers* 26 (June 1979): 334–366; exchange rate—Devlin, *Transnational Banks and Peru*, table 6.

注释:
[a] 消费者价格。
[b] 货币供应量。
[c] 商品和服务。
[d] 以 1970 年美元价格计算。
[e] 将 1970 年 GDP 设定为 100 基准计算国内生产总值。
[f] （Ⅰ）是中央政府；（Ⅱ）是综合公共部门。

表 4.14　　　　　　　　　　秘鲁主要经济指标(II)

负债	负债[a]÷出口 公共	负债[a]÷出口 总计	公共部门债务偿还[a]÷出口	盈余[b]	汇率[c]	ICOR[d]	实际利率[e]
1968	1.0		14.6	1.5	93.0		−11.8
1969	1.0		11.9	2.2	89.6	3.4	−1.2
1970	0.9		11.7	4.2	87.0	2.6	0.0
1971	1.2		15.9	4.6	86.7	2.9	−1.7
1972	1.3		15.9	4.9	86.3	8.9	−2.2
1973	1.8		29.7	3.8	85.4	4.2	−4.6
1974	1.9	2.8	23.5	3.9	86.7	2.9	−11.6
1975	2.4	3.7	26.1	1.6	83.1	4.8	−20.9
1976	3.2	4.2	26.1	1.3	91.1	8.9	−27.7

Sources：See Table 4.13.
注释：
[a] 不考虑短期负债。
[b] 以进口的月数表示。
[c] 汇率实际值将秘鲁和美国的不同通货膨胀率考虑了进去(以 1964 年作为 100 基准值)。
[d] 增量资本产出率($I/\Delta Y$)。
[e] 该利率针对储蓄存款。

根据银行机构对客户信用评价的四个指标,秘鲁在银行的信誉较高。在 1971 年,秘鲁的公开偿债率为 16%,相对较低。[1] 秘鲁的国际收支情况较好,其国际收支盈余差不多能满足 5 个月的进口需求,远远超过传统上认为的最低安全期限(3 个月)。秘鲁的出口值在 1971 年有所下降,而在之前的 3 年中,其出口表现比较强劲,并且秘鲁以及海外的石油公司都期待能有更大规模的出口。最后,秘鲁在 1969~1971 年间的国内经济增速也是相对较高的(见表 4.13)。

而当我们从银行角度将秘鲁的经济政策与第 3 章所描述的良好的经济管理指标进行比较的话,秘鲁的经济状况就不是很好了。这些指标包括:

(1)鼓励承担风险从而实现经济增长的激励结构。秘鲁的确对私人投资项目进行了相应的减税,但是这项政策的积极效果已经被企业团体与 1970 年法案在逻辑上的分歧抵消了,该法案引入了一些阶段性项目,强调员工对私有企

---

[1] 一些学者认为,该系数的最大安全值为 40%,详见 Eduardo Sarmiento, *El Endeudamiento en Economias Fluctuantes y Segmentadas* [Debt in Fluctuating and Segmented Economies] (Bogota：Fondo Editorial CEREC, 1985), p.110.

业的控制。这对于海外投资者来说相对不利。

（2）有助于实现自由市场的法律结构。秘鲁对自由市场持怀疑态度，实际上，它将国家经济的不独立与不发达归咎于传统的自由经济政策。

（3）从根本上修正扭曲的市场结构。秘鲁政权很依赖价格调控、补贴以及关税来指导国家的经济活动。

（4）简单且分散化的规则。秘鲁采取的是中央集权，并且青睐官僚制和计划经济。

（5）遵循比较竞争优势原则的开放型经济。秘鲁政府强烈反对这个战略，实际上，秘鲁传统上是遵循开放经济政策的，而这些政策也广泛被认为造成了秘鲁经济的不发达。

（6）合理的投资比例以及 2～3 的低增量资本产出率（ICOR）。秘鲁在 1969～1971 年间的投资系数相对合适，为 13%～14%，反映出国家政权为维持经济稳定所做出的努力和尼克松政府的经济封锁。并且秘鲁的增量资本产出率也相对合理，为 3（见表 4.14）。

（7）财政支出占国民生产总值（GNP）的比例下降。秘鲁中央政府的支出在 1969 年和 1970 年相对稳定，但是在 1971 年出现了显著增长（见表 4.13）。鉴于政府对私有企业的国有化改革，公共部门的总支出在 20 世纪 70 年代初必然会出现急剧上升。

（8）正的实际利率和最低的信贷补贴。秘鲁经济的实际利率在 1969～1971 年间为负，但是与 1968 年相比，利率已经明显提高（见表 4.14）。补贴利率水平比较稳定，不过政府不曾将通过国内储蓄来促进投资作为目标。

（9）维持公平的自由浮动汇率。秘鲁政府十分执着于稳定的汇率水平。自 1968 年起，该国的汇率不曾发生过改变，在那年，该国的货币贬值率高达 26%。

总之，从经济政策来看，秘鲁不符合绝大多数银行家优秀经济管理原则的标准。显而易见的是，秘鲁对银行的吸引力是对外部门相对较高的流动性、石油资源以及政治稳定。

玻利维亚。 玻利维亚在 1972 年和 1973 年加入了基金稳定计划。而班塞尔将军也推翻了之前由胡安·何塞托雷斯将军领导的政府所推行的改革举措，如同前文提及的那样，新政府非常青睐私有资本，不论是国内的还是海外的。

以银行机构对客户进行信用评级的关键指标为依据，玻利维亚的信誉确实很好。虽然这个国家当时有非常高的负债（差不多是 20 世纪 70 年代初出口收入的 3 倍），但是其偿债率由于有基本的特许融资贷款，反而并不是高得出奇（见表 4.15 和表 4.16）。在 1973 年和 1974 年，油价以及大宗商品价格的上涨极大地提高了出口收入,进一步降低了偿债率,而盈余却创出新高,可以满足 5 个月的进口需求。除了石油出口外,班塞尔政府当权的早些年里国内经济增长势头也非常强劲。此外,正如我之前所提及的那样,班塞尔政府是相对稳定的。

表 4.15 玻利维亚主要经济指标(I)

年份	价格[a]	货币供应量[b]	GDP[c]	出口[d] 价值	出口[d] 数量	进口[d] 价值	进口[d] 数量	固定投资	对外部门[e] 出口	对外部门[e] 进口	财政[f] 收入	财政[f] 支出	财政[f] 赤字
1970	3.8	12.0	5.2	7.9	−6.0	−16.6	−19.8	14.5	14.9	13.1	8.9	9.5	1.5
1971	3.7	14.9	4.9	−3.3	13.5	6.2	3.6	15.2	16.2	12.9	8.3	9.8	2.3
1972	6.5	23.5	5.8	12.5	9.2	14.4	8.2	16.0	16.7	13.2	8.7	12.3	4.8
1973	31.5	33.2	6.7	29.0	5.4	21.7	6.0	14.7	16.5	13.1	9.2	9.9	1.5
1974	62.8	40.6	5.1	106.8	5.3	67.2	36.2	15.2	16.5	17.0	12.8	12.9	1.2
1975	8.0	30.6	6.6	−18.2	−9.7	39.6	23.9	17.1	14.0	19.7	12.8	13.2	1.6
1976	4.5	33.2	6.1	28.4	21.5	6.5	1.6	16.9	16.0	18.9	13.4	14.8	2.8
1977	8.1	40.2	4.2	11.5	−4.3	15.3	4.6	17.2	14.7	19.0	13.0	17.9	5.7
1978	10.4	18.4	3.4	1.2	−8.0	24.6	13.4	18.2	13.1	20.8	12.5	16.1	4.4
1979	19.7	11.8	1.8	21.5	3.1	14.3	−2.6	15.8	13.3	19.9	10.3	17.3	8.2

Sources: Prices and money—IMF, *International Financial Statistics Yearbook 1985*, lines 82, 106; GDP, exports, imports investment—ECLAC data; fiscal data—Banco Central de Bolivia, *Memoria*, various numbers; external debt—Inter-American Development Bank, *External Public Debt of the Latin American Countries*, tables 1 and 57; interest rates—Galbis, "Inflation and Interest Rates"; exchange rate—Michael Mortimore, "The State and Transnational Banks: Lessons from the Bolivian Crisis of External Public Indebtedness," *CEPAL Review*, no. 14 (August 1981), pp. 127-151, table 10.

注释:
[a] 消费者价格。注意:消费者价格受价格控制。
[b] 货币供应量。
[c] 将 1970 年 GDP 设定为 100 基准,计算国内生产总值。
[d] 商品和服务。
[e] 以 1970 年美元价格计算。
[f] 中央政府。

表 4.16　　　　　　　　　玻利维亚主要经济指标(Ⅱ)

负债	公共债务[a]÷出口	公共部门债务偿还[a]÷出口	盈余[b]	汇率[c]	ICOR[d]	实际利率[e]
1970	2.7	11.2	3.1		2.9	5.9
1971	3.2	12.1	3.5		3.3	6.2
1972	3.4	17.9	3.3		2.9	3.3
1973	2.7	16.0	3.3	100.0	2.3	−16.4
1974	1.6	11.5	5.1	75.3	3.4	−32.4
1975	2.6	15.4	3.4	76.7	2.8	1.9
1976	2.6	17.3	3.2	73.6	2.9	4.3
1977	2.9	22.6	3.7	68.7	4.3	
1978	3.4	50.5	2.5	67.2	5.6	
1979	3.3	31.5	2.3	65.8	8.8	

Sources：See Table 4.15.
注释：
[a] 不考虑短期负债。
[b] 以进口的月数表示。
[c] 汇率实际值将玻利维亚和美国的不同通货膨胀率考虑了进去。
[d] 增量资本产出率($I/\Delta Y$)。
[e] 该利率针对储蓄存款。

转向政策方面,玻利维亚的项目应该能够得到大多数银行家的高度青睐。这包括：

(1)鼓励承担风险从而实现经济增长的激励结构。班塞尔政府公开青睐私有化部门,并想通过一系列更加支持私有化部门的政策对玻利维亚广大的公共部门(在国民生产总值中所占比例超过40%)进行私有化。

(2)有助于实现自由市场的法律结构。自1952年革命开始,玻利维亚已经形成了一个国家控制的经济体。但是,班塞尔政府却致力于将国家经济转变为私有化且市场导向的经济。

(3)从根本上修正扭曲的市场结构。班塞尔政府致力于"得到正确的价格"。该政府调整甚至实质性减少了对受欢迎的食品和服务的补贴,但削减甚至免除了相关税负和关税来鼓励私有资本的自由流动。[1]

(4)简单且分散化的规则。班塞尔政府同样同意推行这样的政策,但是实际上仍然继承了高度集权的经济结构并继续支持计划性安排。

(5)遵循比较竞争优势原则的开放型经济。班塞尔政府对国家经济实行对外开放,允许海外资本进入以及进口,并想促进国内企业的商品出口贸易,尤其是来自圣克鲁斯(Santa Cruz)地区的农业综合性企业。

(6)合理的投资比例以及2～3的低增量资本产出率。在1972年和1973年,玻利维亚的投资系数介于15%～16%,而增量资本产出率约为3。

(7)财政支出占国民生产总值的比例下降。在20世纪70年代初,中央政府的财政支出在国民生产总值中所占比例在10%～12%(准确可靠的政府账户数据不可得)。但是,在这一期间财政赤字出现了大幅下降(见表4.15)。

(8)正的实际利率和最低的信贷补贴。在1973年和1974年发生始料未及的通货膨胀之前,玻利维亚经济的实际利率为正,而那次通胀发生的部分原因是,不管是进口还是出口贸易,商品的国际价格都过高。在1975年实际利率由负转正(见表4.16)。而政府对一些经济活动进行了补贴性贷款,比如农业。并且国家政府致力于为投资项目进行国内融资。

(9)维持稳定的自由浮动汇率。玻利维亚在1972年经历了高达68%的货币贬值后,开始追求固定汇率政策。

总之,玻利维亚宣称的经济目标非常契合银行家所认可的优秀的经济管理理念。但是在实践中,玻利维亚经济是高度国有化的,这源自对之前20多年经济管理传统的继承。从1973年末开始,玻利维亚的对外贸易部门变得很透明,并且90%的出口订单是由国家提供的,这在很大程度上改善了国家财政账户。此外,玻利维亚政府和海外石油开采公司都承诺会在将来开采更多的石油和天然气用于出口。

处于信贷周期中。我们已经注意到银行通常被认为是对借款国的纪律执行者。它们的谨慎应该会刺激借款国执行能够巩固提高其在银行的信誉并促进其经济发展的经济管理政策。就在开始各自对银行的信贷周期之前,这两个国家都切实追求过国家的长期稳定并开展经济调整项目,这些举措也提升了它们在银行的信誉水平。良好的信誉形象,再加上有利的出口价格水平,两个国家的经济状况看上去非常繁荣有序。关于国家的政策工具,玻利维亚对外声称的

---

[1] 具体详见:James Dunkerley, *Rebellion in the Veins*: *Political Struggle in Bolivia*, *1952 - 1982*(London: New Left Books, Verso edition, 1984), pp. 210 - 219.

经济发展目标非常契合银行家所认可的优秀的经济管理理念,而秘鲁没有。但是,两个国家都向银行作出了石油出口有利可图的承诺。

有趣的是,当两个国家得到银行的信贷资金后,许多重要的经济变量却停止增长甚至开始明显下降。换句话说,银行机构在借款国并没有执行严格的纪律,它们甚至允许借款国破坏这些纪律。此外,国际银行体系作为一个整体,直到信贷系统不安定因素变得非常多而经济危机在很大程度上不可避免时,才开始对这种情况做出反应。

这里需要提及的一个重要的经济变量是出口。两个国家的良好出口表现很大程度上应归功于外生性价格效应,但是在两个国家分别开始对银行的信贷周期时,其出口量都立即快速下降。当两个国家的信贷周期分别结束时,其出口系数(出口/国内生产总值)较信贷周期开始时都出现了明显下降,其中秘鲁下降20%而玻利维亚下降19%(见表4.13和表4.15)。秘鲁的出口系数下降尤其严重,并且这一趋势是其在得到银行信贷资金前出口系数下降现象的延续。总之,两个国家看似稳定的出口增长其实是基于高度不确定的外生性价格效应。而当1975年海外价格止涨反跌时,其出口就不再是国家经济的信号和强劲支撑。

很大程度上,出口的下滑与推行的经济政策相关。以秘鲁为例,其在汇率方面持有一种非常具有煽动性的政策立场,该国的汇率在1968~1975年间一直保持在固定水平,从中可以看出,出口在秘鲁从来不是一个重要的政策。[1]如表4.14所示,秘鲁的汇率自1968年最后一次调整起已经失去了竞争力。[2]秘鲁政府还积极通过一些项目试图重建其与私有资本的关系,而这反过来也会影响到投资,尤其是那些重要的出口导向的矿业部门。[3]此外,秘鲁已经在运行的投资项目往往都经历了超长的孕育阶段。

我们反过来看玻利维亚,它从来不是一个活跃的出口国,而这也部分是因为其推行的经济政策。后续我们可以看到,这个国家的国有企业税负非常重,以至于它们很难吸收到新的资本,而已投入资本的生产能力非常低下,其盈利能力过度依赖于很高的商品世界贸易价格。同时,私有部门的出口促进的往往

---

[1] 秘鲁对于汇率有一种强硬政策传统。货币贬值被看作一种政治软弱的信号。这一观点在贝拉斯科案例中得到了验证。在对中央银行前任主席迪波拉·瑞纳(Deborah Riner)的采访中,他指出国家军事领导人认为货币贬值会破坏其政治项目(Riner,"Borrowers and Bankers," p.180)。

[2] 此外,秘鲁货币在1968年的贬值使得其汇率水平较1964年降低7%。详见:Devlin, *Transnational Banks and Peru*, table 6.

[3] 秘鲁在20世纪70年代初也遭遇了凤尾鱼的灭绝,它是秘鲁的主要出口商品之一。人们认为凤尾鱼的灭绝与过度捕鱼有关。

是那些与很高的商品世界贸易价格相关的特定项目,当商品的世界贸易价格下跌时,出口量也会锐减。玻利维亚在1972～1979年间推行的固定汇率政策也加重了这些问题,遏制了可持续的非传统出口贸易的发展。

进口方面的发展趋势截然相反。两个国家经历了进口的大爆发,在信贷周期中进口系数呈现大幅增长(见表4.13和表4.15)。当然,进口的增长一定程度上对那些庞大的投资项目非常重要,但是其进口结构中存在一些"泡沫"。秘鲁的军事政府沉迷于耗资巨大的军事目的项目[1],它会对食品进口进行补贴,却不鼓励促进国内停滞不前的食品生产,并且对耐用品的进口量在1971～1975年间增长了近6倍[2],这些耐用品的价格因为固定汇率而变得便宜。

再来看玻利维亚,它也一度沉迷于进口的大爆发:其对消费者耐用品的进口量在1973～1978年间增长了近8倍,并且非法进口量也非常巨大。[3]而当农业繁荣现象破灭后,许多企业都转向进口材料以进行投机性房地产投资。

我们也会发现两个国家的财政状况同样存在恶化现象。政府的税收压力(税收收入/国内生产总值)在信贷周期的上升阶段几乎不变,但是同时政府支出在跳跃式增长。结果就是国家的财政赤字上升(见表4.13和表4.15)。

此外,在信贷周期中两个国家的资金积累非常迅速,能够刺激国内经济增长以及满足进口的需要。尽管通过价格控制、补贴以及进口商品的弹性延缓了国内的通货膨胀,但是最终两个国家还是在信贷周期中出现了通货膨胀(见表4.13和表4.15)。[4]同时,秘鲁的利率水平在信贷周期中为负(玻利维亚的利率为正)。

---

[1] 一些学者通过计算得出,秘鲁在1973～1975年间对海外武器的进口高达该国出口收入的30%。详见:José Encinas del Pando, "The Role of Military Expenditure in the Development Process: Peru, a Case Study, 1950-1980," *Ibero-America*, *Nordic Journal of Latin American Studies* 12(1983): 85. 并且我认为,秘鲁的一些重大投资项目决策更多是从军事、地理、政治角度而非商业可行性角度考虑的。作为秘鲁认为值得投资的项目之一,人们认为在秘鲁北部和南部海岸建立的大型昂贵的灌溉项目的真实目的,是在秘鲁与厄瓜多尔和智利的边界建立人口缓冲区。同时,人们认为秘鲁政府选择投资1亿美元建造贯穿安第斯山脉的石油管道,是因为替代方案与其战略考虑不符,而这项替代方案是将石油沿亚马孙河穿越巴西进行运输。

[2] 从2 000万美元到1.15亿美元。详见:Banco Central de Reserva del Peru, *Memoria 1976* (Lima 1977), p.182.

[3] 合法的消费者耐用品的进口数量从1973年的1 100万美元增长至1978年的8 500万美元。而非法进口量每年将近7 000万美元。具体数据详见:United Nations Economic Commission for Latin America and the Caribbean, *Economic Survey of Latin America 1978*(Santiago, Chile, 1979), p.89.

[4] 乌里亚特(Uriarte)最近多次将银行贷款与秘鲁的通货膨胀通过实证分析联系在一起。详见:Manual Uriarte, "Transnational Banks and the Dynamics of Peruvian Foreign Debt and Inflation" (Ph. D. diss., The American University, 1984).

债务指标在信贷周期中同样也出现恶化。两个国家的负债率(负债/出口)都是稳步提高,尽管玻利维亚的负债率只在1978年和1979年达到了警戒水平。[1] 负债与出口比例同样在两个国家中均出现增长,这些比例更能指出潜在的问题,如果比例经常超过2,则表示经济超出了商业信贷关系。玻利维亚的负债与出口比例自信贷周期初期开始增长,已经超过了临界值2。直到1975年,秘鲁的中期和长期公共部门负债才达到出口的两倍,但是该国1974年整体的负债数据显示,该比例实际已经达到了临界值水平。

正向经济表现指标怎么样呢?在两个国家的信贷周期中,其投资系数和经济增长都非常好。秘鲁的增量资本产出率增长并不是非常顺利,但这主要是因为像贝拉斯科推行的投资项目更加侧重于长期支出。而玻利维亚的增量资本产出率在整个信贷周期中相对较低。两个国家的国际储备情况在信贷周期的最后几年之前都是非常稳定的,但当时进口缺口已经下降至3个月的水平。

这些为数不多的正向经济指标已经吸引了银行家不成比例的注意力。实际上,这看上去像是一部精心策划的表演秀,因为投资和经济增长以及国际储备当时被过多地与海外借贷联系到一起。从表4.17中我们可以看出,在整个信贷周期中投资项目过多地依赖海外资金。

表 4.17 秘鲁与玻利维亚国内外投资资金

年 份	秘鲁[a]		玻利维亚[b]	
	国内	国外	国内	国外
1970	64.6	35.4	88	12
1971	76.6	23.4	80	20
1972	77.8	22.2	82	18
1973	71.2	28.8	92	8
1974	53.2	46.8	132	−32
1975	56.0	44.0	72	28
1976	59.6	40.4	84	16
1977			76	24

---

[1] 负债率其实低估了国家的债务负担,因为其没有将短期负债和私有部门债务包括在内(后者对于两个国家都不重要)。

续表

年 份	秘鲁[a]		玻利维亚[b]	
	国内	国外	国内	国外
1978			56	44
1979			51	49

Sources: Peru—Hugo Cabieses and Carlos Otero, *Economia Peruana* [The Peruvian Economy] (Lima: Centro de Estudios y Promocion del Desarrollo, 1977), p.209; Bolivia—Robert Devlin and Michael Mortimore, *Los Bancos Transnacionales, el Estado, y el Endeudamiento Externo en Bolivia* (Santiago, Chile: United Nations, 1983), p. 126.

注释：
[a] 公共部门。
[b] 经济整体，但是投资很大程度上是一项公共部门活动。

而国际储备更是依赖于贷款。秘鲁的贸易活动增加，经常账户赤字加重，因此其国际储备的积累是得到了海外贷款的帮助而不是自发的资源积累。由于国际油价的上涨确实支撑了玻利维亚的贸易以及经常账户盈余，因此其在1973年和1974年国际储备的增加确实是自发形成的。但是自那之后，玻利维亚出现了赤字，而其国际储备水平状况更依赖于海外借贷能力。

那么市场做出了哪些反应呢？实际上，直到信贷周期步入成熟阶段，市场才发出信号指出问题所在。秘鲁在1975年之前都较容易得到银行贷款，并且在1974年信贷条款得到了直接或者间接的改善（见表4.10）。信贷条件的绝对恶化是从1975年开始的，而这也可以看作跟随大的市场环境做出的改变，实际上从表4.10中我们可以看出，秘鲁的信贷环境仍然发生了一定改善。直到1975年末和1976年，银行家才清晰地发出了危机信号，如果没有改革措施或者强硬的信贷条款，银行将不愿意发放新的贷款。

直到1978年初，玻利维亚与银行家的关系才出现问题。在那之前，玻利维亚政府能够从银行贷到其所需要的资金甚至更多。信贷条件方面，由于全球信贷市场紧张，玻利维亚的绝对信贷条件也出现恶化。但是相对来看，玻利维亚的信贷条件在1977年还是得到了改善。在1978年，尽管信贷条件相对出现恶化，但是从绝对角度来看，玻利维亚相对于欧洲货币市场的总体疲软而言还是获利的。

总之，在市场形势出现急剧恶化之前，信贷市场的衰退信号并不是很明显。为什么？答案值得深思。一些银行或许没有发现市场的恶化迹象，其他银行可能发现了市场恶化迹象却没有在发现恶化之后及时调整变更信贷政策。还有一些银行，如玻利维亚市场上的花旗银行，它们不仅注意到了市场恶化，而且及时将其发现引入限制性信贷政策当中。但是,花旗银行显然极力掩饰了自身在玻利维亚市场上的退出,而那些不知情的银行顺势填补了市场空缺,这在一定程度上也帮助了花旗银行在该市场上减少曝光。[1]

银行系统对两个国家的整体包容态度,无疑也是受到对该地区石油和天然气开发预期的影响。实际上,银行家发出"市场困难"信号与其最终发现对两个国家的油气储量预期过于乐观,在时间上不谋而合。但是,银行为什么仅为一个预期就放贷那么多呢？在权威的且得到确认的油气开采报告出来之前,市场当然也可以实施更加有效的纪律机制,更多是抱着怀疑的态度来看待那些不是非常正规的油气开采报告。但是历史事实告诉我们,市场当时并没有质疑油气开采报告,而是顺势而为认可那些报告,从而增强了这些报告的可信度。事实上,我们往往会感受到市场行为的赌博性而不是市场中的纪律。

4.2.5 借款国对负债的控制

负债控制系统。尽管借款方行为不是本书对拉丁美洲债务危机分析的核心,但是简要的分析可以帮助我们将整个故事变得圆满,并且支持本书之前提出的关于银行借贷行为的一些观点。

秘鲁和玻利维亚两个国家都已经习惯于资金短缺,并且为了应对国际信贷市场的变化都建立了向海外银行贷款的内部控制机制。这种控制机制是在国家计划大环境下产生的。这一控制系统提供了精心策划的章程来审批项目、融资计划以及贷款条款。其建立了专门的办公室或者组织来评估这些项目,并协商具体的融资数量和条款。

就"这些系统和它们各自的组织机构如何机械官僚化运作"这一主题,我喜欢其他学者的著作,他们对其进行了详尽的分析和评价。[2]但是,这些研究的基本结论是这些系统和机构并不起作用。两个国家的负债控制系统至多是对外部已有渠道做出的决策进行事后批准,但在更多的情况下,这些系统是被忽

---

[1] 详见:Devlin and Mortimore, *Los Bancos Transnacionales y Bolivia*, p. 99.

[2] 乌加特切(Ugarteche)对秘鲁在贝拉斯科统治时期的负债控制系统进行了详尽的分析,详见:Oscar Ugarteche, "Mecanismos Institucionales del Financiamiento Externo del Perú: 1968 – 1978"[Institutional Mechanisms of External Finance in Peru, 1968 – 1978](Santiago, Chile: United Nations Economic Commission for Latin America and the Caribbean, Joint Unit CEPAL/CET, E/CEPAL/L. 205, September 1979). 针对这篇研究的总结,详见:Devlin, *Transnational Banks and Peru*, pp. 45 – 46,54 – 56. 瑞纳也对秘鲁的系统进行了有价值的分析,详见:"Borrowers and Bankers," chapter 3. 关于玻利维亚的负债控制系统的详尽分析,可见:Juan Villarroel and Tanya Villarroel, "Control Institutional de la Deuda Externa en Bolivia"[Institutional Control of the Bolivian External Debt](La Paz, Bolivia, May 1981). 针对这篇研究的总结,详见:Devlin and Mortimore, *Los Bancos Transnacionales y Bolivia*, chapter 6.

略的。

这样的负债控制系统存在的问题很多。它们不具备充分的能力来处理和储备由众多政府机构所产生的大量的信贷资金流。[1] 这些机构里的人常常淹没在文案工作中,人力资源被大量的文档管理工作所占用,而不是管理调节贷款合同的签订和偿付。而负债控制责任在不同的办公室被分散,使得协同机制很难实现,而这反过来却帮助了对手。大型的官僚机构效率是如此低下。这些机构还因为一个客观存在的事实而遭受很多困难,那就是面对大型国有企业,它们并没有政治优势,这些国有企业仰仗它们的自主权和那些垂涎指挥权的将军。

后一个问题或许是关键,这也解释了为什么在玻利维亚仅仅有10％的公共项目能够通过官方的计划系统。[2] 至于玻利维亚,一位中央银行的官员对该国负债控制系统的幕后流程进行了评价:

一些贷款尽管不能盈利甚至不能产生任何利润用于偿付贷款,却仍然能够得到总统的批准,而这是通过呐喊完成的。如果一个项目没有得到批准,那么你就去找总统,呐喊"同意"后,贷款合同就会呈递到公共负债管理部门的主管那里去,而他将不得不同意这项贷款。[3]

负债动态。为什么存在纵容借贷的环境?这可能是因为纵容借贷可以帮助当权者巩固稳定其政治权力。至少这是一些围绕两个国家的借贷历史展开的研究的结论。

瑞纳直接对秘鲁的借贷进行了研究。她的研究指出,借贷比较容易的金融环境为秘鲁当局的"挥霍者"提供了权力,而削弱了"控制者"的地位。此外,挥霍者还保护了当权者的政治利益,因为支出为政府提供了合法性,并巩固了两个主要群体的权力:将军和受欢迎的群体。事实上,从海外银行取得的资金不仅用来购买了武器,还提高了对消费项目的补贴。外汇的可得性也帮助贝拉斯科修复了与私有部门和中层阶级之间不是非常舒服的关系。瑞纳的研究结论在下面一位中央银行官员的评论中获得了论据:

海外借贷是贝拉斯科用来维护巩固其政治地位的方式。部门是那些居于

---

[1] 我发现玻利维亚的很多贷款并没有被存档,因此我不得不花费大量时间寻找贷款合同。
[2] Eduardo Arze Cuadros, *La Economia de Bolivia: Ordenamiento Territorial y Dominación Externa, 1492 - 1979* [The Economy of Bolivia: Territorial Order and External Domination, 1492 - 1979] (La Paz: Editorial Los Amigos de Libro, 1979), pp. 474 - 475.
[3] 详见:Riner, "Borrowers and Bankers," p. 183.

领导地位的将军们的"封地"。每位将军都可以做他们想要做的事情。有很多借贷是出于腐败的目的：这些将军想要取得他们的回扣。他们将从这些贷款合同中得到相应比例的回扣，而不管这些项目能否获利，因此他们愿意为任何事情进行借贷。将军从这些项目的借贷中获得利益，而银行愿意进行贷款，项目的获利与否是不重要的。通过给将军们一定的自主权，贝拉斯科能够巩固其政治地位。[1]

当然，大规模负债的经济政策有其内在风险，但是市场直到1975年末才识别出这种风险；在那之前，政府所做的事情仅能符合银行家所谓的优秀管理理念。事实上，在1974年末，贝拉斯科将军自我感觉良好地认为，他们国家已经避免了正在波及世界上其他地方的经济危机。[2] 那天他确实是安全的，而在明天来临的时候他也仍然需要面对。但是贝拉斯科政府在1975年潜在的危机开始暴露的时候，被其中一个控制者——一位领导财政部的将军——所推翻。在秘鲁发生的事情当然有些讽刺，它宣称要减少对外国的依赖，并积极对境内的外国企业进行"秘鲁化"，但是最后却一定程度上被来自纽约的银行所控制。而秘鲁的这样一种发展历程也展示出来自银行体系的好信号如何使得执政者产生一种错误的安全感。

在玻利维亚，班塞尔政府在将军以及私人的商业团体中有支持者，尤其是在围绕圣克鲁斯的新区域。莫蒂默指出，班塞尔在玻利维亚这样一个民粹主义国家中施行的是精英主义统治。[3] 这个国家的新角色是调控私有部门的扩张，而其传统上是扮演中间商的角色。国内信贷重新分配至私有部门；国有银行补贴贷款，尤其是对圣克鲁斯地区的农业项目；税负得到减免，而国有企业在商品定价上的逐利行为常常受到限制。

莫蒂默指出这些政策得到了那些资金枯竭的国有企业的支持，鉴于很高的石油和矿产世界贸易价格，这些企业非常容易得到外部资金供给。作为对自身资源大幅开发的一种反常的补贴方式，班塞尔允许国有企业随意地到欧洲市场上借入那些昂贵的资源，也就是玻利维亚用出口收入换取了负债。

这个项目的资源分配效应是悲剧性的。根据莫蒂默的研究，国有企业感觉受到了班塞尔政府的新中介角色的威胁，并尝试以最快的速度将海外贷款投资

---

[1] 详见：Riner, "Borrowers and Bankers," p. 179.
[2] 他的论断非常著名，并且被秘鲁的大多数人所熟知。
[3] Michael Mortimore, "The State and Transnational Banks: Lessons from the Bolivian Crisis of External Public Indebtedness," *CEPAL Review*, no. 14(August 1981), pp. 127-151.

于固定资产来保护其传统的行业职能。结果,投资项目往往计划不周且规模过大。[1] 同时,私有部门被其所能够得到的资源所淹没,并日益陷入投机和过度消费。[2] 当然,直到 1978 年末,国际信贷市场才注意到这些发展中的信号,那时开始出现很难维持借贷的信号,并且贷款合同的相关条款开始恶化。

正如之前提及的那样,这里的潜在问题是政治化国家要制定强化联系的短期决策。而信贷是能够服务此目的的一种非常好的工具,因为贷款的利益是很快能够实现的,但对其成本的支付往往发生在未来。即使是那些制度成熟的国家往往也会做出类似的行为,罗纳德·里根总统解决财政赤字的方式不是消除赤字,而是将美国变成一个净负债国。当然,与拉丁美洲的任何一个国家相比,美国更加强大,但是这一例子也着实反映出负债往往是一个政治性而非技术性的决策。

4.3 结论

之前的分析框架是基于 20 世纪 70 年代秘鲁和玻利维亚的具体历史经验搭建的。严格来说,研究结论的适用性仅局限于这两个国家,只有当旨在探究国际银行与发展中国家的借贷关系的其他案例研究工作也得出相同或类似的结论时,本书结论的应用才能得到拓展。

本书中的动态研究分析框架是以信贷市场的供需状况为核心的,具体来说,就是充足、激进的信贷资金供给与借款方有限的吸收资源的能力之间的博弈。在第 3 章中,我认为在 20 世纪 70 年代,面对相关借款方的资金需求,由现代跨国银行机制带来的是一条扁平的信贷供给曲线。就是在这样的信贷市场环境下,我能够更加具体明确地阐述从充足信贷供给到过度借贷的转化过程。也就是说,银行在这次债务危机中扮演了积极代理人的角色。

这里需要强调的是,我没有试图去"证明"或是"证伪"任何一个理论。众所周知,我们无法运用数据来证明或反驳供需分析的大多数内容,因为这样的供

---

[1] 对于国有企业投资项目的细节,详见:Devlin and Mortimore, *Bancos Transnacionales y Bolivia*, chapter 7.

[2] 私有部门投资在 1975 年后陷入崩溃,而利润流向非生产性活动。资源不当分配的典型案例是国家农业银行的投资所导致的耐人深思的棉花生产的繁荣与衰退。该案例以及其他失败案例的细节详见:Ibid. and Dunkerley, *Rebellion*, pp. 219-230.

需分析只有在一个宽泛甚至不符合现实的其他条件不变的情况下才能进行。[1] 实际上,并不绝对存在向上倾斜的信贷供给曲线以长久地支持传统的信贷市场分析。[2] 传统理论的合理性在于对小规模市场上的理性投资者的假设。当对分析的大环境做出适当调整,并考虑到 20 世纪 70 年代银行所处的市场是动荡的全球寡头市场时,我们将会看到在信贷周期的大多数阶段,信贷供给呈现出一条扁平曲线似乎更加合理一些。麦金农——一个传统理论的积极支持者——现在或许也会同意这个观点。在对南美经济大崩溃的最新评论中,麦金农指出借款方没有正确面对正常向上倾斜的信贷供给曲线,这反过来导致了市场的失败并实际上推动了过度负债。[3]

尽管我仍然不能断言本书研究框架的广泛适用性,但是我强烈建议它能够得到广泛应用。作为一个正在被检验的假设,我认为本书的研究框架以最纯粹的形式在小型和中型借款国的信贷市场中同样能适用,比如牙买加、哥斯达黎加、乌拉圭和智利。另一方面,以巴西为代表的较大并且更加动态化的经济体可能能够缓和激进的信贷供给状况,因为这样的国家具有足够能力来吸收资源,并将这些资源投入可行的商业项目中。[4] 然而,墨西哥的困境告诉我们,即使是大型经济体也可能面临超过生产可能性的信贷资金供给。

但是充足、激进的信贷供给只是造成过度负债的其中一个原因。借款国实现资源有效利用的内部政治处置能力是另外一个决定因素。哥伦比亚——一个中等规模的借款国——在 1980 年以前都积极实行抵制银行家提案的政策。这反映出该经济体谨慎的需求控制传统。银行家对于自身无法有效进入该国市场的情况感到失望,而这个国家将银行家牢牢套住,并能够在贷款合同上取得银行方面的大幅度让步。这个国家甚至在金融体系中得到这样一个称号:发

---

[1] 存在的问题是,我们在观察数据的时候不知道数据的变动是沿着曲线进行的还是曲线偏移的结果。详见:Peter McClelland, *Causal Explanation and Model Building in History, Economics, and the New Economic History* (Ithaca, N.Y.: Cornell University Press, 1975), pp.184 – 193.

[2] 详见:Jeffrey Sachs, "LDC Debt in the 80s: Risks and Reforms," in *Crisis in the Economic and Financial Structure*, ed. Paul Wachtel (Lexington, Mass.: Lexington Books, 1982), p.211.

[3] 但是不幸的是,他或许是从最错误的论据中得到了正确的结论。他仍然从信贷机构获取材料,并指责公共部门的担保失败。详见:Ronald McKinnon, "The International Capital Market and Economic Liberalization in LDCs," *The Developing Economies* 22(December 1984):478.

[4] 巴西确实具有强大的吸收贷款的能力,并且在 20 世纪 70 年代正好遇到银行系统谨慎地对外敞口限制。因此,在债务危机出现前,巴西存在信贷配给并且信贷条款出现恶化(见表 3.11)。

展中国家的"刺儿头"借款方。[1]换句话说,哥伦比亚实行的是之前提及的防御型战略。在 20 世纪 80 年代初,图尔瓦伊(Turbay)统治时期出现的一些新自由主义的经济政策(北方所用术语中称之为新保守派的货币政策)稍许延缓了防御型战略的实施。虽然这个国家通过这些措施避免了债务问题,但是由于受到拉丁美洲债务危机所带来的负市场外部性的影响,其在 1982 年下半年还是出现了债务偿付的困难。

借款国越大、工业化程度越高,那么其有效吸收银行信贷资金的能力就越受到内部政治因素的影响。经济政策是技术层面的也是政治层面的,当银行借贷行为使得社会更加宽容时,那么将会出现值得我们深入关注的问题。

---

[1] 银行在进入哥伦比亚市场之后所受到的挫折如此之大,以至于银行在签订贷款合同时作出了罕见的让步,它们不再坚持让政府放弃主权债务豁免。详见:Richard Ensor, "Latin America's Prickliest Borrower," *Euromoney*, June 1978, pp. 98-101.

第5章

危机和调整偿债日程的政治经济

20世纪70年代拉丁美洲国家信贷的蓬勃发展止步于1982年年中,当时,尤其是银行的所有重要客户(哥伦比亚除外[1])开始纷纷进入实质性的违约并大幅调整偿债日程。[2]但更重要的是,偿还银行债务的问题并不是首次在拉丁美洲发生:早在大崩溃之前,秘鲁、玻利维亚、牙买加、圭亚那和尼加拉瓜都曾与银行进行过一次或者更多次的偿债日程重新修订(见表5.1)。[3]

早期信贷问题的出现导致了20世纪70年代的债务重组,并且拉丁美洲在80年代的第一年便陷入了一个复杂的因果关系结构中,而该结构也与这些拉丁美洲国家独特的历史环境相关。对于这些关系的尽职研究以及其他相关案例已

---

[1] 尽管如此,由于"邻居们"发生了问题,哥伦比亚也发现自己很难再获得贷款。

[2] 我将会交替使用调整偿债日程、再融资和重组这几个词。尽管调整偿债日程和再融资从技术方面来讲是不同的,但是两者的差异可以忽略。前者是通过修改贷款合同来延长偿还期限。后者是银行通过发放新贷款来抵补未偿还的贷款,否则未偿还的贷款将无法偿付。有时候,银行更倾向于使用后一种表述方法,因为它"更安静",不会引起对投资组合问题的关注。详见:David Biem, "Rescuing the LDCs," *Foreign Affairs* 55 (July 1977):723-724。

[3] 哥斯达黎加同样在1981年1月宣称调整偿债日程,并与此同时开始拖欠债务。阿根廷在1982年4~7月马岛战争期间开始拖欠债务。详见:David Dod, "Restricción del Crédito de la Banca Comercial en Situations de Crisis de la Deuda Internacional" [Restriction of Bank Credit in Situations of International Debt Crisis], *Monetaria* 6 (April-June 1983):160; and Paul Mentré, *The Fund, Commercial Banks, and Member Counties*, Occasional Paper No. 26 (Washington, D.C.: International Monetary Fund, 1984), pp.11-12。

经超出了我的研究范畴,但是它们的共同特征可以归结为这样一种现象:一旦银行对其客户信誉度的担忧显著提升,那么银行作为一个整体将不愿意提供新的贷款以实现债务偿付的自然延展。这将进一步使得借款国的债务偿还负担提升到不可持续的水平。这时,调整偿债日程或者强制再融资会随之出现。[1]

表 5.1 拉丁美洲:1982 年墨西哥经济危机之前的一些银行贷款日程调整协议

年份和国家	调整偿债日程后的分期偿还期限(年)	数量(百万美元)	分期偿还贷款总期限(年)	宽限期(年)	高于基准利率的利差^a(%)	佣金^b
1976						
秘鲁	1.0	430	5.0	2.0	2.25	1.5
1978						
秘鲁	0.5	186				
	2.0	200	5.0~6.0	2.0	1.88^c	0.5
牙买加	1.0	63	5.0	2.0	2.0	
1979						
牙买加	2.0	149	5.0	2.0	2.0	
1980						
秘鲁^d	1.0	340	5.0	2.0	1.25	
尼加拉瓜	2.0	240	12.0	5.0	1.0~1.75^e	…^{f}
1981						
牙买加	2.0	89	5.0	2.0	2.0	1.5
玻利维亚	2.0	244	5.0~6.0	2.0	2.25	1.125
尼加拉瓜	1.7	180	10.0	5.0	1.0~1.75^e	…

---

[1] 危机前后银行对一些国家采取的行为,详见:Dod, "Restriccion del Credito de la Banca Comercial," as well as William Gasser and David Roberts, "Bank Lending to Developing countries: Problems and Prospects," *Federal Reserve Bank of New York Quarterly Review* 7 (Fall 1982): 18 – 29.

续表

年份和国家	调整偿债日程后的分期偿还期限(年)	数量(百万美元)	分期偿还贷款总期限(年)	宽限期(年)	高于基准利率的利差[a](%)	佣金[b]
1982						
尼加拉瓜	1.0	55	10.0	5.0	1.0~1.75[e]	…
圭亚那	1.0	14		0.6	2.5	

Sources：Robert Devlin, *Transnational Banks and the External Finance of Latin America：The Experience of Peru* (Santiago, Chile：United Nations, 1985), pp. 212 and 254；Robert Devlin and Michael Mortimore, *Los Bancos Transnacionales, el Estado, y el Endeudamiento Externo en Bolivia* [Transnational Banks, the State, and External Debt in Bolivia] (Santiago, Chile：United Nations, 1983), p. 49；Richard Weinert, "Nicaragua's Debt Renegotiation," *Cambridge Journal of Economics* 5 (June 1981)：187 – 192；Quek Peck Lim, "The Borrower's Trump Card is His Weakness," *Euromoney*, October 1982, p. 37；E. Brau et al., *Recent Multilateral Debt Restructurings with Official Bank Creditors* (Washington, D.C.：International Monetary Fund, 1983), pp. 30 – 43.

注释：偿债日程重新修订不包括减免欠款偿还的协议。
[a] 伦敦同业拆借利率。
[b] 贷款账面价值的一定百分比。
[c] 1979 年约定的分期偿还期限。
[d] 秘鲁提前结清了 1979 年债务，并就 1980 年贷款协议条款进行了重新谈判。
[e] 在贷款协议生效期间,利差逐步由 1% 上升到 1.75%,平均利差为 1.5%。尼加拉瓜支付了高达 7% 的利差,其与实际市场利率间的利差被资本化处理了。
[f] (…)＝0 或不足以量化的极小值。

表 5.1 显示了偿债日程重新修订的一个清晰的模式。从中我们可以看到,银行利用很短的期限来处理调整偿债日程问题,仅仅延长偿还期限 1 到 2 年。条款中规定的总偿债期限和宽限的期限都非常短;相对于伦敦同业拆借利率的溢价非常高,而债权方获得的佣金(那些可以得到信息的)非常丰厚。

唯一与正常模式明显不同的是 1980 年尼加拉瓜的偿债日程重新修订合同。虽然仅延了 2 年的偿还期限,但其所申请到的总偿债期限较长(12 年),相对于伦敦同业拆借利率的溢价相对适中(1.5% 的平均利差,贷款利率上限为 7%),并且这也是唯一一个没有佣金的偿债日程重新修订合同。对于当时的拉丁美洲整体信贷环境来说,尼加拉瓜的偿债日程重新修订合同是非常与众不同的,原因在于这是第一份以经济增长和国家发展需要为宗旨来设计具体条款的债务偿付日程修订合同,虽然从表面上来看,它仍是商业性质的。[1]

然而,1980 年对尼加拉瓜的贷款是非常有争议的。银行家们勉强同意了该国的偿债日程重新修订合同,其中的原因有两方面:一是银行与桑地诺革命政权的协商困难;二是银行与被废黜的索摩查政府之间发生了不规范贷款紧缩和利用债务的丑闻。[2] 在次年玻利维亚和牙买加先后签订了偿债日程重新修订合同后,银行才能够以严苛的信贷条款重塑自己的地位。

但是这些早期发生的调整偿债日程事件对银行造成的冲击,要远远小于之后发生的该类事件。自 1982 年年中开始,银行面临了大规模的危机。正如在之前研究中提及的,在 1983 年初,超过 25 个拉丁美洲和西欧的国家开始协商偿债日程重新修订事宜,银行有一半的外币投资组合的标的就是这些国家。[3] 拉丁美洲自然是该问题的核心,因为有 17 个拉美国家陷入了这场危机,包括发展中国家里的两个最大债国——巴西和墨西哥。

再一次说明,导致当时债务危机的准确原因是非常复杂的,我不会在此处展开分析。[4] 但是其中的一个共同特征是,银行对其客户信誉度表示担忧,并且突然要求客户进行有效偿债,正如 1982 年拉丁美洲负的资源转移所显著呈现的那样(见表 2.1)。一旦债务偿付的自然延展遭到破坏,债务国将不再能够完全偿付债务,这将引起危机和调整偿债日程的发生。

从 1982 年年中开始进行的偿债日程重新修订的形式是多样的。从一定程度来说,这些形式也延续了部分早期模式,如表 5.1 所示,20 世纪 70 年代的偿债日程调整形式同样也是多样的。当代的偿债日程重新修订共分为四轮,表 5.2~表 5.6 汇总了四轮偿债日程重新修订分别涉及的贷款金额以及合同条款。

---

[1] Richard Weinert, "Nicaragua's Debt Renegotiation," *Cambridge Journal of Economics* 5 (June 1981): 187–192. 银行家们在签订调整偿债日程合同时一贯秉持融资纪律的严格标准。对银行家们在该笔调整偿债日程合同中采用的基本准则的回顾,详见:United Nations Economic Commission for Latin America and the Caribbean (ECLAC), *External Debt in Latin America: Adjustment Policies and Renegotiation* (Boulder, Colo.: Lynne Rienner, 1985), pp. 72–76.

[2] 在我看来这一丑闻并没有公之于众;我是从与参与谈判人员的交谈中留意到的。

[3] Morgan Guaranty Trust Company, *World Financial Markets* (New York, February 1983), pp. 1–2.

[4] 概括来说,我曾在前面章节说明原因是借款国的政策、银行的行为以及经合组织国家的事件。详见:Robert Devlin, "Deuda, Crisis, y Renegociación: El Dilema Latinoamericano" [Debt, Crisis, and Renegotiation: The Latin American Dilemma], in *Amércia Latina: Deuda, Crisis, y Perspectivas* [Latin America: Debt, Crisis, and Perspectives], ed. the Instituto de Cooperación Iberoamericana (Madrid: Ediciones Cultura Hispánica, 1984), pp. 67–83.

表 5.2　1982～1987 年拉丁美洲的银行债务偿还日程调整

（单位：百万美元）

国家	第一轮 1982/83 重新修订的分期偿还期限 数量	第一轮 1982/83 重新修订的分期偿还期限 年份	第一轮 1982/83 新贷款 数量	第二轮 1983/84 重新修订的分期偿还期限 数量	第二轮 1983/84 重新修订的分期偿还期限 年份	第二轮 1983/84 新贷款 数量	第三轮 1984/85 重新修订的分期偿还期限[a] 数量	第三轮 1984/85 重新修订的分期偿还期限[a] 年份	第三轮 1984/85 新贷款 数量	第四轮 1986/87 重新修订的分期偿还期限[a] 数量	第四轮 1986/87 重新修订的分期偿还期限[a] 年份	第四轮 1986/87 新贷款 数量
阿根廷	13 000[b]	82～83[b]	1 500[b]	N[c]	N	N	16 500	82～85	3 700	29 600	86～90	1 550
玻利维亚	N	N	N	N	N	N	N	N	N	N[d]	N[d]	N[d]
巴西	4 800	83	4 400	5 400	84	6 500	16 300	85～86	...[m]	N[e]	N[e]	N[e]
哥斯达黎加	650	82～83	225	N	N	N	440	85～86	75	N[f]	N[f]	N[f]
古巴	130	82～83	...	103	84	...	82	85	...	N	N	N
智利	3 424	83～84	1 300	...	...	780	5 700	85～87	714;371[l]	...[g]	88～91	...[g]
厄瓜多尔	1 970	82～83	431	...	...	...	4 800	85～89	...	N	N	N
洪都拉斯	121	82～84	...	...	...	...	220	85～86	...	N	N	N
墨西哥	23 700	82～84	5 000	12 000[h]	82～84	3 800	48 700	85～90	...[i]	43 700	85～90	7 700[i]
尼加拉瓜	...[j]	...[j]	...[j]	N[k]	N[k]	N[k]	N	N	...	N	N	N
巴拿马	80	83	100	662	84～85	...	603	85～86	60	N	N	N
秘鲁	400	83	450	662	84～85	...	220	85～86	...	N	N	N
多米尼加共和国	568	82～83	...	N	N	N	790	84～89	...	N[k]	N[k]	N[k]

156　/　拉丁美洲债务危机：供给侧的故事

续表

国家	第一轮 1982/83 重新修订的分期偿还期限 年份	第一轮 1982/83 重新修订的分期偿还期限 数量	第一轮 1982/83 新贷款 数量	第二轮 1983/84 重新修订的分期偿还期限 年份	第二轮 1983/84 重新修订的分期偿还期限 数量	第二轮 1983/84 新贷款 数量	第三轮 1984/85 重新修订的分期偿还期限[a] 年份	第三轮 1984/85 重新修订的分期偿还期限[a] 数量	第三轮 1984/85 新贷款 数量	第四轮 1986/87 重新修订的分期偿还期限[a] 年份	第四轮 1986/87 重新修订的分期偿还期限[a] 数量	第四轮 1986/87 新贷款 数量
乌拉圭	83~84	630	240	N[k]	...	N[k]	85~89	1 700	45[l]	86~91	1 780	...
委内瑞拉	N[k]	N[k]	N[k]	N[k]	...	N[k]	83~88	21 200	...	86~88	20 450	...

Source: ECLAC, Division of Economic Development.

注释：表中信息包括了重新修订的中期分期偿还贷款以及作为救助计划的新中期贷款的价值。不包括使用英语的加勒比地区。

[a] 在一些案例中，银行修订轮儿之前将之前拒绝了，债务最终被包含在第三轮偿还日程修订协议中。

[b] N = 无协议达成。

[c] 在1987年，玻利维亚曾成立了一个捐助基金，用于回购与银行之间的贷款。

[d] 在1988年初，巴西指出其与银行之间债务马上就会达成偿还日程修订协议。

[e] 分别指1985年和1986年的贷款，其中包括由世界银行担保的1.5亿美元的贷款。

[f] 没有达成新的贷款协议，但是智利通过该谈判将半年支付一次利息，这虽然是一次性调整，却在1988年为其节省了4.5亿美元。

[h] 私人部门。

[i] 包括应急贷款计划的170万美元。

[j] 详见之前表格中的协议。

[k] 该国继续在常规基础上进行债务利息偿付。

[l] 是与世界银行联合融资的一部分。

[m] (...) = 0 或不足以量化的极小值。

表 5.3　　　　　　　　1982～1983 年拉丁美洲第一轮银行债务偿还日程调整

国　家	高于伦敦同业拆借利率的部分 R	NL	分期偿还期限(年) R	NL	宽限期(年) R	NL	佣金[a] R	NL
阿根廷	2.13	2.50	7.0	5.0	3.0	3.0	1.25	1.25
玻利维亚	N	N	N	N	N	N	N	N
巴西	2.50	2.13	8.0	8.0	2.5	2.5	1.5	1.5
哥斯达黎加	2.25	1.75	8.0	3.0	4.0	2.0	1.0	0.5
古巴	2.25		7.0		2.5		1.25	
智利	2.13	2.25	7.0	7.0	4.0	4.0	1.25	1.25
厄瓜多尔	2.25	2.38	7.0	6.0	1.0	1.5	1.25	1.25
洪都拉斯	2.25		7.0		1.0		1.38	
墨西哥	1.88	2.25	8.0	6.0	4.0	3.0	1.0	1.25
尼加拉瓜[b]								
巴拿马	2.25	2.25	6.0	6.0	2.0	2.0	1.5	1.5
秘鲁	2.25	2.25	8.0	8.0	3.0	3.0	1.25	1.25
多米尼加共和国	2.25		6.0		2.0		1.25	
乌拉圭	2.25	2.25	6.0	6.0	2.0	2.0	1.38	1.50
委内瑞拉	N	N	N	N	N	N	N	N

Source：ECLAC，Division of Economic Development.
注释：符号释义如下：R＝重新修订的本金；NL＝新贷款；N＝无协议达成。
[a] 以贷款账面价值的一定百分比表示，基于公开信息获得，因此可能低估了实际支付的费用。
[b] 继续执行 1980 年协议条款。

表 5.4　　　　　　　1983～1984 年拉丁美洲第二轮银行债务偿还日程调整

国　家	高于伦敦同业拆借利率的部分		分期偿还期限(年)		宽限期(年)		佣金[a]	
	R	NL	R	NL	R	NL	R	NL
阿根廷	N	N	N	N	N	N	N	N
玻利维亚	N	N	N	N	N	N	N	N
巴西	2.0	2.0	9.0	9.0	5.0	5.0	1.0	1.0
哥斯达黎加	N	N	N	N	N	N	N	N
古巴	1.88		9.0		5.0		0.88	
智利		1.75		9.0		5.0		0.63
厄瓜多尔								
洪都拉斯								
墨西哥		1.50		10.0		6.0		0.63
尼加拉瓜[b]								
巴拿马	N	N	N	N	N	N	N	N
秘鲁	1.75		9.0		5.0		0.75	
多米尼加共和国	N	N	N	N	N	N	N	N
乌拉圭								
委内瑞拉	N	N	N	N	N	N	N	N

Source：ECLAC, Division of Economic Development.

注释：符号释义如下：R＝重新修订的本金；NL＝新贷款；N＝无协议达成。

[a] 以贷款账面价值的一定百分比表示，基于公开信息获得，因此可能低估了实际支付的费用。

[b] 继续执行 1980 年协议条款。

表 5.5　　　　　　1984～1985 年拉丁美洲第三轮银行债务偿还日程调整

国　家	高于伦敦同业拆借利率的部分 R	高于伦敦同业拆借利率的部分 NL	分期偿还期限(年) R	分期偿还期限(年) NL	宽限期(年) R	宽限期(年) NL	佣金[a] R	佣金[a] NL
阿根廷	1.38	1.63	12.0	10.0	3.0	3.0	…[b]	0.58
玻利维亚	N	N	N	N	N	N	N	N
巴西	1.13		12.0		5.0		…	
哥斯达黎加	1.63	1.75	10.0	7.0	3.0	1.5	1.0	1.0
古巴	1.50		10.0		6.0		0.38	
智利	1.38	1.63	12.0	12.0	6.0	5.0	…	0.50
厄瓜多尔	1.38		12.0		3.0		…	
洪都拉斯	1.58		11.0		3.0		0.88	
墨西哥	1.13		14.0		…		…	N
尼加拉瓜	N	N	N	N	N	N	N	N
巴拿马	1.38	1.63	12.0	9.0	3.5	3.0	…	0.5
秘鲁	N	N	N	N	N	N	N	
多米尼加共和国	1.38		13.0		3.0		…	
乌拉圭	1.38	1.63	12.0	12.0	3.0	3.5	…	…
委内瑞拉	1.13		12.5		…		…	

Source：ECLAC，Division of Economic Development.

注释：符号释义如下：R＝重新修订的本金；NL＝新贷款；N＝无协议达成。

[a] 以贷款账面价值的一定百分比表示，基于公开信息获得，因此可能低估了实际支付的费用。

[b] (…)＝0 或不足以量化的极小值。

表 5.6　　　　　　　1986～1987 年拉丁美洲第四轮银行债务偿还日程调整

国　家	高于伦敦同业拆借利率的部分 R	NL	分期偿还期限(年) R	NL	宽限期(年) R	NL	佣金[a] R	NL
阿根廷	0.81	0.88	19.0	12.0	7.0	5.0	⋯[b]	0.38[c]
玻利维亚	N	N	N	N	N	N	N	N
巴西	N	N	N	N	N	N	N	N
哥斯达黎加	N	N	N	N	N	N	N	N
古巴	N	N	N	N	N	N	N	N
智利	1.0		15.0		6.0		⋯	
厄瓜多尔	N	N	N	N	N	N	N	N
洪都拉斯	N	N	N	N	N	N	N	N
墨西哥	0.81	0.81	20.0	12.0	7.0	4.0	⋯	⋯
尼加拉瓜	N	N	N	N	N	N	N	N
巴拿马	N	N	N	N	N	N	N	N
秘鲁	N	N	N	N	N	N	N	N
多米尼加共和国	N	N	N	N	N	N	N	N
乌拉圭	0.88		17.0		3.0		⋯	
委内瑞拉	0.88		14.0		⋯		⋯	

Source：ECLAC，Division of Economic Development.
注释：符号释义如下：R＝重新修订的本金；NL＝新贷款；N＝无协议达成。
[a] 以贷款账面价值的一定百分比表示，基于公开信息获得，因此可能低估了实际支付的费用。
[b] (⋯)＝0 或不足以量化的极小值。
[c] 指在 1987 年 6 月 17 日之前签订新贷款协议的银行。

由于四轮偿债日程重新修订的详细数据很容易找到[1],因此,我将在这里总结下这一过程的梗概。

1982年年中发生在墨西哥的债务危机震惊了金融界,原因在于:一方面,其银行债务金额巨大(当时接近600亿美元);另一方面,这一危机的发生从当时来看非常突然。[2] 其对市场造成的恐慌效应与1974年发生的赫斯塔特银行同业拆借市场危机事件相似,但是墨西哥债务危机造成的恐慌程度更大。墨西哥债务危机进而给金融市场带来了负外部性的影响。[3] 实际上,如果一个国家发生了债务危机,那么一定程度上这也会影响银行家对其他国家的债务偿付风险的判断。[4] 正如第2章中所阐述的,拉丁美洲信贷市场中的外部性是非常有效的,银行家们拥有大量对第三世界国家的贷款。一旦一个国家被认定为"拉丁美洲下一个即将崩溃的国家",那么该国新增贷款将变得稀缺,贷款期限会缩短,贷款成本增加,所有这些转变都将破坏债务延展过程。由于获得新一笔贷款很困难,许多国家将会发现它们不再有能力进行偿债,进而这些国家将会逐一宣布陷入技术性违约。像智利和秘鲁一样,虽然拉丁美洲的一些国家曾经试图拼命地与那些陷入困境的邻国保持距离,但自1983年开始,这些国家也

---

[1] 详见:United Nations Economic Commission for Latin America and the Caribbean (ECLAC), *Economic Survey of Latin America and the Caribbean 1982* (Santiago, Chile, 1984), 1:74-84; United Nations Economic Commission for Latin America and the Caribbean, *Economic Survey of Latin America and the Caribbean 1983* (Santiago, Chile, 1985), 1:66-72; United Nations Economic Commission for Latin America and the Caribbean, *Economic Survey of Latin America and the Caribbean 1985* (Santiago, Chile, 1987), pp.55-61; United Nations Economic Commission for Latin America and the Caribbean, *Estudio Económic de América Latina y el Caribe 1986* [Economic Survey of Latin America and the Caribbean 1986] (Santiago, Chile, 1988), pp.55-71; and United Nations Economic Commission for Latin America and the Caribbean, "Preliminary Overview of the Latin American Economy 1987" (Santiago, Chile, 1987), sec. II. 4.

[2] 墨西哥在1982年初已经陷入危机,但是这一困境却在短期贷款问题的遮掩下逃过了观察者(似乎包括了许多银行)的眼睛,该短期贷款被集中用来延展中期偿债义务。然而短期债务的累积使得问题更加恶化,最终在8月爆发出来。对墨西哥的详尽分析见:Joseph Kraft, *The Mexican Rescue* (New York: Group of Thirty, 1984)。

[3] 在墨西哥危机之前,市场已经从其他方面获得危机的消息。高利率反而影响了像国际收割机公司这样的蓝筹公司的支付能力。像佩恩中部铁路公司和安布西亚诺银行等一些公司发生了破产。同时,正如本章脚注所述,马岛战争同样破坏了阿根廷的偿债能力。详见:Mentré, *The Fund and Member Countries*, pp.11-12.

[4] 实证分析详见:Anthony Saunders, "An Examination of the Contagion Effect in the International Loan Market" (Washington, D. C.: International Monetary Fund, December 1983)。

不得不同样宣布违约并请求调整偿债日程。[1]

在1982年下半年到1983年上半年,银行及其东道国、货币基金组织都曾经协力试图补救银行在拉丁美洲的贷款投资组合。各方所共同制定的通用补救模式现在是众所周知的。作为同意债务国加入货币基金组织的一项财政紧缩计划中的对应条件,债务国需要接受对其1982～1983年到期以及某些条件下1984到期的负债进行偿债日程重新修订。作为援助计划的一部分,为了与国际货币基金组织的调整计划相协调,银行同样同意新增其1983年度的贷款。通过银行与国际货币基金组织制定的通用模式,使得私人债权方将其投资组合(通过所谓的非自愿贷款方式)每年扩大7%。在国际货币基金组织和债权国看来,援助计划的主要内容包括从两个方面解决这次债务危机:债务国做出调整以及支持该调整所需要的融资。[2]

由于首轮偿债日程重新修订计划基本上与货币基金组织的调整计划是一致的[3],且这需要大量债权方的认可,因此协商过程较为麻烦且进程缓慢。为了弥补这一时间差,在援助计划获得商业银行认可之前,美国财政部和国际清算银行通过提供空前的紧急短期贷款来帮助拉丁美洲国家渡过难关。[4] 经合组织国家同样支持这一危机管理方案,它们通过巴黎俱乐部来调整双边官方债务的偿债日程。[5]

---

[1] 有趣的是,在秘鲁首次提出偿债日程重新修订的是银行而不是政府部门。在1982年下半年,秘鲁政府曾尽力避免违约,但是政府约定用于延展债务的贷款却日益增加。秘鲁政府很快突破了短期贷款使用的底线。秘鲁两大债权方——花旗和大通曼哈顿银行——"劝告"政府当局申请临时的债务延期偿付。大型银行希望阻止小型银行撤离秘鲁市场,因为小型银行的撤离将"烫手的山芋"留给了大型银行。通过国家申请债务延期偿付,小型银行将与秘鲁的命运捆绑在一起。详见:Robert Devlin and Enrique de la Piedra, "Peru and Its Private Bankers: Scenes from an Unhappy Marriage," in *Polices and Economics of External Debt Crisis*, ed. Miguel Wionczek in collaboration with Luciano Tomassini (Boulder, Colo.: Westview Press, 1985), pp. 409–410.

[2] 详见:ECLAC, *External Debt in Latin America*, p.77.

[3] 其中的例外是古巴(非成员国)和处于革命时期的尼加拉瓜,它们不接受货币基金组织的方案。

[4] 借款方统计的该笔贷款的具体数据信息,详见:ECLAC, *Economic Survey of Latin America and the Caribbean 1982 and 1983*, 1: 75 and 67, respectively.

[5] 由于大量的拉丁美洲债务是与私人银行签订的,因此我将不会阐述巴黎俱乐部的贷款协商。尽管如此,必须指出的是一些小额的债务过度依赖于双边融资,因此,这使得巴黎俱乐部贷款协商更为重要。巴黎俱乐部贷款协商的具体内容,详见:Eduard Brau et al., *Recent Multilateral Debt Restructurings with Official and Bank Creditors*, Occasional Paper No. 25 (Washington, D.C.: International Monetary Fund, 1983).

表 5.7　　　　　　拉丁美洲：1982 年墨西哥危机之前的信贷条件
　　　　　　　　　　　（1980 年 1 月～1981 年 6 月）

国　　家	高于伦敦同业拆借利率的部分	分期偿还期限（年）	佣金[a]
阿根廷	0.67	7.5	1.09
玻利维亚			
巴西	1.62	8.5	2.01
哥斯达黎加	1.13	6.0	1.23
古巴	1.00	5.0	0.88
智利	0.91	7.6	0.81
厄瓜多尔	0.74	8.0	0.97
洪都拉斯	1.40	6.7	0.97
墨西哥	0.65	7.6	0.70
尼加拉瓜			
巴拿马	1.09	8.0	1.00
秘鲁	1.12	8.2	1.07
多米尼加共和国	1.30	8.1	0.91
乌拉圭	0.98	9.1	0.90
委内瑞拉	0.68	6.9	1.67

Source：Calculated from data in World Bank, *Borrowing in International Capital Markets* (Washington, D.C.), various numbers.
注释：
[a] 以贷款账面价值的一定百分比表示，基于公开信息获得，因此可能低估了实际支付的费用。

虽然银行、国际货币基金组织以及经合组织国家都付出巨大努力，通过偿债日程重新修订计划来帮助债务国避免发生违约，但是一些国家并未就此达成协议。玻利维亚自 1979 年下半年起便存在明显的债务偿还问题，鉴于有记录显示当时商业条款苛刻、不切实际和国内政治不稳定两方面因素，玻利维亚不再兑现其 1981 年的偿债日程重新修订计划。1982 年年中墨西哥危机爆发的时候，该国的应付款项已经快速积累起来，执政政府的快速更替使得它无法通过协商获得任何可持续的贷款合同。委内瑞拉则从不接受银行的偿债日程重新修订条款。凭借其接近 80 亿美元的储备，委内瑞拉有足够的杠杆拖延向债权方偿还债务，并且反复提出临时性 3 个月暂停支付本金，而同时仍保持着对利息的现金偿付。

银行进行第一轮偿债日程重新修订的条件是相对苛刻的，当时它们正值债务危机发生前的自我调整过程中。已有债务偿付重新修订合同以及新增贷款合同中所涉及的典型条款包括相比伦敦同业拆借利率上浮 2.25%、分期偿还的期限是6～8年、佣金为1.25％三个方面。第一轮协商条款最终决定了贷款的协商价格,与危机之前一般信贷市场条款相比,我们可以看到债务国的信贷环境相对恶化了1～2.5倍(见表5.8)。净资金成本(利率加上佣金)也明显提升:联合国拉丁美洲和加勒比经济委员会计算得出,在第一轮偿债日程重新修订期间,多数债务国的信贷融资成本较危机之前一般融资成本高出20％以上。[1] 除了这些繁琐的融资条款外,债务国同样必须恪守国际货币基金组织发起的调整计划的严格标准,以及迎合银行的需求,即债务国要直接或者间接担保之前本国私人部门经常破产所造成的未曾有过担保的债务。

表5.8　　　　　　　　拉丁美洲:私人银行债务条款的演变

国　　家	第一轮 1982/83	第二轮 1983/84	第三轮 1984/85	第四轮 1986/87
阿根廷	319		114	40
巴西	144	107	43	
哥斯达黎加	151		82	
古巴	148	93	65	
智利	250	151	89	50
厄瓜多尔	335		107	
洪都拉斯	152		65	
墨西哥	280	160	83	44
巴拿马	274		79	
秘鲁	197	134		
多米尼加共和国	235		61	
乌拉圭	349		98	44
委内瑞拉			68	47

Source: ECLAC, Division of Economic Development.
注释:
a 依据谈判过程,我们根据贷款成本的组成部分得到如下公式: $\{[(C_i/A_i+M_i)/A_i]/[(C_o/A_o+M_o)/A_o]\}\times100$,其中,$C$＝佣金,$A$＝分期偿还期限,$M$＝高于伦敦同业拆借利率的部分。下标 i 指各轮偿还日程修订谈判达成的条款,o 指1980/1981年信贷危机发生前信贷市场中普遍存在的条款。这一公式中的所有要素均指重新修订的债务和/或新贷款,并以交易的美元价值来衡量。

该指数不涉及其他非价格成本,比如对私人部门信贷的事后政府担保,所需要的国际货币基金组织项目等。

---

[1] 联合国拉丁美洲和加勒比经济委员会采用的计算公式是 $LIBOR+C/A+M$,其中 $LIBOR$ 为实际基准利率(危机前后均为5％),C 为佣金,A 为分期还款期限,M 为根据基准利率上浮的边际利率。详见:table 48 of ECLAC, *Economic Survey of Latin America and the Caribbean 1982*, vol. 1.

尽管一些国家还未达成第一轮偿债日程重新修订协议，但在 1983 年，第二轮偿债日程重新修订已经开始进行。那些只调整了 1983 年到期债务的偿付日程的债务国不得不与债权方就 1984 年到期债务的偿付日程进行协商。除了这些需要对 1984 年到期债务的偿付日程进行修订的国家，那些已经于第一轮中对 1984 年到期债务偿付进行了相应调整的国家，同样需要与债权方协商新增贷款条款来维持 1984 年的收支平衡。

从表 5.4 中可以看到，第二轮协商的商业条款在一定程度上放宽松了：边际利率下降 1.5 个点，分期偿还期限延长 1 到 2 年，佣金下调 1/4~1/2 个点。尽管如此，该轮条款仍较危机之前的水平严格（见表 5.8）。

从表 5.2 中可以注意到，一些国家并没有参与第二轮对银行债务的偿付调整计划。玻利维亚新组建的国内政府未能与银行达成协议。同时，阿根廷新成立的国内政府拒绝了前军事政权与银行达成的协议，而要寻求一个更有利的协议。巴拿马、哥斯达黎加以及多米尼加共和国同样在履行第一轮合同条款中出现问题，同时委内瑞拉继续抵制该调整计划。

1984 年年中迎来了第三轮的偿债日程重新修订。一方面，我们注意到该轮调整在模式上发生明显转变，许多调整案例中调整后的到期期限超过 2 年；其中到期期限最长的是墨西哥，其到期期限调整为 1985~1990 年。此外，虽然债务协商条款仍然维持在商业水平，但是有明显改进，如边际利率再一次降低，分期偿还期限延长至 14 年，前端佣金下调，在一些案例中佣金降为 0（见表 5.5）。的确，表 5.8 证实了在多数案例中贷款协商价格实际低于 1980~1981 年债务方在一般信贷市场上签订的合同价格。另一方面，我们注意到在第三轮偿债日程重新修订中，银行新增的非自愿贷款明显下降。

尽管第三轮偿债日程重新修订的商业条款明显宽松，但是一些国家仍然没有参与到银行的债务偿付调整计划中。玻利维亚仍然未能与银行达成协议，而巴西、秘鲁和尼加拉瓜则成为新的履行合同条款存在问题的国家。另外，两个大的债务国——阿根廷和委内瑞拉——在与其债权方进行了旷日持久的协商之后，终于达成了协议。

1986 年年中拉丁美洲国家迎来了第四轮偿债日程重新修订。与前几轮的模式一致，墨西哥率先启动了新的债务重组。在第四轮偿债日程重新修订中协商的条款进一步放松。墨西哥的利差降至 1% 以下，分期还款期限达到 20 年，且同样是没有佣金费用（见表 5.6）。本轮调整中最为新颖的地方是一个来自银行的 77 亿美元新增贷款计划，这笔贷款明确与墨西哥 1986~1987 年 3% 的经济增长目标相关。换句话说，这是首次债权方将债务方经济增长作为偿债日程重新修订和调整过程的一个明确的组成部分。

1985年9月末,美国财政部长詹姆斯·贝克在韩国首尔召开的国际货币基金组织和世界银行联合年会上提出了一个新政策,该政策带来了明确的经济增长承诺和相关的融资。他的"持续增长计划"(更多以"贝克计划"著称)承诺了对危机的国际管理从注重债务紧缩向注重增长结构调整的观念转变。他承诺3年内调用290亿美元新增贷款来援助15个存在偿债问题的债务国,这笔贷款中有200亿美元是私人银行的非自愿贷款,其他是官方承诺。银行贷款反映了贷款投资组合以每年2.5%的速度扩张。

私人银行担心此前为墨西哥提供的商业贷款计划通常仅仅与经济增长间接相关,如此一来,它们将根据墨西哥出口核心——石油出口——的价格来调整银行融资规模。[1]尽管如此,增长目标仍然是明确的,至少从理论上来说,债务国的出口首次被视作调整过程的一个内生变量。

在1987年,阿根廷、智利、乌拉圭和委内瑞拉紧随墨西哥参与到第四轮偿债日程重新修订中。然而没有哪个国家可以像墨西哥那样给出明确的经济增长保证,只有阿根廷从银行获得了一笔数量较大的新增资金。[2]此外,4个国家都改善了它们的债务商业条款(见表5.6)。

1987年9月,美国财政部长贝克在华盛顿召开的国际货币基金组织和世界银行联合年会上实现了债务危机国际管理的又一个转折,被称为"市场菜单法"。该方法的特征是弱化国际债务策略中的银行非自愿贷款,而将非贷款选项提前。非贷款选项主要是债转股和不同形式的资产证券化,银行可以进行制定并配置到与存在偿债问题的债务国的协商中。

官方策略强调所有菜单中的工具必须基于私人银行,以及产生于银行对每个案例的自主反馈。市场可选择菜单通常包括:贸易和项目贷款;转贷(将部分银行贷款转移至债务国私人部门);发行新货币债券;退出债券;债转股;债务慈善互换;有限和具体的利息资本化;非自愿的国际收支平衡贷款。这些选项总是显眼地出现在官方的菜单上。市场可选择菜单中通常不包括债务赦免方案

---

[1] 墨西哥总的融资规模高达137亿美元。银行承担了77亿美元,其中包括17亿美元的应急贷款,其余的60亿美元融资来自多边和双边贷款方。合同约定墨西哥获得资金的规模取决于1987年末的石油价格变动情况。如果油价降至9美元/桶以下,则应急贷款自动拨付给墨西哥;相反,如果油价涨至14美元/桶以上,基础资金将会自动退出墨西哥。此外,如果1987年初的经济增长不能达到年度增长目标,则墨西哥可以选择吸收5亿美元用于刺激公共投资。

[2] 然而智利获得了对一年期利息支付的"时间调整",从半年基准延长至一年基准。据称,这在1988年节省了4.5亿美元的利息支出。详见:ECLAC, "Preliminary Overview of the Latin American Economy 1987," p. 8.

和单方面债务人倡议限制偿债,引用贝克的话来说,这是因为债务国的"21世纪发展道路是建立在增强债务国与世界其他国家的贸易和融资联系之上的,而不是削弱这些联系"。[1]

然而,第四轮偿债日程重新修订最显著的特点也许是只有少数国家参与其中。如表5.2所示,在1987年末,拉丁美洲的主要债务国出于各种原因一直未能与银行达成协议。此外,未能达成协议意味着应还银行和其他债权人的本金和利息的累积。我们将在后面看到,这是拉丁美洲债务危机国际管理局势紧张的一种表现。

5.1 对债务偿付日程重新修订实践的评价

5.1.1 信贷成本的经济合理性

在本节,我将关注对偿债日程重新修订过程中定价的论证。尽管偿债日程重新修订有许多可圈可点的地方,但是检验价格是解释偿债日程重新修订的政治经济核心变化的很好途径。

前文已经提到,在第一轮偿债日程重新修订中,信贷的协议价格大幅上调。然而这一现象并不反常,因为银行通常会根据调整了偿债日程的债务来提高信贷的价格。这一实际行动反映了在1982年危机之前,在高成本之下几乎没有偿债日程重新修订发生。从当代危机管理过程中,我看到至少存在4种源自信贷周期的论证观点能阐述这一现象,但仔细查看之后,没有一种观点是有用的。

*正的价格弹性。*在前几轮的偿债日程重新修订过程中,我们经常看到通过提高信贷协议价格来促进融资调整的现象。例如加塞尔(Gasser)和罗伯茨(Roberts)在他们关于偿债日程重新修订成本的分析中称:"显然,重组或者调整偿还日程的债务条款越具备吸引力,则所有银行参与的意愿就越强以及一笔合理的贷款尽早发放的可能性就越高。"[2]

然而,没有实际证据表明银行调整债务偿还日程的意愿与较高的信贷协议价格有关。更被默认的是,银行调整的目的不是为了获得收益而是为了规避一旦借款方宣布违约而造成的损失。

---

[1] James Baker,"Statement" to the Joint Annual Meetings of the Board of Governors of the World Bank and International Monetary Fund, Washington, D. C., 30 September 1987, pp. 4-6.

[2] Gasser and Roberts,"Bank Lending to Developing Countries," p. 28.

至于新增净信贷,有研究[1]表明即便协议价格明显上涨,银行对于偿债日程重新修订的习惯性措施仍然是削减资金而不是扩大。[2] 这并不出乎意料,我们曾见到银行配给信贷。当危机爆发的时候,债权方会迅速调整其配给方案;价格不能使市场出清,能否获得自主信贷资金取决于债权方是否从根本上转变了对债务方偿债能力的认知。

如今可以确定的是,在四轮偿债日程重新修订中银行发放了新的贷款。这表明银行与过去的举措决裂了,因为在 1982 年之前的偿债日程重新修订中,银行通常会拒绝新增贷款的请求,这阻碍了银行对本金重组的援助。但是同意放贷的新态度反映了银行自身的利益,这使得银行可以规避大量的损失和发生崩溃的可能。实际上,债务重组期间新贷款的发放反映了一种变相的利息支付日程调整,该调整已经达到了不可持续的水平。

如表 5.9 所示,在 1982 年危机爆发时,利息支付占出口收入的平均比重达到了 41% 的空前水平。许多重要债务国的这一比重更高:巴西 57%,阿根廷 54%,智利 50%,墨西哥 47%,等等。面对这些不可持续的利息负担,债权方急需找到一种方法来规避技术性违约。[3] 许多银行不愿调整利息费用的偿还日程。一方面,通常情况下,在银行的信贷周期中不会提醒利息的支付,这被视作对借款方违约施加的纪律约束。[4] 另一方面,对于一些银行(尤其是美国的银行)来说,在通常的准则下,调整利息的偿还日程就意味着损失。如此一来,银行会选择新增贷款,这同样起到了延长利息支付的作用,但不会主动涉及银行

---

[1] 详见:Dod,"Restricción del Crédito de la Banca Comercial."

[2] 秘鲁是 20 世纪 70 年代为数不多的调整偿债日程的发展中国家,并最终获得银行的信贷。在 1976~1978 年间秘鲁陷入了与债权方艰苦的斗争中,通过银行批准的月度、每日债务滚动来规避违约发生。在 1978 年底,秘鲁最终与债权方达成了偿债日程重新修订协议。在次年年末,银行开始显示出对秘鲁这一国家新的兴趣,从而引发了又一轮信贷周期,这在 1982 年和 1983 年损害了拉丁美洲其余国家的经济。银行对秘鲁感兴趣的根本原因在于 1979 年石油价格的意外大涨。高价格导致的出口盈余(由于亚马孙地区的石油产出正常而内需下滑)致使国家外部账户急剧扩大。

[3] 应该指出的是,这一问题很大程度上是关于国际市场引入浮动利率的。当银行决定以浮动利率来代替固定利率的时候,其成功地将利率风险转嫁给借款方。但是这样做的话,银行会将前期利率风险转变为借款方违约商业风险。同样,正如泰勒(Taylor)指出的,当浮动利率被引入之后,借款方贷款收益的协方差将会增大,并侵蚀了多元化收益。即如果伦敦同业拆借利率上升,则所有利率会上升,所有借款方的商业利率也会同步提升(当然,利率可能不同)。详见:Lance Taylor, "The Theory and Practice of Developing Country Debt: An Informal Guide for the Perplexed," mimeographed (Cambridge, Mass., Massachusetts Institute of Technology, Department of Economics, 1985), p. 17.

[4] Group of Thirty, *Risks in International Lending* (New York, 1982), p. 14. 但是这在之前已经出现过,例如,1980 年尼加拉瓜在其偿债日程重新修订中协商获得了 7% 的利率上限。利率上限与市场较高利率的利差在 1986~1990 年间被资本化和摊销了。

会计的监管。[1]

表5.9　　　　　　　　拉丁美洲：商品与服务出口贸易总利息支付比例　　　　（百分比）

国　家	1979	1980	1981	1982	1983	1984	1985	1986	1987[a]
拉丁美洲	17.6	20.4	28.0	41.0	36.2	35.7	35.2	36.0	30.5
石油出口国	15.7	16.8	22.6	35.6	31.4	32.5	32.2	35.3	25.2
玻利维亚	18.6	25.0	34.6	43.4	39.9	50.0	46.8	42.6	40.0
厄瓜多尔	13.6	18.3	22.8	30.3	27.4	30.7	27.0	30.9	31.1
墨西哥	24.5	23.3	29.0	47.2	37.5	39.0	36.0	37.9	27.9
秘鲁	15.5	18.4	24.1	25.1	29.8	33.2	30.0	26.7	22.4
委内瑞拉	6.9	8.1	12.7	21.0	21.7	20.1	26.2	32.8	26.3
非石油出口国	19.3	23.9	33.8	46.8	41.0	38.7	37.8	36.3	33.0
阿根廷	12.8	22.0	35.5	53.6	58.4	57.6	51.1	53.0	56.2
巴西	31.5	34.1	40.4	57.1	43.5	39.6	40.0	41.4	34.5
哥伦比亚	9.9	11.8	21.9	25.9	26.7	22.8	26.3	19.7	25.2
哥斯达黎加	12.8	18.0	28.0	36.1	33.1	26.7	27.3	21.2	19.3
智利	16.5	19.3	38.8	49.5	38.9	48.0	43.5	38.6	26.7
萨尔瓦多	5.7	5.9	7.8	11.9	12.2	12.3	12.9	12.5	13.2
危地马拉	3.2	5.3	7.6	7.8	8.7	12.3	14.9	16.5	16.3
海地	3.2	2.1	2.7	2.4	2.4	5.2	7.4	3.4	4.6
洪都拉斯	8.6	10.6	14.4	22.4	16.4	15.8	16.2	15.5	16.5
尼加拉瓜	9.7	24.3	37.4	41.8	45.3	11.9	13.3	8.9	69.9
巴拉圭	10.7	13.5	14.8	13.5	14.3	10.2	8.3	18.5	14.8
多米尼加共和国	14.3	19.9	19.1	22.7	24.5	18.1	15.4	19.0	19.6
乌拉圭	9.0	11.0	12.9	22.4	24.8	34.8	34.3	24.7	24.0

Source：ECLAC,"Preliminary Overview of the Latin American Economy 1987"(Santiago, Chile, December 1987), table 17.

[a] 初步统计数据。

严格来讲，所谓的新增贷款（在第一轮偿债日程重新修订中已经做了充分

---

[1] 如果调整后的利息不能完全计息，则通常认为该笔贷款会成为坏账。会计监管通常是惩罚直接采取上述情况的行为（例如调整利息的偿还日程），但是会相对宽松地对待结果相同的间接行为。如此一来，当调整利息偿还日程时，该笔贷款就被视为坏账，但是如果利息获得再融资，则该笔贷款又会被认为是好的贷款。关于美国会计准则的分析，详见：Karin Lissakers, "Bank Regulation and International Debt," in *Uncertain Future: Commercial Banks and the Third World*, ed. Richard Feinberg and Valeriana Kallab (London: Transaction Books, 1984), p.57.

介绍)是一种早期被批准的、强制的、紧急的贷款管理方法,该方法使得在实践中区分新旧贷款成为可能。换句话说,如果银行没有批准新贷款,那么旧贷款就不能计息,进而会造成损失。[1] 与此同时,银行连同国际货币基金组织会围绕实际中能规避债务国技术性违约的必要方法来设计新的贷款。[2] 由于新增贷款(通过前面提到的7%的计算公式得出)仅仅能解决大约一半的利息支付,因此在客观不利的经济环境下造成国家将资源大量转移至北方地区。

如今可以确定的是,在危机爆发的时候,存在一些后来者(主要是小型贷款机构)进入信贷周期,它们相对适度地向拉丁美洲国家提供贷款。因此,它们不易受到前文提及的强制贷款的锁定效应的影响。与那些在拉丁美洲承担重要义务(就大型机构贷款在资本和储备中占有较高比重而言)的大型贷款机构相比,这些小型机构显然缺乏为利息支付发放新贷款进行再融资的内在动力。

一方面,一些小型银行将它们自己的贷款规模视作决定新增贷款成败与否的因素中不重要的部分。因此,小型银行可以像威廉·克莱因所称的"搭便车者"那样运作。[3] 搭便车者始终认为它可以悄悄地从新贷款中脱身,而且债务方的义务转嫁给了更大的需承担义务的债权方,这些债权方有强烈的内在动力去开展贷款,以达到规避对旧债务技术性违约和严重损失的目的。另一方面,在与存在资金问题的借款方进行不必要的、持续时间长的协商中,贷款规模小的银行可能更愿意承担安排新贷款的风险。这是因为(出于借款方缺乏再融资能力,会连续违约)贷款资产减值的可能性最后会降低,以及不会威胁到银行的生存能力。的确,资产减值是净化资产组合的经典方法,也是银行通过新增贷款来避免损失的首选方法。[4]

---

[1] 这种情况出现在以不计息和贷款损失准备形式发生的收益减少中。鉴于监管方的态度,银行也不得不减记贷款。美国银行——承受了较其他机构更多的公共监督——对削减收益的报告高度敏感。欧洲银行通常敏感度略低,其中部分原因是它们在法律上不受公共责任的追究,能得到更优惠的税收待遇,以及可以在其资产负债表中动用所谓的"隐性储备",这使得它们可以在条件恶劣时期平滑资金收入。详见:Graeme Rutledge and Geoffrey Bell, "Facing Reality on Sovereign Debt," *Euromoney*, November 1984, p. 105; and "Provided the Banks Stand," *Economist*, 8 September 1984, p. 82.

[2] 在本章前面内容提及,7%的计算公式会随着国际货币基金组织的调节平稳计划而增长。这一计划中并没有制定具体的增长目标,其结果是基于国内官方机构接受预算紧缩的意愿。

[3] William Cline, *International Debt: Systematic Risk and Policy Response* (Washington, D.C.: Institute for International Economics, 1984), p. 75.

[4] 这一点也可以从对客户关系的检验中得出。大型银行希望避免与借款方发生冲突,这是因为银行长期重视客户关系和市场份额。在遇到危机的时候,小型银行只是希望一起放弃国际贷款。正如一家小型银行的银行家所称:"我们认为自己就像是世界大池塘中一条非常小的鱼,以至于没有机构关心我们在做什么。"详见:Erik Ipsen, "After Mexico, the Regionals Are in Retreat," *Euromoney*, January 1983, p. 65.

在早期的几轮偿债日程重新修订中,小型银行的退出会给大型银行带来严重的破坏性后果。随着小型银行的退出,大型银行不得不发放新贷款来解决自己以及搭便车者的贷款利息支付,否则会面临亏损的可能。[1] 这是因为大多数贷款合同中的交叉违约条款在法律层面将银行相互关联起来。简单地说,条款规定对一家银行违约等同于对所有银行违约。如果小型银行根据逾期未偿付行为宣告违约,在实际中,大型银行同样会被迫宣告违约。在此背景下,一些分析师认为,有必要以更高的利润和承担义务的要求来确保小型银行加入新增贷款计划中。[2]

但是,偿债日程重新修订的高风险、高收益特征并不是小型银行参与合作的一个重要因素。这同样是因为如果行动不受约束,那么供给曲线将会达到完全配给以及价格变动不能引发供给增加的均衡点。换句话说,如图 5.1 所示,对于存在资金问题的借款国,小型银行的供给将为 D 点——供给曲线上完全无弹性的点。唯一可以引发新的贷款的情况是,债权方认识到一旦有了新贷款,借款方就可以完全恢复偿还能力或者信誉。如果银行感知到了一系列这样的愉快事件,那么新增贷款就能以较低的价格获得,因此在借款方信誉恢复的时候,供给曲线将向右下方移动。的确,在危机发生期间,价格的上涨反而是适得其反,因为这将增加债务负担,进而削弱主动偿债的预期。如图 5.1 所示,如果小型银行的贷款量在配给平衡点上,那么较高的价格实际上会更加刺激小型银行减少承担信贷偿还义务并退出。的确,在实践中,无论贷款的价格是多么有吸引力,小型银行都会试图退出。[3]

使得小型银行能够留在新贷款计划中的正确方法是引入非价格激励机制。[4] 实际上,大型银行必须确保小型银行不参与援助计划的潜在成本,要高

---

[1] 对外贷款的数据明显缺乏,然而美国银行的数据表明,在 1982 年 6 月小型银行占到银行体系对拉丁美洲贷款总额 830 亿美元的 1/5。详见:U. S. Federal Financial Institutions Examination Council, "Statistical Release," (Washington, D. C. , 6 December 1982).

[2] 案例详见:Cline, *International Debt*, p. 81.

[3] 详见:"U. S. Regional Banks Cut Lending to Latin America," *Press Review* (Bank for International Settlements), 27 February 1984, p. 6.

[4] 虽然费尔南德斯(Fernandez)假设供给曲线是富有价格弹性的,但是在他评判克莱因的模型时,得出了相似的结论。价格上涨将会吸引小型银行提供新贷款,但在每一次出现新增贷款需求时,价格均会上涨,这在费尔南德斯看来是不可持续的。因此,直接强制不涨价是使小型银行留在贷款计划中的有效方法。然而,正如我曾提出的,有证据表明银行的供给曲线是缺乏弹性的,而且在危机期间会发生崩溃,这解释了为什么即便面临较高的供给价格,银行对调整偿债日程做出的典型自动反应仍是减少新贷款。唯一有主动放贷意向的银行是过度承担义务的大型银行,在这样的案例中,较高的价格不是决策制定的一个决定性因素。的确如表 5.2 所示,墨西哥在第四轮偿债日程重新修订中以有记录以来的最低价格获得了有记录以来最大数量的新贷款。详见:Javier Fernández, "Crédito Bancario Involuntario a Países" (Involuntary Bank Credit to Countries), *Coyuntura Económica*, December 1983, pp. 198 – 210.

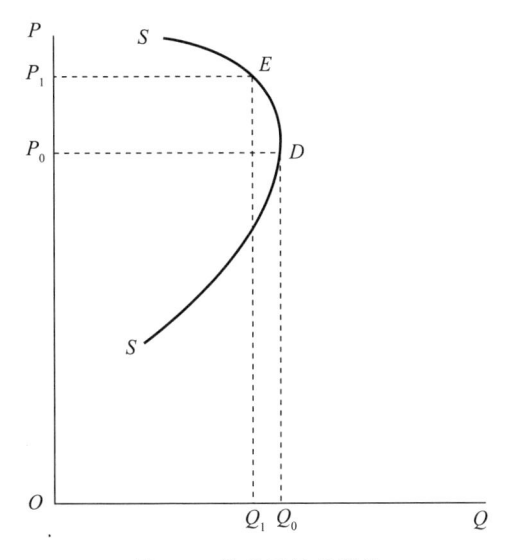

图 5.1　信贷配给的供给

于自己直接将投资组合配置于存在偿债问题的债务国的危机成本。例如,一种重要的方法是大型银行对其进行直接的道义劝告,这些大型银行是银行同业拆借市场中的净储蓄者,也是小型银行重要的国内外通信机构。另一种非常有效的施压方式是让小型银行所属中央银行打个电话,而这些中央银行得是支持国际管理策略的;中央银行可以监控小型银行的一举一动,且可以使得小型银行经营困难。当然,来自国际货币基金组织乃至债务国的压力都有助于小型银行留在这一援助计划中。[1]

较大的风险。在银行和一些分析师争论在第一轮偿债日程重新修订中债务成本显著提升的合理性的时候,引发了另一场关于高债务成本能否补偿银行可能面临的高风险的争论。[2] 实际上,在偿债日程重新修订中,银行同意将到期期限延长至超过原始合同规定的期限。这相应地增加了风险。

然而,我们必须牢记,在竞争市场中,当一家有效率的银行批准一笔贷款

---

[1] 在约瑟夫·克拉夫特(Joseph Kraft)详细说明对墨西哥援助的文章中,所有这些直接压力的重要性是非常明显的。详见:Kraft, *Mexican Rescue*, pp. 48 – 55. 也可见:Miguel Wionczek, "Mexico's External Debt Revisited: Lessons of the 1985 Rescheduling Arrangement for Latin America," paper presented at a seminar on Latin American External Debt, Stockholm, May 1985. 更为一般地,维诺德·阿加沃尔(Vinod Aggarwal)具体分析了危机期间银行合作的相关问题,得出让小型银行参与其中的方法全部都是强迫性的;价格没有被提及。详见:Aggarwal, "Cooperation in the Debt Crisis" (Berkeley, Calif: University of California, September 1985).

[2] 案例再次详见:Cline, *International Debt*, p. 81.

时,它能通过贷款投资组合多样化和相对于基准利率的溢价来抵消风险。如此一来,一家有效率的银行会在发放贷款和议定适当溢价之前进行风险评估。当债务方无法偿付的时候,有效率的银行大致能够避免损失。

这的确是一种典型的市场解决方案:当一笔贷款成为坏账以及债务国违约的时候,那些对该笔贷款风险评估正确的银行可以避免损失,而那些对该笔贷款风险评估错误的银行可能会破产。正如在关于竞争的经典寓言中经常涉及正义感一样,这里我们风险共担。债务国支付银行资金机会成本和补偿风险的溢价。如果债务国无法支付,将会导致损失,假设风险已经被恰当评估以及定价,则损失应该可以避免。债务国通过违约获得债务减免,随之而来的市场主导的银行资产贬值使得资产价值降至与真实的潜在价值非常接近的水平。[1] 然而私人银行通过在1982年和1983年接连调整债务偿还日程,有效地逃避了市场机制的运行。

银行和一些分析师曾争论在最初几轮偿债日程重新修订期间,债务方必须补偿债权方面临的额外风险。但严格来讲,银行没有遇到额外风险,在原始贷款合同签订的时候,银行已经具体评估了风险,而债务方已经支付了溢价。的确,情况与银行所声称的相反,因为偿债日程重新修订实际上降低了风险;如果没有偿债日程重新修订,那么一般的违约以及损失将肯定会发生。此外,风险进一步被其他因素降低,例如,债务方在加入货币基金组织调整计划的时候,通常声称同意对前期未担保的国家私人部门的债务进行担保。[2] 如此一来,很难论证通过提出新风险来增加信贷成本的合理性。

道德危机。在前两轮偿债日程重新修订期间,另一个流行的争论是关于以较高的偿债日程重新修订成本来消除道德危机的合理性。这一争论从本质上来讲,意味着偿债日程重新修订的较高价格反映了对部分债务方违约行为的处罚,以及以这种方式来阻止在未来发生相似的违约行为。[3]

---

[1] 违约导致债务合同以较大的折扣进行交易。债务国可以以一定折扣重新购买债务或者将部分折扣进行让渡的方式与债权方重新商定条款。我们曾在第2章看到,在内战期间,拉丁美洲的债务就发生了上述情况。

[2] 银行向债务国施加很大压力以让其担保私人部门的债务。然而从传统经济原则的角度来看,坚持事后担保并不具备合理性。当银行最初授权一笔贷款时,它们可能对私人部门贷款违约的风险作了评估,并没有涉及公共担保和议定适当溢价。为了在风险变得不可控之后获得担保,银行要向公共担保方支付保险费。这一笔保险费非常高(的确在一些情况下会是无限的),因为许多私人部门的债务就是一笔单纯的坏账。虽然在1985年第三轮偿债日程重新修订中银行给予了智利政府一笔费用,但是当政府不愿重新对私人债务进行担保时,银行通常不会对公共担保支付费用。

[3] 案例再次详见:Cline, *International Debt*, p.81.

道德危机的概念与医疗保险的内容很像。[1] 最初的医疗保险问题如下：通过购买医疗保险，投保人将获得零成本的医疗服务。投保人在购买医疗保险之后，医疗服务变为"免费"，保险公司面临投保客户在购买保险后的行为致使医疗服务需求提升的风险。例如，在医疗服务零成本情况下，投保客户倾向于做出抽烟、喝酒、冬天穿衣不足等损害健康的行为。如此一来，为了规避这样的道德风险，保险公司习惯性要求被保险人为可扣除一定金额的医疗服务埋单，在正的边际成本假设下，客户将不可能做出造成医疗服务需求增加的行为。

但是需要着重指出的是，收取额外费用来应对道德风险的观点源自供需力量共同作用的综合市场环境。一家保险公司不能随意收取额外费用，而是必须遵从市场竞争力量。在这个意义上，债权方针对道德风险收费必须结合原始的贷款合同，这些合同同样得遵从市场的力量。事后收取道德风险费用并不是收取道德风险溢价而是随意收费，这等同于增加了被保险人生病之后的医疗服务成本。

此外，在金融类文献（回顾第 3 章）中众所周知的是信贷价格的上涨，尤其在借款方存在经济压力的时候会增加而不是降低道德风险。一方面，当价格上涨时借款方必须进行风险更高的活动来支付较高的偿债费用。[2] 另一方面，如果借款方是不诚实的，那么在权衡违约行为的成本与收益后，高价格会单纯地提升违约的收益。[3]

但更为重要的是，信贷的价格并不是部分债务方保证行为良好的真正动力。没有哪个债务国希望在偿债日程重新修订的环境下违约，因为这意味着外部信贷资金的中断，而这笔资金通常可以在发展中国家创造较高的收益率。当然，债务国可以想象得到，旧债务违约的收益将会影响获得新贷款的成本。但是，正如上文所述，如果债务国是不诚信的以及愿意进行这样短视的行为，那么价格的上升仅仅是促进了债务国做出违约的决定。

的确，对于道德风险可能没有必要过于关注。如阿罗所述，任何经济主体的行为不可能单纯地受经济诱因的约束。[4] 成功的经济体系的一项特征是在

---

[1] 肯尼斯·阿罗（Kenneth Arrow）在该领域有重要的贡献。他的一篇有趣的评论是："The Economics of Moral Hazard: Further Comment," *American Economic Review* 58 (June 1968): 537-539.

[2] Joseph Stiglitz and Andrew Weiss, "Credit Rationing in Markets with Imperfect Information," *American Economic Review* 71 (June 1981): 401-402.

[3] 伊顿（Eaton）和格尔森维茨（Gersowitz）就借款方不诚实的问题进行了杰出的分析；详见：Jonathan Eaton and Mark Gersowitz, "Debt with Potential Repudiation: Theoretical and Empirical Analysis," *Review of Economic Studies* 48 (April 1981): 289-309.

[4] Arrow, "The Economics of Moral Hazard," pp. 537-539.

主要经济体和次要经济体之间存在有效的诚信,即便有违诚信是合理的,后者也不会这样做。换句话说,在有效的、完备的经济体系中我们不能假设存在单纯的理性经济体,而其所有经济行为均基于冷酷的成本收益计算。

鉴于上述观点,我们赞赏第二次世界大战之后拉丁美洲国家在世界资本体系中表现出的强大的一体化。此外,一个经济过程的开始很大程度上同样是一个政治过程的开始,表现为新兴的民主国家在拉丁美洲崛起。一体化的趋势在一定程度上支撑了拉丁美洲国家在危机爆发时勇于履行义务和责任。实际上,没有证据表明拉丁美洲国家盘算过违约,尽管我们在后面将会看到这一点,但这是一项特殊的、合理的协商策略。尽管拉丁美洲国家可能曾考虑到违约成本,但是它们不愿将违约作为协商的筹码,而是愿意接受高昂的国际危机管理的经济和社会成本,这表明它们具有正统金融理论的价值观。[1]

公平。第四个也是最后一个出现在早期几轮偿债日程重新修订过程中的争论,是关于基于宽松、公平概念的高信贷成本的合理性。这一争论源自20世纪70年代贷款的利差和佣金降至非常低的水平的情况。[2] 这反而是由这一时期银行之间的"激烈竞争"造成的。如此一来,在国际货币市场扩张期间信贷价格降至非常低之后,银行在偿债日程重新修订过程中提价的需求仅是将价格调整至正常水平。

有趣的是,这一规范性的论证比早期更加技术性的命题更加接近现实情况。它至少有助于理解一部分的债权方策略。实际上,20世纪70年代议定的风险溢价可能非常低,这意味着在1982年和1983年银行贷款投资组合变差的时候,它们也无法依赖风险溢价。[3] 然而,这一糟糕的情况不是市场激烈竞争的产物,而是缺乏风险评估或者缺乏信贷决策评估的制度造成的结果。如此一来,1982年和1983年基于偿债日程重新修订的提价,实际上是成功地将不可靠的贷款投资组合的成本转嫁给债务国。

从另一个角度来看,在第一轮偿债日程重新修订期间的事后债务成本上涨

---

[1] 正如彼得·蒙塔尼翁(Peter Montagnon)在《金融时报》中对拉丁美洲债务国的评论:"即便在那些表面上非常无助的国家中也能感受到惊人的道德意识。这些国家的财政部长一直强调违约是错误的,是抛弃了他们国家的自尊。" Peter Montagnon, "What To Do About Countries Which Cannot Settle Their Debts," *Financial Times*, 9 March 1985, p.16.

[2] 我在一次闭门会议上关注到这个问题,它是由一位伦敦银行家,同样也是一位研究欠发达国家债务问题的重要人士提出的。这次会议在1983年初位于智利首都圣地亚哥的拉丁美洲和加勒比经济委员会举行。

[3] 有时信贷的价格甚至会降至低于管理成本。详见:Fabio Basagni, "Recent Developments in International Lending Practices," in *Banks and the Balance of Payments*, Benjamin Cohen in collaboration with Fabio Basagni (Montclair, N.J.: Allanheld, Osmun, 1981), pp.98–100.

具备了垄断租金的所有表现。换句话说,事后上调债务成本形成了经济成本之上的收入,这是通过银行形成一个整体实现的,而银行这样做的目的不仅是调整债务的偿还日程,而且对银行来讲是非常有利可图的。换句话说,租金是向任何完成任务的经济人支付的费用。在这种情况下,银行议定更高的溢价以管理运营——债务的偿还日程调整,无论如何都必须规避违约带来的巨大损失。额外的收入构成超额收益,并造成银行报告称巨额收益来自 20 世纪 30 年代以来处于最严重金融危机之中的拉丁美洲国家的反常表现。[1] 如此一来,历史上首次债务危机给银行带来了好的业务。租金的本质以及银行如何创造租金将会在后文展示。

5.1.2　正确的架构:竞争或者垄断?

当四个独立的论证同时证明了基于调整债务偿付日程的贷款价格暴涨的现象时,我们可能会怀疑"特别决定"。的确,详细审视这些论证会发现它们都是存在不足的。此外,除了最后一个论证之外的其他论证是建立在与竞争市场运作有关的概念之上,即价格的上涨可以理解为供给曲线的向左上方移动。

对这种市场驱动的论证如图 5.2 所示。我们可以看到需求曲线 DD 包括完全缺乏弹性的 RT 部分和正常斜率的 TD 部分。实际上,信贷需求由两部分构成——OQ_0^r 和 $Q_0^r Q_0$。信贷需求的第一部分是旧债务的再融资和分期偿还,而第二部分是净信贷。[2]

我们认为部分债务方缺乏弹性的需求是分期偿付的再融资,原因可能是面临外汇短缺而不得不宣告违约,或者可能是通过强制经常账户产生盈余来影响支付,从而避免负的外部储备。[3] 不仅如此,存在需求曲线的第三部分(DR),该部分的信贷价格非常高证明了有再融资操作。在后一种情况中,债务国会选择创造所需的经常账户盈余或者选择违约。最终,净信贷需求部分($Q_0^r Q_0$)反

---

[1] 详见:R. Lambert, "New York Banks Show Strong Gains," *Financial Times*, 19 January 1983, p. 32; R. Banner, "Banks Gain from Fees by Alerting Latin Debt," *New York Times*, 10 January 1983, p. D3; J. Plender, "Of Profits and Imprudence," *Financial Times*, 18 February 1983, p. 5; and Max Wilkinson, "Banks Greedy over Third World," *Financial Times*, 31 March 1983, p. 10. 在韦伦斯(Wellons)看来,拉丁美洲国家在其最艰难的时候,反而成为银行"闪耀的利润中心"。详见:Philip Wellons, *Passing the Buck* (Boston: Harvard Business School Press, 1987),p.253.

[2] 为了简要阐述,我假设利息支付为零,因此不需要考虑该部分债务的再融资。然而,如果我们希望将利息支付纳入考虑的话,利息支付将会被划入缺乏弹性的再融资需求 OQ_0^r 部分。

[3] 如果通过减少外部储备来完成债务分期偿还的话,那么就可以避免对经常账户的盈余要求。但是这同样不是一种有吸引力的选择,因为银行通常用外汇储备水平为衡量债务方信誉的指标(Group of Thirty, *Risks in International Lending*, p.45)。

映了价格与需求量之间通常为负的相关性。

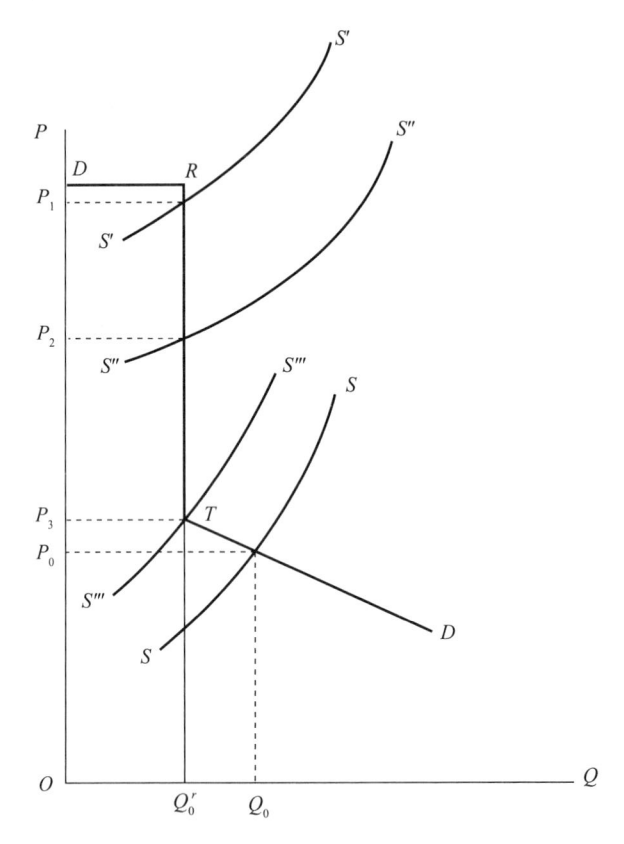

图 5.2　竞争市场架构下的价格与信贷量

在正常情况下,均衡价格为 P_0,均衡信贷量为 Q_0。但是当债务国陷入偿付问题时,银行会更注意风险和道德危机,其结果是供给曲线会向左上方移动(S 到 S')。如此一来,由于需求曲线的存在,信贷的操作将会受到以更高价格 P_1 进行分期偿还的再融资的约束。然而重要的是观察到这种解释下供给曲线的弹性为正,从而尽管价格较高,但净信贷是可获得的。这将解释在第一轮偿债日程重新修订过程中发生了什么。

根据债权方的观点,债务国较好的经济表现以及伴随的低风险形成了在第二轮偿债日程重新修订中适度宽松的债务环境。换句话说,基于对债务方更加乐观的评估,供给曲线再次开始向右下方移动[1],到达 S'',其均衡价格 P_2 更

---

[1] 为了简化,我在图 5.2 中没有移动需求曲线。但是,第二轮偿债日程重新修订中的期限调整与第一轮偿债日程重新修订中的不同。

加适中。相似地,在第三轮偿债日程重新修订中银行认识到更多债务国的进展情况,因此进一步向下移动供给曲线到 S''' ,其均衡价格达到了危机之前的正常水平。总之,借鉴债权方在早期几轮偿债日程重新修订中采用的理论概念,我们可以总结得出重组过程中的价格和信贷量再一次取决于市场的逻辑。

虽然由市场力量决定的前文中的图形是高度格式化的,但它说明了对债权方的论证是如何得到合理解释的,以及可能是为危机爆发时的债务国情况所解释。然而,债权方提出的市场驱动的理论依据——在四轮偿债日程重新修订中保持不同的形式,显然限制了债务国的选择范围。正如前文所指出的,如果竞争市场是实际发挥作用的,那么银行将会承担大量的危机成本,而不是像实际数据所显示的那样。

巴西央行前行长卡洛斯·拉戈尼(Carlos Langoni)在研究发现银行家们"基于以市场为导向的观点认为市场力量不再适用"的时候,便很早抓住了潜在矛盾。[1] 他显然是正确的。[2] 债务偿还日程调整和对利息支付的再融资没有形成市场交易,而在市场中价格与信贷量一一对应。这些调整和再融资没有发生在竞争市场而是发生在双边垄断市场,在该市场中债权债务双方坐下来决定如何分担不好的投资组合所形成的损失。其结果从理论上讲是不精确的,且取决于双方的谈判力量。进而银行以被允许规避竞争市场环境所造成的损失和持续的资产低估为条件,实施偿债日程重新修订,并形成了租金。无论是从理论上还是在实际中,这些租金都可以被债务国获得。

债务偿付日程的重新修订。双边垄断的另一种架构如图 5.3 所示。这里我将假设只对分期偿还期限进行调整,否则将陷入违约。我同样将外部性或者"示范效应"抽象化了。

从图中我们看到,双边垄断框架下的供需曲线是相互重叠的,其在偿债日程重新修订下的信贷量为 Q_0'。曲线 DD 完全缺乏弹性的原因在于,债务方完全对影响债务再融资和规避违约的信贷价格不敏感。在这方面,债权方同样对偿债日程重新修订下的价格不敏感,原因在于债权方希望避开违约事件、市场力量以及缺乏重组造成的损失。出于这些原因,债权方同样有一个宽泛的可接受价格范围会影响运作。

---

[1] Carlos Langoni, "The Way Out of the Country Debt Crisis," *Euromoney*, October 1983, p. 26.

[2] 支持拉戈尼论断的分析详见:Robert Devlin, "Renegotiation of Latin America's Debt: An Analysis of the Monopoly Power of Private Banks," *CEPAL Review*, no. 20 (August 1983), pp. 101 – 112.

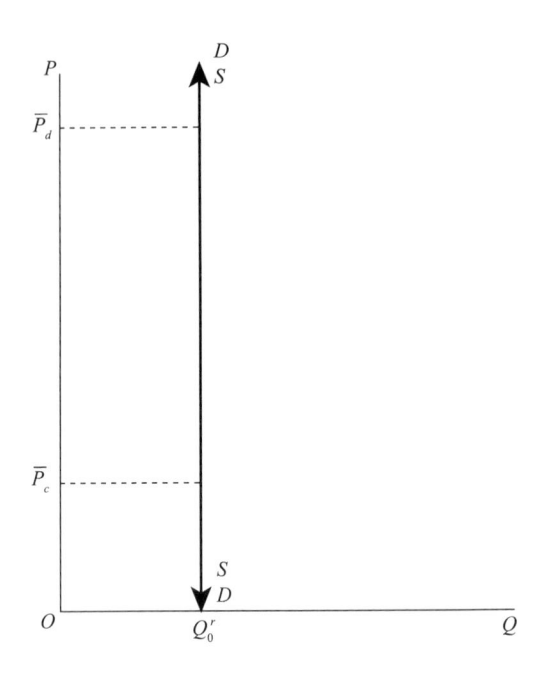

符号：

$\bar{P}_d$＝为规避违约，债务方愿接受的最高价格

$\bar{P}_c$＝为规避违约，债权方愿接受的最低价格

Q_0^r＝再融资贷款/未偿付的重新修订偿还日程的资金

S＝供给曲线

D＝需求曲线

图 5.3 双边垄断的架构

尽管如此，在危机爆发的时候，债务方的价格上限是 $\bar{P}_d$，高于此价格则更容易造成回避协商和发生违约。同时，债权方的价格下限是 $\bar{P}_c$，低于此价格则更容易造成违约。因此，可接受的合同协商价格在 $\bar{P}_c$ 到 $\bar{P}_d$ 的价格区间内。最终的结果并不取决于这样的没有提供准确的解决方案的供需情况，而是取决于债权债务双方的相关议价能力。

我们可能会问，如果债务方具有适当议价能力，则价格 $\bar{P}_d$ 可以降至多低？或者，银行可以接受的最低价格（$\bar{P}_c$）是多少（一旦低于这个价格，债务方通常会宣告违约）？在不考虑外部性的情况下，上述问题中的价格将是造成的损失低于违约造成损失的价格。

如果银行贷款的估值受到市场力量的支配（当日结算），则 $\bar{P}_c$ 将会低于第一轮偿债日程重新修订时形成的历史低值。的确，这无疑体现了负的收益率。[1]然而，当代的国内银行监管将银行独立于市场力量之外。[2]根据经合组织国家不同的会计实务可以得出，任何资产贬值都是银行监管方的行政决定。此外，由于对会计准则可以作出宽泛理解，以及可以根据政治考量进行调整，因此难以预测监管当局的反应。在多数情况下，即便是在最差的环境中，最初的债务减免无疑也是局部的以及会持续数年时间。尽管如此，借款方的违约仍将会直接或者间接地造成一些银行资产减值以及损失。

外部性的引入同样在很大程度上使分析复杂化了。在不考虑其他债务方的行为的情况下，债务方也许愿意接受一个低于商业利率的信贷价格。但是债权方担心给予一个债务方非市场价格，将会导致其他债务方要求享有同样的非市场价格待遇。换句话说，一笔偿债日程重新修订可接受的损失实际上可能因其他债务方的行为，而增加到不可接受的程度。鉴于此，$\bar{P}_c$可能会高于任何假设不存在外部性情况下的价格。我们仅能推测$\bar{P}_c$是否低于第四轮偿债日程重新修订时形成的价格。但是，这可能是因为许多借款方实际上并不违约，但同时支付得较少。[3]

新增贷款。上述双边垄断架构可用来分析通过行政方式对利息支付再融资提供新贷款的可能性。我们曾提到新增贷款是用来避免对逾期债务的拖欠，从而使得这些贷款成为变相调整利息偿还日程的一部分。信贷的持续流动与价格关系不大，而与债务方的议价能力关系密切。

对于银行来说，在偿债日程重新修订的背景下，新增贷款显然是一项不良成本。如果在有可选择的替代方案的情况下，银行断然不会批准一笔新增贷

---

[1] 举例说明，假设银行有一笔1亿美元未偿还贷款且宣告违约，银行可以进入二级市场来交易这笔贷款合同。虽然实际上欠发达国家贷款还没有高度发达的二级市场，但是有非正式的交易，其可以提供给我们保守的、银行可能面临的折扣概念（之所以是保守的，是因为公开违约的贷款合同的折扣可能更高）。在危机爆发的时候，拉丁美洲贷款合同的折扣在20%左右。若资金成本为10%，则银行的损失将是20%的本金（2 000万美元）加上10%的资金成本（1 000万美元）。该笔贷款的收益率是−30%[100$(1+x)=70$]。如此一来，在这种情况下，任何可以给出高于−30%收益率的偿债日程重新修订协议就可以得到银行的青睐。如果银行能确保价格高于这一下限，则可以获得租金。同样值得一提的是，当时的折扣明显提高；到1987年，许多拉丁美洲国家债务合同的折扣在50%以上。详见：Eugenio Lahera, "The Conversion of Foreign Debt Viewed from Latin America," *CERAL Review*, no. 32 (August 1987), p. 106.

[2] Jack Guttentag and Richard Herring, *The Current Crisis in International Lending* (Washington, D.C.: Brookings Institution, 1985), pp. 11–21.

[3] 1987年玻利维亚、巴西、古巴、厄瓜多尔、哥斯达黎加、巴拿马、洪都拉斯、尼加拉瓜和巴拉圭延迟债务偿付。详见：ECLAC, "Preliminary Overview of the Latin American Economy 1987," p. 7.

款。但是借款方有足够多的方法强制获得新增贷款。这是因为新增贷款对银行现有投资组合的价值起决定作用：如果利息没有被计入那些延期支付的资本中，那么分期还款期限的调整会失去商业上的可行性。换句话说，如果缺乏新增贷款，那么借款方将停止支付全部或者部分到期利息，同时银行会面临收入下降，而如果调整债务偿还日程的话，还会造成直接或间接的资产减值。

在危机爆发的时候，一些银行易于被迫发放新的贷款。一方面，这些银行向拉丁美洲国家发放的贷款在其资产中占比非常高，这使得潜在的直接或者间接资产减值的成本非常高且不稳定（见表5.10）。另一方面，尤其是除了美国大型银行之外的一些银行不得不报告非应计利息收入的下降。[1] 债务方在初期可以利用这一系统漏洞。

表 5.10　　　　　　　　贷款在美国主要银行资产中的占比

银　行	阿根廷	巴西	墨西哥	委内瑞拉	智利	总和	资金[a]
Citibank	18.2	73.5	54.6	18.2	10.0	174.5	5 989
Bank of America	10.2	47.9	52.1	41.7	6.3	158.2	4 799
Chase Manhattan	21.3	56.9	40.0	24.0	11.8	154.0	4 221
Morgan Guaranty	24.4	54.3	34.8	17.5	9.7	140.7	3 107
Manufacturers Hanover	47.5	77.7	66.7	42.4	28.4	262.8	2 592
Chemical	14.9	52.0	60.0	28.0	14.8	169.7	2 490
Continental Illinois	17.8	22.9	32.4	21.6	12.8	107.5	2 143
Bankers Trust	13.2	46.2	46.2	25.1	10.6	141.3	2 895
First National Chicago	14.5	40.6	50.1	17.4	11.6	134.2	1 725
Security Pacific	10.4	29.1	31.2	4.5	7.4	82.5	1 684
Wells Fargo	8.3	40.7	51.0	20.4	6.2	126.6	1 201

---

[1] 尽管在此我不会详细检验银行监管的执行情况，但简要总结在美国通常会发生的过程是有价值的。只要利息支付拖欠不超过90天，银行会继续将利息支付计入应计收入。当利息支付拖欠超过90天，这笔贷款将被归类为"未履行"而利息仅会以现金的形式计入收入。收入因此立刻减少。如果利息支付拖欠超过180天，这笔贷款将被归类为"价值受损"，之后会要求银行以贷款面值的一定比例（第一年最低10%）进行额外冲销或者预留不可撤销的准备金。以上这些自然会对收入造成负面影响。最终贷款会被归类为一笔损失并以资产形式从账簿上注销。详见：C. Fred Bergsten, et al., *Bank Lending to Developing Countries: The Policy Alternatives* (Washington, D.C.: Institute for International Economics, 1985), pp. 25-32; Robert Bennett, "The Intricacies of Bank Accounting," *New York Times*, 2 July 1984, p. D3; and Lissakers, "Bank Regulation and International Debt."

续表

银　行	阿根廷	巴西	墨西哥	委内瑞拉	智利	总和	资金[a]
Crocker National	38.1	57.3	51.2	22.8	26.5	196.0	1 151
First Interstate	6.9	43.9	63.0	18.5	3.7	136.0	1 080
Marine Midland		47.8	28.3	29.2			1 074
Mellon		35.3	41.1	17.6			1 024
Irving Trust	21.6	38.7	34.1	50.2			996
First National Boston		23.1	28.1				800
Interfirst Dallas	5.1	10.2	30.1	1.3	2.5	49.2	787

Source: William Cline, *International Debt: Systematic Risk and Policy Response*, table 2.2. Copyright © 1984, Institute for International Economics, Washington, D.C. Reprinted by permission from *International Debt: Systematic Risk and Policy Response* by William R. Cline.

注释：
[a] 以百万美元为单位。

为了论述更加详尽，我将研究焦点扩展至最先由威廉·克莱因研究提出的公式。[1] 实际上，银行倾向于发放新贷款来应对利息再融资以及避免违约，其要达到的程度是：(1)通过新增贷款降低违约（或者延期偿付）的可能性乘以现有债务规模的价值要高于(2)新增贷款配置之后违约（或者延期偿付）的可能性乘以贷款的价值。[2] 如此一来，(1)是银行新增贷款的收益，而(2)是成本。

从这一框架可以明显看出，违约的可能性以及银行投资组合（与资本相关）配置在一个国家的比重是形成新增贷款的两个重要决定因素。如果一个国家是相对大型的债务国以及在缺乏新贷款对利息进行再融资的情况下违约的可能性很大，那么获得新贷款的可能性就比较高。[3] 相反，如果债务国是完全与银行合作且通过无限制地压缩进口来创造用于偿还债务的外汇，那么这个国家将不太可能获得新贷款。这暗示债务国单方面放弃违约可能并不是一个高明的议价战术，而是应该直接与其他债务国联合起来。

调节能力同样与新贷款发放有关。尽管较高的违约可能性是银行发放贷款的诱因，但是在贷款发放之后违约风险必须明显降低。这要求债务国有能力

---

[1] Cline, *International Debt*, p.72.
[2] 正如克莱因所述，一笔新增贷款的价值要达到 $(P_0-P_1)D > P_1L$ 的程度，其中 D 表示银行投资组合中现有债务的规模，P_0 表示新增贷款(L)发放之前违约的可能性，P_1 表示新增贷款发放之后违约的可能性。
[3] 这在一定程度上解释了为什么大量的新贷款流向了相对比较大的债务国。

调节经济以及把经济带往一个新的信誉方向。鉴于此,我们可以解释为什么新的贷款更容易流向经历过流动性不足问题的债务国。一个明显资不抵债的国家显然难以获得新贷款,因为贷款发放之后的违约概率可能仅是短时下降,而且会计的虚假性会更为明显。[1]

尽管如此,银行也许愿意向大的资不抵债的债务国贷款。一方面,新贷款会延迟清算日期并且使得目前的银行主管将问题留给下一任,或者更为正面的解释是允许银行及股东为长期的资本减值做准备。另一方面,银行同样会考虑与市场表现相关的外部性,或者大的债务国违约对其他债务国的行为造成的负面示范效应。

最终,贷款意愿更多取决于银行的集体行为,因为在交叉违约条款的约束下,没有银行愿意单独发放贷款。

5.2 债务双方的协商动态

现在我将采用双边垄断的架构来进行更多关于国际债务危机演变的解读,而不是采用在债权方关于危机管理的解释中经常出现的竞争市场框架。

5.2.1 第一轮偿债日程重新修订

危机爆发得非常突然。北方地区的银行体系受到债务方违约的严重影响,遭受了较大损失。美国银行脆弱的状态很好地解释了这一系统风险:在偿付危机爆发的时候,拉丁美洲国家未偿还贷款相当于美国银行一级资本的124%。此外,造成拉丁美洲偿付问题的主要三个国家(阿根廷、巴西和墨西哥),它们的贷款相当于美国银行体系资本的80%。美国前9家货币中心银行——美国银行体系的核心以及全球金融市场的主干——境遇更加危急,因为这9家银行在拉丁美洲的贷款相当于其一级资本的180%(见表5.11)。面对这种情况,银行家们复制了20世纪30年代债券持有人采取的方法:他们有效地协调存在偿付问题的债务国,以避免违约的发生以及银行资产的快速贬值。一系列特殊的条件形成了系统性国际偿付危机史无前例的后果。

---

[1] 流动性不足和资不抵债的概念从技术层面来讲是个商业概念,不能严格地应用于主权国家。尽管如此,债务合同中通常仍会采用这些条款来区分那些短期可以作出调节并重获信誉的债务国和那些调节的过程非常漫长且只有靠经济结构改革才能成功的债务国。尽管一些经济学家不赞成,但是我将在研究中采用这些条款。例如,详见:Larry Sjaastad, "International Debt Quagmire: To Whom Do We Owe It?" *The World Economy* 6 (September 1983): 305 – 324.

表 5.11　　　　　　美国银行在拉丁美洲的贷款在其一级资本中的占比　　　　（单位:%）

	1982 年 6 月			1987 年 12 月		
	前 9 家	其余	总计	前 9 家	其余	总计
拉丁美洲	180.0	85.4	124.0	96.7	31.8	57.7
石油出口国	87.0	44.2	61.8	40.2	16.1	25.7
非石油出口国	93.0	41.2	62.2	56.5	15.7	32.0
备忘项						
一级资本	27.1	39.1	66.2	51.5	77.7	129.1

Source：Calculated from data of the U. S. Federal Financial Examination Council, *Statistical Release* (Washington, D. C.), various editions.

与债券持有人不同的是,私人银行拥有能自主支配的"咨询(指导)委员会"协调机制,该委员会有着丰富的成功处理 20 世纪 70 年代存在偿付问题的债务国的经验。该委员会——由 10～14 家大型银行组成,并根据地理位置划分[1]——受债务国的债权银行(大的债务国有超过 500 家债权银行)委托,与存在偿付问题的债务国协商偿债日程重新修订和调整中涉及的条款。咨询委员会可以快速组建,这是因为与匿名的、已获得偿付的债券持有人相比,银行家们在纽约和伦敦形成了俱乐部形式的寡头垄断限制;在垄断限制下,银行相互了解彼此以及对方的大致市场份额。此外,为了避免银行共谋,在国内市场上银行间的交流是被法律严格约束的,但是银行在不受监管的国际市场上可以恣意交流。的确,银行间的交流通过双层市场结构变得制度化,在该市场结构中,超大型银行——在财团中作为领导者——为中小规模银行管理国际贷款的方方面面。由交叉违约条款派生出的法律激励也促进了银行之间的交流与协调,而该条款几乎出现在所有国际贷款合同中。

通常,银行将咨询委员会视作公共品,即它纯粹是众多银行之间进行协商的机制,它促进了对债务方的援助。考虑到私人国际市场中存在大量银行以及搭便车的问题,咨询委员会的确起到了有价值的公共品的作用,它促进了具有社会效应的集体解决方案的形成。但是,咨询委员会的结构同样存在潜在的负面影响:它可以促成银行间的共谋并形成有效的卡特尔组织来改变搭便车问题

---

[1] 咨询委员会通常在每个国家都有最大的银行,尤其像美国、加拿大、日本和欧洲国家。一个国家最大的银行通常被任命为咨询委员会主席。典型的欠发达国家中存在偿付问题的债务国所对应的一系列咨询委员会成员,详见:John Reed, "The Role of External Private Capital Flows," in *Growth-Oriented Adjustment Programs*, ed. Vittorio Corbo et al. (Washington, D. C.: International Monetary Fund and World Bank, 1987), p. 427.

的成本分摊。

一方面,银行通过联合起来加入由世界大型银行主导的咨询委员会,形成了强大的协商集团来对抗单个债务国。另一方面,由于实际上没有一种可以替代银行的金融工具,因此在实践中商业银行对信贷资金具有垄断能力。银行之间缺乏交流会使得其与资本体系中的大型银行逐渐疏远,这些大型银行主导着中期贷款以及维持日常进出口贸易的短期贷款。

在当代危机中形成的咨询委员会议价能力进而通过一些其他因素得到加强。

第一,咨询委员会得到了经合组织国家和货币基金组织的大力支持。20世纪80年代期间,尤其以美国为代表的工业化国家积极地促进了私有货币市场的发展,并且没有受到公共干预。然而,在拉丁美洲危机爆发的时候,迫切要援救国内外金融体系免于崩溃的需求走在了意识形态的前面,如果拉丁美洲发生大量的违约,那么这场金融体系的崩溃就不可避免。[1] 实际上,经合组织——该组织是由在拉丁美洲影响力持续下降的美国主导的——国家迅速采取了分散式的国际最后贷款人制度,该制度源自第二次世界大战后全球政治与经济的合作。[2]

一方面,因为本次拉丁美洲债务危机非常紧急,另一方面,这也是自20世纪70年代被银行扩张所边缘化之后,货币基金组织再次重申在国际信贷市场中的重要作用的有利机会,国际货币基金组织立刻同意介入调解债权债务双方的纠纷。货币基金组织允许银行将其偿债日程重新修订计划直接与货币基金组织的调整计划挂钩,这有助于银行将外汇从经济中独立出来,从而将债务方延展利息支付所需的再融资水平降至最低以及避免债务方违约。除了将消除欠款作为调整计划的一个条件外,货币基金组织支持(至少不过问)银行在调整偿债日程中订立的繁琐的商业条款。[3] 货币基金组织和经合组织国家通过说服沉默的银行(尤其是小型银行)加入援助计划的方式,帮助大型银行克服搭便

---

[1] 国际货币基金组织的前任总裁雅克·德·拉罗西埃(Jacques de Larosiere)研究了债务问题,详见:"a very serious threat to the international financial and trading system." *IMF Survey*, 9 January 1984, p. 4.

[2] 债权国之间存在一个默契,即最后贷款人制度的领导权归属于声称对存在偿付问题的债务国有着重要影响力的国家。详见:Wellons, *Passing The Buck*, p. 245.

[3] 没有证据表明货币基金组织过问这些条款。从与拉丁美洲谈判代表的交流中可以确定货币基金组织至少默许了在偿债日程重新修订过程中银行采取苛刻的条款。货币基金组织(可以对条款起到影响)基本上忽略了关于传统发展周期的建议,该建议长期呼吁应以宽松的条款来调整偿债日程。详见:Pearson Commission, *Partners in Development* (New York: Praeger, 1969); Gamani Corea, "The Debt Problems of Developing Countries," *Journal of Development Planning*, no. 9 (1976), pp. 53 - 78; and Brandt Commission, *North-South: A Program for Survival* (Cambridge, Mass.: MIT Press, 1980).

车的问题。[1]在咨询委员会和货币基金组织与欠发达国家以及银行协商价格的同时,美国政府借助官方渠道来向有合作关系的债务国提供融资以避免违约。最终,美国以及其他国家的银行监管机构通常会对银行的会计造假行为做出让步;这促使银行剥离了其在拉丁美洲有问题的贷款,并消除了不同银行之间处理资产减值时的差异。

第二,银行家们有对他们有利的先例。对于银行家们来讲,当前他们的需求以及以市场为导向的解释与 20 世纪 70 年代他们成立银行时的通常做法相一致(尼加拉瓜是唯一的例外)。最先与银行家们进行协商的是有着相似经历的央行领导和财政部长。

第三,银行家、政府机构以及货币基金组织极力坚持以逐条审查的方法来应对债务国不同的问题。[2]这阻碍了借款国本可以形成的联合行动,该联合行动至少从理论上来说能抵消咨询委员会的力量。

第四,银行在偿债日程重新修订过程中采取了逐条审查的方法,而债务国最初只有一个相对被动的议价策略。正如前文所述,很少或者不存在对延期偿付的协商,债务方也不存在追求双边垄断的想法以及形成合作关系;的确,在第一轮偿债日程重新修订过程中,拉丁美洲的债务国之间出现了竞争激烈以凸显自己才是最有信誉的银行客户。[3]

债务国最初陷入议价被动局面的一个重要因素是,前文提及的多数债务国政府共享资本主义体系的主流价值观。这带来了债务国在较大程度上与银行的目标产生共鸣:通过合作性的国际战略来避免违约以及金融市场的动荡;同时也实现了在较大程度上对银行采取繁琐条款以规避风险的耐心。但在实践中,毫无疑问存在更加狭隘的激励。银行保证会对债务国经济的快速增长作出调整,以使得债务国恢复信誉以及进入信贷市场。同样存在隐藏的威胁,违约

---

[1] 银行并不是一个同质的群体。一些银行(甚至是大型银行)起初对货币基金组织以道义劝告方式让它们留在贷款计划中表示不满。银行加入贷款计划的最主要的激励因素是,当时银行周期中所体现出的社会思潮:"市场最清楚怎么做才最好。"

[2] 案例详见:Karl Otto Pöhl, "Herr Pohl Elucidates the Deutsche Bundesbank's Views on the International Debt Situation," *Press Review* (Bank for International Settlements), 4 February 1985, p. 1.

[3] 巴西的发展在一定程度上体现了债务国之间激烈的竞争环境。在 8 月墨西哥危机爆发之后,尽管巴西可获得的信贷在减少,但是巴西财政部长德尔芬·内托(Delfim Neto)拒绝考虑偿债日程重新修订。反对派经济学家塞尔索·富尔塔多(Celso Furtado)呼吁抛弃"石油输出国是负债国"的概念,而保守派经济学家罗伯特·坎波斯(Roberto Campos)反对债务国之间开展合作或者进行偿债日程重新修订,他认为巴西努力打败主要的信贷竞争对手就可以避免墨西哥遇到的问题。

将使得债务国被逐出信贷市场并被施以高额罚金。[1] 如此一来,基于利己思想的理性经济分析证明合作是合理的:假设市场是有效的,那么私人信贷未来资金流的折现值减去短期调整的实际成本,将完全有可能大于默认的偿还债务折现值减去处罚造成的收入损失。

第五,在早期几轮偿债日程重新修订中起到巩固咨询委员会地位作用的一个重要全球因素是一个被普遍认同的判断,即债务国面临与资不抵债相对应的流动性不足问题,进而希望通过预期的可持续全球经济复苏快速将问题化解。[2] 在这样的环境下,银行会更加理性地选择与咨询委员会进行合作以试图将自身存在问题的贷款"贷出去",债务国也会更加理性地接受银行在偿债日程重新修订基础之上附加的快速调整要求和商业条款造成的短期成本。

总之,环境和客观条件有可能会加强私人银行团体的议价能力,同时,债务方的消极应对和独立行事进一步增强了私人银行团体的议价能力。新古典理论有个著名观点,当垄断者所面临的是像竞争者那样行事的经济个体的时候,那么可能的后果将会是对其进行剥削。[3] 从理论上来说,我们有足够坚实的基础来解释第一轮偿债日程重新修订中非常高的信贷成本。

5.2.2　第二轮和第三轮偿债日程重新修订

第二轮调整始于 1983 年末并持续到 1984 年。银行在偿债日程重新修订合同中设定繁重条款的行为遭到了批评。债务国中的反对派、北方地区的出版社甚至美国国会均对银行针对债务偿付日程修订设定繁重条款的行为提出了批评。[4] 同时,借款国政府开始就银行对它们的债务收取高昂费用行为公开表示不满。正如前文所述,新的阿方辛(Alfonsin)政权否决了银行此前在第一轮偿债日程重新修订中与军方达成的协议,委内瑞拉因对银行的条款不能接受而拒绝。此外,债务国之间的合作意识开始萌发,1984 年 1 月厄瓜多尔总统赫尔达多(Hurtado)在首都基多召开了关于债务和危机的高级别拉丁美洲国家会

---

[1] 不进行合作的债务国所面临的传统威胁,详见:Cline, *International Debt*, pp. 86–93. 第 6 章将会更加详尽地分析制裁的问题。

[2] 支持债务危机中流动性不足这一主流观点的有影响力的分析,详见:Cline, ibid.

[3] 新古典意义上的获取超额利润。

[4] 详见:Wilkinson, "Banks Greedy over Third World"; Celso Furtado, *Não à Recessão e ao Desemprego* [No to Recession and Unemployment] (Rio de Janeiro: Editorial Paz e Terra, 1983); and Organization of American States, "Extract of Public Law 98–181 of the Congress of the United States Entitled: Law of National Housing and International Recovery and Financial Stability" (Washington, D. C.: OAS/SERH/XIV/CEFYC/4 January 1984).

议。会议达成一致声明,共同谴责了危机管理成本的高昂和单边承担,因为部分危机管理成本的影响因素并不受拉丁美洲国家的控制。有一系列措施是将债务偿付限制在占出口收入"合适"的比重,包括:显著下调溢价、费用和手续费;延长还款期限;拉丁美洲国家相互交换信息和提供技术帮助。[1] 所有这些压力迫使银行在第二轮偿债日程重新修订中适度放宽了条款。正如《经济学家》杂志所评论的:"由于所有人都在向银行传达其去年的收费过高了,因此目前贷款的价格便宜了一些。"[2]

但是,银行的压力仍在增加。阿根廷始终顽强抵抗银行的偿债日程重新修订计划,其作为拉丁美洲第三大债务国似乎认识到自己在双边垄断博弈中相应具备的力量。[3] 这导致大量未偿还债务的积累,债务国宁愿被动清算新增贷款也不愿动用持续增加的国际储备。[4] 1984 年初世界利率提升引起了合作最密切的几个债务国的注意:1984 年 5 月巴西、墨西哥、哥伦比亚以及阿根廷几个国家的总统联合声明,谴责世界利率处于高水平,呼吁"适度偿还债务,放宽偿还期限,下调利率、溢价、佣金以及其他财务费用"。[5]

1984 年年中形势更加紧张。玻利维亚民主政府宣称计划将其债务偿付占出口的比例限制在 25%。同时,1984 年 6 月上述做出联合声明的几个国家总统在哥伦比亚的卡塔赫纳举行了 11 个债务国的首脑会议。

卡塔赫纳会议是一个中等级别的事件。参会国家否认了任何关于它们对组建"债务国卡特尔组织"感兴趣的说法,玻利维亚试图说服其他参会国支持它 25% 的偿债限制的提议也未能成功。[6] 尽管如此,银行以及政府仍然担心债务国形成卡特尔。正是这种担心导致银行在第三轮偿债日程重新修订中提供了更加宽松的条款。[7]

更加宽松的条款首先被给予了两个最大的债务国——墨西哥和巴西。银

---

[1] 详见:"Latin American Economic Conference," *CEPAL Review*, no. 22 (April 1984), pp. 39 – 52.

[2] "Rescheduling," *Economist*, 18 February 1984, p. 71.

[3] 阿根廷著名经济学家阿尔多·费勒(Aldo Ferrer)曾著书称阿根廷是一个相对自给自足的国家,它可以面对银行家施加的制裁。详见:Aldo Ferrer, *Vivir con Lo Nuestro* [Living on Our Own] (Buenos Aires: El Cid Editor, 1983).

[4] "Argentina Cries All the Way to Its Bankers," *Economist*, 31 March 1984, p. 77.

[5] "Presidents Publicy Toughen Regional Stance on Debt Issue," *Latin American Weekly Report*, 25 May 1984, p. 1.

[6] Hugh O'Shaughnessy, "Debtors' Conference Divided on Strategy for Service Payments," *Financial Times*, 21 June 1984, p. 4; and "Cartagena Conference of 11 Latin Nations Rejects Debtors' Cartel, Proposes Reforms," *IMF Survey*, 2 July 1984, pp. 201 – 202.

[7] Leonard Silk, "Acting to Avert Debtor Cartel," *New York Times*, 20 June 1984, p. D2.

行家及其政府调整新的条款是基于加入官方调整计划的债务国"所取得的重要收入"(再次暗示了市场风险意识)。[1] 1984 年 8 月银行首先向墨西哥提供了新的更加宽松的条款。这释放出一个明确的信号：墨西哥是与偿债调整计划合作最为密切的拉丁美洲债务国，这些新的条款对于那些效仿墨西哥加入偿债调整计划的国家也是可获得的。[2]

但是，加入新的框架的决定对债务国情况的改善没有起到任何作用。从博弈论的理论来看，更加宽松的条款更具有启发性，银行会有选择地向一些债务国给予"单边支付"权利以实现遏制债务国之间联合的势头。[3] 此外，银行的策略收获成效；随着将新贷款给予墨西哥，债务国快速恢复了沉默，阿根廷在试图突破银行的危机卡特尔管理时，发现自己孤立无援。此外，在圣多明哥和马德普拉塔先后召开的拉丁美洲 11 国部长会议(如今被称为卡塔赫纳共识)也成为非常枯燥的事件。

上述内容说明市场力量在放松第二、三轮偿债日程重新修订的条款中几乎不起作用。此外，条款的演变给我们提供了在第一轮偿债日程重新修订中银行获得垄断租金的实证证据。在首轮偿债日程重新修订中，尽管所有银行均表示会关注借款方问题的特殊性以及在操作中采取逐条审核的方法，但是条款对所有国家均一视同仁(见表 5.3)。当只有少部分国家显示出其信誉有一定改善的时候(也许这些国家的信誉值得有这样的待遇)，我们看到在第二、三轮偿债日程重新修订中银行一致放宽了所有债务国的条款；的确，一些放松条款的受益方正在积累未偿还债务。[4] 此外，第三轮偿债日程重新修订的条款差于当债务国信誉良好、能够保证分期偿还时在欧洲货币市场上与银行签订的条款(见表 5.8)。实际上，之后尽管债务国的目标受到限制，但是它们更好地利用了其议价能力，成功确保其债务以较低成本获得相同的行政性延期支付。

5.2.3　第四轮偿债日程重新修订

1985 年 9 月，美国财政部长詹姆斯·贝克倡议对新债务必须一视同仁。

---

[1] Kenneth Noble, "Volcker Sees Eased Debt Terms," *New York Times*, 9 August 1985, p. D3.

[2] "Plazos Más Largos para Pagar Deudas Externas" [Longer Periods for Payment of External Debts], *El Mercurio*, 31 August 1984, p. B1.

[3] 奥唐纳(O'Donnell)采用博弈论来解释拉丁美洲国家之间合作的缺失。详见：Guillermo O'Donnell, "External Debt: Why Don't Our Governments Do the Obvious?" *CEPAL Review*, no. 27 (December 1985), pp. 27–33.

[4] "Rescheduling," *Economist*, 18 February 1984; and "The Mood Is Gloomy," *Latin American Weekly Report*, 7 October 1983, pp. 8–9. 此外，银行新增贷款消除了欠债问题。

1985年初在北方的一些国家中,对危机的正式管理取得了一定成功。的确,许多国家和机构认为危机即将结束。[1] 1984年,美国经济的快速增长帮助拉丁美洲的出口提升11%。[2] 第三轮偿债日程重新修订悄然实行。墨西哥依然是债务国中的典范,其宣称不再需要新贷款。在1985年末至1986年初存在一个预期,拉丁美洲可能以一种受约束的方式再次参与不受约束的欧洲货币市场,这种方式即由咨询委员会安排的"示范性贷款"。持不同政见的委内瑞拉和巴西加入了银行家的计划。尽管巴西在遵从货币基金组织的计划时存在一些困难,但所有的预期仍是新的民主政府将会积极寻求合作。

然而,在3月份菲德尔·卡斯特罗(Fidel Castro)与墨西哥报纸 *Excelsior* 进行了一次时间很长且颇具深度的访谈,在访谈中,他"论证"了即便获得一个特许的利率水平,拉丁美洲的债务还是无法偿付的。他建议经合组织国家通过削减军事开支来实现豁免债务和弥补成本。恢复新国际经济秩序的原则是计划的一个组成部分。[3] 之后,根据卡斯特罗的风格,他试图将延展债务作为一个区域性问题。[4] 7月,他最终邀请到拉丁美洲著名人士在哈瓦那参加两场债务问题的讨论会。[5] 同时,艾伦·加西亚(Alan Garcia)和他的秘鲁革命党在秘鲁的选举中获得胜利,他站在选举台中央,保证不会让秘鲁服从于货币基金组织的紧缩计划,不会让债务影响到秘鲁人民恢复经济的合法愿望。[6] 6月在加西亚的就职演讲中,他重申自己对货币基金组织的立场,宣称将单方面将中长期公共债务偿付的上限限定在出口收入的10%。[7]

在加西亚就职演讲之后不久,巴西的问题加剧。8月,萨内尔(Sarney)总统

---

[1] 详见:Gary Hector, "Third World Debt: The Bomb Is Defused," *Fortune*, 18 February 1985, pp. 36–50.

[2] 巴西是活跃的美国市场的主要受益国,同样也受到平均利率的影响。数据来自联合拉丁美洲和加勒比经济委员会的统计和定量分析。

[3] Fidel Castro, *How Latin America's and the Third World's Unpayable Foreign Debt Can and Should Be Cancelled and the Pressing Need for the New International Economic Order: Interview Granted to the Mexican Daily Excelsior* (Havana: Editora Politica, 1985).

[4] 正如一位研究员所述:"3月以来,卡斯特罗将每一次重大公开演讲和海外报纸采访作为表达他对债务问题态度的机会。"("Castro Escalates Debt Diplomacy," *Latin American Weekly Report*, 26 July 1985, p. 10)

[5] Ibid.

[6] 正如一位秘鲁革命党高层官员所称:"我们决定首先解决人民温饱问题,其次才是偿付债务。这并不意味着我们拒绝还债。为了还债我们必须刺激发展。"("APRA's Government Priorities," *Latin American Weekly Report*, 28 June 1985, p. 6)

[7] Alan Riding, "Downcast Peru Is Given Lift by the New Leader," *New York Times*, 3 September 1985, p. A1.

在准备 9 月在联合国大会的演讲的时候，与其邻国讨论外债事宜。据报道，萨内尔采取了"与古巴保持一致"的态度，并提出经济萧条时债务不能够偿付的观点。9 月，与萨内尔合作的财政部长和央行行长在与计划部长进行权力斗争之后突然辞职，该计划部长在债务问题上一直持更加强硬的立场。新成立的经济小组公开声明，他们计划更加强硬地处理国际债务问题，并让联合国了解实际的危急情况以及萨内尔讲话的主旨。[1]

最终，甚至是在正规调整过程中一直起到模范作用的墨西哥也开始释放出不安的信号。墨西哥明显感受到在债务问题上与日俱增的政治孤立，且由于油价下跌和越发扩张的公共政策导致难以迎合货币基金组织的目标两方面原因，墨西哥在正规调整中开始发现问题。此外，墨西哥当局于 6 月在瓦兹特佩克与拉丁美洲国家领导举行"秘密"会议（很快被泄露）来讨论债务问题，以及迫使经合组织国家提供帮助减轻债务危机的新方法。这标志着墨西哥的态度开始转变。[2] 年末，墨西哥公开表示没能达到与货币基金组织约定的调整过程中的绩效标准。[3]

正是上述这些变化导致了贝克于 10 月在首尔举办的货币基金组织和世界银行年会上宣布，将债务管理的重点从紧缩转变为增长。贝克计划中的融资方案的适度规模（大致在 100 亿美元，或者低于 1982 年墨西哥这一个国家从银行借得的金额）连同新的计划方案是临时准备的这些明确信息，暗示其真正意图是使得少数的大型债务国保持沉默，这些债务国能够获得有限的资金，从而将像秘鲁总统加西亚发出的那样尖锐的批评声消除。[4] 或者从奥唐纳的博弈论角度来看，该计划可以再一次理解为一种面向特定债务国的"单边偿付"，以打破拉丁美洲国家在债务问题上日益团结的现象。[5] 的确，之后贝克前往持不同政见的委内瑞拉商讨国家经济政策，而相应政策几乎明确了隐藏在计划中的博弈论："财政部官员称，贝克并没有决定哪些债务国适合成为其计划的测试对

---

[1] "Sarney Turns to His Neighbors," *Latin American Weekly Report*, 23 August 1985, p. 8; "Funaro Vows Fight against Inflation," *Latin American Weekly Report*, 6 September 1985, p. 4; and "Funaro Selects a New Team," *Latin American Weekly Report*, 13 September 1985, p. 4.

[2] "Mexico: Hush-Hush Meeting," *Latin American Weekly Report*, 19 July 1985, p. 7.

[3] "Earthquake Coms at Worst Time for Cash-Strapped Mexico," *Latin American Weekly Report*, 27 September 1985, p. 1.

[4] 一位前任财政官员肯定了贝克计划的潜在动机。详见：Robin Broad, "How about a Real Solution to Third World Debt?" *New York Times*, 28 September 1987, p. A25.

[5] Guillermo O'Donnell, "External Debt: Why Don't Our Government Do the Obvious?" *CEPAL Review*, no. 27(December 1985).

象，而是倾向于与那些经济复苏的国家开展合作。"[1]

虽然贝克的策略是临时准备的，但是简单来说，它是出现在危机管理中的最大胆举措。同时，它颇具讽刺意味地标志着债权方卡特尔组织关系出现了会发生严重裂痕的迹象。

债权方。在遇到违约时表现出来的脆弱性是所有银行的共性，这使得银行在面对债务国时会采取行动形成联合阵营。实时跟踪大多数拉丁美洲国家的投资组合消耗了银行用于一级资本（股东权益和贷款损失准备）的时间，从而加重了面对违约时所表现出的脆弱性。但是加强资产负债表逐渐破坏了银行业，使得银行在面临存在支付问题的债务国时难以协调。如表5.11所示，美国中小型银行相比大型银行在减少对拉丁美洲贷款方面取得更大的进步。对于中小型银行来说，新增贷款不具备吸引力，且被视为中小型银行与大型银行在监管日益宽松的国内市场中竞争的拖累。[2]依然脆弱的大型银行从而发现引导中小型银行加入偿债日程重新修订和新增贷款计划的难度日益增加；如此一来，美国咨询委员会成员发现，与持不同政见的借款方签订新合同、提供新的特权将会相应要求自身承担更多。

美国大型银行与欧洲银行之间的裂痕不断加深。通常在会计实务中比较保守的欧洲银行，针对它们的拉丁美洲贷款配备了大量的准备金（潜在的或者以其他形式）。[3]此外，欧洲银行的监管机构经常发现像美国大型银行那样的账目造假（用新贷款来偿付旧贷款）是无法接受的，因此强制要求欧洲银行每增加一美元新的贷款就要配备一美元准备金。这显然等比例地提高了新增贷款的价格；因此，银行之间最初的团结精神逐渐被自身利益以及寻求可替代方法以应对存在偿付问题的借款方的需求所取代。[4]换句话说，银行之间不同的准备金水平、监管、税负要求和投资组合策略开始对银行之间最初类似卡特尔的行为产生不利影响。

经合组织国家难以维持1984年创造的最高5%的实际增速以及重塑债务

---

[1] "Baker to See Brazil Aide," *New York Times*, 26 November 1985, p. A32.

[2] 供给对贷款激励的影响分析，详见：Jack Guttentag and Richard Herring, "Provisioning, Charge-Offs and Willingness to Lend" (Washington, D. C.: International Monetary Fund, June 1986).

[3] Richard Evans, "New Debts for Old—and the Swapper Is King," *Euromoney*, September 1987, p. 72.

[4] 关于欧洲银行是如何开始远离传统的偿债日程重新修订决策的分析，详见：Herve de Carmoy, "Debt and Growth in Latin America: A European Banker's Proposal," Working Paper No. 9, Institute of European-Latin American Relations, Madrid, 1987.

国偿债能力通常需要的至少3%的增速,这一实际情况也破坏了银行的联合阵营。[1] 随着实际利率持续上升,债务国的贸易条件持续恶化,以及拉丁美洲债务负担指标不断恶化或者没有显示出实际改善的信号[2],对于拉丁美洲危机和破产的担忧超过了对该地区短期流动性不足风险的担忧。[3] 此外,潜在的问题不能再被新增贷款和会计造假所遮掩,这是因为处于萌芽期的二级市场开始对竞争市场中的拉丁美洲贷款实行较高的折扣(见表 5.12)。

表 5.12　　拉丁美洲:按照国家来统计外债市场价值(名义价值为 100)

	1985年 6月	1986年 1月	1986年 6月	1986年 12月	1987年 1月	1987年 6月	1987年 12月	1988年 1月
阿根廷	60	62	63	62	62	58	35	36
玻利维亚			7			11		
巴西	75	75	73	74	74	61	45	45
哥斯达黎加				40				
智利	65	65	64	65	65	68	60	56
哥伦比亚	81	82	80			85	67	65
厄瓜多尔	65	68	63	63	63	51	34	32
墨西哥	80	69	55	54	54	57	51	53
秘鲁	45	25	17	16	16	14	7	6
乌拉圭			64					
委内瑞拉	81	80	75	72	72	71	49	55

Source:*International Financing Review* (London), various numbers.

银行与最后贷款人之间关系的持续恶化进一步削弱了银行的联合阵营。货币基金组织开始介入危机并间接帮助银行实施约束债务国的行为。从狭义的经常账户收支平衡来看,拉丁美洲和加勒比地区的调整非常惊人:赤字从 1982 年的 410 亿美元降至 1985 年几近零赤字。然而上述取得的调整成果是以

---

[1] 这一主流观点,详见:Cline, *International Debt*. 世界观的问题,详见:International Monetary Fund, *World Economic Outlook* (Washington, D. C. , October 1987).

[2] 债务指标数据,详见:ECLAC, "Preliminary Overview of the Latin American Economy 1987," and "Preliminary Overview of the Latin American Economy 1986" (Santiago, Chile, December 1986).

[3] John Reed, "New Money in New Ways," *The International Economy*, October/November 1987, p. 52; and the Institute of International Finance, Inc. , "Restoring Market Access" (Washington, D. C. , June 1987), p. 10.

债务国的投资和经济增长为代价的,这导致了调整疲劳。国际货币基金组织成为许多债务国的重要政治负担。

1985 年年中,货币基金组织对拉丁美洲和加勒比地区调整过程的控制作用明显开始变弱。只有少数存在偿付问题的债务国能够持续遵从货币基金组织设定的目标。的确,越来越多的债务国通过公共政策来完全规避货币基金组织的管控,或者只是部分、间接接受通过了第四条款(Article Ⅳ)磋商的合同。如此一来,货币基金组织在债权债务双方协商中充当调解方的作用减弱。此外,随着备用计划的扩大,货币基金组织向拉丁美洲和加勒比地区的净资源转移下降,并在 1986 年转为负值水平。[1] 颇为讽刺的是,在银行看来,货币基金组织成了搭便车者,它成了另一个执行偿债日程重新修订计划的障碍。[2]

货币基金组织自身也遭遇了在拉丁美洲越来越孤立的麻烦。实际上,当货币基金组织允许私人银行基于有商业目的的偿债日程重新修订需求与货币基金组织的宏观经济备用计划直接挂钩的时候,无意中形成了一个主要矛盾:国际公共品(货币基金组织和其调整计划)成了私人银行的抵押品。围绕私人银行需要的融资和单一、繁琐的商业条款而设计的货币基金组织计划,尽管声称采用了逐条审核的方法,但不能应对多数借款方的危机。债务国不能实现货币基金组织不切实际的宏伟目标和(或者)不能接受私人银行调整偿付时的繁琐条款的实际情况,会使得整个调整计划被终止。作为结果,货币基金组织与私人银行(尽管也许充当了最后贷款人的角色)之间的关系对调整过程的社会效应造成严重危害。在调整过程中,代理人的伪装越来越难以维持,最终货币基金组织对债权债务双方的吸引力下降了。

在新领导人米歇尔·康德苏(Michel Camdessus)的管理下,1987 年货币基金组织开始试图恢复其形象以及在危机中发挥作用。[3] 康德苏最终宣布货币基金组织将开始考虑一个持续时间更长的调整方案,该方案将向债务国提供更加综合的应急贷款,减少在贷款申请过程中的条款限制。[4] 康德苏同样进行

---

[1] Richard Feinberg and Edmar Bacha, "When Supply and Demand Don't Intersect: Latin American and the Bretton Woods Institutions in the 1980s," paper presented at a conference on Latin America and the World Economy, sponsored by Sistema Económico Latinoamericano, Caracas, May 1987.

[2] 这一表述详见:Institute of International Finance, "Restoring Market Access," p. 7.

[3] Hobart Rowen, "IMF Seeks to Improve Image in Third World," *Washington Post*, 26 June 1987, p. D1.

[4] Michel Camdessus, "Statement" to the Board of Governors of the International Monetary Fund and the World Bank (Washington, D. C., 29 September 1987), p. 11.

了一项具有难度的计划来增加货币基金组织的配额,如果组织要在推进调整中更加独立自主、更加具有社会效应的话,那么增加配额就是必不可少的。[1] 1987年10月货币基金组织进一步宣布与哥斯达黎加达成一项650亿美元的备用协议,该协议不要求政府与私人银行达成关于欠款的协议。货币基金组织这种新的协议——并不被私人银行所接受——释放出一个重要信号,即货币基金组织准备正式切断其调整计划与私人银行资产危机管理的联系。[2]

银行与美国政府在新贷款义务承担以及放松信贷协商条款方面的分歧加剧。作为结果,贝克计划中以增长为主导的调节过程执行起来困难重重。的确,墨西哥的偿债日程重新修订试点得以在极度拖延和紧张的协商后产生,有赖于美国联邦储备委员会在最后时刻的干预。实际上,为了避免墨西哥宣布延期偿债,美国官方曾书面"通知"私人银行加入137亿美元的墨西哥融资计划。[3]

截至1986年四季度,智利、委内瑞拉、阿根廷和乌拉圭四个国家已经向它们各自的银行申请要求获得"墨西哥的待遇"。然而,银行家们希望众所周知的墨西哥的偿债日程重新修订只是一个特例;的确,花旗银行公开声明反对向债务国做出更大的让步。[4] 如此一来,第四轮偿债日程重新修订被迫推迟,直到1987年2月巴西意外宣布延期偿债。这连同之前1月份厄瓜多尔宣布延期偿债导致了银行家们不履行职责。为了孤立巴西并阻止其他债务国效仿,银行快速与上述四个国家签订了一系列新的偿债日程重新修订协议(或者奥唐纳所谓的单边协议)。[5] 实际上,新的协议与之前给予墨西哥的宽松协议相似。然而,银行为了避免签订更多类似的协议(除了阿根廷——该国表现出很有效仿巴西的倾向),新配给的资金量并不大。

1987年5月20日,银行发起了又一轮反击,花旗银行宣布将其贷款损失准备金提高1.5倍至50亿美元,或者提高至占到其在发展中国家贷款金额的

---

[1] "Camdessus Calls for Doubling of IMF Quotas," *Morning Press* (Washington D. C.: International Monetary Fund, 10 March 1988). 我们将在第6章看到1982年货币基金组织和私人银行的密切合作是从货币基金组织薄弱的资源基础上发展而来的。

[2] Organization of American States, *Despachos de Agencias Noticiosas* [News Agency Dispatches] (Washington, D.C., October 1987), p. 8.

[3] 墨西哥协商的细节,详见:ECLAC, "Preliminary Overview of the Latin American Economy 1986," sec. II.5.

[4] "Till Debt Us Do Part," *Economist*, 28 February 1987, p. 85; and "Hernan Somerville: La Negociación por Dentro" [Hernan Somerville: Inside the Negotiation], *El Mercurio*, 1 March 1987, p. B1.

[5] Peter Truell, "Chile and Banks Reach a Pact on Global Debt," *Wall Street Journal*, 27 February 1987, p. 6.

25％,此举震惊了金融界。[1] 对于银行之间类似卡特尔的行为来说,此举存在两方面重要影响。首先,此举造成了银行卡特尔更加紧张的局面;花旗银行单方面提高准备金的决定迫使其毫不知情的美国竞争对手不得不跟随提高准备金,从而近十年来首次出现银行业大规模年度亏损的报道。[2] 其次,此举加深了银行与曾要求银行加入新贷款计划的美国政府之间的裂隙。的确,花旗银行这一决策意味着对贝克计划和银行协同危机管理的致命一击。[3]

借款方。破坏银行卡特尔的最后一个因素是债务方的行为。随着时间推移,债务方改变了对危机管理以及可用于减轻偿付负担的可选择工具的认知。

第一,债务国一直质疑危机管理成本分担的方式。在第 6 章我们将看到这导致大量的资源从拉丁美洲转移至债权国。官方的决策同样肯定了私人银行在偿债日程重新修订中收取商业利息溢价和费用的做法。债务国忽视了 1986 年银行利润增加与债务国经济低迷之间的显著差异。这造成债务国的不满,从而更加强烈地要求降低利息溢价和取消费用。的确,溢价和费用有其存在的意义,它们成为对债务重组中责任共担的象征性测试。

第二,当中期经济预测的结果显示出世界经济增长缓慢、商品价格萧条、贸易保护主义抬头以及实际国际利率较高的时候,债务国对短期危机的最初认知也发生了转变。

第三,私人银行市场并没有履行以新增贷款进行偿债日程重新修订的承诺。实际上,拉丁美洲国家付出了很大努力来调整和创造大量的贸易顺差。此外,到 1984 年像巴西、墨西哥和委内瑞拉等国家可以借助充足的贸易顺差来进行所有的利息支付(虽然社会成本较高),而不需要借助银行非自愿贷款的帮助。1984 年,墨西哥和委内瑞拉甚至同意将债务适度分期偿还。然而,债务国发现,这种合作途径以及放弃非自愿贷款的方法并不能带来自愿贷款的增加,而是仅仅成为银行从拉丁美洲赚取收益的工具。

私人银行市场没有履行以新增贷款进行偿债日程重新修订的承诺,明确反映了银行卡特尔掌控事件的能力不断下降。正如前文所述,流动性不足的借款方在本质上倾向于接受相对较高的短期调整成本以及重组计划提出的商业价格。这是因为资金的潜在内部收益率较高;经过相对短暂的调整之后,借款国希望可以重新获得海外贷款,并用海外贷款去获得更高的收益率。如此一来,

---

[1] "Citicorp Comes Clean on Third World Debt," *Economist*, 23 May 1987, p. 83.

[2] "Citicorp Sharply Lifts Loss Reserves, Putting Its Rivals on the Spot," *Wall Street Journal*, 20 May 1987, p. 1.

[3] Anne Swardson, "Citicorp Move Brings New Era," *Washington Post*, 21 May 1987, p. D1.

当前放弃的净收入与新贷款所形成的未来收益折现值之和为正。然而，当市场不能对积极的发展做出反应的时候，上述的这种合作精神就会发生改变。流动性不足的借款方会逐渐发现，只有采取像资不抵债的借款方那样的行动才是符合其自身利益的，尽管它并不是真正的资不抵债的借款方。当然，资不抵债的借款方所计算出的当前放弃的净收入与新贷款所形成的未来收益折现值之和为负。如此一来，资不抵债的借款方想要最大化其从私人银行获得的资金流的未来收益折现值的最好办法是协商债务减免，或者采取对全部或者部分债务的分期偿还。

此外，上文中的后一个结论在此进一步被验证。根据经验，债务国认为银行对不合作行为进行惩罚的威慑作用被严重夸大了。实际上，违约的主要成本相当小：较难获得短期贷款。尽管失去短期贷款无疑是件麻烦的事情，但是我们将在后面看到债务国可以通过抵消战略来控制其负面影响。

最后，正如我们在前文看到的，债务国逐渐认识到双边垄断框架下的协商以及合作的重要优势。债务国曾非常怯于采用合作策略；现实中，它们确实经常否认有组建债务国卡特尔组织的意向，并经常在偿债日程重新修订的协商过程中采用利己的区域性方案。然而，最终在 1985 年，强大的先验逻辑促使债务国形成了一个团体，并且银行通过反补贴的单边支付渗透进债务国，这两个原因共同使得债务国之间的合作力量改变了偿债日程重新修订的状况。[1]

5.3 结论

在危机的第 7 年，我们看到在第四轮偿债日程重新修订中债务国以向银行支付垄断租金为代价换来逐步的发展。在前几轮偿债日程重新修订中，以银行类似于卡特尔的一致行动为特色，而在第四轮偿债日程重新修订中，银行相互之间更加独立地应对存在偿付问题的债务国危机。的确，官方债权机构策略（市场菜单方法）出现的最新转变并不像是要通过单边支付来重拾垄断力量，而

---

[1] 1985 年 12 月，委员会在乌拉圭首都蒙得维的亚宣布了《卡塔赫纳共识》的最强举措（其中显示出债务国并没有对银行的举措产生兴趣），并在 1986 年 2 月进行了声明，此举表明拉丁美洲国家支持任何成员国对债务采取有必要的单边行动。《卡塔赫纳共识》所体现出的强硬态度同 1985 年下半年至 1986 年初墨西哥与银行协商时的强硬态度相似。然而，在那个时候，银行似乎不确信债务国有形成卡特尔的能力，当墨西哥不顾《卡塔赫纳共识》而单方面与银行进行协商的时候，这一观点更明显了。随后《卡塔赫纳共识》失去了效力，引发了更加特别的区域性债务方案。最新的 8 位拉丁美洲国家总统的联合声明，详见："Acapulco Commitment to Peace, Development, and Democracy, Signed on November 29, 1987, at Acapulco, Mexico" (Washington, D.C.: Organization of American States, 1 December 1987).

是通过银行在危机中发挥分散作用,这一作用使得贷款机构越来越独立行事并降低自己的业务量。当然,反过来讲,拉丁美洲国家发现银行对其施加的压力减轻了,它们有了一定的管理自己债务偿付的自主权。

1988年初,拉丁美洲危机开始显现出与20世纪30年代危机明显的相似之处。如表5.2所示,在第四轮偿债日程重新修订中,只有少数债务国维持向银行定期偿债的状态;实际上,大的债务国均以某种方式拖欠调整之后的债务。此外,在二级市场上进行交易的拉丁美洲国家银行贷款合同存在较大的折扣。在排名靠前的国家中,我们看到长期以来特立独行的秘鲁的贷款合同折扣为94%,受问题困扰的玻利维亚的贷款合同折扣为89%。但是,即便是那些表面上仍在正常偿债的债务国之间的货款名义价值和市场价值也存在显著差异。例如,贷款合同折扣较大的是阿根廷(64%)、巴西(55%)、墨西哥(47%)以及委内瑞拉(45%)(见表5.12)。

另外,拉丁美洲危机与20世纪30年代危机也存在显著的不同之处。作为银行熟练管理其资产负债表和债务国的必然结果,拉丁美洲国家持续的偿债不规律没有形成对国际金融体系的威胁。的确,银行机敏地运用其议价能力,使得它们能够获得丰厚的利润以及将损失延后5年时间;此外,1987年引起注意的损失是重要的被管控的损失,该笔损失没有损害银行对存在偿付问题的债务国的贷款投资组合进行"以增长为导向的调节"的效果。这与债务国的困境形成鲜明对比,很难想象在1982年债务国经历了出口损失和失业问题。

第6章

资源外流：我们可以做些什么？

我曾试图形成充分并有说服力的论据来说明相关各方对拉丁美洲债务危机的共同责任。辩证来看，危机起源于过度借款，但同样也起源于与借款相对应的过度贷款。同时，宏观经济政策以及经合组织国家的银行监管措施激发了银行家和借款方不愿受束缚的本性。然而，我们曾在之前研究中看到，私人银行是如何熟练地利用潜在的客观优势和环境因素（例如它们的政府更关心国内金融的稳定和债务方偿债周期的无序）来创造历史上的反常现象，从中银行能够将大量的系统性国际支付危机成本转嫁给债务方，从而避免或者至少延缓其资产贬值和损失的发生。

通过过去几年的观察，我们同样看到银行控制事件能力的减弱。然而到目前为止，尤其考虑到最初问题的重要性，银行自身显然做得很好。如今，危机的发生对于银行来说仅仅是一个问题；任何主要的债务方违约不可能对世界银行体系造成严重影响。换句话说，即便债务方最终获得了部分原本由银行创造的垄断租金，但在面对势态进一步恶化的危机时，这些债务方仍表现得相当逊色。债务方面对的挑战是，如何获得与责任共担相称的分配以及如何将援助引入新增长与社会经济发展的可持续过程中。

责任共担问题以及拉丁美洲最终恢复增长和发展问题的核心议题是，资源从债务国转移至债权国的程度。连续6年资源从拉丁美洲国家转移至债权国。这颠覆了第二次世界大战后普遍被接受的南北关系概念，即相对落后的国家希望从相对发达的国家获得净资源流入以支持全球发展，以及在相互依存的世界里实现共赢。本章将首先回顾一些围绕资源外流展开的争论,之后着眼于还原拉丁美洲增长与发展的过程,以及探究纠正债务问题中成本非对称分配的方法。

6.1 简要概述资源外流问题

令人吃惊的是,即便国际债务决策(尤其是私人银行债权方)提供了援助,但自1982年以来,拉丁美洲的经济表现依然非常差劲。正如在公开的简略信息中所正确评价的,经济萧条的负社会效应更加令人不安。[1]

造成经济惨淡表现的所有因素很难被甄别出来并加以精确衡量。但是,拉丁美洲并不是一个"无辜的受害者"。20世纪60和70年代,拉丁美洲坚持内向型发展战略,使得该区域容易遭受债务危机影响,且在危机爆发的时候不能处在动态响应的状态。此外,通过对1982年以来调整过程的观测发现,债务国应对危机的经济决策"在诸多案例中表现为反应迟钝、短视、不合乎逻辑或者缺乏连续性"。另外,相同的研究发现,拉丁美洲国家的国内决策整体向正确的方向发展并且进行了重要的调整。[2]然而,或许更为重要的是,随着危机的爆发,关于需要以根本性的经济结构调整来应对危机的言论迅速在拉丁美洲出现,人们认为只有这样拉丁美洲的经济才能更具国际竞争力、更少依赖海外储蓄,并且在国家和私人部门之间形成更加有效的劳动力分配。[3]正是这种新颖的观点,反映了拉丁美洲国家通过结构调整来创造更加适度、动态的经济发展。

尽管拉丁美洲国家清楚地知道自身问题形成的原因,但是许多致力于调整转型的拉丁美洲国家显然它们的努力被债权方的政策所破坏了。供给侧的缺点主要表现在国内资源从债务国向债权国空前的、非自愿的转移(见表6.1)。[4]

---

[1] World Bank, *Poverty in Latin America: The Impact of Depression* (Washington, D.C., 1986).

[2] 详见:Andrés Bianchi, Robert Devlin, and Joseph Ramos, "Adjustment in Latin America, 1981–1986," in *Growth-Oriented Adjustment Programs*, ed. Vittorio Corbo et al. (Washington, D.C.: International Monetary Fund and World Bank, 1987), p.197.

[3] 这一言论迅速在北方地区获得共识。案例详见:Manual Johnson, Vice Chairman of the Board of Governors of the U.S. Federal Reserve System, "The International Debt Situation" (Washington, D.C.: U.S. Federal Reserve Board, 9 March 1988), p.2.

[4] 正如我们即将看到的,为了形成资源外流,债务国必须调整其国际收支平衡表的经常项目赤字。当一个国家的官方机构试图减少或者消除赤字来适应较低的事前"预期"的年度外部融资水平和债务增长率时,这样的调整是自愿的。相反,如果事后反映出的是相对较少的可用资金量,那么减少国际收支平衡表的经常账目赤字可能是非自愿的(赤字与资金同在)。拉丁美洲的情况正是后面一种。

表 6.1　　　　　　　　　　　　拉丁美洲：资源外流

年　份	资源转移 10亿美元 (1)[a]	(2)[b]	商品和服务出口占比 (1)[a]	(2)[b]	备忘项 增长率 出口[c]	进口[c]	投资÷GDP
1978	14.1	16.0	23.0	26.1	9.8	16.7	23.1
1979	13.1	15.3	16.0	18.7	33.8	26.5	22.5
1980	16.7	10.9	15.5	10.1	31.3	33.3	23.7
1981	20.4	9.4	17.6	8.1	7.9	9.6	23.2
1982	−9.7	−19.5	−9.4	−18.9	−11.1	−18.8	19.9
1983	−29.1	−32.1	−28.5	−31.4	−0.8	−28.0	15.2
1984	−27.5	−27.6	−24.1	−24.2	11.4	3.8	15.9
1985	−29.7	−32.0	27.2	−29.4	−4.4	0.3	16.0
1986		−22.5		−23.8	−13.2	1.4	15.7
1987[d]		−15.7		−15.1	13.9	9.6	

Source：ECLAC, Division of Statistics and Quantitative Analysis.

注释：资源转移通过净资金流入减去要素支出（80%～85%是利息支付）来计算。注意这与表 2.1 有细微差别，其不包括一些小的项目，如官方转移支付。

[a] 不包括国际收支中的误差和遗漏项所带来的影响。
[b] 包括国际收支中的误差和遗漏项所带来的影响。
[c] 商品和服务。
[d] 初步估算。

资源外流可归因于什么？它们反映了 20 世纪 80 年代大部分时间内较高的世界利率水平，而且第一轮偿债日程调整中信贷协商成本的急剧下降、后面几轮偿债日程调整中银行一致坚持维持商业利率水平和始于 1982 年年中的净资金流大规模收缩均起到使资源外流规模扩大的作用。[1] 虽然国内资源外流的影响不容忽视，但是净资金流大规模收缩的主要原因是银行不愿向拉丁美洲

---

[1] 1981 年净资金流达到峰值 380 亿美元，到了 1983 年该水平降至仅有 30 亿美元，且自此每年的平均水平为 90 亿美元。详见：United Nations Economic Commission for Latin American and the Caribbean (ECLAC), "Economic Survey of Latin America and the Caribbean, 1987: Advance Summary" (Santiago, Chile, April 1988), table 15.

国家贷款。[1]

一旦私人银行停止自动以新增贷款延展利息,就会形成对偿付和资源外流的有效外部需求。这反过来将迫使债务国调整其国际收支平衡表中经常项目的赤字。然而,由于要素服务(主要表现为外债的利息支付)的赤字源于苛刻的融资合同,因此鉴于经常项目的本质,通常认为调整对于国际收支平衡表的影响将下降。如果不能从政府积累的国际储备或者官方多边和双边补偿中获得融资的话,那么贸易收支平衡表中就必须记入与银行新增贷款不能弥补的那部分利息支付相同的盈余。此时,对应的国内贸易顺差就等于国内储蓄减去国内投资,或者等于国内出口减去国内进口。

从各个方面来看,从1982年以来拉丁美洲向债权国的非自愿资源外流都达到了最大限度。累计的资源流出达到1 500亿美元(见表6.1)。通过正确看待这一数字可以发现,当所有国家都在被迫用国内资源向战胜国支付赔款的时候,所需的可影响资源外流的贸易顺差已经远远超过20世纪末法国和21世纪初德国所实现的贸易顺差水平。[2] 通过对应的国内贸易顺差,自然也会发现国内储蓄的枯竭。对于拉丁美洲国家来说,这一情况更加严重:危机期间接近

---

[1] 这里研究的资本外流问题非常复杂,该问题的研究可以写成一本书。在此我认为可以用国际收支平衡表中的误差和遗漏项作为对资本外流的大致替代,表6.1(1,2列)显示了1982~1985年间未注册资本转移金额在150亿美元,相当于同时期总的负转移的1/6。此外,在早期研究中,有数据表明在危机爆发前几年资本外流的问题已经非常严重。资本外流无疑源自债务国的内部变化。然而,外部信贷市场显然使得问题复杂化,却经常被忽略。一方面,过度贷款有助于暂时形成不真实的汇率、财政与贸易赤字等。另一方面,私人银行的大规模顺周期退出信贷市场和债务国经济活动的持续崩溃,破坏了国内私人资本的稳定以及加剧了负面预期,实际上这也确实被证实。最后,卡洛斯·迪亚兹-亚历杭德罗(Carlos Diaz-Alejandro)认为许多海外私人银行和金融机构是造成资本外流的"共犯",竞争的压力迫使它们积极招揽拉丁美洲私人经济部门的存款。详见:Carlos Diaz-Alejandro, "Latin American Debt: I Don't Think We Are in Kansas Anymore," *Brookings Papers on Economic Activity*, no. 2 (1984), pp. 377 - 380. 关于资本外流未解决问题的调查详见:Donald Lessard and John Williamson, eds., *Capital Flight and Third World Debt* (Washington, D. C.: Institute for International Economics, 1987).

[2] 根据比安奇(Bianchi)、德夫林和拉莫斯(Ramos)的计算,1982年和1983年拉丁美洲贸易顺差占国内产出4.3%。相比之下,根据1871年《法兰克福条约》规定,1872~1875年法国向德国支付赔款创造的贸易顺差占国内产出2.3%。同时,根据《凡尔赛条约》,德国贸易顺差只有在1929~1932年间为正值,当时贸易顺差占国内产出2.5%。详见:Andrés Bianchi, Robert Devlin, and Joseph Ramos, "Adjustment in Latin America, 1981 - 1986," p. 207. 当然,从根本上说,战争赔偿与债务赔款是不同的。债务是自愿签订的,而战争赔款是强制的。从理论上讲,债务能够形成资本收益并增强资本自身的流动性;而战争赔款则没有这样的作用。然而,如果事后资本收益不能够有效进行偿还债务(如发生在很多拉丁美洲国家的案例),银行所坚持的有效支付就表现为一种经济的留置权,这一点与战争赔款的要求完全不同。各个国家资源外流的数据详见:ECLAC, "Economic Survey of Latin America and the Caribbean, 1987: Advance Survey," table 16.

1/5 的该地区国内储蓄转移至国外。[1]

6.1.1 资源外流:善与恶?

在 1982 年年中发生金融大崩溃之前,银行以每年超过 25% 的增速向拉丁美洲扩大其总贷款投资组合。随着墨西哥偿债问题的出现,顺周期反应明显:1982 年下半年拉丁美洲资产停止扩张。[2] 从那时起,很难形成新的合同,1986 年净支出为负(见表 2.12)。在没有大型银行发起行政贷款和货币基金组织未援助银行在拉丁美洲建立投资组合的情况下,经济放缓更加明显。

第 5 章曾提到,在第一轮偿债日程调整中银行同意以 7% 的增速扩大其资产。由于当时的平均利率水平在 12%(包括溢价),计划的银行向债务国的负资源流动为银行未偿债务的 5%。这是一个重大转折,因为在 1981 年银行向债务国的正资源流动为银行未偿债务的 5%,这使得计划的总资源流动发生了 10% 的转变。[3] 但是由于 1982 年 6 月至 1983 年底之间的实际净贷款下降了 7%(大致上涨 5%),因此总资源流动实际发生的变化更高,大致为 12%。

银行的负资源流动引起了大量的争论。在危机开始时,拉丁美洲的分析师严厉地抨击了这一现象。[4] 的确,鉴于危机形势以及拉丁美洲的发展状况,联合国拉丁美洲和加勒比经济委员会不止一次认为负资源流动是"不正当

---

[1] United Nations Economic Commission for Latin America and the Caribbean (ECLAC), "Restrictions on Sustained Development in Latin America and the Caribbean and the Requisites for Overcoming Them" (Santiago, Chile, February 1988), p. 31.

[2] Bank for International Settlements, *International Banking Statistics, 1973 – 1983* (Basel, April 1984), table 5.

[3] 1981 年平均利率与溢价率之和为 17.5%,银行以 22.6% 的增速扩大其贷款,形成了 5.1% 的正资源流动。

[4] United Nations Economic Commission for Latin America and the Caribbean (ECLAC), "Sintesis Preliminar de la Economia Latinoamericana durante 1983" [Preliminary Synthesis of the Latin American Economy during 1983] (Santiago, Chile, December 1983); Aldo Ferrer, "Deuda, Soberania, y Democracia en América Latina" [Debt, Sovereignty, and Democracy in Latin America], *Estudios Internacionales* 17 (July-September 1984): 309 – 323; Raúl Prebisch, "The Latin American Periphery in the Global Crisis of Capitalism," *CEPAL Review*, no. 26 (August 1985), pp. 65 – 90; Ricardo Ffrench-Davis and Sergio Molina, "Prospects for Ban Lending to Developing Countries in the Remainder of the Eighties," *Journal of Development Planning*, no. 16 (1985), pp. 229 – 247.

的"。[1]如今,拉丁美洲对负资源流动的批评有不减反增趋势。[2]

对于多数北方地区的分析师来说,起初他们是非常欢迎对调整问题进行管理的。经常项目赤字下降得太过迅速,以至于极为乐观的乐观主义者都感到震惊。的确,早期的研究员称赞拉丁美洲的调整是一场壮丽的"表演"。[3]同时,在早些时候我们已经反复听到对于官方决策可以成功解决危机的满怀信心的言论。[4]持续至1985年的危机无可否认变得更加复杂。越来越多的重要学者、美国议员以及偶尔也有银行家对银行的危机管理提出批评;此外,银行的备选方案包括某种直接的债务豁免。[5]即便那些被视作能发号施令的大型美国银行、美国政府、布雷顿森林体系下的两个多边组织也开始对国际债务管理决策的成果表示出谨慎,例如,债务国信誉开始逐渐恢复。尽管如此,经常藏匿在市场言论中的布雷顿森林体系下的两个多边组织始终坚持捍卫官方的管理策略,拒绝做出任何重大改变。[6]

官方的国际策略显然并非静态的;正如第5章所述,其有着重要的变革。但是在管理策略改变的过程中,一项核心特征没有改变:大量的资源从债务国流向债权国。官方策略的倡导者认为,资源外流是解决金融危机和恢复债务国信誉的重要组成部分。资源外流的早期倡导者威廉·克莱因的分析非常详尽,

---

[1] ECLAC, "Sintesis Preliminar de la Economía Latinoamericana durante 1983," p.9.

[2] 当时的政治声明,详见:"Decalaración y Propuesta de Personalidades sobre la Deuda Externa" [Declaration of Eminent Persons on External Debt] (Buenos Aires, 24 April 1987); and "Acapulco Commitment to Peace, Development, and Democracy, Signed on November 29, 1987, at Acapulco, Mexico" (Washington, D. C.: Organization of American States, 1 December 1987).

[3] William Cline, "The Issue is Illiquidity, Not Solvency," *Challenge*, July-August 1984, p.15; and Henry Wallich, "Professor Wallich Presents a Perspective on the External Debt Situation," *Press Review* (Bank for International Settlement), 14 January 1985, p.1.

[4] Jacques de Larosière, "Helping to Shape a Stronger World Economy: The Tasks before the International Monetary Fund," *IMF Survey*, 24 June 1985, p.200.

[5] 提出备选方案的三位杰出美国学者是艾伯特·费希罗(Albert Fishlow)(一位早期的评论家)、鲁迪格·多恩布什(Rudiger Dornbusch)和杰弗里·萨克斯(Jeffrey Sachs)。国会方面,参议员比尔·布拉德利(Bill Bradley)最先提出了包括直接债务豁免在内的新方案。1988年3月,美国运通银行董事会主席詹姆斯·罗宾逊(James Robinson)因认为官方的策略不起作用而提出了自己的建议,其中包括了直接债务豁免。我会在本章后续讨论这些方案。

[6] 案例详见:John Reed, "New Money in New Ways," *The International Economy*, October/November 1987, pp.50-52; and David Mulford, "Recent Developments in International Debt" (Washington, D. C.: U. S. Treasury Department, 4 February 1988). 最后,国际货币基金组织是管理策略的坚定捍卫机构。然而,必须指出,其新常务董事米歇尔·康德苏曾是一位坦率的债务国困境的研究者,显然在他职权范围内,他乐意做一些相关工作。详见:"Debt Strategy Needs Strengthening, but Basic Elements Remain Valid," *IMF Survey*, 21 March 1988, pp.89-91.

因此有助于我们研究债权方的逻辑。

在克莱因关于国际债务的一本极具影响力的1984年出版的著作中,他与联合国拉丁美洲和加勒比经济委员会一起完成了对资源从南方流向北方的研究。他认为,大量资源流至债权国没有什么不恰当。相反,由于资源外流可以促进相关债务降低并提升债务国信誉,因此他认为资源外流是恰当的且符合拉丁美洲国家的最大利益。克莱因同样认为,由于传统的调整计划和资源外流会促进可贸易货物(尤其是用于出口)的生产,因此更应担心负资源流动与进口紧缩的错配。这反过来会提升进口能力,即便是在资源外流的情况下。最后,克莱因认为,对资源外流的批评者们含蓄地表达了资源流动应该为零的观点。但是,零资源流动意味着债务的大量积累,在克莱因看来,债务大量积累会保持拉丁美洲债务的扩张以及阻碍信誉的恢复。[1]

克莱因发表了两个有影响力的观点,首先他断定拉丁美洲债务危机是流动性不足造成的危机,其次他对经合组织国家3%的最低经济增速前景表示乐观。能做个事后诸葛亮总是不错的,但通过事件的实际过程显然更容易发现克莱因最初观点的缺陷。[2] 然而,如我们所知,克莱因的观点曾在1983年和1984年轰动世界,但是因为其对于调整过程中的"时间"因素重视不够,所以从一开始他的观点就是有缺陷的。此外,由于北方地区的管理者们或许也忽视了上述因素,如今拉丁美洲债务问题也许比看到的情况更加严重,在危机爆发时本应有更多的官方人士关注到避免让资源从债务国流出。

实践中的融资与调整。如果一个国家没有处在非常成熟的发展阶段,那么它可能会选择避免让资源外流;如此一来,贸易赤字可以维持,投资会高出国内储蓄,经济增长会加速。如果不能避免资源外流,那么在理想的情况下,社会效应将会尽可能调整这一状况。

简单来说,由于调整的过程是具备社会效应的,因此对资源外流起着重要影响的贸易顺差必须通过储蓄的增加和可贸易货物输出的方式"产生",即出口和进口替代,而不是通过国内消费、输出以及进口下降的方式"创造"。当贸易顺差是这样"产生"的时候,由于部分产出必须移交给海外的债权方,因此国家吸收的总产出将必然会低于其输出的产出,但是至少经济活动和就业能保持强

---

[1] William Cline, *International Debt: Systematic Risk and Policy Response* (Washington, D.C.: Institution for International Economics, 1984), pp. 175-181.

[2] 在这里以及其他地方我对克莱因教授的观点提出了异议。尽管我不同意他的一些观点,但是我不希望就此影响到他的著作《国际债务》的贡献。在很多方面,这本书为初学者计划研究债务危机所需迈出的第一步起到了引导作用。

劲以及生活水平能得以提高。然而,当贸易顺差是被"创造"出来的时候,不仅吸收的总产出会低于输出,而且经济活动、就业以及生活水平都会下降。

在有效调整中所遇到的问题是,为了生产出更多的可进行贸易的货物,资源必须被转换到或者重新分配给这些活动。借鉴凯恩斯的观点[1],经济学家们通常会合宜地假设他们的经济体是完全具备流动性的;然而,实际上,经济学家们短期内更加依赖内部支出和产出重新调整所具备的确定性。这些确定性甚至会出现在多数发达国家(因此要讨论美国当时贸易赤字下降问题中的 J 曲线)以及通常被认为像不发达地区那样的更加落后的经济体中(如果信贷资源分配不当,则更加明显)。换句话说,由于调整的过程是具备社会效应的且主要依赖新的可贸易货物的生产,因此该过程必定是缓慢的。这要求相应解决欠发达和经济调整的结构性问题。如此一来,虽然激进的方法对于一项有效的价格稳定计划是有用的,但与一项有效的调整计划并不相容。[2] 有效的调整仅受到时间因素的约束。

因此,一个经济体在将资源重新分配至可贸易货物生产的同时,通常也需要大量的补偿性融资来最小化福利的损失。换句话说,最初的融资水平要高于私人银行所认为的较为适中的融资水平;之后,当调整政策和可贸易货物的生产(以及贸易顺差)开始稳定的时候,融资的水平会逐渐下降。[3] 由于调整计划很依赖于压缩产出吸收和经济活动,因此如果不能获得充足的融资来支持调整计划,那么计划将是无效的。

从一个国家对经济衰退的调整中进行压榨以实现资源外流通常是有违常理的,但这在发展中国家尤其普遍,这是因为发展中国家收入损失的机会成本要高于富裕的发达国家的机会成本。这种对经济衰退调整的影响是负面的,因为它是通过深度的或者持久的衰退肆意侵蚀债务国的生产力和经济,因此它不必要地削弱了债务国及其生产能力。由于缺乏用于购买补偿性进口商品的外汇,因而使得用于可贸易货物生产和实现贸易顺差的国内资源被闲置。此外,经济衰退调整损害了储蓄和投资的增长(包括人力资源投资),这对经济重塑迫在眉睫的拉丁美洲国家来说非常致命,这些国家要通过提高生产率而非降低实际工资来生产新的可贸易货物和提升国际竞争力。当贸易账户受到要素支付需求的压力时,经济衰退

---

[1] John Maynard Keynes, "The German Transfer Problem," *The Economic Journal* 39 (September 1929): 5.

[2] Bianchi, Devlin, and Ramos, "Adjustment in Latin America, 1981–1986."

[3] 扩张性调整需要暂时的融资水平提升,详见:Marcelo Selowsky and Herman Van Der Tak, "The Debt Problem and Growth," *World Development* 14 (September 1986): 1107–1124.

或者紧缩情况下的债务偿付也加剧了债权债务双方的紧张关系。[1]

总之,由于借款国的偿付是以当前的社会福利和未来的生产能力为代价,所以基于对经济衰退调整的资源流动是有违常理的。此外,当环境要求债务国的生产结构发生与现有生产模式相背离的重大重组时,该资源流动更具破坏性。相反,在时限和融资均适度的情况下,相互合作的债务国可以有效地创造贸易顺差来满足偿债的需要。从任何角度来看,这种情况显然好于其他短视的情况,对于债权债务双方都是满意的解决方案。[2]

6.1.2 实践中的融资与调整

我曾指出,具有社会效应的调整需要充足的融资。在拉丁美洲的案例中,北方地区普遍认为危机的成因是流动性不足而非债务国资不抵债。[3] 如果确实如此,那么一个非常引人注意的经济观点是应提供大量的现金来支持债务国的经济。在危机爆发的初期,处于最坏情况下的债权国资源流动应该为零,且债务与出口比值会呈现暂时的显著提升。

不管怎样,国际金融市场提供的融资水平与有效调整需要的水平相差甚远。在理想的抽象世界中,经济体完全能免于实际中的扭曲,有效调整将借助融资来弥补部分由暂时冲击造成的赤字。理想世界中的融资需求必然高于充满扭曲和刚性的现实世界中的融资需求。然而,格朗德(Ground)发现,1982~1985年间海外融资能弥补非石油出口国每年因暂时冲击造成的赤字的比例分别仅达37%、25%、36%和16%。[4] 如此一来,可得到的融资只能用来避免违

---

[1] 该问题使我回忆起危机期间秘鲁首都利马有份杂志上的一个卡通画作品。在第一幅画中描绘了国家总统和军事顾问与国际货币基金组织代表的会面。总统在回应国际货币基金组织的传统指示时称:"是的,我们将勒紧裤腰带。"在下一幅画中描绘了一个农民在餐桌旁切割他的皮带,然后将皮带分在盘子里作为全家的晚餐。

[2] 最新观点认为,对偿债的快速调整同样是拉丁美洲恶性通胀的重要决定因素。实际上,多数外债是拉丁美洲国家的政府签订的或者事后担保的。从策略和技术层面来讲,这提升了通过国内财政预算快速解决增加的偿债数额的难度,从而导致更大赤字。赤字反过来通过复杂的逻辑关系推动国内物价成倍上涨。关于这一最初被忽视的问题的更多内容,详见:Rudiger Dornbusch, "Debt, Inflation and Growth: The Case of Argentina" (Cambridge, Mass.: Massachusetts Institute of Technology, Department of Economics, February 1988); and Helmut Reisen and Axel Van Trotsenburg, *Developing Country Debt: The Budgetary and Transfer Problem* (Paris: Development Centre of the Organisation for Economic Cooperation and Development, 1988).

[3] 案例详见:Cline, *International Debt*; and Beryl Sprinkel, "Grounds for Increasing Optimism," *Economic Impact*, no. 2 (1984), pp. 35-39.

[4] Richard Lynn Ground, "Perturbaciones, Déficit, Crisis y Politicas de Ajuste: Un Enfoque Normativo" [Shocks, Deficit, Crisis, and Adjustment Policy: A Normative Focus], *El Trimestre Económico* 53 (October-December 1986): 770-771.

约和对银行资产负债表的损害，而不能支持有效调整。

融资不足带来的影响是会造成大规模的"过度调整"。债务国经济中正常都存在的刚性、相对不利的贸易环境以及外部融资异常低的水平，共同导致了调整极大依赖进口的收缩而非出口的扩张。实际上，从1979～1981年拉丁美洲海外采购的增速可看出，该地区出口收入是相当可观的。尽管如此，1981年之后投资系数的明显下滑和经济活动水平的下降仍表明，进口收缩从根本上破坏了生产力（见表6.1）。

不能够对拉丁美洲的调整提供大量的融资支持，则相应会带来调整的成本过高问题。的确，格朗德测算1982～1985年已完成的潜在产出中，社会福利损失额为8 000亿美元，该金额超过了1985年拉丁美洲国内生产总值且是1987年外债规模的两倍。格朗德的测算进一步证明了调整的失效：每增加1美元的资源外流，就会增加8美元的生产总值损失。[1] 这样一种对社会和政治的负面影响，至少能部分解释债务国所采取的"走走停停"调整策略的效果。通常，融资不足对拉丁美洲也会造成衰退的影响，导致不确定性和消极预期的恶性循环，进而逐渐导致债务国的资不抵债而非流动性不足的问题。[2]

在危机一开始的时候，其所造成的困境就已很明显。在私人银行顺势撤资的情况下，国际货币基金组织——其形象在国际金融界已经逐步变差[3]——无任何条件地填补了这一空缺。[4] 面对危机，国际货币基金组织必须重塑其形象。正如第5章提到的，国际货币基金组织公开了危机管理的两个主要目标：(1)为做出调整的国家明确贷款银行；(2)为提供调整所需融资的银行明确债务国。由于国际货币基金组织缺乏自有资金用于放贷，因此它试图采取举措动员私人资金进行放贷。通过在大型银行之间进行协调，国际货币基金组织计算得出颇有争议的7%的银行信贷扩张增速水平。但是，考虑到非常高的国际利率水平（见表2.14）、资源分配的刚性和世界经济衰退的负面影响，7%的增速

---

[1] Richard Lynn Ground, "Origin and Magnitude of Recessionary Adjustment in Latin America," *CEPAL Review*, no. 30 (December 1986), p.71.

[2] 有趣的是，马克思主义理论预言在金融危机中资本主义通常倾向于剥削生产资本价值以节省金融资本价值。马克思主义预言与当代危机管理具有相似之处。关于马克思主义理论在这一方面的分析，详见：John Weeks, *Capital and Exploitation* (Princeton, N. J. : Princeton University Press, 1981), pp. 123 - 217.

[3] 1970年之前，国际货币基金组织每年在全球贸易中的份额在10%。在危机发生时，这一份额降至4%。详见：Cline, *International Debt*, p.124.

[4] 1982年和1983年银行向非石油出口国提供的资金减少了340亿美元，而国际货币基金组织提供的资金仅增加了90亿美元。详见：Richard Feinberg, "LDC Debt and the Public-Sector Rescue," *Challenge*, July-August 1985, p.29.

水平完全不能满足具有社会效应的调整需求。[1] 如此看来,国际货币基金组织仅实现了其第一个目标而没有实现第二个目标。债务国最终拒绝了国际货币基金组织的管理方案,这并不足为奇。

更重要的是,到了危机的第 7 年,我们看不到拉丁美洲国家较为均衡的外部融资环境。对新增贷款的预期较差;鉴于贷款损失准备增加这一客观原因,商业银行发放一笔非自愿贷款成了稀有的重大事件。考虑到银行系统的这些大量准备金,即便是大的债务国都难以避免从银行那里获得新贷款时所会面临的艰难过程。

那些银行贷款之外的自愿性融资组成了所谓的菜单式市场选择,包括债转股交易和各种形式的债券化。但是,从拉丁美洲融资增长和对经济重组的宏观经济需求来看,官方的菜单式市场选择是非常不完备的;菜单式市场选择为债务国准备了几道丰富的"开胃菜",却没有准备"主菜"。这是因为凭借私人市场自身的力量,就可以逐渐从危机中摆脱出来。实际上,私人市场发现很难将新贷款与存在问题的旧贷款区分开来,因为存在问题的旧贷款不仅抑制了新贷款的发放,也抑制了旧贷款向更具流动性金融工具的转变。此外,债务还具备国际化的特点,因此,债权债务双方必须克服异常复杂的搭便车问题及会计处理、税收、法律问题。创新型金融工程试图克服上述问题,但即便在市场运作有利可图的最佳时期,新技术以及新金融工具都有必要从小的方面开始。因此,围绕银行自愿的私人投资组合调整而设计的菜单式市场选择本身只能缓慢发展。[2] 在缺少综合性公共干预帮助的情况下,菜单式市场选择以独立或者组

---

[1] 调整计划的失败与国际货币基金组织的本质相关。这是一个持续时间很长的争论,我在此不进行展开。相关评论详见:United Nations, *Balance of Payments Adjustment Process in Developing Countries*: *Report to the Group of Twenty-Four* (New York: UNDP/UNCTAD Project INT/75/015, January 1979); Dragoslav Avramovic, "Conditionality: Facts, Theory, and Policy" (Washington, D. C.: Bank of Credit and Commerce International, May 1987); Tony Killick et al., "The IMF: Case for a Change in Emphasis," in *Adjustment Crisis in the Third World*, ed. Richard Feinberg and Valeriana Kallab (London: Transaction Books, 1984), pp. 59–82; and Richard Lynn Ground, "Orthodox Adjustment Programmes in Latin America: A Critical Look at the Policies of the International Monetary Fund," *CEPAL Review*, no. 23 (August 1984), pp. 45–82.

[2] 广为人知的 1988 年初墨西哥/摩根担保信托公司的 200 亿美元墨西哥债务证券化项目,其体现出的难度是出现问题的征兆。500 家银行中只有 95 家以平均 30% 的折扣将仅仅 37 亿美元的债务证券化(二级市场的折扣率为 50%)。该项目得到了美国政府的公开支持,美国政府同意发行一种特殊的零息国债用于支持墨西哥债券。最后,虽然计划实现了发起者最初的预期,但是墨西哥收支平衡融资的即时效应也是能产生收益的:每年 3 500 亿美元的债务被证券化,对应每年 80 亿美元的利息支付。详见:"Debt after Mexico," *Financial Times*, 7 March 1988, p. 14; Robert Devlin, "New Plan of U. S. Treasury for the Mexican Debt Problem" (Santiago, Chile: United Nations Economic Commission for Latin America and the Caribbean, Economic Development Division, 30 December 1987), unpublished memo; and Alexander Nicoll, "Man Who Captures Market Discount," *Financial Times*, 21 March 1988, p. 3.

合的方式替代债务国所需的大量融资将需要一些时间。[1]此外,上述替代性融资显示出交易时间和资金在国家之间分配的不确定性。

同时,拉丁美洲为了获得新的融资,非常依赖主要的国际公共贷款机构(国际货币基金组织、世界银行、泛美开发银行),而这些机构对拉丁美洲的净资金流入在1987年下滑到负值水平(见表6.2)。世界银行增加750亿美元的总资产也许可以扭转这一下滑趋势。但是,直到1987年在国际货币基金组织和世界银行年会上才发出这种采取积极措施的信号(包括国际货币基金组织应急贷款、更加灵活的贷款条件等),虽然这些措施可能是有帮助的,但是并没有集中地、直接地解决资源流向私人银行的问题。

表6.2　　　　　　　　　　拉丁美洲:多边贷款机构的净转移

	1980	1981	1982	1983	1984	1985	1986	1987
1. 净支出	2.3	2.7	4.0	8.8	7.4	5.3	4.4	2.1
IMF	−0.1	0.1	1.2	5.7	3.3	1.5	0.2	−0.5
世界银行	1.2	1.3	1.4	1.7	2.1	1.9	2.7	1.6
IDB[a]	1.2	1.3	1.4	1.4	2.0	1.9	1.5	1.0
2. 利息费用	1.0	1.2	1.3	1.7	2.2	2.7	3.6	4.0
IMF	0.1	0.1	0.1	0.3	0.6	0.9	0.9	0.8
世界银行	0.6	0.7	0.8	0.9	1.0	1.1	1.7	2.1
IDB	0.3	0.4	0.4	0.5	0.6	0.7	1.0	1.1
3. 净转移 (1−2)[b]	1.1	1.5	2.8	7.2	5.2	2.6	0.7	−1.9
IMF	−0.2	...[c]	1.2	5.4	2.7	0.6	−0.8	−1.3
世界银行	0.5	0.6	0.6	0.8	1.1	0.8	1.0	−0.5
IDB	0.8	0.9	1.0	1.0	1.4	1.2	0.5	−0.1

Source：Calculated from data provided by the Sistema Económico Latinoamericano (SELA), Caracas, Venezuela.

注释:
[a] 美洲开发银行。
[b] 由于四舍五入,可能数据加总结果有些出入。
[c] (…)=0 或不足以量化的极小值。

---

[1] 我曾为联合国拉丁美洲和加勒比经济委员会秘书处准备了非常详尽的对市场菜单方法的评估,详见:United Nations Economic Commission for Latin American and the Caribbean, *The Evolution of the External Debt Problem in Latin America and the Caribbean*, Estudios e Informe de la CEPAL, No. 72 (Santiago, Chile, 1988). Also see Mahesh Kotecha, "Repackaging Third World Debt," *Standard and Poor's International Credit Week*, August 1987, pp. 9 – 10; Kenneth Telljohann, "Analytical Framework," in Salomon Brothers, "Prospects for Securitization of Less-Developed Country Loans" (New York, June 1987); and Dragoslov Avramovic, "Debt Crisis of the 1980s: The Beginning of A Wind Down?" (Washington, D.C.: Bank of Credit and Commerce International, January 1988).

总之,鉴于在危机爆发时世界金融体系的失衡,也许无法为具有社会效应的调整提供充足的逆周期资金。也许最好的假设是国际金融体系会施以援手;的确,回顾历次伴随国际偿付的系统性危机而发生的金融崩溃,1982年对分散的世界最后贷款人的有效调动取得了不小的成就。但是,多数北方国家认为这些事是不能接受的。相比于对拉丁美洲调整所取得的成就的自满和将制造麻烦的人的建议当作综合解决方案,能够准确认识到国际债务管理决策的核心问题才是有建设性的:其不能取代最后贷款人保护北方地区银行资产负债表的职能。国际金融体系的援助是以拉丁美洲国家的发展和社会稳定为代价的。在内部相互独立的世界里,单边响应是不受欢迎的。国际市场应该致力于金融工具的革新工作,以纠正过去的错误以及确保在将来不会发生同样的错误。

6.2 减少资源流入银行

当代文明的一个弱点是使人们健忘。凯恩斯曾就第二次世界大战盟军的战争债务负担问题提出:

可以夸张地说,欧洲盟军不可能支付他们债务的本金和利息,但是为了能使他们进行偿付,显然需要施以沉重的负担。因此,他们或许会不断尝试回避、逃脱债务偿付,这些尝试导致了后来的国际摩擦和敌意。债务国不可能对债权国有好感,如果债务国每年向债权国的"上供"阻碍了债务国未来的发展,那么一味期望法国、意大利、俄罗斯这些债务国对英国、美国这些债权国存有善意是不会有结果的。债务国会有强烈的动机以其他方式寻找自己的盟友,未来任何一种和平关系的破裂通常会给债务国带来大量逃避债务的优势。换句话说,如果大量的债务被免除,那么将刺激同盟国家之间的友谊进一步得到巩固和更加可靠。[1]

凯恩斯关于盟军债务和战争赔偿的研究工作所得出的隐含信息是,当危机造成金融体系很难去关注增长、繁荣和政治经济一体化的时候,允许资本主义强制执行金融纪律的倾向是非常危险的。马歇尔计划和第二次世界大战后西方国家的经济扩张、政治一体化很好地证明了利己主义在债务和重组问题上的作用。

---

[1] John Maynard Keynes, *The Economic Consequences of the Peace* (New York: Harcourt, Brace & Howe, 1920), pp. 278-279.

尽管凯恩斯的论述是基于另一个历史背景之上，但是对于当代的债务问题而言，同样可以从中吸取很多经验教训。如果银行及其所属政府有意向债务国施加有效的政治和经济压力，那么显然债务国出现任何程度的资源外流都是可能的。但是正如凯恩斯所述，大量、持久的资源流动难以在政治及劳动力上形成影响。当然，在资源流动发生在社会经济发展初级阶段或者国家正处在资不抵债时期的假设下，更是如此。只有在经济增长和生活水平显著提高的环境中，债务的偿还才是有效的——基于对前面章节阿罗观点的综合理解。如此一来，对于债权国来说，债务国资源外流的金融收益必须能够抵消一些重要的低效率和成本问题。

对债务国来说，资源外流的经济成本包括：抽走了用于投资的国内储蓄；限制了进口增加以及消费；限制了经济体的扩张和社会经济转型。这些成本通常会与政治敏感性产生摩擦，但是当该成本被经济萧条和国民生活水平下降放大的时候，可能会造成社会动荡。此外，从技术角度出发，基于经济萧条的债务国的资源外流则会产生相反的效果：物力和人力生产要素闲置并退化。人力及物力资本的低投资水平以及随着变革成本的增加而增大的政治阻力，均会导致所需的结构变革受阻。高度的不确定性和经济萧条国家的风险反过来会影响私人部门的信心和主动性，并影响私人部门对收回外逃资产的预期。

对债权国来说，债务国的资源外流使得即便银行放缓或者取消对债务国的贷款扩张，债权国也能持续繁荣发展。然而，债权国以债务国放弃适度经济增长为代价换取了债务国资源外流，这对债权国来说也是有很大的成本代价的，包括：急需外汇的债务国经济增速下滑和进口受限导致的债权国出口市场的亏损（就业机会随之减少）；国内市场在压力下抛售存在偿付问题的债务国的出口商品；国内企业在出现经济衰退的债务国的投资收益面临损失。最后，即便是那些向国际资本主义体系做出重大承诺的债务国，也不得不为了确保国民更好的生活水平而将偿债的技术问题转变为政治问题，此时的政治代价也是很高的。[1] 此外，当债务国国内民怨沸腾的时候，曾经承诺开展社会经济重组和国际一体化的债务国政客和技术人员们会更加倾向于与债权国撇清政治和经济关系。无论哪种方式，结果都会导致全部或者部分的债务发生违约。偶然发生

---

[1] 工业化国家已经遇到过这种情况。例如，20世纪30年代，英国和法国未能偿还对美国的债务，他们声称人民的生活水平比偿债更为重要。详见：Chandra Hardy, *Rescheduling Developing Country Debts, 1956–1980: Lessons & Recommendations* (Washington, D. C.: Overseas Development Council, 1981), p. 40.

的违约给银行造成的损失是不可预计的,债权国的出口商品会损失更多市场份额。如果在外界的压力下,债务国出现一个更加保守的心态和一种更加内向型的做法,则债务国就很难实现有效社会经济重组的目标。

我们已经看到虽然恢复信誉的过程在稳步推进,但一系列指标均表明债务国的成本是巨大的。虽然可比性较小,但是当代危机带来的风险同样波及了债权国。债务国经济的惨淡表现致使债权国出口市场份额下降、成千上万的工作机会流失。[1] 国内市场越来越担心对"欠发达地区廉价出口商品"的保护,公众普遍担心拉丁美洲非法药物供给的增加。[2] 对拉丁美洲直接投资收益的减半,严重制约了有影响力公司的活动。[3] 我们已经看到越来越多的拉丁美洲国家认为单边停止或者限制债务偿付是有必要的。这些偿债问题和欠款破坏了正统金融理论的可信度,削减了银行股票的价值[4],并且使得银行遭受了不可预计的损失。20世纪90年代出现的一个主要的对外政策问题是,有迹象显示债务负担开始破坏务实的政治联盟,该联盟最初形成于危机期间,曾将有效经济重组和一体化的承诺带入世界民主政治体系中。[5]

6.2.1 在最优世界中

可以做些什么?毫无疑问,如今解决拉丁美洲的债务危机需要进行经济结构上的改革,且改革必须在经济增长的环境中进行。多数拉丁美洲国家过分追求调整,虽然较其他国家而言一部分国家取得了调整上的成功,但是这些国家均付出了高昂的代价。从银行自身来看,多数债务国的政策性措施助推了改革,使得经济体更加具备国际竞争力,国家更加有效地调动起了投资和私人机

---

[1] U.S. Congress, Democratic Committee of the Joint Economic Committee, "Trade, Deficits, Foreign Debt, and Sagging Growth" (Washington, D. C., September 1986); and U. S. Congress, Joint Economic Committee, "The Impact of the Latin American Debt Crisis on the U.S. Economy" (Washington, D. C., 10 May 1986).

[2] 详见:William Orme, "Gephardt Losses Cheer Mexico," *Journal of Commerce*, 10 March 1988, p. 7.

[3] 1980~1985年美国对外直接投资的数据,详见:United Nations Centre on Transnational Corporations, *Transnational Corporations in World Development* (New York, 1988), p. 82.

[4] Steven Kyle and Jeffery Sachs, "Developing Country Debt and the Market Value of Large Commercial Banks," Working Paper No. 1470 (Cambridge, Mass., National Bureau of Economic Research, September 1984).

[5] 例如,阿根廷、巴西和墨西哥的当代选举制度的发展表明,经济民粹主义的拥护者越来越多,而这在过去并未对国际经济一体化和民主提供帮助。

构的积极性。[1]同时,在1985年债权国成为债务国发起的增长引导型调整的推崇者。危机管理中最常见也是最明显的缺失环节是稳定的外部经济环境,其中包括债务国可预测的、持续的信贷资金流。

从世界宏观经济效应的角度出发,最优的危机解决策略是显而易见的。债务国要坚持改革和经济重组。但是,调整过程中更多相应的要求是北方的债权国必须同步修正宏观经济的严重不平衡。北方地区的协同调整基于以下三个方面:(1)经合组织国家更高的经济增速;(2)更加一般化的国际利率;(3)更高的商品价格。经合组织国家上述表现的刺激作用反过来减轻了拉丁美洲国家的债务负担,并间接地有助于拉丁美洲的金融复苏与重组。

的确,一个有效的、有利的外部环境有助于一些债务国摆脱危机,并在一定程度上通过正常的贸易和融资方式赢得积极主动进行改革的机会。相应地,拉丁美洲国家受危机困扰的程度在下降。这反过来展现出通过现有多边融资渠道适当解决问题的国际社会前景。

在缺乏快速、综合的改革和经合组织国家恢复动态、持续的经济增长,或者一些类型的外部冲击显著提升了债务国贸易条件的情况下,多数债务国对债务负担将难以承受,这成为经济增长和经济重组的障碍。在这种环境下,政策必须直接作用于资源外流,如此才能"调节"债务国的偿付能力,该能力是通过可接受的最小投资比例和经济增速确定的。换句话说,投资和经济增长不再是危机管理策略遗漏的内容;相反,它们必须成为其他要素(尤其是资源外流和融资)协调的明确目标。

在此环境下,考虑到私人融资市场的无能为力,一些直接或者间接的债务豁免是必不可少的。私人市场评估认为,20世纪70年代签订的债务合同数量过大,并因此担心实际价值要明显低于银行的公开价值。尽管二级市场规模的确较小,不能完全准确计算出债务合同的实际价值水平,但是任何折扣在40%以上的国债均显示出坏账迹象。[2]坚持不真实的债务价值抑制了借款国的发展,并使得债务的价值在未来面临更大的贬值威胁。

自从危机爆发以来,有大量的债务减免方法被提出,这些方法需要较长的

---

[1] 详见:Mulford,"Recent Developments in International Debt"; and Johnson,"The International Debt Situation."

[2] 尽管存在大量重复计算,但评估认为1987年二级市场的贸易额在100亿~120亿美元。详见:Eugenio Lahera,"La Conversión de la Deuda Externa: Antecedentes, Evaluación, y Perspectivas" [Conversion of the External Debt: Antecedents, Evaluation, and Perspectives] (Santiago, Chile: United Nations Economic Commission for Latin America and the Caribbean, September 1987), p.12.

时间来总结。[1] 这些方法涉及从像部分利率资本化和对私人贷款的公共担保这样的特定工具,到包括债务豁免的全球综合计划。然而,有一种建议反复出现在对债务减免的议论中,且被越来越多的研究者所关注。我指的就是将银行债务转变为汇率固定的长期债券的多边债务基金。[2]

我们通过评估这些建议方法得出,债务转换基金的精确机制有所不同。然而,一般来讲,这一观点表明新的或者现有的多边机构会从私人银行购买大量的拉丁美洲债务。这种购买方式受到现金折扣的影响,相应地,拉丁美洲债务可以与多边机构发行的债券互换。一些建议认为对债券可以直接从银行获得折扣,而其他建议认为可以间接实现贷款与平价债券的互换,但后面这种建议需要承担低于市场的利率水平。当然,银行将在其会计账目上计提相应的损失,但是将以资产负债表外的固定证券形式获得补偿,这种固定证券没有跌价风险且可能具有较好的市场销路。此外,多数对债券转换基金的建议表明,为了使得债券的销售更能吸引银行的注意,国内银行监管机构会根据上述方式改变现有的会计和税收准则。

---

[1] 对这些方法建议的综述,详见:Martine Guerguil, "The International Financial Crisis: Diagnoses and Prescriptions," *CEPAL Review*, no. 24 (December 1984), pp. 147-169. 也见 Stephany Griffith-Jones, "Proposals to Manage the Debt Problem" (Brighton, Eng.: Sussex University, Institute of Development Studies, 1985); C. Fred Bergsten et al., *Bank Lending to Developing Countries: The Policy Alternatives* (Washington, D. C.: Institute for International Economics, 1985); and Patricia Wetman, "The International Debt Problem: Options for Solution" (Washington, D. C.: Library of Congress, Congressional Research Service, October 1986).

[2] 在我看来是 1978 年首次出现这种建议,详见:Albert Fishlow, "A New International Economic Order: What Kind?" in *Rich and Poor Nations in the World Economy*, ed. Albert Fishlow et al. (New York: McGraw-Hill Book Company, 1978), pp. 67-68. 在当代讨论中,彼得·凯南(Peter Kenen)和理查德·维内特最早提出该建议。凯南提出以一定折扣进行转换,而维内特认为转换要低于市场利率标准,因为随着时间推移,这一转换扩大了银行的损失。详见:Peter Kenen, "A Bailout for Banks," *New York Times*, 6 March 1983, p. D1; and Richard Weinert, "Banks and Bankruptcy," *Foreign Policy*, no. 50 (Second Quarter, 1983), pp. 138-149. 凯南如今更新并扩展了其观点,详见:Peter Kenen, "A Proposal for Reducing the Debt Burden of Developing Countries" (Princeton, N. J.: Princeton University, Department of Economics, March 1987). 该建议的另一个提出者是:Felix Rohatyn, "A Plan for Stretching Out Global Debt," *Business Week*, 28 February 1983, pp. 15-18. 多边基金的建议来自:Congressman John La Falce, "Third World Debt Crisis: The Urgent Need to Confront Reality," *Congressional Record* 133, no. 34 (Washington, D. C., 5 March 1987); Congressman Don Pease, as reported in Keith Rockwell, "Bill Offers Debt Relief for 17 Nations," *Journal of Commerce*, 11 March 1988, p. 6; Arjun Sengupta, as reported in "IMF Director's Plan World Lift Debt Weight," *Financial Times*, 25 March 1988, p. 5; James Robinson, "A Comprehensive Agenda for LDC Debt and World Trade Growth," The Amex Bank Review Special Pagers, No. 13 (London, March 1988); and Percy Mistry in "Third World Debt: Beyond the Banker Plan," *The Banker*, 26 September 1987, pp. i-iv.

至于债务国,作为一致性的交换,新的多边基金将双边发起经济重组计划,并同意在购买债务时给予大量折扣。债务国通力合作进行偿债将相应地影响管理水平。

新的融资工具体现了不同的建议。一些建议认为,资本金由债权国按照其在世界银行和国际货币基金组织中的份额进行提供。其他建议认为,应由主要的盈余国家贡献资本金,这些资本金大多是可赎回的,而不是用于偿付。美国国会提出的一个建议认为,国际货币基金组织价值400亿美元的闲置黄金储备可以用来作为一个有新杠杆水平的债务转换基金的资本金。[1]

多边债务转换基金相较菜单式市场选择提倡的特殊、自愿私人转换来说,存在许多优点。一方面,它可以系统地将债务国的大量债务快速、低成本地证券化,这超出了我们以私人市场方式得出的预期。这是因为它为债券提供了坚实的公共担保;从全球管理视角来看,它致力于最小化银行与债权国之间免费搭便车、税收和会计问题。社会效率决定了承担所有银行的转换义务(或者债务融资)的政治潜力。相较于私人市场的零碎化运作,多边基金可以带来大量可转债以快速达到实现收支平衡所需的融资规模,从宏观经济角度来说,这是非常重要的。它同样加快了金融市场投资组合调整的步伐,从而缩短了债务国重新贷款的时间。

另一方面,多边基金可以更好地确保债务减免直接作用于经济重组,因为债务国为了成为债务减免的合格对象,会事先致力于双边发起的结构调整计划。此外,多边计划可以克服当代特殊债务管理策略的重大偏差:明显青睐大的债务国而非小的债务国。[2]

不太激进的公共政策可以分成两个方面:一是它会简单鼓励为减少市场负债而视情况进行的公共担保行为;二是它支持鼓励对银行税务和会计准则的调整。这将为债务国提供提高信誉所需的将可转债规模提升到足以实现收支平衡的融资水平。然而,尽管特殊担保比菜单式市场选择的不干涉政策更加有效,但是也存在缺点。一方面,债务国之间债务减免的分配是基于政治因素,而债务减免的时限仍有不确定性。另一方面,由于特殊安排仅是零零碎碎地处理了免费搭便车和其他负外部性问题,所以中期债务成本的积累超过了成熟的多边债务减免基金所提供的资金。

无论如何,建立多边债务转换基金不足以扭转所有债务国的情况。多数国家仍然需要持续的新资本的流入来支持投资、经济增长和经济重组。这些资金

---

[1] La Falce, "Third World Debt Crisis."
[2] 这在资金的分配中非常明显。

最初主要来自传统的多边贷款方，如国际货币基金组织、世界银行和泛美开发银行，以直接贷款或者为私人融资交易担保的方式提供。此外，至少对于世界银行和泛美开发银行来说（它们一直能在拉丁美洲国家中间维持良好的形象），为了扭转资源流出，正常的资金投放增加是必要的。然而，如果存在偿付问题的拉丁美洲国家能与多边债务转换基金联合，则资金投放的增加会更有意义；否则，新的资金发放风险将使得多边贷方陷入不利的投资组合选择和最终的资产负债表问题中。

为什么不这样做？北方地区主要的参与者对无数的减少债务积累方法始终表示不满，甚至嘲讽这些方法是"激进的"。反对意见来自以下几个方面[1]：

● 识别。对"激进的"改革方法最初表示拒绝是出于对债务国经济是健康的、只存在流动性不足而不存在资不抵债的准确定位。近来，"流动性不足"一词已经从债务管理者的词典中消失了。如今，正是"债务国经济固有的力量"唤起了对债务豁免需求的指责。[2]

● 负面影响。激进的债务减免方法将使得优质的债务转变为不良债务，并阻碍发放新贷款和阻塞未来连接私人资本市场的渠道。

● 对银行资产的影响。激进的债务减免方法所要求的降低账面价值将给银行带来不稳定的影响。

● 公共资产的要求。激进的计划将帮助银行摆脱困境，从而将问题转移至纳税人。

● 道德风险。激进的债务减免会对债务国"以债权方、纳税人为代价"进行调整的意愿形成负面影响。

所有这些反对意见均可以被简单表述，它们通常都被过于狭隘地论证。

流动性不足并不是拒绝综合的或者激进的解决方法的强有力的依据，尤其是在市场失灵和新融资长期短缺的情况下，流动性不足这一依据更加不充分。流动性问题被拖延解决造成了消极的、吝啬的融资策略，这一策略被债权方所采纳，其结果是无社会效应和高成本。传统的分析同样忽视了通常会被遗漏的系统性金融危机和需要大量的重要公共行为所造成的严重负外部性。正如曾提到的，如果负面预期不能通过综合性公共策略而快速发生转变，那么最初的

---

[1] 这里我所借鉴的是：Cline, *International Debt*, pp. 133-135，但是同样的观点也反复出现在银行家以及美国政府官员的评论中。例如：Mulford, "Recent Developments in International Debt"; and James Baker, "Statement" to the Joint Annual Meetings of the Board of Governors of the World Bank and International Monetary Fund (Washington, D.C., 30 September 1987).

[2] 详见：Baker, "Statement."

流动性不足问题将会趋于恶化为资不抵债问题。

多数债务国的经济是否稳定,这是一个复杂的实证问题。但是,债权国严肃地肯定了该问题已经超出流动性危机的范畴。的确,自 1985 年起,官方的流行词是债务国经济的"结构改革"。需要承认的是,债务国经济现状不能支撑债务的名义价值。这也表明债务国经济需要相对激进的改革。结构改革并不是一蹴而就的,这需要充分的时间。但这一时间要素从根本上侵蚀了债务的现值。没有认识到债务价值的下降会进一步放缓所需的结构改革和降低债务的实际价值。如果在危机的早期,存在对激进的公共解决方案的需求至少是合理的,那么现在即便根据债权方自身的判断,结果也是引人注目的。

这将带来负面影响的问题。实际上,债务转换基金的机会成本相对较低。缺乏外部环境的深刻变革,拉丁美洲将面临长期被排除在私人资本市场之外的境况。银行察觉其在拉丁美洲贷款过多,直到 20 世纪 90 年代,其贷款/资产比才达到预期水平。[1] 至于像债券持有人这样的贷款不多的贷款方,他们对处于最佳时期的拉丁美洲并不感兴趣;因此,只要拉丁美洲旧债务的折扣持续反映出获得外汇期限长、难度大的信号,那么他们不太可能将(至少是大规模的)资产配置到拉丁美洲去。[2] 进而国内资本市场缺乏监管的趋势会使得私人贷款者不再将注意力集中在拉丁美洲上。[3]

债务国努力改善信誉必然不会引起私人债权方的强烈反应。正如前文所述,信贷市场对于债务国经济调整的反应并不是很强烈。然而,这符合对私人金融市场的历史经验。实际上,当系统性支付危机发生的时候,市场正经历着"剧变"。如此一来,信贷量通常将会受到"邻居问题"的困扰,即在危机的范围内,"好坏"债务被捆绑在了一起。[4] 例如,在 20 世纪 80 年代,哥伦比亚并没有债务问题,但是该国在确保真正的自愿银团贷款方面存在问题。同样有必要指出的是,从历史上看,违约通常会造成债务国在 20~30 年内无法获得私人信贷。[5] 虽然自 1982

---

[1] 详见:Morgan Guaranty Trust Company, *World Financial Markets* (New York, June/July 1987), p.3. 也见:Alfred Watkins, "To Lend or Not to Lend," paper presented at a conference on Latin America and Foreign Debt, Stanford, California, Hoover Institute, September 1987.

[2] Kotecha, "Repackaging Third World Debt."

[3] Alfred Watkins, "The Impact of Recent Financial Market Developments on Latin America's Access to External Financial Resources" (Washington, D.C., February 1988).

[4] Barry Eichengreen, "Till Debt Do Us Part: The U.S. Capital Market and Foreign Lending, 1920-1955," in *Developing Country Debt* (summary volume), ed. Jeffrey Sachs (Cambridge Mass.: National Bureau of Economic Research, 1987), pp. 249-253.

[5] Charles Kindleberger, "The 1929 World Depression in Latin America—From the Outside," in *Latin America in the 1930s*, ed. Rosemary Thorp (New York: St. Martin's Press, 1984), p.323.

年以来,拉丁美洲国家没有发生法律意义上的违约,但有着实际上的违约。

全盛时期的拉丁美洲也许希望只要其债务问题是偶发性的,那么与私人的金融交易就可以通过准备金、其他有形资产或者外部担保机构来获得担保。多边债务转换基金并不会损害这种获得资金的渠道。的确,债务转换在一定程度上帮助消除了债务的折扣,该基金将帮助而不是回避拉丁美洲重新回到私人资金市场中去。

银行资本综合改革的影响更多取决于如何制订债务减免计划。富有想象力的援助计划和灵活的会计处理可以将损失转嫁到未来,而不影响银行系统。的确,在债权方国内已经有许多允许银行将损失在较长时间周期内摊销的先例。[1]

至于公共资本,如果拉丁美洲债务问题正如债权方最初判断的那样是流动性不足问题的话,那么源自公众发起的债务减免计划的多数负债将不是或有的。如果流动性问题恶化为资不抵债问题的话,则需要支付少量费用来避免未来大规模负债的出现。但是,如今引入的"激进"方法的风险和潜在成本均显著提升了,任何综合的解决方案均是成本高昂的。尽管如此,债务转换基金和新多边融资这一最新方法仍在北方市场寻求最小化资金支出和获取闲置资源。此外,我们曾看到债权方的不作为同样造成了公共成本,这一成本仍在增加且阻碍了世界经济的扩张。债务转换基金的成本至少解决了问题并促进了世界经济增长。

最后,道德危机。一些分析认为,对银行进行援助仅仅是在对其20世纪70年代的鲁莽行为进行奖励。[2] 其他分析则担心对借款方进行援助是对其轻率行为进行奖励。对道德的过分关注有时会导致看不清现实情况。危机中期的援助的确是正确的经济行为。

我曾提及金融危机经常发生在会导致市场失灵的负外部性情况下。在危机中,新的负外部性的发展将加剧危机并使得危机的期限延长。[3] 此时,公共干预会通过重新建立市场秩序和向市场提供大量援助,来达到转变市场预期的目的。在公共干预下,受影响的一方将快速恢复,并在未来增长中吸取过去失误的教训。

---

[1] 美国储蓄和贷款机构在债务证券化上的损失被允许摊销40年。同时,由于资本留在了商业中,因此,存在问题的银行通常能够进行灵活的处理。详见:Richard Evans, "New Debts For Old—and the Swapper Is King," *Euromoney*, September 1987, p. 81; and Jerry Knight, "Bank Crisis Deepening in Texas," *Washington Post*, 27 March 1987, p. H1.

[2] 官方的管理策略非常片面,以至于无法看出当时的状况是怎样没有进一步加剧银行系统的道德危机的。至少最为激进的债务减免方案使得银行为其20世纪70年代的过激行为付出了巨大的代价。

[3] 在繁荣时期,依赖心理和从众的本能取代了独立的理性评估,这容易产生狂喜和狂躁的情绪。在发生事件导致泡沫破灭之前,过度乐观会持续发展(例如1982年年中的墨西哥技术性违约)。在危机中,市场情绪转变为过度悲观。金德尔伯格正是采用了这一假设来分析历史上的金融危机。详见:Charles Kindleberger, *Manias, Panics, and Crashes* (New York: Basic Books, 1978).

将旧的负债从新的负债中分离出来,可以缓解援助中的道德危机问题。旧的负债被剥离后,援助的速度将恢复并被视为公共物品。当然,市场的公共干预意味着一些成本将由社会承担。但这是不可避免的,因为重大危机的负外部性使得确定所有的责任和正确施加惩罚变得困难。[1] 与此同时,必须通过避免回到"一切照旧"来确保新的负债是在更加健康的环境下形成的。对债务方的援助必须与经济体制改革相结合,而对银行的援助应该与减值、体制和监管改革相结合。鉴于世界货币体系对危机的作用,对其同样应该进行改革。[2]

传递的信息是很简单的。我们曾见证了里根政府对美国银行融资困难的真实反应,美国银行于1982年在拉丁美洲遇到问题[3],系统性危机是需要由公共解决方案来解决的公共问题。不幸的是,在基于私人市场的体系中,公共解决方案(公共物品)通常是供给不足的,且在集体问题带来的威胁的成本被系统内主要的机构内部化之前,是不会有公共解决方案(公共物品)出现的。尽管受到质疑,但里根政府通过公共行为对危机做出了反应。该干预的范围非常有限,原因在于银行(在政府以及国际机构的帮助下)可以通过将其主要的政治和经济成本转嫁给债务方,从而实现成本外部化。此外,我们看到对于未参与偿债日程调整的债务国做出的让步实际上是一种单边支付,是被设计用来确保大部分的成本分摊到国内市场上。[4] 在即将到来的危机的大部分成本落在银行和美国社会政治敏感部门身上之前,美国政府都没有动力去扩大国际公共物品的提供。总之,由于缺乏政治意愿而不是缺乏政治需要,主要的改革方法仍然

---

[1] 我们可以以当代危机作为复杂的相互依赖关系的例子。尽管财团实际上创造了一种分两层的架构,其中小型银行依赖于大型银行来决定信贷的分配,但是财团仍被认为是良好银行体系的一部分。寡头垄断结构中的大型银行同样也面临着决策制定相互依赖的问题。这一框架体系在政府的影响下进一步复杂化,政府通过以下四种隐含的或明确的方式鼓励银行向欠发达国家贷款:(1)资金的过度流动;(2)国内严格监管与海外近乎完全自由之间存在的差异;(3)劝告银行进行石油美元回购;(4)不全面支持以官方贷款机构作为可替代的循环机制。最后,虽然我们可以确定谁是"坏账"银行,但是市场中的相互依赖关系意味着大型"坏账"银行的破产将会损害"好银行"的前景。至于借款方,尽管他们会根据自身需要来签订贷款合同,但是市场信号和在重要的国际周期影响下银行贷款既便宜又是良好的外债业务这一主流观点,同样鼓励着借款方进行贷款。同样可以确定的是,墨西哥危机形成的明显的市场传染效应会使人们对那些也许没有债务问题的国家也抱有偏见。最后,只要大的(也许是"信誉差的")债务国陷入危机,负外部性将会使人们对毗邻的"信誉良好"的债务国进入市场抱有偏见。

[2] 显然,沿着该趋势而产生的具体方法会是独立研究的主题。

[3] 范伯格(Feinberg)展示了里根政府是怎样快速调动公共部门以避免国际金融体系崩溃的。详见:Feinberg, "LDC Debt and the Public-Sector Rescue," pp. 27–34.

[4] 在墨西哥危机之前,欧洲及其他国家曾密切要求增加自己在国际货币基金组织中的份额。由于资源被私人部门有效分配了,因此,里根政府积极反对增加任何的份额。当墨西哥危机爆发的时候,美国银行在当地放贷量较大,而政府改变了方法,快速筹划了在国际货币基金组织中增加50%左右的份额。

不多。

6.2.2 在次优世界中

债权方与其政府的合作显然没有给拉丁美洲国家带来大量的直接回报。危机中出现的公共物品是对银行资产负债表最根本的保护。此外，讽刺的是，多数债务国之间的相应合作模式可能造成危机期间国际公共物品提供的缓慢和有限。

当时状况改善的前景一片黑暗。一方面，北方地区宏观经济的严重失衡阻碍了债务国外部经济环境好转，且这一失衡需要时间去纠正。[1]另一方面，相似的宏观经济问题使得注意力从拉丁美洲债务问题移开，包括美元价值，日本、德国、美国贸易收支，股市波动等这些问题都排在北方地区经济议程的前面。

这些相似的经济失衡同样强化了采取负债这一重大国际举措可能性的政治环境。在工业化国家中，国际公共物品生产的主要政治领导力量来自美国。但是从经济角度来看，美国被大量的财政赤字和收支平衡表赤字所拖累，大量赤字已经将美国转变为世界上最大的债务国。如今，美国正在被迫进行更大程度的紧缩。这将进一步对国际举措形成阻碍，而国际举措包括新的多边债务转换基金和广义上的增加多边资金。

同时，处于世界中心的拥有更多盈余的经济体不习惯引导重大国际举措，尤其是那些能直接影响美国势力范围的经济体。这些经济体需要时间来适应新的国际角色。日本发表了有趣声明，称未来3年将其300亿美元盈余循环用于发展中国家（见图6.1）。但是并不清楚这些资金中用于拉丁美洲的金额是多少，以及这些资金如何在拉丁美洲国家之间分配；也不清楚这些资金怎样快速支付，尤其是其中的一部分重要资金是通过行动相对缓慢的国际发展银行和国际货币基金组织间接分配至发展中国家。最后，资金循环利用计划的主要参与者日本银行公开表示，对于计划中强制银行向存在偿付问题的债务国贷款有些犹豫。[2]

---

[1] 详见：International Monetary Fund, *World Economic Outlook* (Washington, D. C., October 1987); and Organization for Economic Cooperation and Development, *Economic Outlook*, no. 42 (Paris, December 1987).

[2] "Japanese Banks Wary of Miyazawa Debt Proposal," *Morning Press* (Washington, D. C.: International Monetary Fund, 22 September 1987).

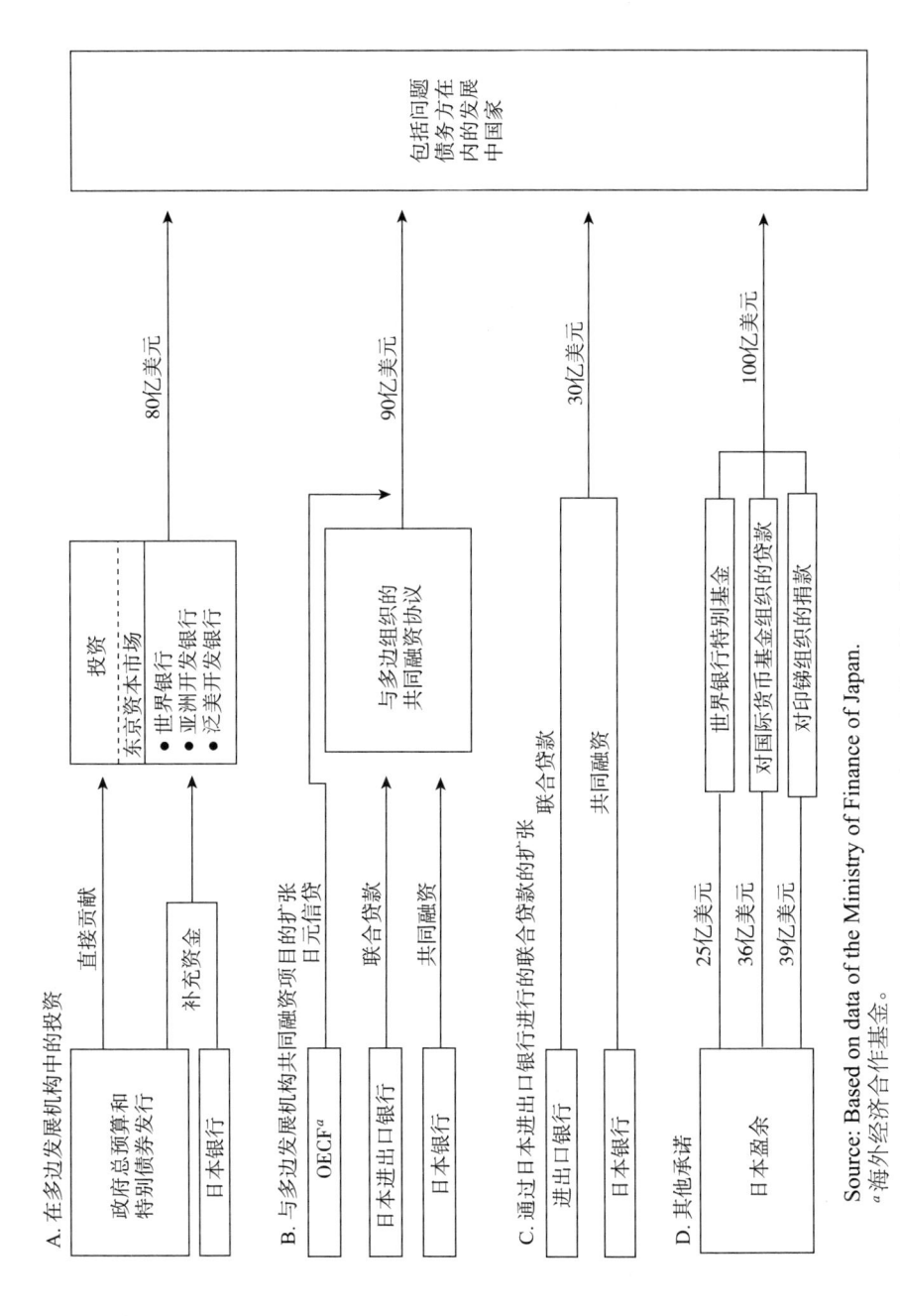

第 6 章 资源外流:我们可以做些什么? / 223

图6.1 日本300亿美元循环计划的资金预期分配

A. 在多边发展机构中的投资
- 政府总预算和特别债券发行 — 直接贡献
- 日本银行 — 补充资金
- 投资（东京资本市场）
  - 世界银行
  - 亚洲开发银行
  - 泛美开发银行
  - 80亿美元

B. 与多边发展机构共同融资项目的扩张
- OECF[a] — 日元信贷
- 日本进出口银行 — 联合贷款
- 日本银行 — 共同融资
- 与多组织的共同融资协议
- 90亿美元

C. 通过日本进出口银行进行的联合贷款的扩张
- 进出口银行 — 联合贷款
- 日本银行 — 共同融资
- 30亿美元

D. 其他承诺
- 日本盈余
  - 25亿美元
  - 36亿美元
  - 39亿美元
- 世界银行特别基金
- 对国际货币基金组织的贷款
- 对印铸组织的捐款
- 100亿美元

→ 包括问题债务方在内的发展中国家

Source: Based on data of the Ministry of Finance of Japan.
[a] 海外经济合作基金。

上述信息表明,用来解决拉丁美洲债务危机的有效多边计划仍难以成形。毫无疑问,只要世界经济仍然有着时好时坏的表现和不确定性,那么"激进的"债务减免计划(或者至少是额外的特殊公共物品提供)所形成的压力就会一直存在并增大。原因在于:(1)在经合组织国家维持2%~3%经济增速的背景下,"平均"来讲,拉丁美洲国家一般不能偿还债务并取得令人满意的经济增速;[1](2)至少在最初的设想下,菜单式市场选择方法不能释放充足的、能满足解决冲突需要的收支平衡融资。然而,鉴于里根政府的模糊态度以及拉丁美洲债务问题排在美国政治议程中的最后,人们普遍会去揣测什么时候可以生产更多的公共物品,以及公共物品以什么样的速度进行生产。20世纪30年代那种类型的债务危机发生的可能性不容忽视。

尽管如此,一些拉丁美洲国家(出于各种目的)无疑将选择按照债权国最新官方管理框架来进行经济活动,而这些债务国中只有少部分可以由此获得繁荣发展。但是鉴于官方债务策略的消极影响,许多债务国希望探索新的方法来单方面地减少资源外流。这里的动机非常明确。正如第5章所述,拉丁美洲和私人金融市场的崩溃使得那些流动性不足和资不抵债的借款方出现了相似的寻求债务豁免的动机。同样地,大的债务国发现其越来越难以从较好的储备银行那里获得充足的非自愿融资贷款,因此,这些债务国也有理由去考虑单方面行动的可替代方案。同样明确的是,当债务国被迫同意以商业条件偿还大量债务的时候,用于交易的拉丁美洲债务的大幅折扣夸大了银行所获得的垄断租金。由于菜单式市场选择方法提供给债务国满意的协议选项非常有限,因此,该方法的不足同样鼓励了债务国采取单方面的行动。最后,债权方卡特尔内部裂隙的日益加深,使得以非协商方案解决资源外流问题客观上变得可行。

1987年大量债务国处于无规律偿债的状态表明,有些动机已经在拉丁美洲起作用。的确,摆脱危机是"债务国选择菜单"中的可选项,其中包括一系列减少资源流向债权方的单方面策略。

否认。否认债务几乎可以被排除在选择之外。没有哪个国家对这种方式感兴趣。[2] 此外,由于否认对外义务等同于在道德标准下的"道德犯罪",因

---

[1] "令人满意的经济增速"当然是名义上的。我认为最低可接受的经济增速为5%。在联合国拉丁美洲和加勒比经济委员会的最新预期中,认为在没有放松对外债的限制的情况下,拉丁美洲相对乐观的经济增速为3%。详见:ECLAC, "Restrictions," pp. 15 – 26.

[2] 古巴曾是最接近否认债务的国家,它建议拉丁美洲国家立刻延期偿付债务。但是,其他在银行有负债的国家领导人一致拒绝了这一行为。详见:"Castro's Proposal Gets Thumbs-Down," *Latin American Weekly Report*, 9 August 1985, p. 6.

此,债权方及其政府对此做出迅速和惊人的反应是意料之中的。作为否认的后果,1961年巴西和1974年朝鲜均遭到了债权方的报复。

制裁威胁通常被认为是刺激部分债务国采取积极偿债行为的因素。换句话说,债务国仅仅是"理性的经济人",只要不合作的成本(制裁)超过收益(债务违约),那么债务国就会选择合作。如此一来,债权方的任务是使得制裁威胁尽可能真实,同时,将债务的积累限制在制裁成为一种无效威慑的水平以下。[1] 在实践中,可以通过增加关注债务危机的次数来加强制裁威胁的真实性。例如,我们可以看到克莱因是如何突出违约的债务人所遭受的后果的:

除了无法获得长期和短期贷款外,违约的债务国会面临报复行为。国外债权方将会扣押违约国的所有海外资产以及阻止出口(商业航线、航运、银行账户、货物运输等)。例如,1972年肯尼科特铜矿有限公司提出智利总统萨尔瓦多·阿连德(Salvador Allende)没有为该国征收的铜矿山支付足够的补偿,因此,在法国港口成功通过法律途径没收了智利的铜矿船只,并冻结了智利在纽约的银行账户。采取报复行为的预期显然可以避免债务国对外债违约。[2]

同时,在危机初期,恩德斯(Enders)和马顿(Mattione)完成了对拉丁美洲债务国因违约而遭受制裁的成本和收益的详尽研究。他们得出的结论是,只有阿根廷这一个国家会将违约视作理性选择。[3]

然而,传统观点再一次受到过分狭隘的解释。否认(即公然违约)和完全履约两个极端之间的政策选择灰色地带,形成了本书中借款方违约的基础。虽然仍有违约成本,但政策选择不太可能引发经常性的对债务人的报复行为。正如凯尔斯盖(Kaletsky)在其对违约成本研究中所发现的:

---

[1] 在第3章第一节所引用的正统文献中可以读到传统的观点。具体对欠发达国家的分析,详见:Jonathan Eaton and Mark Gersovitz, "Debt with Potential Repudiation: Theoretical and Empirical Analysis," *Review of Economic Studies* 48 (April 1981): 289-309; Jonathan Eaton and Mark Dersovitz, *Poor Country Borrowing in Private Financial Markets and the Repudiation Issue*, Princeton Studies in International Finance, No. 47 (Princeton, N. J.: Princeton University, Department of Economics, 1981); and Jeffrey Sachs, "Theoretical Issues in International Borrowing," Working Paper No.1189 (Cambridge, Mass.: National Bureau of Economic Research, August 1983), pp. 19-35. 传统文献中对于借贷关系中不偿付变化的杰出研究,详见:Vincent Crawford, "International Lending, Long-Term Credit Relationships, and Dynamic Contract Theory" (University of California at San Diego, Department of Economics, August 1984), mimeographed.

[2] Cline, *International Debt*, p.90.

[3] Thomas Enders and Richard Mattione, *Latin America: The Crisis of Debt and Growth* (Washington D.C.: Brookings Institution, 1983), pp. 47-50.

传统的理论观点存在严重的误导性。至少按照克莱因建议的方法,其所罗列的报复行为均没有起到作用。违约方也许不能免于惩罚——可以想象得到公然否认债务可能会导致极为严厉的破坏性制裁,但是可以设想一下,这些制裁的不同特征会导致债务方或者银行的不同问题。[1]

我将在否认(公然违约)和完全履约的中间地带简单寻找一些可替代方法。

欠款的积累。欠款积累形式的非正式违约,是一种冲突最小的单方面减少向债权方偿付债务的方法。银行可以威胁称这就是正式违约,但它们有很多不这么做的理由。

从法律角度出发,公开宣布违约对银行来说较为麻烦,不仅需要消耗大量的时间和资源去应对,而且不一定能够获得有形的收益。再次引用凯尔斯盖的研究:

在违约事件中,法律是债权方最有用的资源。不同形式的法律补救(如资产扣押和没收出口货物)被视为对违约的终极制裁。但是银行家们希望(也是借款方所担心的)通过法律途径对顽抗的债务国施加的严厉惩处应进一步加重。西方的法律体系仅允许私人债权方适度地中断违约国的贸易,并阻止违约国与其他国家进行贸易往来。冻结违约国的海外现金储备和其央行的其他资产希望渺茫。但即便如此,银行家们仍有希望通过私人诉讼的方式给违约国造成大量麻烦,而违约国应对这些法律麻烦的成本较高。[2]

为什么会这样?首先,政府具有独立主权,因此可以不受外部法律的约束,法院的判决对违约国的实际约束存在一定问题。其次,即便法院能够约束违约国,但下一步强制执行也存在问题:判决不过是一纸空文。最后,是出于策略考虑,去调和债务方的违约会塑造出一个"殉难者"的形象,从而给其他债务方的行为带来负面影响。公开宣布违约同样存在充分暴露资产不可恢复的本质性缺点,这相比各方均谨慎地保持沉默来说,也许会引发更大程度的投资组合减值。银行同样担心公开发生冲突会激起债务国扣押债权方及其主要客户在债务国的资产。

总之,一旦债权债务双方形成对抗就会带来严重的报复,这将造成不可忽视的坏的示范效应。的确,冲突主要是政治方面的,因为当时的宣布违约和扣

---

[1] Anatole Kaletsky, *The Costs of Default* (New York: Priority Press, 1985), p.11.
[2] Kaletsky, *Cost of Default*, p.21. 伯纳尔(Bernal)得出了相似的结论,详见:Richard Bernal, "Default as a Negotiating Tactic in Debt Rescheduling Strategies of Developing Countries: A Preliminary Note" (Kingston, Jamaica: University of West Indies, Department of Economics, September 1984), p.7.

押资产与债权债务双方的政治冲突相关,其中债权方政府的行政部门是执行制裁的推动力。[1] 因此,债务国要悄悄地、缓慢地积累债务,避免与债权国发生直接的政治冲突。下一步该如何走,如下文所述。

作为策略的一部分,为了将银行削减短期融资额度的动机降至最低,债务方必须正常偿还短期贷款。鉴于恼怒的银行家采取了报复行为,一些信贷额度的损失是不可避免的,但基本的借贷通过那些在近乎零风险的贸易融资业务中追求收益的机构而保留了下来。[2] 选择性地与债务国国际储备银行建立储蓄关系,是另一种使借款方保持信贷额度开放的方法。

借款方为了表示对银行的诚信,必须额外准备一笔在关键时刻用于偿债的费用。而这笔费用维持在未偿债务 1~2 个百分点的低水平。[3] 在利率水平为 10% 的情况下,外汇储备在现金流基础上会上浮 8~9 个点。[4] 对于那些银行债务占其债务总规模不足一半的国家来说,储蓄并不是一个资源。但是其他事情是相同的,债务国为了支持更多进口以及投资和经济增长,将减少其贸易盈余(或者扩大贸易赤字)。

其他的保护行动是合适的。由于对海外公共和多边借款方的债务缺乏正式的制裁且无法实现资源流入,因此这些债务应该被偿付。即便在特定时期一家机构会出现资源流出,但也应该从中期角度来决定其是否就此陷入了欠债。这是因为从理论上讲,在危机期间公共货币的供给是富有弹性的;在与公共借款方协商过程中如果出现有利的转折,则资源流出就会快速变成资源流入。由于拖欠多边债务会严重损害债务国的竞争力和公平竞争形象,因此贷款机构得很有耐心。

债务国同样应该保护自己免于潜在的报复。国际储备(如果有的话)应该远离公众视线而储藏在安全的地方,例如,避开债权方银行所在的城市。纽约

---

[1] Kaletsky, *Cost of Default*, pp. 30–31.

[2] 甚至是公开的贸易制裁也曾被新古典主义理论所"中和"。在阿连德政权被美国机构所抵制时,南非和津巴布韦还是可以获得融资。在 20 世纪 70 年代尽管面临美国的制裁,但古巴向其他非美国私人银行融资规模超过 10 亿美元。详见:Bernal, "Default as a Negotiating Tactic," p. 6, and Jonathan Eaton and Lance Taylor, "Developing Country Finance and Debt," paper prepared for a conference on New Directions in Development Theory, Cambridge, Mass., Massachusetts Institute of Technology, Department of Economics, 17–19 January 1985, p. 37.

[3] 费尔南德斯借助模型来评估银行的承受力。在他看来,当未偿债务的利率低于 2% 时,银行倾向于采取非制裁方案。详见:Javier Fernández, "Moratoria de la Deuda" [Debt Moratorium], paper prepared for the seminar on External Debt in Latin America: Actual Situation and Perspectives, organized by Centro de Estudios Monetarios de América Latina in Quito, Ecuador, 22–26 July 1985, pp. 40–41.

[4] 如果短期信贷额度的成本提高,则净储蓄下降是非常可能的。

或者伦敦的律师事务所被公认为是应对债权方实施潜在报复的应急方案的一部分。债务国应该调查主要债权银行与债务国海外投资之间的联系,以便准确定位"压力点",从而在与贷款方的冲突中准确把握好尺度。[1]如果通过在债权方感兴趣的其他方面给予"胡萝卜"来补偿欠款的"大棒",则债权方报复的动机也会减弱。例如,国内制度放宽外国银行进入国内金融部门的限制、债转股交易计划的扩大。对于债权国来说,应该注意债务国对于北方地区重要政治问题的公众态度以及政策,例如,毒品贸易、移民、国际法庭投票、贸易和对外投资策略等。

经济政策也是一个常被忽视但能构建起有效防御的关键组成部分。即便在无力偿付旧债的极端情况下,债务国也必须持续谨慎地控制国内需求,以免影响由任何可获得的外汇储备所实现的协商上的缓冲。如果没有新的信贷出现,则至少要维持小幅的贸易盈余来弥补贸易信贷额、对外直接投资等。经济职能也很重要,可以利用积累欠债的时间纠正经济的失调,并使经济朝着符合信誉的方向发展。看到部分债务能偿还,银行不会恼怒。

任何情况下,涉及非正式欠债的决策都不会激怒债权方;的确,超过半数的拉丁美洲债务国会通过积累欠债来延长不受报复的时间。欠债的主要负面影响是,使获得短期贸易贷款的难度加大。然而,债务国应该通过积极消费和合理利用贸易信贷来进行适度管理。

积累欠债的最终目的是提高外汇的可得性(在某些情况下只是因为是有利可图的)和使最终方案有利于债务国的协商。的确,拖延偿债将会使得二级市场上的银行贷款合同价格下跌,这会增加债务国从协商中获得更多收益的机会,包括债转股交易、回购和证券化。如果有必要,债务国应该准备签署一份次优偿债日程调整合同以规避直接的冲突;总能在此后回到违约之前的状态。

该策略存在以下缺点:首先,如果所有债务国同时采取该策略,那么银行的损失将会使得国际银行业不稳定。然而,物极必反,对于北方地区来说,这标志着危机的成本完全内部化,将进一步推进综合公共解决方案的形成。其次,策略要求部分借款方具备强大的犬儒主义精神,这将持续挑战债权方的耐心。再次,通过积累欠债,债务国将会陷入国际私人资产紧缩的状态。尽管该紧缩状态下的融资成本从技术角度来说是易于管理的,但是如果不存在债务不能或者不应该按照商业条款进行偿付的合理的国家层面的共识,那么国内二级市场的经济(政治)成本可能会同比例提高。最后,如果银行业失去耐心,那么将会带

---

[1] 这一联系是直接的(银行分支机构),可以通过与银行大客户合作或者与董事会联系在一起。

来不可预期的系统化制裁。

单方面支付方案。欠债的非正式积累显然是一种混乱的解决方案。正式的非商业化支付计划可以促使与债权方建立明晰的债权债务关系，这种方案更加可取。单方面支付方案的缺陷在于，增加了问题的显著性并会使银行系统遭受负示范连锁效应的威胁，银行则会负责应对这一连锁效应。如此一来，沿着这一方向发展会遇到更大的风险以及更大的报复威胁。尽管如此，到1985年7月秘鲁采取众所周知的"10％方案"为止，所形成的反应表明这一策略是可行的。[1] 如果上述这些问题被考虑到的话，报复发生的概率会降低。

由于债务国与银行的关系包括私下交往和个人接触，因此缓和的方法通常是有效的；这并不会有损彼此的尊严且是更有希望成功的。[2] 此外，为了体现这一点，计划应该被视为临时性的——通过严重的经济衰退和对国家经济增长的合理主流愿景向政府施压。如此一来，在条件允许的情况下，计划应该明确实施商业偿债方案的可能性。通过将偿债和偿债能力联系起来，例如与固定不变的20年非商业计划形成对比，我们可以让银行家在债务国取得准股本金。如此，便增强了对信贷投资组合恢复的预期，潜在避免了资产减值。

该方案必须包括一些类似的修正条款，条款应明确为促进商业水平提高创造条件。[3] 为了消除债权方对欺诈的顾虑，绩效标准必须包括外生决定的指标，例如，将偿债与贸易条件水平和债务国外销货物的世界出口量相挂钩。

单方面支付方案还应该为受到计划影响的债务设定截止日期。通过这种方式，债务国至少能有寻找新贷款方的机会。

---

［1］ 秘鲁总统加西亚对1985年7月前签订的中长期公共债务合同建立了将债务偿付限制在出口收入10％以内的制度性方案。一年之后，他将该方案拓展到此前未曾考虑过的中期私人债务领域。以实物进行偿债一直未被纳入该方案。尽管秘鲁出口下降了13％，但是实际的债务偿付从1984年占出口收入的32％降至1986年的22％（方案完整执行了一年）。由于分期支付要进行再融资，因此更能说明问题的指标是实际利息支付占出口的比例；这一时期，该比例从16％降至8％。净资源流动从1984年的5 380亿美元降至1986年的1 320亿美元。详见：United Nations Economic Commission for Latin American and the Caribbean (ECLAC), *Estudio Económico de América Latina y el Caribe 1986* [Economic Survey of Latin America and the Caribbean 1986](santiago, chile, 1988), table 21.

［2］ 相反，秘鲁总统加西亚至少在公开场合是颇具对抗性的。虽然这有损他在国际上的声望，但最初形成了他在国内的声望。在某些情况下，对抗的方法对银行是有效的，如1980年的尼加拉瓜。但是似乎具有高度凝聚力的国家才最适合采用对抗方式，这并不符合多数拉丁美洲国家的特征。

［3］ 美国政府在一些第二次世界大战后的信贷中采取了修正条款。例如，1945年美国政府与英国签订了40亿美元的贷款合同。合同要求贷款在50年内分期偿还，但修正条款允许偿债日程根据债务国的经济条件进行调整。详见：George Abbott, "The Case for Cancellation," *Inter-Economics*, July 1975, pp. 217–221.

拉丁美洲国家讨论的最主流的方案是将债务偿付限制在出口的一定比例之内。[1]在1984年年中,玻利维亚试图正式将偿债限制在出口的25%,但是拉丁美洲国家和少数商业银行并没有注意到这对偿债会产生影响。如前文所述,秘鲁宣布并执行了10%的偿债限制。该方案有以下优点:首先,易于管理者管理;其次,易于在政治层面达成共识,且能在债务减免周期中获得大量支持[2];最后,有着与之前情况类似的特征,即偿债情况会随着出口收入而变化。

我认为加西亚的方案的一个缺点在于,从经济政策宏观层面来看像是在对出口征税。如此一来,国家可以通过替代性进口而非出口赚取或者维持更多的外汇。这显然不能获得债权方的青睐。此外,该方案对于秘鲁的帮助也不大;正如第4章所述,缺乏出口刺激政策是秘鲁经济脆弱的主要根源之一。

然而,该方案的这一不足是可以纠正的。国家可以将10%的标准与国家在世界贸易中的地位的维持(提升)联系起来。如果国家可以采取出口(尤其是有成功经验的非传统出口)刺激政策,则单方面支付方案更具备吸引力。不幸的是,在加西亚政府执政的头两年里,出口扩大在政府经济发展计划列表中排在最后。的确,这一缺点是国家出口情况恶化的原因之一。[3]

替代方案一定程度上较为复杂,但也许更能令人满意,即使得债务偿付适应经济增长。换句话说,国家可以为经济增长制定可接受的计划增速,如5%,以及允许以较高的外汇比例进行偿债。[4]该方案的优点在于将产出和收入增长明确纳入计划中。此外,如果货币基金组织和世界银行完全不再保护银行的资产负债表而默许该方案为暂时合法的解决方案的话,说服债务国加入正式的结构调整计划会更容易。像加西亚总统那样单打独斗的危害在于,在敌对环境

---

[1] 这一方案出现在早期拉丁美洲关于债务问题的洲际会议上。其中一条具体建议出自:Latin American Economic Conference in Quito in January 1984 the "Plan for Action" stated: "In renegotiating the external debt, export earnings should not be committed beyond reasonable percentages consistent with the maintenance of adequate levels of internal productive activity, taking into account the characteristics proper to the individual countries' economies." "Latin American Economic Conference," *CEPAL Review*, no. 22 (April 1984), p. 43.

[2] 北方地区也出现了类似的建议,例如:Norman Bailey, David Luft, and Roger Robinson, "Exchange Participation Notes: An Approach to the International Fiscal Crisis," CSIS Significant Issues Series, vol. 5, no. 1 (Washington, D. C.: Georgetown University, Center for Strategic and International Studies, 1983).

[3] 详见:note on Peru in ECLAC, *Estudio Económico de América Latina y el Caribe 1986*.

[4] 1987年6月,哥斯达黎加向银行展示了具有上述这些特征的方案。本质上,利息支付取决于国家每年的基本"支付能力"。支付能力表面上取决于外部账户情况。然而,由于广义的外部账户包括了进口水平,因此国家相当于间接确定了经济增速。详见:"Guidelines for the Rescheduling of Current & Past Due Obligations of the Government of Costa Rica" (San José, 4 June 1987).

下，有所猜疑的国家将从资本主义体系撤离并中断联系。[1]

债务国可以考虑的其他单方面方案如下：

● 债务转换债券。从完全或者部分延期偿付的立场来看，债务国应该正式提出通过债务转换债券的方式来解决拖欠私人银行债务的问题。该债券应该平价发行，存续期限较长（7年），以及有25～35年的分期支付周期。银行可以在A系列债券和B系列债券之间进行选择。A系列债券低于市场利率水平（1%～2%），但是包含了允许在5年后重新协商利率水平的修正条款，如果交易双方同意以非操作性指标来证明支付能力的话，那么利率水平可能会提升至商业利率水平。B系列债券将会在伦敦同业拆借利率基础上小幅上浮（0.5%）。在前5年，B系列债券的市场利率和A系列债券的支付利率之间的差异能被利率资本化或者新增贷款所弥补，而无论采取哪种方法，银行都是认可的。为了鼓励银行选择A系列债券，A系列债券在外汇可得性上优于B系列债券。在债转股计划中，A系列债券同样被给予特惠待遇。

● 付息债券。相似计划的一个不同形式可以被应用于远期利息支付。

● 强制资本化。在特定时期，债务国可以单方面将债务利息支付资本化，该债务利率水平会高出2%的名义利率水平或者普遍认为的2%的历史实际利率水平。影子商业利率或者低于市场利率的利率水平可以被用于会计目的的资本化支付。债务国可以通过支付与附息托管基金等价的本国货币来增强积累的资本化利息的信誉，其中银行可以凭借该附息托管基金达到创造本国信贷或者股权投资的目的。

● 回购。债务国可以延期支付，并将其曾经在其他方面支付的全部或者部分利息替换为特殊的用于在二级市场进行债务回购融资的资金。但是在价格降至预期的最低水平之前，不应该进行回购。在20世纪30年代，多数发展中

---

[1] 20世纪80年代初秘鲁卷入了备用计划，而此举增加了秘鲁加入国际货币基金组织调整计划的政治阻力；1984年秘鲁停止签订新的备用合同，并开始积累银行欠款。1985年年中，新上台的加西亚政府正式拒绝国际货币基金组织并否认欠款。由于缺乏新的备用计划，资源流出最终随国际货币基金组织而形成。此情形引发了秘鲁对国际货币基金组织欠款的积累，从而导致1987年秘鲁被告知不具备获得贷款的"资格"。1987年欠款也成为世界银行的一个问题。同时，秘鲁最初感兴趣的非正统的经济方案已经演变成一场日益加深的管理控制困境，同时，通胀和外部账户的恶化表明1986年和1987年经济强势增长的势头（年均增速8%）难以维持。对于那些经济极度困难的国家来说，潜在的延期支付破坏了国家的经济前景。基于秘鲁非正统经济方案的理论观点，详见：Daniel Carbonetto et al., *El Perú Heterodoxo: Un Modelo Económico* [Heterodox Peru: An Economic Model] (Lima: Instituto Nacional de Planificación, 1987)。

国家的最低价格水平是 10~15 美分。[1]

- 实物支付。债务国可以通过向银行提供当地的生产物资来进行债务偿付。[2]

除非债权方完全接受单方面支付方案,否则在此之前的明智做法是,选择前面曾列举的与积累欠款策略相似的保护性措施。此外,在向银行展示计划方案的时候,债务国并不希望正式绕过咨询委员会,而应该是出于自愿,并鼓励银行与其达成双边协议。如果债务国没有一个合理的预期,那么它将不希望成为其他债务国的先例:银行采取制裁的一个不太重要的动机是消除不良先例。需要强调的是,最有效的保护性措施之一是,确保延期支付能作为信贷经济计划方案的一个组成部分,该方案将允许纠正根本性失衡,并使得经济向着与可行的外部方案相一致的方向发展。

债务国之间的相互合作。奥唐纳曾明确指出,发展中国家遇到的一个问题是它们希望单方面地将可替代的支付计划强加给银行,从而实现债务危机成本的公平分配。一方面,如果银行拒绝债务国的计划,则债务国面临最大的威胁是信誉丧失。这一计划将带来强烈反响,只有自取灭亡或者经历过重大变革的国家才能承担该风险,而多数拉丁美洲国家不具备该特征。另一方面,不合作对于银行的威胁更大,这是因为如果银行让一个国家成功做到这一点,则其他国家竞相效仿的可能性将大幅提高。[3]

如果债务国组成一个团体或者卡特尔,则从理论上讲,债务国的缺点可以被克服,这是因为正如凯尔斯盖所述:"对首个违约国进行报复将对其他债务国起到威慑作用,但对债务国会抱团的预期将使债权国和银行不愿实施报复。"[4]的确,正如第5章所提到的,双边垄断的架构要求债务国相互合作。银行敏锐地察觉到了通过组建卡特尔(银行咨询委员会)进行合作的优势。如果债权方决定实施报复,那么也许除了巴西和墨西哥外,没有哪个债务国具备单

---

[1] Kotecha,"Repacking Third World Debt."玻利维亚曾以 11 美分回购了大约一半的商业债务。然而,用于回购的资金是一笔经合组织匿名捐赠的资金。详见:"Bolivia To Buy Back Debt at 11% of Face Value," *Financial Times*, 17 March 1988, p. 3.

[2] 1987年,秘鲁成功与米兰银行和第一州际银行达成了此类协议。为了以实物偿还美元债务,该协议计划要求银行以外汇购买额外的秘鲁商品;米兰银行的汇率是2.5,第一州际银行的汇率是3。这种额外购买的方式为秘鲁换汇进口商品提供了补偿。详见:United Nations Economic Commission for Latin America and the Caribbean, "Preliminary Overview of the Latin American Economy 1987" (Santiago, Chile, December 1987), p. 9.

[3] 详见:O'Donnell, "External Debt: Why Don't Our Governments Do the Obvious?" *CEPAL Review*, no. 27 (December 1985), pp. 27–33.

[4] Kaletsky, *Costs of Default*, p. 64.

独与债权方抗衡的实际力量。如果债务方通过组建类似卡特尔的方式可以与债权方的垄断力量相抗衡，则应对危机的社会公平解决方案将更加可行。

当我们回忆起早期关于国际公共物品的分析时，债务国卡特尔也是可取的。资本主义国家试图减少公共物品的生产。此外，反对公共部门意识形态的里根政府也许加重了对公共物品的束缚。尽管"什么都不做"的成本低于收益，但是里根政府乐意维持现状。我曾指出，除非债务危机开始对核心国施加额外的经济或者政治成本，否则在此之前，消极策略是不可能被打破的。债务国之间的直接合作正是一种使得维持现状的潜在成本更加透明化的方法，该方法为了迎合财政制度的要求而牺牲了经济的增长。

尽管从理论上讲，债务国之间的合作是可取的，但是实际上难以实现。正如奥唐纳尖锐指出的，同样存在提倡相互不合作的逻辑。这一对抗逻辑源自债权方对于债务方合作关系的阻挠，再加上债务方存在克服囚徒困境的困难，而囚徒困境涉及对卡特尔方案的博弈。[1]

由于一旦债务方联合起来，对它们最大的威胁（银行否决或者至少拖延计划）将被消除，所以债务国会立刻恢复它们在单独应对银行时所丧失的信誉，因此，债权方具备很强的阻挠债务国卡特尔方案的动机。银行认识到了这一点，并设法分化债务国。银行试图通过维持与其他银行之间的联合来分化债务国，一方面保留一定的制裁威胁，另一方面当银行卡特尔完全抓住债务国之间的裂隙时，会通过牺牲一些垄断租金来分化它们。

银行的后一种分化债务国的方法会导致我在第 5 章提及的"单边支付"。银行为了规避因债务国形成卡特尔造成的大量租金损失而愿意放弃短期的最大化租金。因此，银行会有选择性地对一个或者多个债务国进行债务让步，以期阻挠债务国形成团体。由于债务国权衡后认为，在银行债务上让步的确定性收益高于组建卡特尔的高不确定性收益，因此，债务国反过来会具备强烈意愿接受银行单边支付。众所周知，银行会向其他潜在的加盟卡特尔债务国提供单边支付，从而增加债务国团体的高不确定性风险。同样地，任何国家都在关注造成卡特尔恐惧的主导力量。一方面，怀疑银行向邻国单边支付，而担心自己在该方面被孤立；另一方面，存在被针对实施报复措施的可能性。

奥唐纳认为，缺乏实现交流和可靠承诺的清晰渠道是债务国陷入囚徒困境的原因。他正确地指出，想要克服该问题实属不易。但他也认为这并不是没有可能性。奥唐纳探索了实现交流和可靠承诺的不同方法，认为就债务问题进行

---

[1] 详见：O'Donnell, "External Debt: Why Don't Our Governments Do the Obvious?"

联合公投和服从超级大国的谈判代表，是克服强大的分裂逻辑的方法。当然，有对于此逻辑的一定认知是克服它的第一步。

奥唐纳在回顾将债务国联合起来的问题时，强调了单边支付的"外部"威胁。如第5章所述，这些单边支付对拉丁美洲的合作起到了瓦解的作用。但实际上，双边垄断博弈中可能的威胁来自"内部"。

必须认识到债务国难以抗衡银行的议价能力。经历了多次危机，银行享有可以关注一个它们容易聚焦的变量的"奢侈待遇"：贷款组合的偿付。虽然这一观点是要关注"囚徒"这一金融变量，但是从外交政策出发，银行所属的国家可能必须要关注债务偿付。[1] 相比之下，发展中国家必须就债务协商问题分享更多的内部国家目标，在特定时期，其中一些目标会取代重要的债务协商，而且在任何对抗中都会受到影响。例如，新的民主国家是由多年军事专政的动荡和流血事件发展而来的。其中部分国家考虑的首要目标是公民社会的稳定，包括加强对军事的制度性管控，证明民事法律制度与社会秩序是相符的，通过建立稳定的激励机制和准则来鼓励当代民主企业家的出现，与中心国家形成一定程度上的政治经济一体化，甚至是远离社会动荡、享受民主时光。此外，在新兴的和脆弱的政治联盟以及微妙的经济条件下，这些目标一定能够达成。债务也许会对债务国的经济表现形成冲击，如果与银行的对抗会给债务国政治项目带来不利影响，那么即便债务国取得对抗的胜利，也是皮洛士式的（得不偿失的）胜利。

在债务协商中，国内环境因素使得债务国难以与债权方达成一致。这一状况连同拉丁美洲国家经济发展上的诸多差异，共同导致形成联合议价地位的任务变得很艰巨。鉴于经济发展基础薄弱，可以理解拉丁美洲国家非常容易受到单边支付的影响，会为了自己的利益而利用邻国议价地位的增强。

秘鲁是当时唯一向银行提出过单边支付计划和积极提升债务国之间合作关系的国家，这并非偶然。1985年秘鲁组建了广受欢迎的选举出来的政府，政府就债务问题达成国内共识——不再以银行和货币基金组织制定的条款和条件进行偿债。但是，需要注意的是，自1975年以来，秘鲁与银行和国际货币基金组织的冲突有增无减，这意味着在危机发展的10年中，债务问题的严重程度足以被放在国家政治议程中最重要的地位。[2] 由于拉丁美洲危机已经发展了

---

[1] 这一点体现了美国财政部和美联储在管理此类问题时的领导角色。的确，当我们想要了解最新的债务危机事件时，在华盛顿最佳的访问地点是政府部门。

[2] 对秘鲁与债权方关系的历史回顾，详见：Oscar Ugarteche, *El Estado Deudor* [The Debtor State] (Lima: Instituto de Estudios Peruanos, 1987).

近 7 年，我们认为未来在债务问题上会有更多的国家达成共识。

6.3 结论

由于拉丁美洲外汇管制和储蓄/财政均呈现恶化迹象，所以我们看到该地区的资源外流阻碍了经济增长和经济重组。在缺乏系统的债权方政府支付担保的情况下，所谓的菜单式市场选择方法有望在较长的期限内逐渐减轻资源流动的负担，但这具有较高的不确定性，涉及债务减免的数量和期限、在债务国之间的分配情况。同时，用于支持经济增长和经济重组计划的大量外部融资需求不能得到满足。如此一来，在价格稳定的"特殊情况"下，拉丁美洲国家可以维持适度的经济增长算是个小小的惊喜。

只有少数存在偿付问题的债务国可以成功运用的经济增长和经济重组策略，显然是个无效的国际公共政策。当拉丁美洲周边的私人信贷市场崩溃的时候，贷款方对解决系统性宏观经济财政问题的主观态度是当代经济理论的退化。的确，菜单式市场选择的一些方法使得我们回到了 20 世纪 30 年代，在那时债权债务双方各自为营，进行了长达 20 年的对减轻当时债务积压问题的无效摸索。

拉丁美洲国家必须面对这种超出想象的困难局面，并考虑加倍努力将内外失衡问题控制住。但鉴于资源流动问题的无情重担和危机责任感，债务国认为有必要通过在债务偿付时采取各种各样的非正式或正式的延期偿还来强迫债权方承担经济重组和经济增长的成本。随着拉丁美洲发展危机的成本不断提高，"债务国可选择菜单"中的这一方案可以被更加广泛地采纳。

关于替代方案，目前多数债务国所选择的风险最小化策略是非正式欠款。债务国采取这一策略是可以理解的，因为实际上任何正式的单方面支付方案都会遭到债权方的冷遇，而这些支付方案能有效地降低资源外流，符合债务国对宏观经济融资的要求。债务国显然是愿意偿债的，正式的单方面支付方案在债务国与银行（其他债权方）之间建立有序的债权债务关系中存在优势。修正条款的引入进一步改善了该方案，这是因为该方案相较不支付和将问题贷款最终在二级市场上出售（不能给债务国带来直接收益）的方案而言，对银行更具吸引力。此外，该方案的可行性随着债权方卡特尔裂隙的扩大而提升，这意味着有越来越多的银行会不惜冒着违反贷款合同中提出的债权方应秉持公平对待的法律要求的风险去达成协议。

虽然单方面支付方案可以减少资源外流，但经验表明方案本身不能保证债务国经济维持增长。的确,多数实际的延期支付出现在经济动荡时期,且它并没有成为经济策略的一部分,该策略的目的是获得用于改革、投资、经济增长的外汇。即便是在最初进行了延期支付的秘鲁,由于未能适当管理好国内需求以及提升出口而使得其没能避免中长期资源外流。显然,如果较少的资源外流是为了刺激经济增长,则它必须出现在明确的宏观经济策略中,而该策略应该将资源和渠道直接用于能扩大出口和提高就业的部门,这些部门最好是能实现净外汇收入而非损失。

最后,历史和常识表明,问题不在于拉丁美洲的资源外流何时以及如何减少。通过积极的国际公共策略创新,资源外流可以以有序的、具备社会效应的方式减少,该策略创新要针对拉丁美洲债务问题的集中特征并提出集中解决方案。如若不然,资源外流的减少只能通过债权债务双方激烈的谈判解决,并会经历不同期限的停止偿债。前一种解决方案显然有利于债权债务双方的共同利益。实际的方案很大程度上取决于债权国的新政治领导人的公共精神。

附　录

对玻利维亚和秘鲁的案例研究方法

　　本书中的案例研究是在制度模式模型基础上建立起来的。不同于那些常规模型，它们在开始阶段通常会通过一系列的先验演绎推理得出一些综合性的关系架构，模型在开始阶段主要是构建连接案例研究过程中得出的"主题"的简单框架。换句话说，模型更多的是直接从对事件的分析中得到，并伴随进一步的案例深入分析来发展、改建，甚至否定已有的主题并提炼出新的主题来使已有模型更加具有综合性、普遍性。模型的性质和解释并不能促进和提升传统形式主义的抽象或规范程度。这些模型也往往与具体的历史背景相关，因此在模型的应用范围上有一定的局限性。[1]

　　模型建立过程中的第一步是案例研究工作。在本书的具体实例中，我喜欢建立20世纪70年代银行对发展中国家的借贷模型。因此，我首先通过将银行作为一个机构且是发展中国家的债权人来计算拉丁美洲的负债。这一项工作通过两个层面来完成：第一，我通过可得的二手数据来研究当代国际银行以及欧洲货币市场的发展，其中会考虑其与欠发达国家和地区的联系。第二，在第一步研究的基础上，我借助银行对秘鲁和玻利维亚两个国家的原始借贷数据来

---

　　[1]　当然，存在很多种研究方法来对事情进行了解。因此，模型的运用并不会对更加正式的技术研究方法造成不好的影响。对于模型的更多解释，详见：Paul Diesing, *Patterns of Discovery in the Social Science* (New York: Aldine Press, 1971); and Charles Wilber with Richard Harrison, "The Methodological Basis of Institutional Economics: Pattern Model, Storytelling and Holism," *Journal of Economic Issues* 12 (March 1978): 61–89.

进行更加详尽的案例研究,并对银行向拉丁美洲国家的借贷模式进行粗略的、系统性的观察。

上述两个案例是基于一个独特的数据库进行的:我从两个国家的中央档案系统中进行数据挖掘,并对两个国家在信贷周期中公共部门(或者由其进行担保)的非军事性中长期商业贷款合同逐一进行数据统计。通过使用标准化的数据收集工作表格,每份贷款合同中的定量和定性信息都能得到收集。[1] 然后我对数据进行了相应处理,并进行了不同程度的归集以分析不同银行的借贷行为以及一般趋势。通过从其他贷款中提取数据以及收集宏观经济和经济政策的信息,我也对案例分析数据库进行了一定的补充。从聚焦案例分析出发,加上研究数据具有无限的补充空间,使得我就银行对发展中国家的放贷主题形成了一种独特的研究视角。

秘鲁案例覆盖了两个较完整的信贷周期,有趣的是,其中一个较短的信贷周期是从1965年到1968年,当时秘鲁是处于贝朗德执政期间,随后一个阶段是从1972年到1976年,当时秘鲁负债沉重,正处于由胡安·贝拉斯科领导的军事化政府执政时期(后由弗朗西斯科·莫拉莱斯·贝穆德斯接任)。在1977年和1978年,秘鲁不再受到银行的照顾,并且直到1980年秘鲁才开始了一个新的信贷周期。在将子公司的贷款合并计入母公司后,秘鲁的银行债权人超过170多家,负债总值达到26亿美元,贷款合同多达740多份,并且其中有86%的合同发生于1972~1976年间。

在1970年以前,玻利维亚的公共部门并没有获得过重要的商业银行中长期贷款,并且这个国家70年代的负债有96%是发生在1974~1979年间,而在这段时间,除了最后一年都在进行乌戈·班塞尔领导下的军事政府发起的经济和政治项目。在1979年之后,玻利维亚几乎获取不到来自商业银行的贷款,尽管其在1981年达成了一项重要的偿债日程重新修订协议,并在1988年初进行了对商业负债的部分回购,但这个国家与其债权人的关系仍然不好。在

---

[1] 本书案例分析中的数据的得出是借助于专门设计用来检索与银行—借款方关系主题相关的关键词的数据挖掘方法,对秘鲁的经济和财政部以及玻利维亚的中央银行的相关档案系统进行详细搜索和整理得到的。数据挖掘方法以及所得数据工作表,详见:Robert Devlin, "Project Manual and Methodological Guidelines for the Study of the Role of Transnational Banks in the External Finance of Peru, 1965-1976" (Santiago, Chile: United Nations Joint Unit CEPAL/CET, Working Paper No.10, E/CEPAL/R.220, 1978). 关于秘鲁的案例分析,详见:Robert Devlin, *Transnational Banks and the External Finance of Latin America: The Experience of Peru* (Santiago, Chile: United Nations, 1985). 关于玻利维亚的案例分析,详见:Robert Devlin and Michael Mortimore, *Los Bancos Transnacionales, el Estado, y el Endeudamiento Externo en Bolivia* [Transnational Banks, the State, and External Debt in Bolivia] (Santiago, Chile: United Nations, 1983).

1970~1979年间,玻利维亚共有118个商业债权人(在进行了对子公司负债的合并计算之后),负债总值达12亿美元,总计有401份商业贷款合同。

重要的是,贯穿案例研究的方法很大程度上是实证的,并且我没有试图去证明或证伪某个理论,更不曾将调查研究的过程置于特定的理论架构之中。在研究过程中,我在一定程度上会持续受到一些概念的影响,但要以怀疑的态度看待任何既有理论的整体应用,尤其是这种理论在经济发展中的应用。

总之,对银行行为的观察使我能够探究与银行—借款方关系的动态变化相关的主题,并且我将这些研究与第4章中所描述的抽象背景联系起来,以解释信贷周期的扩张阶段。本书最终得到的模型显然处在萌芽阶段,并且无疑会在将来更多的案例研究以及进一步的研究机会中得到改善和发展。

参考文献

Abbott, George. "The Case for Cancellation." *Inter-Economics*, July 1975, pp. 217 – 221.

"Acapulco Commitment to Peace, Development and Democracy, Signed on November 29, 1987, at Acapulco, Mexico." Washington, D.C.: Organization of American States, 1 December 1987.

Aggarwal, Vinod. "Cooperation in the Debt Crisis." Berkeley, Calif., University of California, September 1985.

Alexander, Charles. "Jumbo Loan, Jumbo Risks." *Time*, 3 December 1984, p. 33.

Aliber, Robert. "Towards a Theory of International Banking." *Federal Reserve Bank of San Francisco Economic Review*, Spring 1976, pp. 5 – 8.

American Express Bank. *Amex Bank Review* 10 (28 March 1983).

Anderson, Roger. "Bankers Assess Country Risks: Limits of Prudence." *Asian Finance*, 15 September 1977, pp. 46 – 47.

Angelini, Anthony; Eng, Maximo; and Lees, Francis. *International Lending, Risk, and the Euromarkets*. New York: John Wiley & Sons, 1979.

"APRA's Government Priorities." *Latin American Weekly Report*, 28 June 1985, p. 6.

"Argentina Cries All the Way to Its Bankers." *Economist*, 31 March

1984, pp. 77-78.

Aronson, Jonathan David. "The Changing Nature of the International Monetary Crisis, 1971-1974: The Role of the Banks." Paper presented at the Seventeenth Annual Meeting of the International Studies Association, Washington, D.C., February 1975.

——. *Money and Power*, Beverly Hills, Calif.: Sage Publications, Inc., 1977.

Arrow, Kenneth. "The Economics of Moral Hazard: Further Comment." *American Economic Review* 58 (June 1968): 537-539.

Arze Cuadros, Eduardo. *La Economía de Bolivia: Ordenamiento Territorial y Dominación Externa, 1492-1979* [The Economy of Bolivia: Territorial Order and External Domination, 1492-1979]. La Paz: Editorial Los Amigos del Libro, 1979.

Avramovic, Dragoslav. "Conditionality: Facts, Theory, and Policy." Washington, D.C.: Bank of Credit and Commerce International, May 1987.

——. "Debt Crisis of the 1980s: The Beginning of a Wind Down?" Washington, D.C.: Bank of Credit and Commerce International, January 1988.

——; Gulhati, Ravi; Hayes, J. Philip; Husain, S. S.; Rao, Badri; de Weille, Jan; Froland, Johan; and Wyss, Hans. *Economic Growth and External Debt*. Baltimore: The Johns Hopkins University Press, 1965.

Bailey, Norman; Luft, David; and Robinson, Roger. "Exchange Participation Notes: An Approach to the International Financial Crisis." CSIS Significant Issues Series, vol. 5, no. 1. Washington, D.C.: Georgetown University, Center for Strategic and International Studies, 1983.

Baker, James. "Statement" to the Joint Annual Meetings of the Board of Governors of the World Bank and International Monetary Fund. Washington, D.C., 30 September 1987.

"Baker to See Brazil Aide." *New York Times*, 26 November 1985, p. A32.

Banco Central de Reserva del Perú. *Memoria 1976*. Lima, 1977.

——. *Memoria 1983*. Lima, 1984.

Bank for International Settlements. *Fifty-Seventh Annual Report*. Basel, 15 June 1987.

——. *Forty-Eighth Annual Report*. Basel, 1978.

———. *International Banking Developments: Fourth Quarter 1983*. Basel, April 1984.

———. *International Banking Statistics, 1973–1983*. Basel, April 1984.

———. *The International Interbank Market*. Basel, 1983.

———. *The Maturity Distribution of International Bank Lending*. Basel, December 1983.

———. *The Maturity Distribution of International Bank Lending*. Basel, July 1985.

Banner, R. "Banks Gain from Fees by Altering Latin Debt." *New York Times*, 10 January 1983, p. D3.

Barnet, Richard, and Müller, Ronald. *Global Reach*. New York: Simon & Schuster, 1974.

Basagni, Fabio. "Recent Developments in International Lending Practices." In *Banks and the Balance of Payments*, Benjamin Cohen in collaboration with Fabio Basagni (Montclair, N.J.: Allanheld, Osmun, 1981), pp. 78–116.

Baumol, William. *Business Behavior, Value and Growth*. New York: Macmillan, 1959.

Bee, Robert. "Syndication." In *Offshore Lending by U.S. Commercial Banks*, edited by F. John Mathis, pp. 151–165. Philadelphia: Robert Morris Associates, 1975.

Beek, David. "Commercial Bank Lending to Developing Countries." *Federal Reserve Bank of New York Quarterly Review*, 2 (Summer 1977): 1–8.

Bennett, Robert. "The Intricacies of Bank Accounting." *New York Times*, 2 July 1984, p. D3.

Benston, George. "Economies of Scale of Financial Institutions." *Journal of Money, Credit, and Banking* 4 (May 1972): 312–341.

Bergsten, C. Fred; Cline, William; and Williamson, John. *Bank Lending to Developing Countries: The Policy Alternatives*. Washington, D.C.: Institute for International Economics, 1985.

Bernal, Richard. "Default as a Negotiating Tactic in Debt Rescheduling Strategies of Developing Countries: A Preliminary Note." Kingston, Jamaica: University of West Indies, Department of Economics, September 1984.

Bianchi, Andrés; Devlin, Robert; and Ramos, Joseph. "Adjustment in

Latin America, 1981 – 1986." In *Growth-Oriented Adjustment Programs*, edited by Vittorio Corbo, Morris Goldstein, and Mohsin Khan, pp. 179 – 225. Washington, D. C.: International Monetary Fund and World Bank, 1987.

Biem, David. "Rescuing the LDCs." *Foreign Affairs* 55 (July 1977):717 – 731.

Bishoff, Henry. "British Investment in Costa Rica." *Inter-American Economic Affairs* 7 (Summer 1973): 37 – 47.

Blask, Jerome. "A Survey of Country Evaluation Systems in Use." In *Financing and Risk in Developing Countries*, edited by Stephen Goodman, pp. 77 – 82. Proceedings of a Symposium on Developing Countries' Debt sponsored by the U. S. Export-Import Bank, Washington, D. C., August 1977.

Bloomfield, Arthur. *Patterns of Fluctuation in International Investment before 1914*. Princeton Studies in International Finance, No. 21. Princeton, N. J.: Princeton University, Department of Economics, 1968.

"BOA Methodology." *Asian Finance*, 15 September 1977, pp. 46 – 47.

Bogdanowicz-Bindert, Christine, and Sacks, Paul. "The Role of Information: Closing the Barn Door?" In *Uncertain Future: Commercial Banks and the Third World*, edited by Richard Feinberg and Valeriana Kallab, pp. 69 – 78. London: Transaction Books, 1984.

"Bolivia to Buy Back Debt at 11% of Face Value." *Financial Times*, 17 March 1988, p. 3.

Born, Karl. *International Banking in the 19th and 20th Centuries*. Translated by Volker Berghahn. New York: St. Martin's Press, 1983.

Brackenridge, Bruce. "Techniques of Credit Rating." *Asian Finance*, 15 September 1977, pp. 46 – 53.

Brainard, Lawrence. "More Lending to the Third World?: A Banker's View." In *Uncertain Future: Commercial Banks and the Third World*, edited by Richard Feinberg and Valeriana Kallab, pp. 31 – 44. London: Transaction Books, 1984.

Brandt Commission. *North-South: A Program for Survival*. Cambridge, Mass.: MIT Press, 1980.

Brau, Eduard; Abrams, Richard; Donovan, Donal; El-Erian, Mohammed; Keller, Peter; Lipsky, John; Nowak, Michael; Maciejewski, Edouard; Puckahtikon, Champen; Rennhack, Robert; Saint-Etienne, Christian; Watson, Maxwell; Williams, Richard. *Recent Multilateral Debt Restructurings with Official and Bank Creditors*. Occasional Paper No. 25. Washington, D.C.: International Monetary Fund, 1983.

Brett, E. A. *International Money and Capitalist Crisis*. Boulder, Colo.: Westview Press, 1983.

Brewer, Anthony. *Marxist Theories of Imperialism*. London: Routledge & Kegan Paul, 1980.

Brittain, W. H. Bruce. "Developing Countries' External Debts and Private Banks." *Banca Nazionale del Lavoro Quarterly Review*, December 1977, pp. 365–380.

Broad, Robin. "How about a Real Solution to Third World Debt?" *New York Times*, 28 September 1987, p. A25.

"Buddy, Can You Borrow a Dollar?" *Euromoney*, May 1978, pp. 10–15.

Cabieses, Hugo, and Otero, Carlos. *Economía Peruana* [The Peruvian Economy]. Lima: Centro de Estudios y Promoción del Desarrollo, 1977.

"Camdessus Calls for Doubling of IMF Quotas." *Morning Press*, Washington, D.C.: International Monetary Fund, 10 March 1988.

Camdessus, Michel. "Debt Strategy Needs Strengthening, but Basic Elements Remain Valid." *IMF Survey*, 21 March 1988, pp. 89–91.

——. "Statement" to the Board of Governors of the International Monetary Fund and the World Bank. Washington, D.C., 29 September 1987.

Carbonetto, Daniel; de Cabellos, M. Inés; Dancourt, Oscar; Ferrari, Cesar; Martínez, Daniel; Mezzera, Jaime; Saberbein, Gustavo; Tantalelan, Javier; and Vigier, Pierre. *El Perú Heterodoxo: Un Modelo Económico* [Heterodox Peru: An Economic Model]. Lima: Instituto Nacional de Planificación, 1987.

"Cartagena Conference of 11 Latin Nations Rejects Debtors' Cartel, Proposes Reforms." *IMF Survey*, 2 July 1984, pp. 201–202.

"Castro Escalates Debt Diplomacy." *Latin American Weekly Report*, 26 July 1985, p. 10.

Castro, Fidel. *How Latin America's and the Third World's Unpayable Foreign Debt Can and Should be Cancelled and the Pressing Need for the New International Economic Order: Interview Granted to the Mexican Daily Excelsior*. Havana: Editora Política, 1985.

"Castro's Proposal Gets Thumbs-Down." *Latin American Weekly Report*, 9 August 1985, p. 6.

Caves, Richard. "Uncertainty, Market Structure, and Performance: Galbraith as Conventional Wisdom." In *Industrial Organization and Economic Development*, edited by Jesse Markham and Gustav Papanek, pp. 283–302. Boston: Houghton Mifflin, 1970.

Chalmers, Douglas. "The Politicized State in Latin America." In *Authoritarianism and Corporatism in Latin America*, edited by James Malloy, pp. 23–45. Pittsburgh: University of Pittsburgh Press, 1977.

Chenery, Hollis, and Strout, Alan. "Foreign Assistance and Economic Development." *American Economic Review* 56 (September 1966): 679–733.

Citicorp. *1975 Annual Report*. New York, 1976.

"Citicorp Comes Clean on Third World Debt." *Economist*, 23 May 1987, p. 83.

"Citicorp Sharply Lifts Loss Reserves, Putting Its Rivals on the Spot." *Wall Street Journal*, 20 May 1987, p. 1.

Clarke, Pamela, and Field, Peter. "Boycott? No, They Just Won't Go Below 3/4%." *Euromoney*, February 1978, p. 21.

Cline, William. *International Debt: Systematic Risk and Policy Response*. Washington, D.C.: Institute for International Economics, 1984.

———. "The Issue Is Illiquidity, Not Solvency." *Challenge*, July-August 1984, pp. 12–20.

Cohen, Benjamin in collaboration with Fabio Basagni. *Banks and the Balance of Payments*. Montclair, N.J.: Allanheld, Osmun, 1981.

Constanzo, G. A. "Statement" before the Subcommittee on Financial Institutions Supervision, Regulation, and Insurance in the U.S. House Banking, Finance, and Urban Affairs Committee, 6 April 1977.

Corea, Gamani. "The Debt Problems of Developing Countries." *Journal of Development Planning*, no. 9 (1976), pp. 53–78.

Crawford, Vincent. "International Lending, Long-Term Credit Relationships, and Dynamic Contract Theory." University of California at San Diego, Department of Economics, August 1984. Mimeographed.

Crosse, Howard, and Hempel, George. *Management Policies for Com-*

mercial Banks. 2d ed. Englewood Cliffs, N. J.: Prentice-Hall, 1973.

Cummings, Richard. "International Credits: Milestones or Millstones?" *Journal of Commercial Bank Lending*, January 1975, pp. 40 - 52.

Dale, Richard, and Mattione, Richard. *Managing Global Debt*. Washington, D. C.: Brookings Institution, 1983.

D'Arista, Jane. "Private Overseas Lending: Too Far, Too Fast?" In *Debt and Less Developed Countries*, edited by Jonathan David Aronson, pp. 57 - 101. Boulder, Colo.: Westview Press, 1979.

Darity, William, Jr. "Loan Pushing: Doctrine and Theory." International al Finance Discussion Papers, No. 253. Washington, D. C.: U. S. Federal Reserve Board, February 1985.

Davis, Steven. *The Eurobank: Its Origins, Management, and Outlook*. London: Macmillan, 1976.

"Debate Rages over Renegotiation." *Latin American Weekly Report*, 13 August 1982, pp. 2 - 4.

"Debt after Mexico." *Financial Times*, 7 March 1988, p. 14.

de Carmoy, Herve. "Debt and Growth in Latin America: A European Banker's Proposal." Working Paper No. 9, Institute of European-Latin American Relations, Madrid, 1987.

"Declaración y Propuesta de Personalidades sobre la Deuda Extema" [Declaration of Eminent Persons on External Debt]. Buenos Aires, 24 April 1987.

Delamaide, Darrell. *Debt Shock*. Garden City, N. Y.: Doubleday, 1984.

de Larosière, Jacques. "Fund Policy on Adjustment and Finance Clarified in Address by Managing Director." *IMF Survey*, 9 January 1984, pp. 2 - 6.

——. "Helping to Shape a Stronger World Economy: The Tasks before the International Monetary Fund." *IMF Survey*, 24 June 1985, pp. 200 - 202.

Devlin, Robert. "Banca Privada, Deuda, y Capacidad Negociadora de la Periferia: Teoría y Práctica" [Private Banks, Debt, and Negotiating Capacity of the Periphery: Theory and Practice]. *El Trimestre Económico* 51 (July-September 1984): 559 - 589.

——. "Deuda, Crisis, y Renegociación: El Dilema Latinoamericano" [Debt, Crisis, and Renegotiation: The Latin American Dilemma]. In *América Latina: Deuda, Crisis, y Perspectivas* [Latin America: Debt, Crisis, and

Perspectives], edited by the Instituto de Cooperación Iberoamericana, pp. 67 – 101. Madrid: Ediciones Cultura Hispánica, 1984.

———. "External Finance and Commercial Banks: Their Role in Latin America's Capacity to Import between 1951 and 1975." *CEPAL Review*, no. 5 (first half of 1978), pp. 63 – 98.

———. "New Plan of U. S. Treasury for the Mexican Debt Problem." Santiago, Chile: United Nations Economic Commission for Latin America and the Caribbean, Economic Development Division, 30 December 1987. Unpublished memo.

———. "Project Manual and Methodological Guidelines for the Study of the Role of Transnational Banks in the External Finance of Peru, 1965 – 1976." Santiago, Chile: United Nations Joint Unit CEPAL/CET, Working Paper No. 10, E/CEPAL/R. 220, 1978.

———. "Renegotiation of Latin America's Debt: An Analysis of the Monopoly Power of Private Banks." *CEPAL Review*, no. 20 (August 1983), pp. 101 – 112.

———. *Transnational Banks and the External Finance of Latin America: The Experience of Peru*. Santiago, Chile: United Nations, 1985.

———, and de la Piedra, Enrique. "Peru and Its Private Bankers: Scenes from an Unhappy Marriage." In *Politics and Economics of External Debt Cri-sis*, edited by Miguel Wionczek in collaboration with Luciano Tomassini, pp. 383 – 426. Boulder, Colo. : Westview Press, 1985.

———, and Mortimore, Michael. *Los Bancos Transnacionales, el Estado, y el Endeudamiento Externo en Bolivia* [Transnational Banks, the State, and External Debt in Bolivia]. Santiago, Chile: United Nations, 1983.

Díaz-Alejandro, Carlos. "The Early 1980s in Latin America: 1930s One More Time?" Paper presented at the Expert Meeting on Crisis and Development in Latin America and the Caribbean, United Nations Economic Commission for Latin America and the Caribbean, Santiago, Chile, 29 April-3 May 1985.

———. "Latin American Debt: I Don't Think We Are in Kansas Anymore." *Brookings Papers on Economic Activity*, no. 2 (1984), pp. 335 – 403.

———. "The Post-1971 International Financial System and Less Developed

Countries." In *A World Divided*, edited by G. K. Helleiner, pp. 177 – 206. New York: Cambridge University Press, 1976.

Diesing, Paul. *Patterns of Discovery in the Social Sciences*. New York: Aldine Press, 1971.

Dod, David. "Restricción del Crédito de la Banca Comercial en Situaciones de Crisis de la Deuda Internacional" [Restriction of Bank Credit in Situations of International Debt Crisis]. *Monetaria* 6 (April-June 1983): 155 – 180.

Donaldson, T. H. *Lending in International Commercial Banking*. London:Macmillan Publishers, Ltd. , 1983.

Dornbusch, Rudiger. "Debt, Inflation, and Growth: The Case of Argentina."Cambridge, Mass. : Massachusetts Institute of Technology, Department of Economics, February 1988.

——. "The International Debt Problem." Cambridge, Mass. : Massachusetts Institute of Technology, Department of Economics, 1984.

——, and Fischer, Stanley. "The World Debt Problem: Origins and Prospects." *Journal of Economic Planning*, no. 16 (1985), pp. 75 – 78.

"Do the Bankers Take the Risks?"*Latin American Weekly Report*, 25 September 1981, pp. 10 – 11.

Dufey, Gunter, and Giddy, Ian. *The International Money Market*. Englewood Cliffs, N.J. : Prentice-Hall, 1978.

Dunkerley, James. *Rebellion in the Veins: Political Struggle in Bolivia, 1952 – 1982*. London: New Left Books (Verso edition), 1984.

Durr, Barbara. "Peru Pays Banks in Fisbmeal and Iron." *Financial Times*, 6 October, 1987, p. 8.

"Earthquake Comes at Worst Time for Cash-Strapped Mexico." *Latin American Weekly Report*, 27 September 1985, p. 1.

Eaton, Jonathan, and Gersovitz, Mark. "Debt with Potential Repudiation: Theoretical and Empirical Analysis." *Review of Economic Studies* 48 (April 1981): 289 – 309.

——. *Poor Country Borrowing in Private Financial Markets and the Repudiation Issue*. Princeton Studies in International Finance, No. 47. Princeton, N.J. : Princeton University, Department of Economics, 1981.

Eaton, Jonathan, and Taylor, Lance. "Developing Country Finance and

Debt." Paper prepared for a conference on New Directions in Development Theory, Cambridge, Mass.: Massachusetts Institute of Technology, Department of Economics, 17 – 19 January 1985.

Edwards, Sebastián. "LDC Foreign Borrowing and Default Risk: An Empirical Investigation." *American Economic Review* 74 (September 1984): 726 – 734.

Eichengreen, Barry. "Till Debt Do Us Part: The U. S. Capital Market and Foreign Lending, 1920 – 1955." In *Developing Country Debt* (summary volume), edited by Jeffrey Sachs, pp. 249 – 253. Cambridge, Mass.: National Bureau of Economic Research, 1987.

Emmanuel, Arghiri. "Myths of Development vs. Myths of Underdevelopment." *New Left Review* 85 (1974): 61 – 82.

Encinas del Pando, José. "The Role of Military Expenditure in the Development Process: Peru, a Case Study, 1950 – 1980." *Ibero-Amenicana, Nordic Journal of Latin American Studies* 12 (1983): 51 – 114.

Enders, Thomas, and Mattione, Richard. *Latin America: The Crisis of Debt and Growth*. Washington, D. C.: Brookings Institution, 1983.

Ensor, Richard. "Latin America's Prickliest Borrower." *Euromoney*, June 1978, pp. 98 – 101.

Evans, Richard. "New Debts for Old—and the Swapper Is King." *Euromoney*, September 1987, pp. 72 – 81.

Feder, Gershon, and Just, Richard. "An Analysis of Credit Terms in the Eurodollar Market." *European Economic Review* 9 (1977): 221 – 243.

Fei, J. C. H., and Ranis, Gustav. *Development of the Labor Surplus Economy: Theory and Policy*. Homewood, Ill.: Richard D. Irwin, 1964.

Feinberg, Richard. "LDC Debt and the Public-Sector Rescue." *Challenge*, July-August 1985, pp. 27 – 34.

——, and Bacha, Edmar. "When Supply and Demand Don't Intersect: Latin America and the Bretton Woods Institutions in the 1980s." Paper presented at a conference on Latin America and the World Economy, sponsored by Sistema Ecónomica Latinoamericano, Caracas, May 1987.

Feis, Herbert. *Europe the World's Banker, 1870 – 1914*. New York: W. W. Norton, 1965.

Fernández, Javier. "Crédito Bancario Involuntario a Países" [Involuntary Bank Credit to Countries]. *Coyuntura Económica*, December 1983, pp. 198–210.

——. "Moratoria de la Deuda" [Debt Moratorium]. Paper prepared for the seminar on External Debt in Latin America: Actual Situation and Perspectives, organized by Centro de Estudios Monetarios de América Latina in Quito, Ecuador, 22–26 July 1985.

Ferrer, Aldo. "Deuda, Soberanía, y Democracia en América Latina" [Debt, Sovereignty, and Democracy in Latin America]. *Estudios Internacionales* 17 (July-September 1984): 309–323.

——. *Vivir con Lo Nuestro* [Living on Our Own]. Buenos Aires: El Cid Editor, 1983.

Ffrench-Davis, Ricardo. "Deuda Externa y Balanza de Pagos de América Latina" [External Debt and the Balance of Payments of Latin America]. In *Progreso Económico y Social en América Latina, Informe 1982* [Economic and Social Progress in Latin America, 1982 Report], pp. 177–198. Washington, D.C.: Inter-American Development Bank, 1982.

——. "External Debt, Renegotiation Frameworks and Development in Latin America." Paper presented at a seminar on Latin American External Debt, Stockholm, May 1985.

——. "International Private Lending and Borrowing Strategies of Developing Countries." *Journal of Development Planning*, no. 14 (1984), pp. 119–164.

——, and De Gregorio, José. "La Renegociación de la Deuda Externa en Chile en 1985: Antecedentes y Comentarios" [The Renegotiation of Chile's External Debt: Antecedents and Commentary]. *Colección Estudios CIEPLAN*, no. 17 (September 1985), pp. 9–32.

——, and Molina, Sergio. "Prospects for Bank Lending to Developing Countries in the Remainder of the Eighties." *Journal of Development Planning*, no. 16 (1985), pp. 229–247.

Fishlow, Albert. "Coping with the Creeping Crisis of Debt." In *Politics and Economics of External Debt Crisis*, edited by Miguel Wionczek in collaboration with Luciano Tomassini, pp. 97–144. Boulder, Colo.: Westview Press, 1985.

——. "Lessons from the Past: Capital Markets during the 19th Century and the Interwar Period." *International Organization* 39 (Summer 1985): 383-440.

———. "A New International Economic Order: What Kind?" In *Rich and Poor Nations in the World Economy*, edited by Albert Fishlow, Carlos F. Díaz-Alejandro, Richard R. Fagen, and Roger D. Hansen, pp. 11-83. New York: McGraw-Hill Book Company, 1978.

Folkerts-Landau, David. "The Changing Role of International Bank Lending in Development Finance." Washington, D.C.: International Monetary Fund, December 1984.

Friedman, Irving. *The Emerging Role of Private Banks in the Developing World*. New York: Citicorp, 1977.

———. "The New Climate for Evaluating Country Risk." Paper presented at the International Bankers Annual Roundtable, Cannes, France, 12-14 June 1980.

———. *The World Debt Dilemma: Managing Country Risk*. Philadelphia: Robert Morris Associates, 1983.

Friedman, Milton, and Schwartz, Anna. *A Monetary History of the United States, 1867-1960*. Princeton, N.J.: Princeton University Press, 1963.

"Funaro Selects a New Team." *Latin American Weekly Report*, 13 September 1985, p. 4.

"Funaro Vows Fight against Inflation." *Latin American Weekly Report*, 6 September 1985, p. 4.

Furtado, Celso. *Não à Recessão e ao Desemprego* [No to Recession and Unemployment]. Río de Janeiro: Editorial Paz e Terra, 1983.

Galbis, Vincent. "Inflation and Interest Rate Policies in Latin America, 1967-1976." *Staff Papers* 26 (June 1979): 334-366.

Galbraith, John Kenneth. *Money*. Boston: Houghton Mifflin, 1975.

———. *The New Industrial State*. New York: New American Library, 1968.

García Zamora, Jean-Claude, and Sutin, Stewart, eds. *Financing Development in Latin America*. New York: Praeger, 1980.

Gasser, William, and Roberts, David. "Bank Lending to Developing Countries: Problems and Prospects." *Federal Reserve Bank of New York Quarterly Review* 7 (Fall 1982): 18-29.

Gilder, George. *Wealth and Poverty*. New York: Basic Books (Bantam paperback edition), 1981.

Gisselquist, David. *The Politics and Economics of International Bank Lending*. New York: Praeger, 1981.

Goodman, Laurie. "The Pricing of Syndicated Eurocurrency Credits." *Federal Reserve Bank of New York Quarterly Review* 5 (Summer 1980): 39 – 49.

Goodman, Stephen. "How the Big U.S. Banks Really Evaluate Sovereign Risks." *Euromoney*, February 1977, pp. 105 – 110.

Green, Rosario. *Estado y Banca Transnacional en México* [The State and Transnational Banks in Mexico]. Mexico City: Editorial Nueva Imagen, 1981.

Griffith-Jones, Stephany. "Proposals to Manage the Debt Problem." Brighton, Eng.: Sussex University, Institute of Development Studies, 1985.

Ground, Richard Lynn. "Origin and Magnitude of Recessionary Adjustment in Latin America." *CEPAL Review*, no. 30 (December 1986), pp. 67 – 85.

——. "Orthodox Adjustment Programmes in Latin America: A Critical Look at the Policies of the International Monetary Fund." *CEPAL Review*, no. 23 (August 1984), pp. 45 – 82.

——. "Perturbaciones, Déficit, Crisis, y Políticas de Ajuste: Un Enfoque Normativo" [Shocks, Deficit, Crisis, and Adjustment Policy: A Normative Focus]. *El Trimestre Económico* 53 (October-December 1986): 725 – 792.

Group of Thirty. *Risks in International Lending*. New York, 1982.

Grubel, Herbert. "The New International Banking." *Banca Nazionale del Lavoro Quarterly Review*, September 1983, pp. 263 – 284.

——. "A Theory of Multinational Banking." *Banca Nazionale del Lavoro Quarterly Review*, December 1977, pp. 349 – 363.

Guerguil, Martine. "The International Financial Crisis: Diagnoses and Prescriptions." *CEPAL Review*, no. 24 (December 1984), pp. 147 – 169.

"Guidelines for the Rescheduling of Current & Past Due Obligations of the Government of Costa Rica." San José, 4 June 1987.

Guttentag, Jack, and Herring, Richard. "Commercial Bank Lending to Developing Countries: From Overlending to Underlending to Structural Reform." In *International Debt and the Developing Countries*, edited by Gordon Smith and John Cuddington, pp. 129 – 150. Washington, D.C.: World Bank, 1985.

——. "Credit Rationing and Financial Disorder." *Journal of Finance* 39

(December 1984): 1359 – 1382.

———. *The Current Crisis in International Lendmg*. Washington, D. C. : Brookings Institution, 1985.

———. "Provisioning, Charge-Offs and Willingness to Lend." Washington, D. C. : International Monetary Fund, June 1986.

———. "Uncertainty and Insolvency Exposure by International Banks." University of Pennsylvania, Wharton School of Business, n. d.

Gwynne, S. C. "Adventures in the Loan Trade." *Harper's*, September 1983, pp. 22 – 26.

Haegele, Monroe. "The Market Still Knows Best." *Euromoney*, May 1980, pp. 121 – 128.

Haley, John, and Seligman, Barnard. "The Development of International Banking by the United States." In *The International Banking Handbook*, edited by William Baughn and Donald Mandich, pp. 35 – 46. Homewood, Ill. : Dow Jones-Irwin, 1983.

Harberger, Arnold. "Comentarios del Profesor Arnold Harberger" [Comments of Professor Arnold Harberger]. In *Estudios Monetarios VII* [Monetary Studies VII], pp. 185 – 188. Santiago, Chile: Central Bank of Chile, 1981.

Hardy, Chandra. *Rescbeduling Developing Country Debts, 1956 – 1980: Lessons & Recommendations*. Washington, D. C. : Overseas Development Council, 1981.

Harfield, Henry. "Legal Aspects of International Lending." In *Offshore Lending by U. S. Commercial Banks*, edited by F. John Mathis, pp. 81 – 89. Philadelphia: Robert Morris Associates, 1975.

Hayes, Douglas. *Bank Lending Policies*. Ann Arbor, Mich. : University of Michigan, School of Business Administration, 1977.

Hayter, Teresa. *Aid as Imperialism*. Baltimore: Penguin Books, 1971.

Hector, Gary. "Third World Debt: The Bomb Is Defused." *Fortune*, 18 February 1985, pp. 36 – 50.

"Hernan Somerville: La Negociación por Demro" [Hernan Somerville: Inside the Negotiation]. *El Mercurio*, 1 March 1987, p. B1.

Hughes, Helen. "Debt and Development: The Role of Foreign Capital in

Economic Growth." *World Development* 7 (February 1979): 95 – 112.

Hymer, Stephen. *The International Operations of National Firms*. Cambridge, Mass.: MIT Press, 1976.

"IMF Director's Plan Would Lift Debt Weight." *Financial Times*, 25 March 1988, p. 5.

Immenga, Ulrich. *Participation by Banks in Other Branches of the Economy*. Brussels: Commission of European Communities, 1975.

Institute of International Finance, Inc. "Restoring Market Access." Washington, D.C., June 1987.

Inter-American Development Bank. *Economic and Social Progress in Latin America*. Washington, D.C., 1985.

——. *External Financing of the Latin American Countries*. Washington, D.C., December 1978; December 1981; December 1982.

——. *External Public Debt of the Latin American Countries*. Washington, D.C., July 1984.

"International Banking Survey." *Economist*, 26 March 1988.

International Financing Review. London.

International Monetary Fund. *International Financial Statistics*. Washington, D.C., February 1985; May 1985.

——. *International Financial Statistics Yearbook 1985*. Washington, D.C., 1986.

——. *World Economic Outlook*. Washington, D.C., October 1987.

Ipsen, Erik. "After Mexico, the Regionals Are in Retreat." *Euromoney*, January 1983, pp. 58 – 65.

Jaffee, Dwight. *Credit Rationing and the Commercial Loan Market*. New York: John Wiley & Sons, 1971.

——, and Modigliani, Franco. "A Theory and Test of Credit Rationing." *American Economic Review* 59 (December 1969): 850 – 872.

——, and Russell, Thomas. "Imperfect Information, Uncertainty, and Credit Rationing." *Quarterly Journal of Economics* 90 (November 1976): 651 – 666.

"Japanese Banks Wary of Miyazawa Debt Proposal." *Morning Press*. Washington, D.C.: International Monetary Fund, 22 September 1987.

Johnson, Manuel, Vice Chairman of the Board of Governors of the U. S. Federal Reserve System. "The International Debt Situation." Washington, D. C.: U. S. Federal Reserve Board, 9 March 1988.

Kalderén, Lars, and Siddiqi, Qamar, eds., in cooperation with Francis Chronnell and Patricia Watson, *Sovereign Borrowers: Guidelines on Legal Negotiations with Commercial Lenders*. London: Dag Hammarskjöld Foundation and Butterworths, 1984.

Kaletsky, Anatole. *The Costs of Default*. New York: Priority Press, 1985.

Kane, Daniel. *The Eurodollar Market and the Years of Crisis*. New York: St. Martin's Press, 1983.

Kane, Edward, and Malkiel, Burton. "Bank Portfolio Allocation, Deposit Variability and the Availability Doctrine." *Quarterly Journal of Economics* 74 (February 1965): 113–134.

Kenen, Peter. "A Bailout for the Banks." *New York Times*, 6 March 1983, p. D1.

——. "A Proposal for Reducing the Debt Burden of Developing Countries." Princeton, N. J.: Princeton University, Department of Economics, March 1987.

Keynes, John Maynard. *The Economic Consequences of the Peace*. New York: Harcourt, Brace & Howe, 1920.

——. *The General Theory of Employment, Interest, and Money*. London: Harvest/HBJ, 1964.

——. "The German Transfer Problem." *The Economic Journal* 39 (September 1929): 1–7.

Killick, Tony; Bird, Graham; Sharpley, Jennifer; and Sutton, Mary. "The IMF: Case for a Change in Emphasis." In *Adjustment Crisis in the Third World*, edited by Richard Feinberg and Valeriana Kallab, pp. 59–82. London: Transaction Books, 1984.

Kindleberger, Charles. "Less-Developed Countries and the International Capital Market." In *Industrial Organization and Economic Development*, edited by Jesse Markham and Gustav Papanek, pp. 337–349. Boston: Houghton Mifflin, 1970.

——. *Manias, Panics, and Crashes*. New York: Basic Books, 1978.

——. "The 1929 World Depression in Latin America—From the Outside." In *Latin America in the 1930s*, edited by Rosemary Thorp, pp. 315 – 329. New York: St. Martin's Press, 1984.

Knight, Jerry. "Bank Crisis Deepening in Texas." *Washington Post*, 27 March 1987, p. H1.

Korth, Christopher. "The Eurocurrency Markets." In *The International Banking Handbook*, edited by William Baughn and Donald Mandich, pp. 16 – 35. Homewood, Ill.: Dow Jones-Irwin, 1983.

Kotecha, Mahesh. "Repackaging Third World Debt." *Standard and Poor's International Credit Week*, August 1987, pp. 9 – 10.

Kraft, Joseph. *The Mexican Rescue*. New York: Group of Thirty, 1984.

Kuczynski, Pedro-Pablo. "Latin American Debt." *Foreign Affairs* 61 (Winter 1982/1983): 344 – 364.

Kyle, Steven, and Sachs, Jeffrey. "Developing Country Debt and the Market Value of Large Commercial Banks." Working Paper No. 1470. Cambridge, Mass.: National Bureau of Economic Research, September 1984.

La Falce, John. "Third World Debt Crisis: The Urgent Need to Confront Reality." *Congressional Record* 133, no. 34. Washington, D.C., 5 March 1987.

Lahera, Eugenio. "La Conversión de la Deuda Externa: Antecedentes, Evaluación, y Perspectivas" [Conversion of the External Debt: Antecedents, Evaluation, and Perspectives]. Santiago, Chile: United Nations Economic Commission for Latin America and the Caribbean, September 1987.

——. "The Conversion of Foreign Debt Viewed from Latin America." *CEPAL Review*, no. 32 (August 1987), pp, 103 – 122.

Lambert, R. "New York Banks Show Strong Gains." *Financial Times*, 19 January 1983, p. 32.

Lamfalussy, A. "Monetary Reform." *Economist*, 26 October 1985, p. 6.

Langoni, Carlos. "The Way Out of the Country Debt Crisis." *Euromoney*, October 1983, pp. 20 – 26.

"Latin American Economic Conference." *CEPAL Review*, no. 22 (April 1984), pp. 39 – 52.

Lees, Frances, and Eng, Maximo. "Developing Country Access to the International Capital Markets." *Columbia Journal of World Business*, Fall

1979, pp. 80 - 81.

———. *International Financial Markets*. New York: Praeger, 1975.

Lessard, Donald, and Williamson, John. *Financial Intermediation beyond the Debt Crisis*. Washington, D. C.: Institute for International Economics, 1985.

———, eds. *Capital Flight and Third World Debt*. Washington, D. C.: Institute for International Economics, 1987.

Lewis, W. Arthur. "The Slowing Down of the Engine of Growth." *American Economic Review* 70 (September 1980): 555 - 564.

Lissakers, Karin. "Bank Regulation and International Debt." In *Uncertain Future: Commercial Banks and the Third World*, edited by Richard Feinberg and Valeriana Kallab, pp. 45 - 68. London: Transaction Books, 1984.

———. *International Debt, the Banks, and U. S. Foreign Policy*. Washington, D. C.: U. S. Government Printing Office, 1977.

McClelltand, Peter. *Causal Explanation and Model Building in History, Economics, and the New Economic History*. Ithaca, N. Y.: Cornell University Press, 1975.

MacEwan, Arthur. "The Current Crisis in Latin America and the International Economy." *Monthly Review* 36 (February 1985): 1 - 18.

McKinnon, Ronald. *The Eurocurrency Market*. Princeton Essays in International Finance, No. 125. Princeton, N. J.: Princeton University, Department of Economics, 1977.

———. "The International Capital Market and Economic Liberalization in LDCs." *The Developing Economies* 22 (December 1984): 476 - 481.

Mandel, Ernest. *Late Capitalism*. Translated by Joris de Bres. London: New Left Books (Verso edition), 1980.

———. *The Second Slump*. Translated by Jon Rothschild. London: New Left Books (Verso edition), 1980.

Marshall, Alfred. *Principles of Economics*. London: Macmillan, 1961.

Martin, Everett. "Peru's Economic Woes Are Worrying Bankers Who Aid Third World." *Wall Street Journal*, 1 September 1977, p. 1.

Marx, Karl. *Capital*. 3 vols. 9th ed. New York: International Publishers, 1967.

Mastrapasqua, Frank. "U. S. Bank Expansion Via Foreign Branching."

Bulletin 87 – 88 (January 1973): 7 – 71.

Mentré, Paul. *The Fund, Commercial Banks, and Member Countries*. Occasional Paper No. 26. Washington, D. C.: International Monetary Fund, 1984.

"Mexico: Hush-Hush Meeting." *Latin American Weekly Report*, 19 July 1985, p. 7.

Mills, Rodney, Jr. "U. S. Banks Are Losing Their Share of the Market." *Euromoney*, February 1980, pp. 50 – 62.

Minsky, Hyman. *Can "It" Happen Again?* Armonk, N. Y.: M. E. Sharp, Inc., 1982.

Mistry, Percy. "Third World Debt: Beyond the Baker Plan." *The Banker*, 26 September 1987, pp. i – iv.

Moffit, Michael. *The World's Money*. New York: Simon & Schuster (Touch-stone paperback), 1983.

Montagnon, Peter. "What to Do About Countries Which Cannot Settle Their Debts." *Financtal Times*, 9 March 1985, p. 16.

"The Mood Is Gloomy." *Latin American Weekly Report*, 7 October 1983, pp. 8 – 9.

Morgan Guaranty Trust Company. *World Financial Markets*. New York, May 1976; March 1978; September 1980; July 1981; February 1983; August 1984; January 1985; May 1985; May 1986; June/July 1987.

Mortimore, Michael. "The State and Transnational Banks: Lessons from the Bolivian Crisis of External Public Indebtedness." *CEPAL Review*, no. 14 (August 1981), pp. 127 – 151.

Mulford, David. "Recent Developments in International Debt." Washington, D. C.: U. S. Treasury Department, 4 February 1988.

Murray, Alan, and Truell, Peter. "Loan Plan May Help Mexico, Some Banks; But It's No Panacea." *Wall Street Journal*, 30 December 1987, p. 1.

Nash, Nathaniel. "Adjusting to 100 Failed Banks." *New York Times*, 17 November 1985, first page of business section.

Nicoll, Alexander. "Man Who Captures Market Discount." *Financial Times*, 21 March 1988, p. 3.

Noble, Kenneth. "Volcker Sees Eased Debt Terms." *New York Times*, 9 August 1985, p. D3.

North, Douglass. "International Capital Movements in Historical Perspective." In *U. S. Private and Government Investment Abroad*, edited by Raymond Mikesell, pp. 10 – 43. Eugene, Ore.: University of Oregon Books, 1962.

Nowzad, Bahram; Williams, Richard C.; Baumgartner, Ulrich; Dillon, K. Burke; Johnson, G. G.; Keller, Peter M.; Kincaid, G. Russell; Reichman, Thomas M.; and Tyler, Maria. *External Indebtedness of Developing Countries*. Occasional Paper No. 3. Washington, D. C.: International Monetary Fund, 1981.

Nurske, Ragnar. *Problems of Capital Formatton in Underdeveloped Countries*. New York: Oxford University Press (Galaxy Books), 1967.

O'Brien, Lord. "The Prospects for the Euromarkets." *Euromoney*, September 1975, pp. 66 – 69.

Odle, Maurice. *Multinational Banks and Underdevelopment*. London: Pergamon Press, 1981.

O'Donnell, Guillermo. "Externel Debt: Why Don't Our Governments Do the Obvious?" *CEPAL Review*, no. 27 (December 1985), pp. 27 – 33.

Okun, Arthur. *Prices and Quantities*. Washington, D. C.: Brookings Institution, 1981.

Organization for Economic Cooperation and Development. *Economic Outlook*. No. 42. Paris, December 1987.

——. *Financial Market Trends*. Paris, October 1984.

——. *1976 Review of Development Cooperation*. Paris, 1977.

Organization of American States. *Despachos de Agencias Noticiosas* [News Agency Dispatches]. Washington, D. C., October 1987.

——. "Extract of Public Law 98 – 181 of the Congress of the United States Entitled: Law of National Housing and International Recovery and Financial Stability." Washington, D. C.: OAS/SERH/XIV/CEFYC/4 January 1984.

Orme, William. "Gephardt Losses Cheer Mexico." *Journal of Commerce*, 10 March 1988, p. 7.

O'Shaughnessy, Hugh. "Debtors' Conference Divided on Strategy for Service Payments." *Financial Times*, 21 June 1984, p. 4.

Page, Diane, and Rodgers, Walter. "Trends in Eurocurrency Credit Participation, 1972 – 1980." In *Risks in International Lending*, pp. 57 – 70. New York: Group of Thirty, 1982.

Parboni, Ricardo. *The Dollar and Its Rivals*. Translated by Jon Rothschild. London: New Left Books (Verso edition), 1981.

Payer, Cheryl. *The Debt Trap*. New York: Monthly Review Press, 1974.

Pearson Commission. *Partners in Development*. New York: Praeger, 1969.

Pecchioli, R. M. *The Internationalization of Banking*. Paris: Organization for Economic Cooperation and Development, 1983.

Peck Lim, Quek. "The Borrower's Trump Card Is His Weakness." *Euromoney*, October 1982, pp. 35–37.

———. "The Year of the Samurai." *Euromoney*, February 1978, pp. 10–18.

"Plazos Más Largos para Pagar Deudas Externas" [Longer Periods for Payment of External Debts]. *El Mercurio*, 31 August 1984, p. B1.

Plender, J. "Of Profits and Imprudence." *Financial Times*, 18 February 1983, p. 5.

Pöhl, Karl Otto. "Herr Pöhl Elucidates the Deutsche Bundesbank's View on the International Debt Situation." *Press Review* (Bank for International Settlements), 4 February 1985, pp. 1–6.

Polanyi, Karl. *The Great Transformation*. Boston: Beacon Press, 1957.

Prebisch, Raúl. "The Latin American Periphery in the Global Crisis of Capitalism." *CEPAL Review*, no. 26 (August 1985), pp. 65–90.

"Presidents Publicly Toughen Regional Stance on Debt Issue." *Latin American Weekly Report*, 25 May 1984, p. 1.

"Provided the Banks Stand." *Economist*, 8 September 1984, p. 82.

Reed, John. "New Money in New Ways." *The International Economy*, October/November 1987, pp. 50–52.

———. "The Role of External Private Capital Flows." In *Growth-Oriented Adjustment Programs*, edited by Vittorio Corbo, Morris Goldstein, and Mohsin Khan, pp. 417–435. Washington, D. C.: International Monetary Fund and World Bank, 1987.

Reisen, Helmut, and Van Trotsenburg, Axet. *Developing Country Debt: The Budgetary and Transfer Problem*. Paris: Development Centre of the Organisation for Economic Cooperation and Development, 1988.

"Rescheduling." *Economist*, 18 February 1984, p. 71.

Riding, Alan. "Downcast Peru is Given Lift by the New Leader." *New

York Times, 3 September 1985, p. A1.

Riner, Deborah. "Borrowers and Bankers: The Euromarket and Political Economy in Peru and Chile." Ph. D. dissertation, Princeton University, 1982.

Robichek, Walter. "Some Reflections about External Public Debt Management." In *Estudios Monetarios VII* [Monetary Studies VII], pp. 170 – 183. Santiago, Chile: Central Bank of Chile, December 1981.

Robinson, James. "A Comprehensive Agenda for LDC Debt and World Trade Growth," The Amex Bank Review Special Papers, No. 13. London, March 1988.

Robinson, Stuart. *Multinational Banking*. Leyden, Netherlands: A. W. Sythoff Leiden, 1974.

Rockwell, Keith. "Bill Offers Debt Relief for 17 Nations." *Journal of Commerce*, 11 March 1988, p. 6.

Roett, Riordan. "Democracy and Debt in South America: A Continent's Dilemma." *Foreign Affairs* 62 (1984): 695 – 720.

Rohatyn, Felix. "A Plan for Stretching Out Global Debt." *Business Week*, 28 February 1983, pp. 15 – 18.

Rothschild, Michael, and Stiglitz, Joseph. "Increasing Risk: 1. A Definition." *Journal of Economic Theory* 2 (1970): 225 – 243.

Rowen, Hobart. "IMF's Camdessus Endorses Voluntary Debt Relief Plans." *Washington Post*, 1 March 1988, p. D1.

——. "IMF Seeks to Improve Image in Third World." *Washington Post*, 26 June 1987, p. D1.

Rutledge, Graeme, and Bell, Geoffrey. "Facing Reality on Sovereign Debt." *Euromoney*, November 1984, pp. 103 – 105.

Sachs, Jeffrey. "External Debt and Macroeconomic Performance in Latin America and East Asia." *Brookings Papers on Economic Actwity*, no. 2 (1985), pp. 523 – 564.

——. "LDC Debt in the 80s: Risks and Reforms." In *Crises in the Economic and Financial Structure*, edited by Paul Wachtel, pp. 197 – 243. Lexington, Mass.: Lexington Books, 1982.

——. "Theoretical Issues in International Borrowing." Working Paper No. 1189. Cambridge, Mass.: National Bureau of Economic Research, August 1983.

Salomon Brothers. *A Review of Bank Performance: 1983 Edition*. New York, 1983.

——. *A Review of Bank Performance: 1984 Edition*. New York, 1984.

Sampson, Anthony. *The Money Lenders*. New York: Penguin Books, 1983.

Sánchez Aguilar, E. "The International Activities of U. S. Commercial Banks: A Case Study of Mexico." Ph.D. dissertation, Harvard University, 1973.

Sargen, Nicholas. "Commercial Bank Lending to Developing Countries." *Federal Reserve Bank of San Francisco Economic Review*, Spring 1976, pp. 20 - 31.

Sarmiento, Eduardo. *El Endeudamiento en Economías Fluctuantes y Segmentadas* [Debt in Fluctuating and Segmented Economies]. Bogotá: Fondo Editorial CEREC, 1985.

"Sarney Turns to His Neighbors." *Latin American Weekly Report*, 23 August 1985, p. 8.

Saunders, Anthony. "An Examination of the Contagion Effect in the International Loan Market." Washington, D.C.: International Monetary Fund, December 1983.

Scherer, F. M. *Industrial Market Structure and Economic Performance*. Boston: Houghton Mifflin, 1980.

Schumpeter, Joseph. *The Theory of Economic Development*. Translated by Redvers Opie. 1961. Reprint. New York: Oxford University Press, 1980.

Seiber, Marilyn. *International Borrowing by Developing Countries*. London: Pergamon Press, 1982.

Selowsky, Marcelo, and Van Der Tak, Herman. "The Debt Problem and Growth." *World Development* 14 (September 1986): 1107 - 1124.

Servan-Schreiber, Jean-Jacques. *El Desafío Americano* [The American Challenge]. Barcelona: Plaza y Janes, S. A., 1968.

Silk, Leonard. "Acting to Avert Debtor Cartel." *New York Times*, 20 June 1984, p. D2.

Siaastad, Larry. "International Debt Quagmire: To Whom Do We Owe It?" *The World Economy* 6 (September 1983): 305 - 324.

Smith, Adam. *The Wealth of Nations*. 1937. Reprint. New York: The

Modern Library, 1965.

Smith, Gordon. *The External Debt Prospects of the Non-Oil-exporting Developing Countries*. Washington, D. C.: Overseas Development Council, 1977.

Solomon, Robert. "The Perspective on the Debt of Developing Countries." *Brookings Papers on Economic Activity*, no. 2 (1977), pp. 479–510.

Spellman, Lewis. *The Depository Firm and Industry*. New York: Academic Press, 1982.

Spero, Joan. *The Failure of the Franklin National Bank*. New York: Columbia University Press, 1980.

Spindler, J. Andrew. *The Politics of International Credit*. Washington, D. C.: Brookings Institution, 1984.

Sprinkel, Beryl. "Grounds for Increasing Optimism." *Economic Impact*, no. 2 (1984), pp. 35–39.

Stallings, Barbara. *Banker to the Third World*. Berkeley: University of California Press, 1987.

Stiglitz, Joseph, and Weiss, Andrew. "Credit Rationing in Markets with Imperfect Information." *American Economic Review* 71 (June 1981): 393–410.

"Survey on International Banking." *Economist*, 26 March 1988, pp. 10–16.

Swardson, Anne. "Citicorp Move Brings New Era." *Washington Post*, 21 May 1987, p. D1.

Swoboda, Alexander. "Debt and the Efficiency and Stability of the International Financial System." In *International Debt and the Developing Countries*, edited by Gordon Smith and John Cuddington, pp. 151–175. Washington, D. C.: World Bank, 1985.

"Syndicated Loans" (Special Supplement: World Banking Survey). *Financial Times*, 21 May 1979.

Tavares, María de Conceicāo, and Belluzzo, Luiz G. de Mello. "Capital Financiero y Empresa Multinacional" [Finance Capital and the Multinational Enterprise]. In *Nueva Fase del Capital Financiero* [New Phase of Finance Capital], edited by Jaime Estévez and Samuel Lichtensztejn, pp. 35–48. Mexico City: Editorial Nueva Imagen, 1981.

Taylor, Lance. "The Theory and Practice of Developing Country Debt: An Informal Guide for the Perplexed." Cambridge, Mass.: Massachusetts Institute of Technology, Department of Economics, 1985. Mimeographed.

Telljohann, Kenneth. "Analytical Framework." In Salomon Brothers, "Prospects for Securitization of Less-Developed Country Loans." New York, June 1987.

"Till Debt Us Do Part." *Economist*, 28 February 1987, p. 85.

Tobin, James. "On the Efficiency of the Financial System." *Lloyds Bank Review* 153 (July 1984): 1 – 15.

"The Top 300." *The Banker*, June 1971, pp. 663 – 684.

"The Top 300." *The Banker*, June 1976, pp. 653 – 695.

"The Top 500." *The Banker*, June 1981, pp. 153 – 181.

"Tracking the Lead Bank: Who's Competing Hardest." *Euromoney*, August 1979, pp. 14 – 30.

Trifani, Sheila, and Villamil, Antonio. "Country Risk Analysis: Economic Considerations." In *The International Banking Handbook*, edited by William Baughn and Donald Mandich, pp. 109 – 112. Homewood Ill.: Dow Jones-Irwin, 1983.

Truell, Peter. "Chile and Banks Reach a Pact on Global Debt." *Wall Street Journal*, 27 February 1987, p. 6.

Ugarteche, Oscar. *El Estado Deudor* [The Debtor State]. Lima: Instituto de Estudios Peruanos, 1987.

———. "Mecanismos Institucionales del Financiamiento Externo del Perú: 1968 – 1978" [Institutional Mechanisms of External Finance in Peru: 1968 – 1978]. Santiago, Chile: United Nations Economic Commission for Latin America and the Caribbean, Joint Unit CEPAL/CET, E/CEPAL/L. 205, September 1979.

United Nations. *Balance of Payments Adjustment Process in Developing Countries: Report to the Group of Twenty-Four*. New York, UNDP/UNCTAD Project INT/75/015, January 1979.

United Nations Centre on Transnational Corporations. *Transnational Corporations in World Development*. New York, 1988.

———. "Trends in Foreign Direct Investment." New York, 17 December 1987.

United Nations Conference on Trade and Development. *Handbook of International Trade and Development Statistics 1980 Supplement*. Geneva, 1981.

———. *Handbook of International Trade and Development Statistics 1981 Supplement*. Geneva, 1982.

United Nations Economic Commission for Latin America and the Caribbean. *América Latina en el Umbral de los Años 80* [Latin America on the Threshold of the 1980s]. Santiago, Chile, 1979.

———. *América Latina y el Caribe: Balance de Pagos, 1950 – 1984*. [Latin America and the Caribbean: Balance of Payments, 1950 – 1984]. Santiago, Chile, 1986.

———. *Economic Survey of Latin America 1978*. Santiago, Chile, 1979.

———. *Economic Survey of Latin America and the Caribbean 1982*. 2 vols. Santiago, Chile, 1984.

———. *Economic Survey of Latin America and the Caribbean 1983*. 2 vols. Santiago, Chile, 1985.

———. *Economic Survey of Latin America and the Caribbean 1984*. 2 vols. Santiago, Chile, 1986.

———. *Economic Survey of Latin America and the Caribbean 1985*. 1 vol. Santiago, Chile, 1987.

———. "Economic Survey of Latin America and the Caribbean, 1987. Advance Summary." Santiago, Chile, April 1988.

———. *Estudio Económico de América Latina y el Caribe 1986* [Economic Survey of Latin America and the Caribbean 1986]. 1 vol. Santiago, Chile, 1988.

———. *The Evolution of the External Debt Problem in Latin America and the Caribbean*. Estudios e Informes de la CEPAL, No. 72. Santiago, Chile, 1988.

———. *External Debt in Latin America: Adjustment Policies and Renegotiation*. Boulder, Colo.: Lynne Rienner, 1985.

———. *External Financing in Latin America*. New York, 1965.

———. *1983 Statistical Yearbook for Latin America*. Santiago, Chile, 1984.

———. "Preliminary Balance of the Latin American Economy in 1982." *Notas sobre la Economía y el Desarrollo de América Latina* 373 (January 1983).

———. "Preliminary Overview of the Latin American Economy 1986." Santiago, Chile, December 1986.

———. "Preliminary Overview of the Latin American Economy 1987." Santiago, Chile, December 1987.

——. "Restrictions on Sustained Development in Latin America and the Caribbean and the Requisites for Overcoming Them." Santiago, Chile, February 1988.

——. "Sintesis Preliminar de la Economía Latinoamericana durante 1983" [Preliminary Synthesis of the Latin American Economy during 1983]. Santiago, Chile, December 1983.

Uriarte, Manuel. "Transnational Banks and the Dynamics of Peruvian Foreign Debt and Inflation." Ph. D. dissertation, The American University, 1984.

U. S. Congress, Democratic Committee of the Joint Economic Committee. "Trade, Deficits, Foreign Debt, and Sagging Growth." Washington, D. C., September 1986.

U. S. Congress, House, Committee on Banking, Currency, and Housing. *International Banking: A Supplement to a Compendium of Papers Prepared for the FINE Study*. 94th Cong., 2d sess. Washington, D. C.: U. S. Government Printing Office, 1976.

——, Joint Economic Committee. "The Impact of the Latin American Debt Crisis on the U. S. Economy." Washington, D. C., 10 May 1986.

——, Senate, Committee on Government Affairs. *Interlocking Directorates among Major U. S. Corporations*. 97th Cong., 2d sess. Washington, D. C.: U. S. Government Printing Office, 1978.

——, Senate, Committee on Government Operations. *Disclosure of Corporate Ownership*. 93d Cong., 2d sess. Washington, D. C.: U. S. Government Printing Office, 1974.

U. S. Federal Financial Institutions Examination Council. "Statistical Release." Washington, D. C., 6 December 1982.

"U. S. Regional Banks Cut Lending to Latin America." *Press Review* (Bank for International Settlements), 27 February 1984, p. 6.

Van B. Cleveland, Harold, and Brittain, W. H. Bruce. "Are the LDCs in over Their Heads?" *Foreign Affairs* 55 (July 1977): 732 – 750.

Vandell, Kerry. "Imperfect Information, Uncertainty, and Credit Rationing: Comment and Extension." *Quarterly Journal of Economics* 99 (November 1984): 842 – 872.

Veblen, Thorstein. *The Theories of Business Enterprise*. New York:

Charles Scribner's Sons, 1904.

Vernon, Raymond. *Sovereignty at Bay*. New York: Basic Books, 1971.

Villarroel, Juan, and Villarroel, Tanya. "Control Institucional de la Deuda Externa en Bolivia" [Institutional Control of the Bolivian External Debt]. La Paz, Bolivia, May 1981.

Wachtel, Howard. *The New Gnomes: Multinational Banks in the Third World*. TNI Pamphlet No. 4. Washington, D. C.: Transnational Institute, 1977.

Wallich, Henry. "Professor Wallich Presents a Perspective on the External Debt Situation." *Press Review* (Bank for International Settlements), 14 January 1985, pp. 1–6.

Ward, Benjamin. *What's Wrong with Economics*. New York: Basic Books, 1972.

Watkins, Alfred. "The Impact of Recent Financial Market Developments on Latin America's Access to External Financial Resources." Washington, D. C., February 1988.

——. "To Lend or Not to Lend." Paper presented at a conference on Latin America and Foreign Debt, Stanford, California, Hoover Institute, September 1987.

Watson, Paul. *Debt and Developing Countries: New Problems and New Actors*. Washington, D. C.: Overseas Development Council, 1978.

Weeks, John. *Capital and Exploitation*. Princeton, N. J.: Princeton University Press, 1981.

Weinert, Richard. "Banks and Bankruptcy." *Foreign Policy*, no. 50 (Second Quarter, 1983), pp. 138–149.

——. "Eurodollar Lending to Developing Countries." *Columbia Journal of World Business*, Winter 1973, pp. 34–38.

——. "Nicaragua's Debt Renegotiation." *Cambridge Journal of Economics* 5 (June 1981): 187–192.

Wellons, P. A. *Borrowing by Developing Countries on the Euro-Currency Market*. Paris: Organization for Economic Cooperation and Development, 1976.

——. *Passing the Buck*. Boston: Harvard Business School Press, 1987.

Wendt, Johann. "The Role of Foreign Banks in International Banking." In *The International Banking Handbook*, edited by William Baughn and Donald

Mandich, pp. 47 – 70. Homewood, Ill.: Dow Jones-Irwin, 1983.

Wertman, Patricia. "The International Debt Problem: Options for Solution." Washington, D. C.: Library of Congress, Congressional Research Service, October 1986.

Weston, Rae. *Domestic and Multinational Banking*. New York: Columbia University Press, 1980.

Whitman, Marina. "Bridging the Gap." *Foreign Policy* 30 (Spring 1978): 148 – 156.

Wiesner, Eduardo. "Latin American Debt and Pending Issues." *American Economic Review* 75 (May 1985): 191 – 195.

Wilber, Charles, with Harrison, Richard. "The Methodological Basis of Institutional Economics: Pattern Model, Storytelling, and Holism." *Journal of Economic Issues* 12 (March 1978): 61 – 89.

Wilkinson, Max. "Banks Greedy over Third World." *Financial Times*, 31 March 1983, p. 10.

——. "U. S. Acted to Keep Latin America Creditworthy." *Financial Times*, 6 April 1984, p. 6.

Wionczek, Miguel. "Mexico's External Debt Revisited: Lessons of the 1985 Rescheduling Arrangement for Latin America." Paper presented at a seminar on Latin American External Debt, Stockholm, May 1985.

Wolff, Richard, and Resnick, Steven. "Classes in Marxian Theory." *Review of Radical Political Economics* 13 (Winter 1982): 1 – 18.

Wolfson, Martin. "Financial Crisis: Theory and Evidence in the Post-War U. S. Economy." Ph. D. dissertation, The American University, 1984.

World Bank. *Borrowing in International Capital Markets*. Washington, D. C., August 1975; August 1976; December 1978; January 1980; November 1980; November 1981.

——. *Poverty in Latin America: The Impact of Depression*. Washington, D. C., 1986.

——. *World Debt Tables*. Washington, D. C., 1981; 1982; 1983.

——. *World Development Report 1985*. Washington, D. C., 1985.